真知灼见济世
格物致善育人

卓见·李敏财经讲堂

李敏

企业内部控制规范
（第三版）

李敏 著

上海财经大学出版社

图书在版编目(CIP)数据

企业内部控制规范 / 李敏著. —3 版. —上海:上海财经大学出版社,2021.12
(卓见·李敏财经讲堂)
ISBN 978-7-5642-3872-8/F.3872

Ⅰ.①企… Ⅱ.①李… Ⅲ.①企业内部管理—规范 Ⅳ.①F270-65

中国版本图书馆 CIP 数据核字(2021)第 196042 号

□ 责任编辑　李嘉毅
□ 封面设计　贺加贝

企业内部控制规范
（第三版）

李　敏　著

上海财经大学出版社出版发行
(上海市中山北一路 369 号　邮编 200083)
网　　址:http://www.sufep.com
电子邮箱:webmaster @ sufep.com
全国新华书店经销
上海新文印刷厂有限公司印刷装订
2021 年 12 月第 3 版　2021 年 12 月第 1 次印刷

710mm×1000mm　1/16　21.5 印张(插页:2)　385 千字
印数:25 901—29 900　定价:68.00 元

目 录

前言/1

第1章 总论/1
1.1 管理企业与控制风险/1
1.2 内部控制的假设条件/5
1.3 内部控制的发展规律/13
1.4 精益控制与定向施策/22
1.5 综合治理与资源整合/26
1.6 管控融合与系统集成/29
  经典案例评析：法兴银行管理失控的惨痛教训/36

第2章 内部控制的中国特色/38
2.1 中国特色内部控制体系/38
2.2 企业内部控制基本规范/41
2.3 企业内部控制配套指引/60
2.4 企业内部控制执行机制/64
  经典案例评析：精准防控合同风险的操作步骤/72

第3章 控制要素的运行规则/75
3.1 内部环境与管控机制/75
3.2 风险评估与内部控制指向/83
3.3 控制活动与风险应对措施/100
3.4 信息沟通与内部控制报告/107
3.5 内部监督与管控闭环/111

经典案例评析：请准备好化险为夷的应对策略/114

第4章 控制措施的应用场景/116
  4.1 职务分离控制/116
  4.2 授权审批控制/125
  4.3 会计系统控制/129
  4.4 财产保护控制/132
  4.5 全面预算控制/133
  4.6 运营分析控制/138
  4.7 绩效考评控制/141
  经典案例评析：财务风险边界与风险隔离机制/143

第5章 资金风险的控制对策/145
  5.1 精细梳理资金控制流程/145
  5.2 精准识别资金营运风险/148
  5.3 精确落实资金管控措施/151
  5.4 精密监控资金失控危险/156
  经典案例评析：警惕收支失衡酿成资金失控/162

第6章 筹资风险的控制对策/164
  6.1 精细梳理筹资控制流程/164
  6.2 精准识别筹资活动风险/166
  6.3 精确落实筹资管控措施/168
  6.4 精密监控筹资失控危险/170
  经典案例评析：谨慎防控担保这把"双刃剑"/172

第7章 投资风险的控制对策/176
  7.1 精细梳理投资控制流程/176
  7.2 精准识别投资活动风险/178
  7.3 精确落实投资管控措施/180
  7.4 精密监控投资失控危险/183
  经典案例评析：激进的投资战略一败涂地/186

第8章 采购风险的控制对策/189
    8.1 精细梳理采购控制流程/189
    8.2 精准识别采购错弊风险/191
    8.3 精确落实采购管控措施/195
    8.4 精密监控采购失控危险/199
        经典案例评析：采购与付款缺陷多多、疑点重重/202

第9章 收入风险的控制对策/204
    9.1 精细梳理收入控制流程/204
    9.2 精准识别收入错弊风险/207
    9.3 精确落实收入管控措施/210
    9.4 精密监控收入失控危险/217
        经典案例评析：既忽视风险又不会管控的下场/221

第10章 存货风险的控制对策/223
    10.1 精细梳理存货控制流程/223
    10.2 精准识别存货营运风险/225
    10.3 精确落实存货管控措施/227
    10.4 精密监控存货失控危险/231
        经典案例评析：存货管控松懈造成漏洞百出/233

第11章 固定资产风险的控制对策/235
    11.1 精细梳理固定资产控制流程/235
    11.2 精准识别工程项目建造风险/238
    11.3 精确落实固定资产管控措施/240
    11.4 精密监控固定资产失控危险/243
        经典案例评析："灯下黑"是如何造成的/245

第12章 费用风险的控制对策/247
    12.1 精细梳理费用控制流程/247
    12.2 精准识别费用错弊风险/249
    12.3 精确落实费用管控措施/252

12.4　精密监控费用失控危险/256

　　经典案例评析：财务总监怎么会侵吞5 800万元/258

第13章　财务信息风险的控制对策/260

13.1　精细梳理财务报告控制流程/260

13.2　精准识别信息系统舞弊风险/263

13.3　精确发出财务危机预警信号/269

13.4　精密监控财务信息失控危险/273

　　经典案例评析：剖析A股史上最大的造假案/277

第14章　评价审计与缺陷整改/279

14.1　企业内部控制评价概述/279

14.2　企业内部控制审计概述/292

14.3　缺陷解析与实质性漏洞/295

14.4　缺陷整改与监督管理机制/305

　　经典案例评析：内部控制缺陷分析与管控建议/309

第15章　总结/311

15.1　精心培育内部控制人才/311

15.2　全面深耕内部控制文化/316

15.3　不断完善控制动力机制/324

15.4　持续推进内部控制运行/331

　　经典案例评析：华为居安思危的内部控制文化/335

前 言

内部控制直面风险,其本质在于掌控,其精髓在于制衡。控不了风险就管不好企业。在市场经济条件下,企业管理的主题应当是:加强控制,防范风险,健康安全,持续发展。

经营风云变幻莫测,风险因素明显增多,企业内部控制如何从被动走向主动,从消极变为积极,从低附加值转至高附加值……本书第三版将进一步告诉您:融合风险管理的内部控制既是公司治理的自觉担当,也是受托责任的神圣使命,不断完善全面风险管控机制具有特别重要的现实意义。

内部控制类似免疫系统,护卫着企业的安全和健康。通过不断健全内部控制要素体系和开展有效的管控活动,可以抵御内外病毒的侵袭,减少风险损失。

内部控制具有防治机制,医治管理失控等弊病。企业既要从源头治理,关口前移;又要正视风险,对症下药。随着风险的加大,为了增加确定性,遏制危险性,内部控制既要精准施策、精益管控,也要整合资源、综合治理。

内部控制谋求自愈功能,遵循逻辑演绎与运行规律。内部控制如何不忘初衷,不辱使命?规律如灯塔,规则似航道,规范管控的企业乘风破浪。万物得其本者生,百事得其道者成。

内部控制需要动态推进,助力企业行稳致远。经过不断的实践与探索,我国的内部控制正在从制度模仿走向全面管控,具有中国特色的内部控制规范与风险管控体系逐步形成,守正创新的研究成果不断出现。

本书共15章,通过解析内部控制的理论体系、政策规范、运行机制、实践经验等,阐述内部控制的新思维、新内容与新变化,意在实事求是地探求风险管控的发展态势与应对策略,助力企业增强发展韧性。

第1~4章为控制认知篇,通过贯通古今的历史摸索、融通中外的逻辑解析、由表及里的辩证考量,深入浅出地阐述了企业内部控制的基本理论、政策规范、发展轨迹、运行方向等基础逻辑与认知规律。尤其通过系统诠释内部控制的规范性文件,全面阐述我国内部控制的一套体系、四个层面、五大目标、五项原则、五类要素、七种措施及其应用场景等,论证了管控融合的必然性、必要性与科学性。

第5~14章为控制对策篇,各章以企业常见且重要的业务活动为对象,通过精细梳理业务控制逻辑,精准识别业务营运风险,精确落实相关管控措施,精密监控失控危险状况等,在精准施策中提升内部控制运行的有效性,在事前防控、事中管控、事后监控的过程中实现精益防控与综合治理的效能。这些章节的内容既阐述基本理论与工具方法,又凸显重点、提炼要点、解析难点,体现应用价值与操作指导。环境越是复杂,挑战越是艰难,就越要遵循内部控制的内在逻辑,顺应风险治理的发展趋势,在倡导精准施策与推进综合整治的过程中实现高水平的管控、深层次的监管与高质量的发展。

第15章为控制总结篇,从研究完善内部控制学科、全面普及内部控制文化、不断增强内部控制动力、持续推进内部控制运行等方面探寻内部控制的前行路径,助力内部控制动起来、活起来,防患于未然。

全书通过实证分析、专题讨论、老法师提醒、经典案例评析等多维演示,有机嵌入教训警示、经验提升、逻辑考量、规律提炼、规则解析等内容,融理论、实践、经验于一体,推动内部控制深入企业、深入实际、深入人心,使人们深切领会、深解其意、深谙要领。

本书理念新颖、层次分明、图文并茂、通俗易懂,适合教学、培训与自学使用,尤其适合董事、监事、经营者、管理者、财务人员、注册会计师以及审计人员阅读。本书配有教学用的PPT,可与出版社联系。

本书是资深注册会计师、资产评估师、主任会计师、高级会计师李敏的著作。李敏是多所著名大学的客座教授、财务会计咨询专家和司法会计鉴定专家,具有丰富的内部控制咨询服务经验与从教经历,已演讲数百场次。从2003年出版《内部会计控制规范与监控技术》起,李敏在内部控制领域辛勤耕耘,著述颇丰。本书的前身——《企业内部控制》于2009年2月出版,累计销量近10 000本。2011年6月《企业内部控制规范》第一版出版,2016年1月《企业内部控制规范》第二版出版,两个版本的累计销量近26 000本。本书是《企业内部控制规范》第三版,凝聚了李敏二十年管理咨询的探索、潜心研究的感悟和与时俱进的心得。同时,感谢陈惠珠、徐成芳、李英、李嘉毅给予的帮助。

本书疏漏差错之处,敬请提出宝贵意见,以期推陈出新。

作 者

2021年11月

第 1 章 总 论

> 如何在动荡的环境中增加管控的确定性?

1.1 管理企业与控制风险

1.1.1 内部控制应当直面风险及其动态变化

风险既来自企业的生存环境,也来自每一项抉择和每一次行动。内部控制肩负着面对风险,掌控风险的独特职能。管理企业就是管控风险,控不住风险就难以管好企业。这既是经验之谈,也是管理的逻辑,更是教训的警示。

风险此起彼伏,难以捉摸,忽而风高浪急、险象环生,忽而纷至沓来、前赴后继,忽而瞬息万变、愈演愈烈。从"风险"到"风险经济",进而发展成"风险社会",人们在追求收益和忍受磨难中对风险"咬牙切齿",风险与收益如影随形,为了获取收益,除了冒险,别无选择。所以,学会控制风险,既是安全健康的内在需要,也是自主自立的能动体现,更是适应生存环境及其变化的迫切要求。

控制就是遵循规律,利用规则,通过制衡等措施,抑制动荡性,增加确定性,掌控动态趋势,化险为夷,转危为安。有"险"却听之任之,终将导致损失或失败。

图 1.1 既反映企业所面临的风险及其演变进程,又体现内部控制应有的运行逻辑。随着风险等级的提高,内部控制措施应当更精准、更有效,防控水平及综合整治的程度也应不断升级。"控"是为了"制",通过"控"与"制"的行为过程达成健康发展之目的。

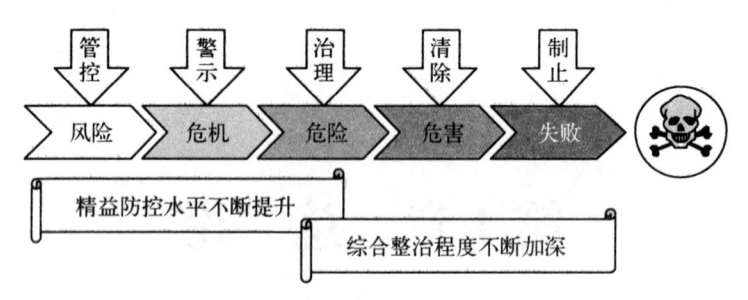

```
管控      警示      治理      清除      制止
  ↓        ↓        ↓        ↓        ↓
[风险] → [危机] → [危险] → [危害] → [失败] → ☠
         └──精益防控水平不断提升──┘
                  └──综合整治程度不断加深──┘
```

图 1.1 风险演变进程与控制升级逻辑

企业如果弱化内部控制,就会助长风险,如资产损失、债务告急、经营失利、会计造假等。失败企业并不总是被竞争对手所击垮,很多时候,内部管理无效或失控才是罪魁祸首。美国忠诚与保证协会(SFAA)的调查结论显示:70%的企业破产是内部控制不力导致的。李若山在《内部控制十大漏洞》中明确指出:"公司的败绩都是由内部控制失败引起的。"事实一次次雄辩地证明,得控则强,失控则乱,无控则亡。内部控制就是要直面风险。

1.1.2 失控比管控容易,破坏比建设简单

随着市场经济的不断演变,风险在增大,舞弊在增多,失控已经成为普遍存在的现象,着实令人担忧。

例如,创建于1864年5月的法国兴业银行,在2008年1月因期货交易员杰罗姆·凯维埃尔(Jerome Kerviel)的舞弊,巨亏49亿欧元,并触发法国乃至欧洲的金融震荡,导致全球股市暴跌。又如,在此之前的1995年,英国老牌银行——巴林银行因尼克·里森(Nick Leeson)无视内部控制,违规从事日经股票指数期货交易,造成损失达14亿美元而从全球金融界消失。2008年美国的"次贷"危机更是触目惊心,引发了全球金融风暴……为什么内部控制未能防止"魔鬼交易员"的错弊?为什么失败的悲剧一再重演?

实证分析 1.1 | 失控导致权力滥用以致舞弊丛生

《2020年全球职务舞弊与滥用职权的调查报告》出自美国注册舞弊审查师协会(ACFE)基于125个国家的2 504份调查报告的汇总信息,其中,舞弊案例造成的直接经济损失超过36亿美元。ACFE预计,舞弊给各类组织带来的经济损失约为全年总收入的5%。各类案例导致损失的中值为125 000美元,所有案例的平均损失为1 509 000美元。大多数职务舞弊案例,从舞弊行为发生到舞弊案例被查处,

舞弊平均的败露期是14个月,每个案例平均每个月带来的直接经济损失为8 300美元。

腐败和贿赂是全球范围内常见的舞弊手段。侵占资产的舞弊行为发生的频率最高(86%的案例涉及此类行为)。所有者和高管人员职务舞弊导致的平均损失为600 000美元,经理层为150 000美元,一般员工为60 000美元。职务舞弊主要集中在四个部门:运营部门(占比15%)、财务部门(占比14%)、高管及董事会(占比12%)和销售部门(占比11%)。

大部分舞弊案例与所在组织的内部控制缺失或不完善相关。例如,分析亚太地区的职业舞弊:缺乏内部控制的占31%,凌驾于内部控制之上的占23%,缺乏管理审查的占14%,管理层缺乏舞弊防范意识的占12%……

如果内部控制的制度不完备、体系不健全、机制不完善、执行不到位,就不可能有效应对风险。堡垒往往是从内部被攻破的。近年来,我国银行、证券等金融领域的高管接二连三"落马",涉案金额令人震惊。例如,被判无期徒刑的某银行副行长倪某,利用私刻公章、空壳公司开票等一系列违规操作,累计骗取43亿元。又如,被判处死刑的赖小民成为"金融圈第一贪",华融公司成了他的"家天下",受贿高达17.88亿元。

上海检察机关已连续9年发布金融检察白皮书。2020年度共受理金融犯罪审查逮捕案件1 165件,受理金融犯罪审查起诉案件1 776件,案件共涉及6类30个罪名,主要包括破坏金融管理秩序类犯罪1 301件、金融诈骗类犯罪303件、扰乱市场秩序类犯罪146件(如图1.2所示)。在银行领域犯罪案件中,往年较为少见的违法发放贷款罪、吸收客户资金不入账罪以及违规出具金融票证罪在2020年均有发生,不少案情发人深省!

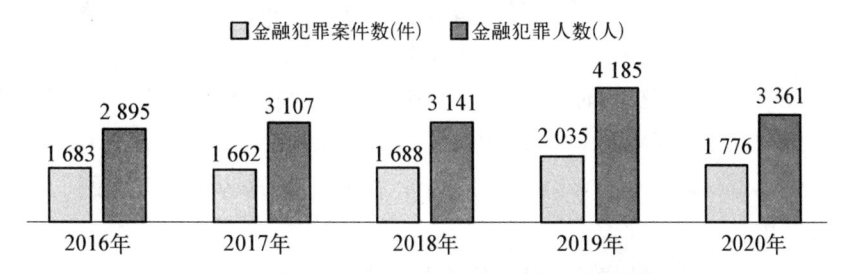

年份	金融犯罪案件数(件)	金融犯罪人数(人)
2016年	1 683	2 895
2017年	1 662	3 107
2018年	1 688	3 141
2019年	2 035	4 185
2020年	1 776	3 361

图1.2 2016年至2020年上海金融犯罪案件情况

内部控制应如何从被动走向主动,从消极变为积极,从低附加值转为高附加值？增强内部控制的自觉性与防御能力，通过扩大覆盖面，提高融合性与针对性，保持长久的制衡性、渗透性和持续性，使之具有良好的治愈功能与自愈机制等。内部控制是否有效，很重要的检验标准就是其能否将风险控制在可承受的范围内，将危机转化为取胜的时机，将危害遏制在萌芽状态，使企业保持安全平稳的发展。

1.1.3 管理的关键在于控制

管理是群体生活的必然产物。"管"就是要管好、管住，"理"就是要理清、理顺。管理就是通过控制，在环境的约束中使事情的进展变得顺利。管理的本质在于约束——对人的行为的约束，以保证人的行为与组织的行为同向、同步。在管理学中，对管理的定义是指人们通过自觉的协调和控制人及组织的行为，使其所从事的工作或活动达到和谐、持续、高效的社会活动或行为。管理学科的创始人彼得·德鲁克(Peter F. Drucker)认为，管理就是"确切地知道你要别人干什么，并使他用最好的方法去干"。

经营活动需要管理，更需要控制。控制活动本身就是在履行管理职能。职能是履行职务的能力，界定了哪些事可以管、可以做。职能与职责相关。职责是从事职务行为应该承担的责任，规定了哪些事是必须做的，不做就要受到处罚。

管理过程学派的创始人亨利·法约尔(Henri Fayol)将管理分为计划、组织、指挥、协调、控制五大功能，其中，控制具有关键作用。法约尔认为，在一家企业中，控制就是要验证各项工作是否都与计划相吻合，是否都与指标及原则相吻合。控制的目的在于指出工作中的缺点和错误，纠正并避免重犯。在控制中，要避免对各部门的工作进行过多干预。这种越权行为会造成可怕的"双重领导"：一方面是不负责任的控制人员，他们有时会在很大范围内造成有害影响；另一方面是被控制的业务部门，他们没有权利采取自卫措施来反对这种控制。一切控制活动都应是公正的。控制这一要素在执行时需要持久力、专注力和较高的艺术水平，不管对什么工作都能够回答以下问题："怎样进行呢？"全球最具原创性的管理大师亨利·明茨伯格(Henry Mintzberg)认为，计划、组织、指挥、协调、控制这些词语其实是同义反复，意思都是控制。

控制之所以具有"压舱石"般的关键作用，是因为通过防错纠偏等制衡活动，可以使管理过程形成互相联系、环环紧扣、周而复始的闭环，并确保管理目标的实现。预测是决策和预算的基础；预算将预测和决策的结果目标化并成为协调的工具、控制的标准和考核的依据;控制是保证各项管理活动符合法规、制度和预算的既定目标,以取得最佳经济效益的关键;核算重在反映与监督;分析以预算和控制的结果为依据进行评价与考核。一家企业如果缺乏必要的、有效的控制,预测、决策、预算这些行为过程就可能因为形同虚设而作用不大,更可能导致核算失实、分析失真、考核失误。随着经济事项和管理复杂程度的加大,控制的关键作用只能加强,不能削弱。

那么,企业如何才能既掌控风险,又保障运营,并向管理层提供高质量的增值服务呢?抓住内部控制就是牵住了管理过程中的"牛鼻子"。但现实是,内部控制职能作用的发挥不充分、不到位,很多地方需要提升和改进。内部控制需要与时俱进。

1.2 内部控制的假设条件

假设是根据事实提出的假定说明,是科学研究的基础。假设使科学研究成为能动的、自觉的活动,是逼近客观真理的通路,也是打开科学宝库的"钥匙"。但假设见仁见智,抽象思维具有一定的难度与高度。

罗伯特·西蒙斯(Robert Simons)提出过内部控制系统的7个假设条件:一是人不可避免地具有道德缺陷,为了确保资产安全及信息可靠,使用内部控制加以约束十分必要;二是有效的内部控制能对潜在的舞弊者形成威慑力,从而减少其舞弊行为;三是对异常情况,独立的个人能够识别并予以报告;四是数人共谋舞弊的可能性较小,因为风险较高;五是组织中个人的权限由正式的任命和说明决定;六是业绩目标和可靠信息不存在固有矛盾,可以同时实现;七是记录和文件是正式交易的凭证。潘琰和郑仙萍曾提出内部控制的4个基本假设:控制实体假设、可控性假设、复杂人性假设和不串通假设。也有学者将基本假设总结为主体假设、客体假设和手段假设三大方面。

客观世界纷繁复杂,在探求真知的过程中,各种假设之间的争议从不同侧面探索事物的客观规律,可以互相启发、互为补充,以利于更全面、更深刻地揭示事物的本质。随着公司制的完善与反腐要求的增强,假设条件应当与时俱进。

以下6个内部控制的假设条件(基本假设)(如图1.3所示)系根据现行内部控制运行的既定事实提出的假定说明。以假设条件作为研究起点,内部控制更具思维的科学性和推理的逻辑性。

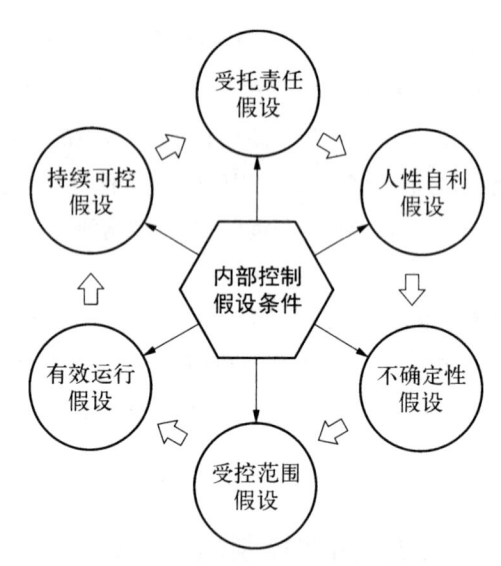

图 1.3　内部控制的假设条件

1.2.1　受托责任假设

委托人将资财的经营管理权授予受托人,受托人接受托付后应承担所托付的责任,这种责任就是受托责任。受人之托,忠人之事,这种责任是基本的道德规范和行为准则。受托责任越具体,控制需求与控制责任就越明确。内部控制助力受托责任的确立。

要不要控制、控制什么以及怎么控制等都关乎受托责任。受托责任不清,受托不负责任,行为秩序必定混乱。股东、债权人、经理层的行为目标并非完全一致,在追求自身利益最大化的过程中可能会以牺牲他方的利益为代价,这时,强化控制、落实责任是必然的要求。

控制目标及其具体要求是明摆着的受托责任,内部控制就是对受托责任的控制。经营管理本身就是一种受托责任,与内部控制存在逻辑关系。公司治理更是受托责任系统中的一种控制机制,其最终目的是确保受托责任系统的运行。透视受托责任与内部控制的关系的本质有助于探寻受托责任视角下的内部控制原理,明晰内部控制的逻辑结构、内容目标与责任框架等重大问题。

控制既是委托人的期望与要求,也是受托人的责任与履职。驱动控制的是委托人的内在需求,没有一定的、具体的受托责任,控制会失去方向、动力与职责。例如,实施经理层任期制和契约化管理,就是由董事会(或控股股东)与经理层签订岗位聘任协议和经营业绩责任书,在契约关系中明确任期、岗位职责、权利义务、业绩目标、薪酬待遇、退出规定、责任追究等内容,并严格按照约定开展经营业绩考核。① 企业高管受托责任的意识如何,对落实控制活动、提高控制质量至关重要。

受托责任已经成为一种普遍的经济关系或社会关系。任何为了实现控制目标所采取的手段与措施都可以视为受托责任下的控制行为。当然,这种行为有自觉的,有不自觉的,有不知不觉的……

只有树立正确的受托责任观,才能明确内部控制的指向。所以,不能脱离受托责任泛谈内部控制。有受托责任,才有内部控制;理解受托责任,更能理解内部控制;压实受托责任,就能增进动力机制。

1.2.2 人性自利假设

经济活动的主体是人。自利是人的本性,若其无限膨胀,就容易走向自私或自我,酿成罪祸。所以,要节制或管制,引导人走向自知、自觉、自律与自治,这是人之精神不断升华的台阶,也是控制的要义所在。

人性是复杂的,由人组成的企业更加复杂。无论是涉及供、产、销,还是管理人、财、物,都离不开人。"只要不被发现,就可以占为己有",这是舞弊者的一种心理暗示或行为借口。如果可能被发现呢?"那就收手不干了",这是内部控制潜在的力量。

人的本性是可以被教化的。强大的惰性与巨大的潜力在人的体内共存。人要做自己"心"的主人,一方面要自控和自律,另一方面要他控和互控,内部控制由此产生并发展起来。实践反复证明,内部控制确实可以减少个人犯错误和实施欺诈行为的机会。控制的主要功能表现为对人的行为的约束,是一种社会制度的理性安排。或者说,控制的核心价值就在于对人性的弱点逆向做功,激发正能量,抑制负能量。

人性可言、可研、可验。人性假设是关于人的本质的探究。我国有性恶论、性善论、人性可塑论等,西方有X理论、Y理论、超Y理论等。

性恶论是由先秦儒家集大成者荀子提出,为法家代表韩非所发展。性恶论与义利观相关联,认为人性不可靠,不可以放纵人们各行其是,而必须把人彻底管控起来。X理论也认为人性好逸恶劳,主张采取命令、强制的管理方式。"经济人"就

---

① 参见国务院国有企业改革领导小组办公室于2020年1月22日发布的《"双百企业"推行经理层成员任期制和契约化管理操作指引》和《"双百企业"推行职业经理人制度操作指引》。

是以利己为目的从事经济活动的人,其总是倾向于选择能给自己带来更大经济利益的机会。经济学家亚当·斯密(Adam Smith)认为,人的行为动机根源于经济诱因,人都要争取最大的经济利益,工作就是为了取得经济报酬,为此,需要用金钱、权力、组织机构来操纵和控制。

孟子主张性善论,认为"仁、义、礼、智非由外铄我也,我固有之也,弗思耳矣",因而倡导"仁政"。以"社会人"为核心的 Y 理论也认为,人性本善,应合理引导以使个人能在达成组织目标的同时获得个人目标的满足,由此,强调人们合理行为的内心自觉性,无须太多严规戒律。

孔子认为人性可塑——"性相近也,习相远也"。西方的超 Y 理论与此相近,是一种主张权宜应变的经营管理理论——不同的人对管理方式的要求不同,管理方式要由工作性质、成员素质等来决定。薛恩(E. H. Sein)在分析了理性经济人假设、社会人假设、自我实现假设后提出复杂人性假设。人性是复杂的,会因人、因事、因时、因地而不断变化出多种多样的需要,各种需要互相结合,形成了动机和行为的多样性,是善与恶的混合。

诺贝尔经济学奖得主西蒙(Herbent Alexander Simon)认为,现实生活中作为管理者或决策者的人是介于完全理性与非理性之间的"有限理性"的"管理人"。人不可能是完全理性的,人们很难完全了解和正确预测每个措施将产生的结果;相反,人们常常要在缺乏完全了解的情况下,根据主观判断进行决策。由于能力和成本的限制,人们不可能将所有方案都罗列出来进行比较和筛选,因此人们所做的决策不是寻找所有方案中最好的,而是寻找已知方案中可满足要求的。

以人性假设为前提的控制理论说明了内部控制与人性学、行为心理学等学科相关。麦格雷戈(Douglas McGregor)更为直接地指出,在每一个管理决策或每一项管理措施的背后都必定存在某些关于人性本质及人性行为的假定。所以,人的欲望也是一种可控的资源。控制的魅力就在于:既从"性本善"出发,激励和开发人的善意;也关注"性本恶"的一面,对欲望加以梳理和制约;更褒善贬恶,抑恶扬善,惩前毖后,拿捏好欲望的"度"。

内部控制的本源或在于自我控制(简称自控),启动这个本源十分重要。人会权衡"利害"与"得失",因而在内心深处对于防范风险具有一定的自利性。内部控制应当善于运用人的自利性。

人性假设与熵增理论有异曲同工之妙,即在人性中同时存在熵增和熵减,就看哪一方能成为矛盾的主要方面,以决定其主流方向。控制具有介入的力量。以控制人的不安全行为为重点,以切断事故发生的因果链为手段,只有追求本质安全,

1.2.3 不确定性假设

不确定性是指经济行为者在事先不能准确知道某种决策的结果，或某种决策的可能结果不止一种，即经济主体对未来经济状况（尤其是收益和损失）的分布范围和状态不确知。风险源于不确定性，是损失或获益的一种机会。

《中国企业风险报告（2020）》[①]显示，我国企业面临的主要风险分别是重大突发事件风险、市场竞争风险、投资风险、政策风险、科技创新风险、采购与供应链管理风险、国际化经营风险、人力资源风险、宏观经济风险、安全环保风险等。45.83%的上市公司认为，传染疫情、自然灾害、贸易战、恐怖袭击等重大突发事件的风险是当前企业面临的主要风险，其中，92.59%的公司认为此次全球"新冠"疫情将给企业带来较大风险。45.66%的上市公司认为，市场竞争风险也是当前企业面临的主要风险。

风险的不确定性已经表明：风险是否发生是不确定的，风险发生的时间、范围与程度是不确定的，风险产生的结果是不确定的。控制的作用就在于增加受控对象的确定性以应对诸多不确定性。所以，越是不确定，越要加强内部控制，每一个部门、岗位或个人都要通过自觉管控风险，在增强微观确定因素的同时增加环境的确定性，这正是控制的力量。风险的不确定性越大，控制责任就越重。

无风险收益率通常是指不存在违约风险的收益率，一般是以纯粹利率（资金的时间价值）表示，也可采用相近的国债到期收益率表示（假设国债不会违约）。无风险收益具有收益较低、相对确定、平稳无波动等特征。

风险与收益形影相随，企业追逐盈利就必须承担风险。风险收益是指由于风险投资而获得的超过资金时间价值的额外收益。投资的目的大多是获得风险收益，这种收益具有收获较多、波动较大、风险较大的特点。收益以风险为代价，风险用收益来补偿，投融资规律本就如此。

内部控制关注收益中的风险，或风险中的收益，包含无风险收益和风险收益，

[①] 迪博企业风险管理技术有限公司、广东省企业风险管理智能控制工程技术研究中心、深圳市迪博内部控制与风险管理研究院联合发布的《中国企业风险报告（2020）》是以 2019 年度沪深交易所上市公司为样本，通过对上市公司披露的年度报告中的风险信息的整理和分析来探究我国企业普遍面临的主要风险，并结合当前国际国内宏观环境形势对风险发生的主要原因进行挖掘，以期为企业开展风险防控提供参考，为监管机构进行监督指导提供借鉴。

因而控制既关注风险收益的波动性,也关注无风险收益的稳定性,即各种收益变动的征兆及其与风险相关的情况,要求在控制中执行,在执行中控制。

有些经营者以"我不能确定"为借口来搪塞某些应该做的事,这是不明智的。直面风险的企业不能见噎废食、削趾适履,因为风险是一把"双刃剑",损失与机会并存。对于不确定性,一方面可以通过预测、计算、分析与评估使之相对清晰起来,另一方面可以通过发挥内部控制的作用化险为夷,将风险控制在可承受范围内。

面对机会应当主动争取,积极把握,放弃机会就是放弃成功。风险永远存在,内部控制就永远需要。风险存在于经营活动过程中,控制也应融入经营活动过程中。一些企业后来居上,就是抓住了机会才脱颖而出。另一些企业"兵败如山倒",是风险惹的祸,更是失控酿的灾。

1.2.4 受控范围假设

受控范围是指内部控制服务的单位、部门、岗位或流程等。受控范围假设通过厘定控制的具体对象,对内部控制活动的空间范围做出划分或限定等。通常,企业规模越大,竞争越激烈,风险越大,控制就越重要。也就是说,受控范围越广泛、越复杂,控制需求就越大,控制责任就越重。

企业内部控制的受控范围取决于需要管控的对象的范围。广义的受控范围应当是指被控制的企业整体(包括企业层面和业务层面)或整个控制过程中的风险。狭义的受控范围可以划分为特定的单位、部门、岗位或流程等。

企业层面控制是指发生在企业管理层面,对企业组织产生普遍影响的控制,又称整体层面控制、组织层面控制,包括组织架构控制、发展战略控制、人力资源控制、社会责任控制和企业文化控制等。其控制结果会对企业控制目标的实现程度产生重大影响,并对业务层面的控制产生普遍影响。

业务层面控制又称应用层面控制、流程层面控制,包括资金、资产、采购、生产、销售等业务内容,经营活动、投资活动、筹资活动等收支流量,有形资产与无形资产等各种资源,财务信息与非财务信息等各种信息,涉及企业资金流、实物流、人力流和信息流的方方面面。

受控范围假设为"内部"与"外部"划出边界,表明内部控制主要是为企业主体控制目标的实现提供合理保证。但不能就此片面地认为内部控制只是企业"内部"的事,不涉及外部相关方。内部控制中的"内部"涉及企业与投资者(股东)、债权人、供应商、客户、政府及其监管部门等外部利益相关者的衔接关系与控制流程。也就是说,有效的内部控制不仅帮助企业解决自身问题,而且有助于改善企业与外部相关方的关系。现代内部控制已经发展成一个全面、动态、复合、开放的概念,其外延十分广泛,且仍在不断充实与完善中。

1.2.5　有效运行假设

有效运行假设是指内部控制的构建与实施是有效的,具有一定的治愈或自愈机制。治愈是借助治疗手段使恢复健康,自愈则是一种自我恢复调节机制。两者均体现了制约机制的有效性。

制约机制是指对管理系统进行限定与修正的功能与机理,是内部控制特有的运行方式,主要包括以下几个方面:一是对权力的制约,既要利用权力对系统运行进行约束,又要对权力的拥有与运用进行约束;二是对利益的制约,既要以物质利益为手段对运行过程施加影响,又要对运行过程中的利益因素加以约束;三是对责任的制约,通过明确相关系统及人员的责任来限定或修正系统的行为;四是对社会心理的制约,运用教育、激励、舆论等对管理者及有关人员的行为进行约束;等等。

人们对构建与实施内部控制的有效性的认识是建立在有内部控制比没有内部控制好的假设基础上的。有效运行假设不仅对内部控制的理论建设有意义,而且对内部控制的管理实践有很大的作用。内部控制的有效性也是审计的前提之一。假如舍弃这一假设,在内部控制无效的情况下,错误和舞弊行为的发生就难以避免,也就不可能合理地实施审计业务。

内部控制能够发挥多大的作用存在不确定性,控制收益与控制成本孰高孰低也很难量化。业务前赴后继,内部控制体系难免落后,所以要有适当的容错机制。作为控制体系本身,要防止刻舟求剑,要保持与时俱进的态势,使控制活动具有动态运行的活力。

1.2.6　持续可控假设

持续可控假设是指控制主体对控制客体是可以实施控制的,否则内部控制将形同虚设。判定一家企业是否安全健康,主要观察其内部控制是否有效,其内稳状态是否能长期维系。

在确定各级控制主体的控制范围时,只有主体能够控制的对象,才能够被纳入内部控制体系。也就是说,相对于控制主体而言,控制客体必须是可以控制的;不可控、不能控、不需控的,将无法控。通常,构成一项控制活动应具备以下3个条件:

条件1：要有明确的控制目的或目标，即"控"要有方向，"制"要有目标，没有方向或目标就无从控起。内部控制不是为控而控，也不是为制定制度而控，而是为实现控制目标而控。制度再多，管理失控或企业失败就是内部控制无效。所以，以目标为导向是内部控制的"指路牌"或"指南针"。

条件2：受控客体必须具有变化的可能性，即具有可控性。受控客体主要是企业内部的各个构成单元及其相互之间的关系，如人、财、物、供、产、销等各种要素的组合关系，不仅是多种多样的，而且是相互作用、相互影响、具有可塑性。依附在这些受控客体上的机会与损失是有可能转化的，即危中有机、机中有危，具有可变性与可控性。如果事物的发展方向是唯一的、确定的、不可塑的，如已经是不可逆转的危害或失败，就应当尽力治理、清除或制止，而不是去控制了。

条件3：控制主体可以在被控客体的多种可能变化中借助一定的手段进行选择、干预。如果没有选择前提或选择不成立，则控制措施难以落实，也就是说，可以通过单一手段或多措并举转危为安、化险为夷的，才属于可控范畴。

虽然风险无处不在、无时不有，但在一定条件下，风险是可管理或可控制的。风险可控作为内部控制的一个基础，确定了内部控制构建与实施的前提条件。各项内部控制制度就是在可控性基础上建立起来的。超越了内部控制的对象或范围，越过了内部防控的藩篱，突破底线，违反原则，就进入党纪、国法制裁的领域了。例如，实施不相容职务分离等牵制措施，可以避免或减少一个人单独从事和隐瞒不合规行为的机会（不串通假设）[①]，也有助于发现两个或更多人串通舞弊。但某些居心叵测、蓄谋已久的恶意串通舞弊，其目的就在于逃避控制，对此类行为应当采用综合整治的措施。也就是说，内部控制（特别是内部牵制）不能解决管理中的所有问题，这也是内部控制的局限性。

自动化业务系统产生后处理的通常是常规交易。常规交易的控制措施通常设计良好，而非常规交易需要特殊的控制措施。例如，采购系统可能涵盖大部分通用的采购活动，但购置专用设备等非常规采购则需要高层做出特别决策并履行特定程序。非常规交易是需要格外关注的。

总之，人们追求安全、平稳、健康、可持续发展的内在需求与自觉意识越强，控制责任与相应的要求就越高。如何为委托人、受托人、管理者排忧解难？加强控

[①] 不串通假设是指如果两个或更多人串通舞弊，则可以逃避控制，使内部控制形同虚设。这既是内部控制的局限之一，也是研究内部控制的前提之一。离开这一假设，内部控制（特别是内部牵制）将无法建立。

被证明是相当有效的路径与方法。控制的理念与措施将促使人们在理智的权衡中放弃不理智的行为。

1.3 内部控制的发展规律

"欲知大道，必先为史。"(龚自珍)历史是能够启人心智、答疑解惑、温故知新的"教科书"。

内部控制运行规则与行为规范的形成既非空穴来风，也非捕风捉影，而是迭代更新、与时俱进的成果。内部控制随着社会分工、经济发展、管理提升而不断丰富与发展，其演变轨迹和理论逻辑清晰。抚今追昔，内部控制历经五代演变，可分为5个阶段或5个版本，如图1.4所示，其活动过程有章可依、有规可循。现在是过去的延续并昭示未来。站在生存与发展"十字路口"的企业，通过学史明理、以史为镜，有助于正本清源、辨析得失，对于科学认识内部控制运行规律，增添企业行稳致远和持续发展的动力具有非常重要的现实意义。

图 1.4 内部控制渐进发展的演变路径

1.3.1 第一代内部控制的基本特征：内部牵制

内部控制的雏形源于内部牵制思想，姑且称之为1.0版本的内部控制。

牵制是内部控制最初也是最基本的职能，它源于自利动机和相互制约的需求。

内部牵制最初是由登记者之外的人对账册进行核对和检查;其控制对象主要是钱、账、物;其目的在于查错防弊;其前提性假设是两个或多个人犯同一种错误的概率较小,两个或多个人串通舞弊的可能性较小、难度较大。内部牵制的基本思路是分工和牵制,试图以此避免两类差错:一是无意识的错误,二是有意识的舞弊。例如,古罗马对会计账簿实施"双人记账制",一笔业务发生后,必须由两名记账员在各自的账簿中同时反映,然后定期将双方的账簿记录对比考核,以审查有无差错或舞弊,从而达到控制财物收支的目的。

内部牵制在我国源远流长。西周的"上计制度"是官厅控制的原始典范,这是周代会计报告的呈送和审理方式,也是我国古代皇帝考核地方官吏政绩的方法。每年岁终,司会在对各部门会计报告审核的基础上,编制一份总的岁入、岁出报告,报给冢宰,由冢宰协助皇帝考核,并将结果呈送皇帝过目,由皇帝决定奖惩。这种由皇帝"受会""受计"之举为后世帝王所仿效,并逐步演变成一种固定的制度,称为"上计制度"。据《司礼》记载,西周设置"司会"作为会计系统的主管部门,其下分设司书、职内、职岁和职币四个部门。司书负责会计核算,职内(纳)掌管赋税收入,职岁掌管财赋支出,职币掌管余则。司会对四个部门的资料交互考核,以提高会计核算的质量,相互牵制,严密周到。"凡税敛,掌事者受法焉。及事成,则人要贰焉。""凡受财者,受其贰令而书之。及会,以逆职岁与官府财用之出。"凡各部门领取财物,都须将支出命令的副本送达职内处。属于贡赋收入的凭证,由掌管仓库的官员制作,一式二简,一简送职内,作为处理收入事项的依据,另一简留存;属于财物支出的凭证,由职岁统一颁发,每次亦一式二简,一简留存,另一简给财用者凭以到仓库领用财物。通过以上严格的凭证制度可以控制财物的出入。"入、出、余三条线,其控制的严密,较诸现代的出纳,似无逊色。"① 会计史学家迈克尔·查特菲尔德(Chatfield Michael)在《会计思想史》中赞道:"在内部控制、预算和审计程序等方面,周代在古代世界是无与伦比的。"②

最早的复式记账诞生于13世纪的意大利,其时账簿的首页上写着对神的起誓语言并画上十字架,向神起誓账目记录是真实可靠的,如有虚假,则会受到惩罚。此时,起誓的初衷与会计真实、可靠相关。

20世纪40年代,《柯氏会计词典》将内部牵制描述为"以提供有效的组织和经营,并防止错误和其他非法业务发生的业务流程设计。其主要特点是以任何个人

---

① 李孝林. 从云梦秦简看秦国的会计管理[J]. 江汉考古,1984(3).
② [美] 迈克尔·查特菲尔德. 会计思想史[M]. 北京:中国商业出版社,1989.

或者部门不能单独控制任何一项或者一部分业务权力的方式进行组织上的责任分工,每项业务通过正常发挥其他个人或部门的功能进行交叉检查或者交叉控制。"

内部牵制以相互制衡以及查错防弊为目的,以业务授权、职务分离、双重记录以及定期交互核对为手段,当时的控制范围主要针对现金与实物,其控制重点落在会计控制的范围内,包括职责分工、会计记账和人员轮换,其执行程序及牵制重点可分为实物牵制、机械牵制、体制牵制、簿记牵制四个方面,如重要场所上两把锁、保险柜的密码分为两段、业务按不同权限授权不同岗位等。

20世纪初通行的分工协作理论,是指把一件事情划分为多个阶段、多个层次,让多个人共同完成。在分工协作的过程中,人们可以相互检查、互相监督,减少舞弊发生的概率,或者形成一种威慑,前一道工序的质量由此得到提升。这种社会化大生产的思想运用到企业会计审计中,就形成了最初的相互牵制体系。

1.3.2 第二代内部控制的基本特征:内部控制制度

受到1929—1933年世界性经济危机的影响,美国40%左右的银行和企业破产,经济倒退约20年。为应对危机,许多大中型企业设立了保险管理部门,其时防范风险主要依赖保险手段。随着规模化生产,以职务分工为主的内部牵制由于企业架构的改变逐步向内部控制理论转变,其视野从会计控制走向管理控制。企业意识到,要提高业务活动的效率,就需要运用计量方法对企业经营活动进行核算,这是会计控制,再通过会计信息反馈至经营成果,这两项活动相互牵制和印证,形成管理控制。

2.0版本的内部控制重视制度建设。1934年,美国《证券交易法》要求证券发行人设计并维护一套内部会计控制系统,提出了"内部会计控制"的概念。美国会计师协会审计程序委员会(CAP)下属的内部控制专门委员会于1949年对内部控制首次做出权威定义:"内部控制是企业所制定的旨在保护资产、保证会计资料的可靠性和准确性、提高经营效率、推动管理部门所制定的各项政策得以贯彻执行的组织计划和相互配套的各种方法及措施。"1953年10月,CAP又发布了《审计程序公告第19号》(SAP No.19),将内部控制划分为会计控制和管理控制,并将内部控制制度的目标设定到会计核算范围外,强调了内部控制主要是由与确保会计记录可靠性相关的方法和程序构成,同时指出控制的目的是确保会计资料真实、可靠以及财产安全。

1.3.3 第三代内部控制的基本特征:内部控制结构

20世纪70年代后,对人和环境的管理凸显出来,由此形成了对环境、会计和程序的控制，产生了3.0版本的内部控制结构理论。

1988年，美国注册会计师协会发布的《审计准则公告第55号》首次以内部控制结构替代内部控制，不再区分会计控制和管理控制，认为内部控制结构是为合理保证企业特定目标的实现而建立的政策，包括三大要素——控制环境、会计制度和控制程序。控制环境首次被纳入内部控制范畴。

控制环境反映董事会、管理者、业主和其他人员对控制的态度和行为，具体包括管理哲学和经营作风、组织结构、董事会及审计委员会的职能、人事政策和程序、确定职权和责任的方法、管理者控制和检查工作时所用的控制方法（如经营计划、预算、预测、利润计划、责任会计和内部审计等）。

会计制度规定各项经济业务的确认、归集、分类、分析、登记和编报方法。一项有效的会计制度包括以下内容：鉴定和登记一切合法的经济业务；对各项经济业务进行适当分类，并作为编制报表的依据；计量经济业务的价值，以使其货币价值能在财务报告中记录；确定经济业务发生的时间，以确保其被记录在适当的会计期间；在财务报告中恰当地表述经济业务及有关的揭示内容。

控制程序是指管理当局所制定的政策和程序，用以保证达到一定的目的，具体包括：经济业务和活动的批准权；明确员工的职责分工；充分的凭证、账单设置和记录；资产和记录的接触控制；业务的独立性审核；等等。

1.3.4　第四代内部控制的基本特征：内部控制整合

进入20世纪90年代后，世界经济动荡不安，舞弊案件接二连三，反舞弊呼声不断高涨。人们发现，如果没有对风险形成准确、科学、全面的认识，就会影响内部控制的效率和效果。在实施内部控制措施前，应当对风险评估有充分的认识。

1985年，美国注册会计师协会、美国会计协会、财务经理人协会、内部审计师协会和管理会计师协会联合创建了反虚假财务报告委员会，旨在探讨财务报告中的舞弊产生的原因，并寻找解决之道。两年后，基于该委员会的建议，其赞助机构成立了COSO[①]，专门研究内部控制问题。1992年9月，COSO发布《内部控制——整合框架》（简称COSO报告），1994年进行了增补。4.0版本的内部控制整合了内部会计控制和内部管理控制的资源要素。

《内部控制——整合框架》指出："内部控制是一个过程，由组织的董事会、管理

[①] COSO是美国反虚假财务报告委员会下属的发起人委员会（The Committee of Sponsoring Organizations of the Treadway Commission）的英文缩写。

层和所有员工共同实施,旨在为经营的效率效果、财务报告的可靠性、法律法规的遵循性提供合理保证。"其构成要素包括控制环境、风险评估、控制活动、信息与沟通以及监督改进。这5个要素之间相互协调,共同构成对不断变化的环境做出动态反应的整体。该报告首次将风险评估、信息与沟通作为基本要素引进内部控制领域;首次强调环境与人的重要性,将人文因素融入内部控制,极大地丰富了内部控制的文化内涵。此时的内部控制视野开始突破审计范畴的局限,向企业经营管理的整体管控范畴发展。

COSO整合后的内部控制强调了下述理念:① 内部控制是一个过程,是组织要达到目的所使用的工具而不是目的本身;② 内部控制不应当只是行为手册,还应包含组织中各层级的人员;③ 内部控制所能提供的仅仅是面向企业管理层和董事会的合理保证而非绝对保证;④ 内部控制通过调整与监督来达到一个或多个独立但交叉的目标。由此,内部控制体现实时控制和全程控制的观念,也突破了审计范畴的局限,开始逐步向企业经营管理的范畴发展。

1.3.5 第五代内部控制的基本特征:风险管理整合

2001年12月,位列世界"500强"第七位的安然公司因盲目扩张导致资金链断裂,并通过财务舞弊隐瞒巨额债务,最终宣布破产,其股票价格从最高每股将近100美元跌至26美分;同时,为安然公司出具审计报告的会计师事务所也解体了。"安然事件"中的公司既败在内部控制漏洞百出导致财务报表失真,又败在从战略到投资、从经营到文化的风险管理失效与失衡。

2004年COSO发布的《企业风险管理——整合框架》是对1992年的《内部控制——整合框架》内涵的整合与内容的扩展。5.0版本的内部控制主要变化如下:① 扩大了内部控制范围,强调关注企业风险管理这一更加宽泛的领域;② 将构成要素由5个扩展为8个,细化了风险评估;③ 增加了战略目标,将"三目标"(合法目标、报告目标、经营目标)扩展为"四目标"(合法目标、报告目标、经营目标、战略目标)。这里的目标与要素的变化不是否定关系,而是传承和深入,是更为全面和深层次的递进过程。

COSO认为,企业无须用企业风险管理框架取代内部控制框架,可以将现有的内部控制框架纳入企业风险管理框架中。COSO打破了管理与控制的界限,不再严格区分控制与管理,认为两者在企业的经营管理活动中应融合在一起。企业不仅可以利用企业风险管理框架来满足内部控制的需要,而且可以借此构建全面的风险管理框架。风险管理8个相互关联的构成要素与管理进程融为一体,是一个多向的、相互作用的管理过程。

1.3.6 内部控制的变化态势

回顾内部控制的演变历程可以发现,内部控制发展的每一个阶段都不是对前一个阶段的否定,而是补充、延伸与完善,其活动的平台不断扩大、融合程度不断提高、控制理念不断刷新,以下几个明显的变化态势值得关注:

(1) 内部控制的外延不断扩张,视野范围持续拓展

内部控制始于会计工作,会计中的复式记账、试算平衡、查账等就是一系列控制方式。最初基于查账的视角被扩大到管理后,管理者希望一切活动尽在掌控中。控制具有证实各项工作是否与已订计划相符的管理功能,于是,凡是适应外部环境变化和提升内部防控能力的措施均被引入内部控制框架中,企业内部控制持续改善。随着风险不断加大与舞弊不断升级,对治理结构、行为心理、权力舞弊等的综合性研究日益重要。

(2) 内部控制的内涵不断丰富,职能作用持续完善

从控制记账行为到控制会计业务,进而控制经营业务活动乃至服务于整个企业管理活动,内部控制已经从以防错纠偏为主进化为以控制风险为对象,发展到防风险、治危险、除危害、保健康等。企业内部控制正在从以会计、审计为背景的"差错防弊"向以完善公司治理为背景的战略目标、风险管理和价值增值转化,从最初的单一利益目标逐渐融合多元相关利益目标。人们对控制的期盼也从减少差错、谋求生存的初级阶段走向防错纠偏、谋求稳健的中级阶段,并朝着平衡协调、持续发展的高级阶段发展。

(3) 内部控制的要素不断细化,工具手段持续翻新

从一分为二(会计控制和管理控制),细分为三(控制环境、会计制度和控制程序),到整合为五要素或八要素,各种控制工具不断更新,已经突破"以牵制为主"的概念,走向实时控制与全程控制结合、内部控制与风险管理和公司治理整合。尤其是随着数字经济技术的发展和商业模式的变革,企业的边界日渐模糊,防控手段日益丰富,内部控制正在扩展边界,创新性地利用各种工具和技术来增强应对不确定性的能力。

内部控制正朝着精细化渐进,并注重自身效能、行为效率与作用效果。例如,为了实现有效的财务报告内部控制,2006年COSO发布的《较小型公众公司财务报告内部控制指南》从与内部控制5个要素相关的基本概念中提炼出一整套共20项基本原则并加以说明。2009年11月,国际标准化组织发布《风险管理——原则

与指南》(ISO/DIS31000),开启了标准化风险管理的新起点。2013年1月,国际内部审计师协会发布《有效风险管理与控制的三道防线》,提出为了进行有效的风险管理与控制,组织应当搭建三道防线,并说明了这三道防线的组成、角色、职责、运作与协调等。

2013年5月,COSO发布了《内部控制——整合框架(2013)》及其配套指南,从企业运营、法规遵从以及财务报告等方面采用更为严密的内部控制措施来提升内部控制的质量,表现出更实、更活、更稳的动态趋势。

更实:提供了内部控制体系建设的原则、要素和工具,在原有五要素基础上提出了17项基本原则和82个关注点。

更活:强调对于内部控制如何实施、如何评价、如何认定有效性,企业可以有自己的判断。这本质上在为内部控制"解套",是新框架的灵魂。

更稳:强调内部控制有效性的认定。内部控制五要素中的每一项都会受其他要素的影响,应视为一个整体来对待,应整合性地看待内部控制体系和控制措施,而非孤立对待。

(4)内部控制措施不断整合,各种资源持续跟进

随着风险的加大,企业的应对措施从单项牵制进化为结构控制、要素控制后,正在进行业财融合或算、管、控、审的复合防控,并与战略和绩效整合。2017年9月6日,COSO发布更新版《企业风险管理框架》(也称《企业风险管理——与战略和绩效相整合》),表达了企业风险管理工作应该与企业战略和绩效相协同,企业风险管理工作与企业战略和绩效是一个有机的、密不可分的整体,突出了风险的治理和文化的内容,强调了与战略和绩效的关系,应将内部控制嵌入风险管理中,并将两者嵌入公司治理中,凸显了内部控制与风险管理为公司治理服务的宗旨,以及公司治理对内部控制、风险管理的重要作用。更新版着重强调了企业风险管理对战略规划和提升绩效的重要意义,要求从企业使命、愿景和核心价值出发,从董事会至每一位基层员工,均将风险管理视为绩效管理不可分割的组成部分,而不只是风控部门业务管理的操作流程。

图1.5清晰地描绘了内部控制、风险管理与公司治理之间的依存关系和发展方向。随着内部控制嵌入风险管理与公司治理,或者说,公司治理离不开内部控制与风险管理,内部控制的对象范围在不断扩大,目标职能在不断拓展,构成要素在不断演进,由此,内部控制的时空概念、融合程度与渗透力度也在不断加深与更新。

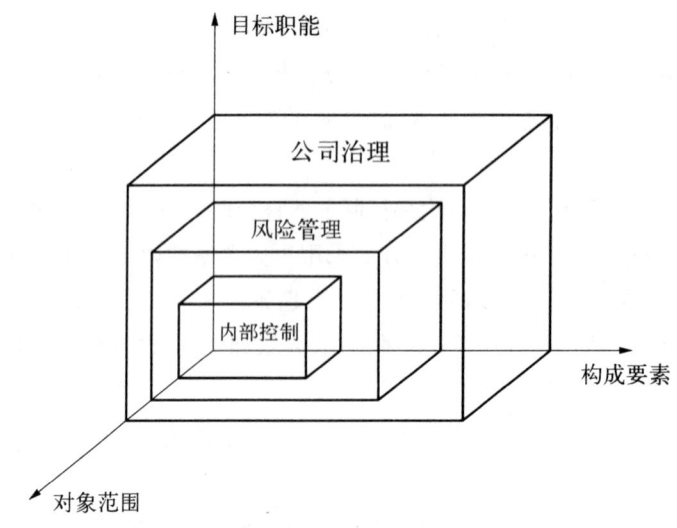

图 1.5　内部控制三维动态融合发展的进程

1.3.7　内部控制与风险管理的运行规律

日升日落、月圆月缺,那是日月按照一定的空间轨道运行的规律;风雨雷电、四季交替,那是大自然按照一定的时间轨迹轮转的规律。内部控制也有着自身的运行规律和一定的逻辑自洽机制,需要人们不断探究。

内部控制不是一成不变的静态条款,而是一个动态的、有行为指向的、阶梯式递进的、不断完善的发展过程。控制有"术""道"之别。控制之术理应日新月异,控制之道需要沉淀与积累。追本溯源,思前想后,为的是总结经验教训,潜心考量,明辨事理,其目的在于透视演变历程、探索发展规律、寻求继往开来的路径,从而增强内部控制活动的科学性、系统性、预见性、创造性。

管控活动的内涵是人、财、物、时、空、事运作中的"道理"。"道"即规律,"理"即合乎规律。建章立制必须在公开、公正、公平的基础上,合理合情,顺应人心,才能得到确立与认同。无论是管理活动,还是控制活动(合称管控活动),其过程与结果都应当明"道"讲"理",这样才有助于达到和谐的境界,达成管控的目标。

人们掌控财物的内在需求萌生了控制的动机。控制的初衷在于掌控受控对象,通过牵制或制约防错纠偏,进而让控制者"有权干预,减少忧虑",让受控对象"约束自律,行止有度"。最初的内部牵制与会计控制相关,曾专属于会计审计领域。随着企业的分工细化、规模扩大,失控案例曝光、舞弊事件频发,风险成为关注的焦点,会计控制走向管理控制与风险管理,并与公司治理相结合,实现"牵制→控制→管控→综合治理"的持续不断推进。控制至今仍是如何有效掌控受控对象的问题,只是其外延、内涵、要素和职能作用都在不断扩展,但万变不离其宗,最终是为了掌控风险、安全健康、持续发展。

下列提炼出的观点对于理解内部控制运行规则与发展规律可能具有提纲挈领的作用:

第一,内部控制直面风险,防错御险,这是内部控制理念的"根"与"魂"。市场风险越大,受托责任越重,监管要求越高,就越应矢志践行初衷。

第二,内部控制的精髓在于制衡,这是最基础的认知和最基本的运行机制,由此才可以提升为自主控制与自动控制,并形成控制文化。

第三,会计控制始终处于基础的、核心的地位。几乎所有舞弊都盯着钱。以资金为主线、以信息为载体的控制活动应当渗透管理的整个系统。会计失控,地动山摇。

第四,协同运作的控制要素具有免疫作用、治愈功能或自愈机制,被嵌入管理活动后的职能作用更为重要。不断增强安全健康的内在驱动力,控制的内在需求会与时俱进。

第五,内部控制的本质在于掌控。随着风险越演越烈和舞弊不断升级,内部控制为了增加确定性、遏制危险性,既要精准施策、精益管控,又要整合资源、综合治理,从而发挥系统化的增值作用。

总之,内部控制演变发展的历程也是其控制职能逐步形成和完善的过程。一方面,源于牵制需求的职能是推动内部控制产生的直接力量;另一方面,管控风险的职能要求内部控制自觉融入风险管理与公司治理的平台,更加重视制度化、法规化和内部控制文化建设,并将企业自愿需要与法律强制要求结合起来。当今的内部控制应当从制度基础型走向精益管控型与综合整治型,善于将风险管理、企业治理融为一体,贯穿防控、管控、监控的全过程,并借助法治、德治与控制文化,使之具有系统性与整合性,这是与时俱进的必然发展趋势。精益控制与综合治理的职能要求内部控制既关注查错防弊,又注重信息的真实性与可靠性,还要为企业提供增值服务。增值职能不是内部控制的"副产品",而是应有的"产品",是内部控制发展至今的必然产物。所以,动态过程的内部控制一定要顺势而为,因势利导,革故鼎新。万物得其本者生,百事得其道者成。

内部控制活动的运行规律不仅具有客观必然性,而且决定着内部控制的走向;它的存在不以人的意志为转移,既不能被创造,也不能被消灭,具有不可抗拒性。在内部控制产生、演变与发展的航程中,规律如灯塔,闪烁着理性的光芒,照亮了航道;规则似航道,指引着航向,规范着前行的航线;企业只有规范运行,才能行稳致远。人们只能探究与遵循规律,不可违背规律,否则必遭惩罚。由此可见,发现、探索、认识、掌握规律对于推进与增强内部控制活动的积极性、主动性、创造性相当重要。如果控制主体能顺应内部控制的运行规律,利用内部控制框架中的各个要素协同运行,内部控制的优势就得以充分发挥,并使企业获益。或者说,企业应当遵循内部控制运行逻辑,顺应发展态势,在开放、融合的控制平台上实现自主、自控、自强式发展。

1.4 精益控制与定向施策

1.4.1 熵减介入与内部控制的作用

失控与管控对应。失控是对管控有序的逆向思考,管控是对失控致乱的逆向行动。

诺贝尔奖得主、奥地利物理学家埃尔温·薛定谔(Erwin Schrödinger)认为:"自然万物都趋向从有序到无序,即熵值①增加。而生命需要通过不断抵消其生活中产生的正熵,使自己维持在一个稳定而低的熵水平上。生命以负熵为生。"社会运行倾向于失衡状态,甚至会出现衰败,这是令人担忧的。如果没有内部控制的介入,在一个孤立的系统中,熵值总是趋向于增加。例如,屋子不收拾会变乱,手机不清理会变卡,热水不保温会变凉……事物总是向着熵增方向去,因为符合熵增的都显得容易或舒适,如懒散。在企业内部,随着经营规模的扩大,管理的难度与复杂程度变大,陈腐在递增,效益在递减;而从外部来看,不确定因素越来越多,竞争压力越来越大,对企业生存和发展的威胁不减反增。自律总比放纵痛苦,放弃总比坚持轻松,于是会出现种种失控:一方面,错误与舞弊不断变幻,千奇百怪的失控现状目不暇接,多种对立使秩序紊乱;另一方面,内部控制与风险管理不断发展与提升,瑕不掩瑜,邪不胜正。如此反复较量,推动着内部控制不断科学化、规范化与精细化。

生命应当自律并不断熵减,这是一个过程。控制亦如是,通过制约、自控来管控风险。失控也有一个过程,如失控之前先失能,失控之后会失败,总有一定的因果关系,所以需要透过现象看本质,抓住失控事件的运作逻辑,通过去粗取精、去伪存真、由表及里、由此及彼的解析,理解其前因后果,不要让失控表象、无关要素、感

---

① 熵增定律中的熵(shāng)是物理上混乱的度量单位,反映系统的无效能量,用来度量"无序化"。

性偏见等影响判断。对付熵增的措施应当在细心研究的基础上予以具体化并应有很强的针对性,做到落点准、有实效。

仔细琢磨,失控总有前因可循,只是缘由不一。问题是,如果对风险与控制的认知出现偏差、控制功能一旦丧失或减弱,各种各样的认知缺陷、设计缺陷和运行缺陷就构成了失控的内在原因。失能的表现林林总总,如失聪、失明、失灵、失衡、失措、失效、失算等。进一步追究,失能又与环境压力、人性自利、能效衰减不无关系,这也是内部控制的研究领域。在观察失能表象时,尤其应当警觉管理中失去平衡与制约能力的失衡、失去应有效力或没有达到应有效果的失效、预想中的事情发生了意外或不在预算范围内的失算、因为惊慌而不知道该怎么办才好的失措……诸如此类的失控征兆是值得关注的预警信号。

斟酌思索,失控总有后果可知,只是程度不同。存在的内部控制缺陷未被发现也未被制止,就会失去控制,容易诱发危险、产生危害、导致失败。细分失控行为,包括失职、失察、失常、失足、失真、失手、失策等。尤其应当关注未能恪尽职守或未依规履职的失职、举止一反常态或不符合规律的失常、失去本意或本来面貌的失真、策划不当或思虑不周造成的失策、观察不细或缺乏监督的失察……这些表现可能是典型、具体、生动的失控写照,还有不少非典型的、难以捉摸、隐秘的舞弊行为应当予以警觉。

有失控就要有管控,如同有熵增就需要熵减。熵增越繁杂,熵减就要越精细。例如杂乱无章的房间,不仅需要清洁人员的介入,而且需要持之以恒的保洁。打扫活动越系统、越精准,室内环境就越整洁。内部控制应当是促使环境变好的熵减行为与运行机制。

企业从建立、成长、成熟到衰退乃至死亡的生命周期与控制对象的演变休戚相关。发展越快,风险越大;企业越大,问题越多;人员越多,人心越复杂……企业的成长并非总是一往无前,相反,更混乱或更无序可能是常态,如果缺乏有效干预,就会形成"熵死"。在边际效用递减的同时,控制不仅要介入,而且其效能必须增强。任正非说过一句话:"历史的规律就是死亡,而我们的责任是延长生命。"如果要变得自律,就得逆着熵增做功。熵增在耗散能量,随波逐流是能量的释放。熵减是消化并吸收新能量,逆流而上是能量的重新凝聚。控制的责任在于防错纠偏、守正驱邪,这个过程是曲折的、痛苦的,但不控制就更痛苦。例如,面对肆虐的"新冠"疫情,加强管控的已经转危为安,任其肆虐的困境还在加剧。危机也有特定的运行轨迹,在它完成自我延伸的自洽逻辑前也需要走完一段路程,这时候的失控与误判会导致事故频发。洞察世事变迁,变化无常亦有常。面临百年未有之大变局,不稳定、不确定的因素不断增多。每次大变局都是一次改过自新的机会。扪心自问：我们正在有效地实施内部控制吗？

1.4.2 精益控制与恰到好处

精，就是精准；益，就是有益。精益是一种理念，更是一种行为指向，左右着思想、流程、行为等。精益要求控制活动在夯实基础的前提下，善于从精细走向精准、精确，织密防控风险的网；从有用走向有效、有益，推进企业价值增值。只有精益求精，才能日臻完善：精细梳理业务流程是科学规划内部控制的基础，精准识别风险是有效控制的前提与方向，精确落实控制措施是响应管理需求的有效回应，精密监控危险是化险为夷的前奏……

细节做好叫精致，细节不好叫粗糙。精益控制就是要想方设法寻求恰如其分、恰到好处的控制措施，这是高明的控制理念。一方面，人们对风险的认知在不断深化与细化，对防控的责任在不断强化与细化；另一方面，随着反控制的抵触情绪不断升级，舞弊者的行为也在升级，促使内部控制的针对性要求越来越高，控制的具体目标与具体要素正不断精细化与定量化，控制手段也不断多样化与精准化，精益控制显得越来越重要。

恰好是指正好、刚好。泛化无益，过犹不及。控制不能粗放化，而要科学化、精细化、规范化。精益包含精细，但"细"到什么程度，要拿捏妥当，有"度"的把握。如果把"细"当成目标，就可能导致管理资源过度投入而管理目的却含糊不清。"益"与"细"不同。作为内部控制指向的"益"是要提升效益或有益于企业价值增值。"益"有方向感、有内涵、有"度"的体现，要求把握分寸而不过度，过度反而无益。内部控制并非越细越好、越严越好，而是越有针对性、越有效越好。

由"精"到"益"，就是要以尽可能少的资源投入创造尽可能多的价值，或者说，管控风险就是为了降低价值损失或创造更多价值，这是理智且重要的行为目标指向。

1.4.3 导向思维与定向施策

导向是行动的指引。导向产生定向，包括控制的方向性、行为的思想性、主动调整的空间位置、时间安排、规范要求等。2020年6月，国资委发出《关于开展对标世界一流管理提升行动的通知》(国资发改革〔2020〕39号)，以八大管理方面存在的32项风险为导向，要求找准着力点：一是找准对标对象，以对标世界一流企业为出发点和切入点，针对八大管理方面存在的问题找差距；二是找准对标要素，从净资产收益率、营收利润率、全员劳动生产率、营收研发投入比、国际业务收入占比、全球产业标准参与度等方面着手;三是找准对标方法,不仅企业内部要认真梳理、深入落实,而且出资人要在考核指标上采取针对性举措,把好的做法上升为制度、体制、机制,达到提升八大能力的目标。①

问题导向是风险导向的具体化,就是以解决问题为指引,集中力量和有效资源攻坚克难,全力化解管控活动中的突出矛盾和重点问题。问题导向要求及时发现问题、科学分析问题、着力解决问题,这也是定向施策最鲜明的行为特征之一。问题其实就是矛盾,而矛盾无时无处不在。哪里存在矛盾,哪里就有问题。发现了问题就等于抓住了事物的矛盾。问题导向首先要有质疑精神,然后能抓住主要矛盾和矛盾的主要方面,并通过切中矛盾的要害、抓住化解矛盾的着力点,找到解决矛盾的突破口,切实增强控制活动的主动性和针对性。

1.4.4 靶向治疗与精准施策

靶向治疗就是指有针对性地选择原位肿瘤点并产生精准有效的作用。传统的化疗是一把"双刃剑",在杀死肿瘤细胞的同时会杀死正常细胞。靶向治疗则不同,它只针对肿瘤细胞,不会伤及肿瘤周围的正常细胞,这就可以大大降低患者在肿瘤治疗中的全身不良反应。靶向治疗与对症下药、精准施策、有的放矢的含义近似,都是要求坚持因人、因地、因事采取应对措施,即针对目标事物的不同特性,施行不同的方案。

风险或问题都是具体的,内部控制应当具有靶向思维,通过精准定位和精准发力,达到靶向治疗的效果,包括对控制对象因地制宜、分别管控、对症施策,对控制范围分类指导、答疑解惑、因材施教,对控制过程因情施策、循因施策、精准施策,对控制结果对标对表、惩前毖后、力求实效……

"二八定律"(巴莱多定律)证实,在任何一组事物中,最重要的只占其中的一小部分,约20%,其余80%尽管是多数,但是次要的。抓住关键问题,才能事半功倍。把80%的资源集中在能出关键效益的20%上,是在寻求精准施策的方向。经验表明,大水漫灌式的管控方式,不管是面对高风险还是低风险都采取相同的监管措施,会浪费有限的资源。面面俱到不如重点突破。

精准施策,一方面要善于分清主次,把握主流,不人为复杂化,另一方面要善于

---

① 加强战略管理,提升战略引领能力;加强组织管理,提升科学管控能力;加强运营管理,提升精益运营能力;加强财务管理,提升价值创造能力;加强科技管理,提升自主创新能力;加强风险管理,提升合规经营能力;加强人力资源管理,提升科学选人用人能力;加强信息化管理,提升系统集成能力。

从源头上预防舞弊发生,解决好根本问题,以便聚焦重点领域、重要岗位、重大风险,突出重点,促使内部控制活动具有现实针对性。

专题讨论1.1 | 解析司法判例数据对于精准控制具有指向意义

北京市高界律师事务所刑辩团队通过检索Alpha案例库,选取了2013年至2019年全国高级人民法院审理的贪污罪的91份二审判决书后发现,贪污罪案件主要集中在广东省、北京市和贵州省,分别占比18.68%、13.19%和7.69%。其中,广东省的案件量最多,达到17件。尽管对经济发展与贪污贿赂的关系争论不休:有的说两者成正比例关系,有的称两者成反比例关系,有的以为两者呈同步状态,还有的主张"双向性的复合关联论""双重效应论"等;但贪污罪的存在既说明管理失控严重,反腐斗争任重道远,也指明了权力管控的"重灾区",应当成为风控重点。

北京市康达律师事务所唐新波律师团队发布的《受贿案件裁判大数据报告(2014—2017年度)》认为,受贿行为发生在工程领域的现象较为普遍,涉及工程领域的有6 872件,占比54%;发生在采购领域和招投标领域的占比分别达到22.4%和21.3%。这些领域成为受贿案件高发地带或者说"重灾区",表明这些领域的利益和资源较集中,容易滋生腐败,是受贿犯罪主要的风险点。

上海星瀚律师事务所发布了《2019年度中国企业员工舞弊犯罪司法裁判大数据报告》,在获取的3 995例案件中,涉及民营企业的有2 815例,占89.25%;涉及外资企业的有275例,占8.72%;涉及国有企业的有64例,占2.03%。发生舞弊案件较多的前5个行业为批发和零售业、制造业、商务服务业、房地产业以及信息技术服务业,合计占总数的73.56%。报告认为,销售岗和管理(经理)岗是舞弊案件高发的岗位,占所有岗位案发数的59.31%。发生在支出环节的职务侵占案有690例,占比23.04%,所侵占财产以货币资金为主。发生在收入环节的职务侵占案有1 144例,占比38.2%,所侵占财产大多为应收账款。发生在资产管理环节的职务侵占案有1 161例,占比38.76%,其行为方式以窃取、骗取、侵吞为主,所侵占的财产基本为库存商品和货币资金。

1.5 综合治理与资源整合

1.5.1 治理更具整合性和权威性

风险变幻莫测,危机喜怒无常,危险接踵而至,企业既要正视风险、对症下药,也要标本兼治、励精图治。"精"的要义是在精准施策的过程中达成精益控制,"治"的要义是在多措并举中提升管控的力度以达成综合整治。故此,本书在倡导精益控制风险的同时,提出综合治理危险或危害的理念。

治理就是整顿使排除故障或恢复原样。治理的概念源自古典拉丁文或古希腊语"引领导航",原意是控制、引导和操纵,又指在特定范围内行使权威,含有统治下的控制与引导并履行管制职责之意。

当代内部控制需要开阔视野,进入治理领域,突出整合观念,包括整合资源、整合程序、整合措施等,使之更多元、更有层次。COSO从《内部控制——整合框架》到《企业风险管理——整合框架》,再发展为《企业风险管理——与战略和绩效相整合》,其标题中均凸显"整合",内涵丰富。进一步联系当前复杂多变的控制环境,整合与整治势在必行,这是现代控制的最佳实践,既顺应内部控制运行规律的必然趋势,汲取COSO最新版的营养,体现治理、整合等要义,又有其深刻的历史背景和重大的现实意义。

内部控制需要提升站位,融入权力治理与权力干预,意在有效阻止危险导致危害或引发灾难。治理主要是治理层的事。根据国际标准化组织(ISO)的表述,风险管理是企业治理和领导力的一部分,表明风险管理工作应该从企业的最高层往下贯彻,而不是自下而上形成。自下而上的传递是反馈,而不是开展工作的依据。对于较大的公司,CEO最终负责整个控制系统的运行,他把权限分配给高级经理,并评价其控制活动;高级经理具体制定控制的程序和人员责任,逐级逐层管控;治理层负有监管责任。对于小企业,管理层级少,日常风险管控可以由管理层负责,一旦出现危险,就应当由治理层出面协调,并落实管控责任。

从风险到危险进而产生危害并导致失败有一个过程。面对各种肆虐的风险以及可能导致危险或危害的种种情形,企业既可以采取单项或专项治理行动,也可以实施综合或全面整治,故又称综合治理或综合整治,其要求在治理框架中协同运作或联动互助,从而有助于抵御危险、化解矛盾、转危为安。

一方面,治理包含控制,但比控制更有力度、广度和深度,因而更宽泛、更权威、更富有弹性,可以体现治理层(高于管理层,但可以包含部分管理层)的意图,并有利于通过整合资源实施管控,因而其重要性更甚、渗透力更大、综合性更强。另一方面,内部控制、风险管理、企业治理都是领导力的组成部分,内部控制是风险管理的组成部分,风险管理又是企业治理的组成部分,三者融合可以为实现管理目标提供高质量、高效益的服务,并有助于改善企业治理。由此可见,控制是一门综合性的管控艺术,是企业综合治理最重要的手段之一。

1.5.2 治理应当提前介入,治之于未乱

管理失控与舞弊共生,已经成为风险控制的"重灾区"和世界性难题。特别是一些管理高层的舞弊活动限制了内部控制作用的发挥,也说明控制域可能存在盲控区或弱控区,所以应当提前治理。高层失控,危险深重;高管舞弊,灾难临头。治理舞弊不能"滞后",而应"治之于未乱",即治理最好的下手时间是妖异之物刚露头的时候,而不能坐等问题成堆了才出手,更不是已经乱了再去"亡羊补牢"。这就好比病入膏肓才去医治,可能后患无穷。

综合治理是法治、控制、德治多管齐下,融合思想道德、制度规矩、纪律法律的多重要求,相得益彰,标本兼治,从而使"不想腐、不能腐、不敢腐"形成一个有机推进的治理整体。"不想腐"侧重于教育和引导,着眼于问题产生的深层次原因,固本培元,正心修身,让人从思想源头上消除贪腐之念。"不能腐"侧重于制度和机制,强化对权力的监控,让权力在阳光下运行,扎紧制度笼子,让胆敢腐败者在严格的监控中无机可乘。"不敢腐"侧重于惩治和威慑,坚持什么问题突出就重点解决什么问题,让意欲腐败者在带电的"高压线"面前不敢造次,遏制腐败蔓延势头。其中,内部控制活动主动融入企业治理,有助于形成一套自我发现、自行检查、自主制约的自律系统,激发企业自身的"免疫系统",将舞弊的"病菌"抑制在萌芽状态。

1.5.3 借助治理的合力,减少各种阻力

加强控制会触动一些人的既得利益,如何尽量减少阻力,包括个体阻力、群体阻力和组织阻力等对控制活动的影响或妨碍,是一个现实问题。人是最难控制的,但人是控制的核心和关键。控制文化强调"人"和"文化"的"软控制"。面对动荡不安的局势,必须学会管控人与人的行为,这是提高控制效能的根本所在。

熵增与熵减在博弈、控制与反控制在较量、舞弊与反舞弊在抗争,失控与控制犹如一个跷跷板,此起彼伏。内部控制如果束之高阁或孤军奋战,就难免陷入孤立无援的窘境。与时俱进的内部控制需要学会借力,寻求支援;需要细化措施,优化效果;需要将内部控制、风险管理、公司治理融为一体,多管齐下,齐心协力。尤其是面对那些有预谋的、暗中勾结的串通舞弊行为,如招投标中招标人与投标人勾结、注册会计师与审计单位串通、律师与当事人或第三人合谋等,单靠控制,难免势单力薄。针对各种串通舞弊等不法行为,仅仅采取职务分离、岗位轮换、授权批准、职能重组等措施显然"心有余而力不足",应当综合发挥惩治震慑、惩戒挽救、教育警醒等功效,包括立案调查、执纪问责、监督追责等。

1.5.4 摆脱危险或脱离危害，需要实施综合治理

成长中的企业总会遇到危险或危害，其成因相当复杂：可能是历史遗留问题，由来已久，积重难返；可能是广泛存在的问题，常规思路解决不了；也可能是突发性的尖锐问题，预料之外、措手不及。这时，已有的措施已经无能为力，只有综合治理才能力挽狂澜。同时，内部控制面对不断刷新的各种挑战，也需要自我完善、不断壮大，用风险管理的全局思想对内部控制的内涵和外延进行拓展，让治理、风险和控制形成一个统一的整体，包括不断整合各种信息资源来充实头脑，不断聚集业财融合、算管融合的各种优势来汲取营养，不断借助文化的张力、审计的眼光、纪委的威严、法制的威慑等来增强力量……这也许就是脱离危险或摆脱危害的"良方"。

1.5.5 风险越复杂，危险越严重，越要倡导综合治理

如果风险肆虐，就要控，要管，更要治。通过整合资源、综合治理，有助于遏制危险或危害。高管串通舞弊，则内部控制天崩地裂。反舞弊任务越艰巨，综合整治越重要。审视当前防控风险的难度，如果仅凭"控制"的一己之力，则孤掌难鸣，难以形成威（震）慑作用。一方面，各种控制要素与控制措施需要扬长避短、多管齐下，通过优化配置，提高各种手段的利用效率与互动效应；另一方面，面对复杂问题或艰难困境，应当多维考量、取长补短、综合施策，包括体制、机制、制度的有机结合，正风、肃纪、反腐的联动出击，法律、纪律、道德的融合整治等。因此，国资委倡导"强内控、防风险、促合规三位一体"的内部控制体系，很有必要。

1.6 管控融合与系统集成

1.6.1 为管而控与管控融合

知过去，可以见未来。考察控制与管理水乳交融的发展史，控制活动总与管理活动同频共振、同向互动、同步前行。早期的企业凭借经验管控员工，依靠简单的牵制甚至有些粗暴的强制手段来维持生产，处于低级的经验型管控阶段。19世纪末，以机器为基础的工厂制出现后，泰罗制等科学管理方法、成本控制（尤其是标准成本控制）成为管控的重要手段。20世纪初，随着公司制替代工厂制，财务系统控制、杜邦指标体系、EVA等考核成为重要的管控手段。自20世纪80年代以来，信息化替代工业化，单纯的财务指标控制受到挑战，以企业愿景、战略管理、全面预算

为重点的战略控制进入人们的视野,平衡记分卡等管控手段日新月异。进入21世纪,面临环境、生态、社会责任等多方面的挑战,人们更加重视社会管控系统的建设。

关于"我认为我最重要的贡献是什么?"的问题,现代管理学之父——彼得·德鲁克的回答是:"我围绕着人与权力、价值观、结构和方式来研究这一学科,尤其是围绕着责任。管理学科是把管理当作一门真正的综合艺术。"这段话中的研究内容不仅表明了管理与控制非常相近,其结语还特别指明了管理具有的综合特性。德鲁克于1954年完成了第一本全面探讨管理学的著作——《管理的实践》,特别推崇目标管理与自我控制。管理与控制各有特征,却紧密相连、相互融通。将内部控制独立出来进行研究,是学科不断分工细化的研究方向。但由于企业的业务、流程、岗位本就无法截然分离,因此内部控制活动绝不是孤立的,管理与控制难分难舍,管中有控,控中有管,互利共生。

控制是管理主体为了达到一定的组织目标,运用一定的控制机制和控制手段,对管理客体施加影响的过程。也就是说,控制本身就具有一定的"管理"或"治理"的意义,这种协同共生的思想对于推进有效管控意义重大。

美国管理控制师协会于1931年成立,1934年创办《管理控制师》杂志。1953年,美国会计师协会在《审计程序公告第29号》中提出了"管理控制"的概念。1965年,罗伯特·安东尼(Robert N. Anthony)将管理控制定义为"管理者确保获取资源并富有成果和效率地使用以达成组织目标的过程"。在其《管理控制系统》第十二版中,安东尼认为,管理控制系统是管理者用于保证组织中的成员实现战略的过程,或者说,是管理者影响组织中的其他成员以落实组织战略的过程,并认为管理控制关注的核心应是战略的执行。管理控制系统包括战略与预算编制、管控执行、业绩评价等活动(如图1.6所示),每一项活动导致下一项活动,构成一个管理闭环。控制与前后环节关联,根本不是独立发生的,它与战略(表现为规划、预算或标准)有关,融合在管理系统中,并重在战略实施性控制(执行性管控)。

战略预算 → 管理控制 → 绩效评价

图1.6 战略、管控与业绩的逻辑关系

"目前,大多数企业正在大力构建管理控制系统。"这是霍华德合伙管理咨询公司所著《管理控制精要:有效管理控制系统的构建》第八版前言的开场白。这是一本展示管理实践中人们对于"管理控制"认识的书,其中不仅构建了"管理控制大厦"的布局,而且详细表述了管理控制师的地位、职位及作用。该书在"译者序"中写道:"德国工业以其严谨的工匠精神和产品的高品质而闻名世界,德国企业的管理也以全面和长期的协调计划性以及超强的执行力而具有鲜明的特色。德国企业的总裁们能够集中精力于企业的战略发展,主要得益于德国独特的管理控制。"

控制过程最适宜的路径就是与管理协同运作,融入管理控制系统原理,整合成为管控系统中的一个有机的组成部分,嵌入企业的文化与实践中,或者说,控制的有效性就在于融入管理系统,并为管理服务,故名"管理控制"而非"控制管理"。COSO认为,内部控制本身就应当是"嵌入其中"的,而不是"置于其上"的。《内部控制——整合框架》认为,"内部控制体系与主体的经营活动紧密相连,并基于最根本的商业理由而存在。当控制被嵌入主体的构架中并成为企业主体的一部分时,内部控制最为有效。'嵌入式'的控制支撑质量和授权行为,避免不必要的成本,并能够对环境的变化迅速做出反应"。

然而有些管理者把内部控制与管理活动看成两回事,认为内部控制会降低管理效率并增加成本负担,只要应对外部检查就行了。任何形式的人为分离管控、为控而控,或让控制徒有形式的做法都是有害的。还有的企业以为已经推行的质量管理体系、环境管理体系、社会责任体系等认证体系都需要通过梳理业务来识别和提升管理水平,为什么还要再耗时费力去建立一套内部控制规范体系?这其实也涉及如何有效融合和互补等问题。

事实上,有关的认证体系与内部控制规范体系并不对立,内部控制重点关注风险问题,其他认证体系虽各有侧重,但都存在风险管控问题。一方面,内部控制可以渗入各种认证体系的建设过程中,与企业现有的组织架构、人员配备、业务流程、授权管理等形成有机的联系,简单跳过管理过程,内部控制就会削足适履或自相矛盾,所以,内部控制活动的触角应当深入流程、岗位、职能,进而优化各种管理活动,即为管而控;另一方面,对风险的管理活动本身就是企业管理的组成部分,并体现控制思想,既管又理还控的行为应当渗透各项具体的管理活动过程,即管控融合。即使是狭义的管控,也要求将管理方法与各种制约措施有机融合;广义的管控则具有全面性,需要打开边界,打造开放的控制平台,包含事前防控、事中管控、事后监控。管控融合,监控结合,资源整合,文化磨合,控制能量就能不断聚合。内部控制与管理活动、公司治理一起,在法治与德治的支撑中融入日常管控活动,将大有可为。总之,管控融合,为管而控,最为有效。所以,内部控制规范体系和现有的管理活动或认证体系应当互相促进,在实际操作中,可以融管理要求、认证体系于一体,将厘定目标、梳理流程、识别风险、完善控制、修订制度、持续改进等过程合并,使同一套(或多套)制度满足多项管理活动或多个认证的要求,这样做既节省人力、物力和财力,又提升企业整体管理水平。

1.6.2 系统理论与系统化控制的特性

内部控制并不是将企业管理各个部分流程细化或制度文本累加这么简单,而是一个经过系统化整合后的体系,这个体系还需要不断设计、建设、运行、评估、改善与优化,即需要系统化。

系统是由若干要素以一定结构形式联结构成的具有某种功能的有机整体。系统化控制的核心思想是系统的整体观念。驾驶员驾驶车辆在公路上行驶,公路存在法定限速(即控制标准)。驾驶员的控制系统会做出如下反应:眼睛(传感器)观察里程计,观测实际速度;大脑(鉴定器)比较实际速度和规定速度;在觉察到偏离标准时脚(效应器)会踩下油门或松开油门;如同体温控制一样,驾驶员的神经构成通信系统,把信息从眼睛传输给大脑,由大脑传输给脚。这就是说,任何系统化控制都是一个有机的整体,既包含各种独立要素,又不是各个要素的机械组合或简单叠加,而是整体功能恰当、协调、有机的结合与运用。控制系统中的各个要素也不是孤立存在的,每个要素在系统中都处于一定的位置并起着特定的作用,要素之间相互关联,构成一个不可分割的整体。要素是整体中的要素,如果将要素从系统整体中分离出来,就会失去要素的必要作用。如同手是人体的劳动器官,一旦手离开了人体,它就不再是劳动器官了。

系统化的首要特性是多元性,即多样性的统一和多维性的合一;系统化的重要特性是相关性,即不存在孤立的要素,所有要素或组合之间相互依存、相互作用、相互制约;系统化的明显特征是整体性,即所有要素构成复合的有机整体,并强调协调运作。

内部控制自身就是一个有机的系统,在接受系统论、控制论和信息论的思想与方法的基础上可以整合为具有一定综合程度的运行机制。

内部控制与经营管理融为一体,可以构成更大的系统,各个部门各种职能之间的联系、流通、互补需要靠整体效应来实现,需要体现整体性,用整体思维来协调系统与人、系统与系统、系统与环境、系统与要素之间的关系,以实现企业管控的整体目标。

内部控制如果只从个别、具体、表层出发,其视野较小,着眼点在局部或某个要素,遵循的是单项因果或机械的因果关系,虽然在特定范围内行之有效,但不能如实地说明事物的整体性,难以反映控制对象之间的联系和相互作用,只适应较为简单的情况,不能应对当今危机四伏的现状。系统性控制却能高屋建瓴,统观全局,别开生面地为复杂问题提供有效的思维方式。系统性控制理论把控制活动视为一个系统,以不断实现控制优化。

内部控制既需要通过"实证方法"来解释风险与问题,证实假说、原则、制度、规则的科学性与理论性,又需要从内部控制运行机制方面进行深入研究,包括制衡机制、执行机制、监管机制、自愈机制等。所有现象都不是孤立的,从机制上把产生现象的原因梳理明白,才有可能确切地知道控制的精准程度和综合治理的有效性。

系统化控制认为,风险事故或危险情形都不是孤立的现象,不仅有多种原因共同导致,而且可能是系统性问题,或系统内各项因素相互作用的结果。例如,某些舞弊问题可能与风险意识淡薄、治理能力不强、监督检查不严等相关,故而应当按照一体化的要求优化内部控制、风险管理、公司治理和合规管理等工作。这就是说,要解决好某个问题,不仅仅要注意这个问题本身,而且要注意系统内各项因素相互关联的状况,只有厘清脉络,分清主次,才能得到预期的结果。

强化系统化控制的思想在当今复杂的控制环境下尤其重要。当输出某个信号时,往往会在某个方面或某个时候得到反馈。为了使输出产生正面的、积极的回应,就需要检查输出的正确性和有益性,防止出现负效益和有害的反馈。系统性控制是把控制对象当作一个系统,分析系统的结构和功能,研究系统、要素、环境三者之间的相互关系和变动规律,并从优化系统的观点看问题,而不是"头痛医头,脚痛医脚"。系统性控制不仅在于认识内部控制的运行特点和发展规律,而且在于利用认知特点使控制活动不断优化。

1.6.3 系统集成的路径与方法

算归算,管归管,控归控,审归审……各归各的,分庭抗礼或分道扬镳,这不是有效管控应有的态度与结果。经济要核算,业务要管理,风险要控制,情况要审计,公司要治理,由此可以形成算、管、控、审、治协同一致的运行机制。

系统集成是一种整体性的思维方式,它要求用整体的观点观察事物,看清事件背后的结构和各要素之间的关系,并具有主动"建构"或"解构"的思维能力与相应的功能。系统集成需要具备整合能力,一般需要经过集合、集约、集成等系统化的过程。

首先要将资源集合起来。"集"就是指将分散的人或事物聚集到一起。综合整治的前提就是集合人力、物力、财力、管理等生产要素资源进行统一配置。综合整治的过程是企业对不同类型资源进行识别与选择、汲取与配置、激活与融合,使之具有较强的柔性、条理性、系统性和价值,并创造新的资源的一个复杂的动态过程。从战略思维层面分析,资源集合(整合)是系统论的思维方式,通过组织和协调,把企业内外部彼此相关但彼此分离的职能整合成一个系统,便于取得"1+1＞2"的效果。从战术选择层面分析,资源集合(整合)是优化配置的依据,也是寻求资源配置与需求的最佳结合点,其目的在于通过制度安排和管理运作来增强控制优势,提高管理水平。

其次要将信息集约起来。集约是指在充分利用一切资源的基础上,集中合理地运用现代管理技术,充分发挥人力资源的积极效应,以提高工作效益和效率的一种形式。"约"是指在集中、统一配置生产要素的过程中,以节俭、约束、高效为价值取向,从而达到降低成本、高效管理,进而使企业集中核心力量,获得可持续竞争的优势。与依靠投入实现产出量增长的"粗放式增长"相反,"集约式增长"是依靠提高效率来实现产出量增长的。

最后且最重要的是要将系统集成起来。系统集成是通过结构化的综合布线系统和计算机网络技术,将各个分离的设备、功能和信息等集成到相互关联的、统一和协调的系统中,使资源达到充分共享,实现集中、高效、便利管理。

目前,一些企业正在通过自治(控)强基、德治教化、法治保障等配套措施的系统集成,使管控的资源融会协调、聚力合力。例如,国家电网公司正在构建以风险防控为导向、以标准流程为载体、以授权管理为约束、以规章制度为保障、以内部控制评价为手段的"五位一体"内部控制体系;山东高速集团将全面预算管理系统与会计核算系统、资金管理系统、招投标管理系统集成,用以监控预算的执行情况与匹配程度等;中核集团采用以风险为导向,以流程为对象,以控制为手段,以制度为平台,以考核为保障,以IT为支撑的科学方法,系统性地开展内部控制体系建设;中国中车以打造与世界一流企业匹配的管理"软"实力为中心,围绕精益强基、协同赋能、价值攀高三个维度,推进十大领域在管理体系、管理能力上创新引领和全面提升;某市国资委立足于企业高质量发展,聚焦企业财务指标、主责主业、质量效益、风险管控和管理提升等重点事项,推行全面预算、资金管理、内部控制、财务信息化、风险管理"五位一体"的做法,每年将年度审计、专项复核、内部控制测评、财务评价四个方面结合在一起进行研究和评价并提出管理建议……系统集成效应在系统性控制中的积极作用正在显现。

1.6.4 系统化控制与全面风险管控机制

从制度基础型走向既精益又综合的系统化控制,是内部控制运行规律的必由之路。系统化控制就是成系统布局、成体系运用、成规模运行的全面风险管控机制,具有大系统的全面性思维。从横向看,系统化控制从前到后贯通事前防控、事中管控、事后监控的全过程,环环紧扣;从纵向看,系统化控制从上到下体现治理层、管理层、业务部门、分支机构、全体员工的全员行动,层层参与;从平面看,各项内部控制要素、措施、程序覆盖业务、领域、岗位,无处不在;从立体看,法制、控制、德治及其文化多管齐下,构筑起一体化、多层次、全方位的风险管控体系。系统化控制能够更好地体现全面科学的控制观,凝聚智慧、效能和经验(如图1.7所示)。在这个广阔的舞台上,控制活动向前推进形成提前防范风险的格局,向后延伸通过监督检查惩前毖后,助力管

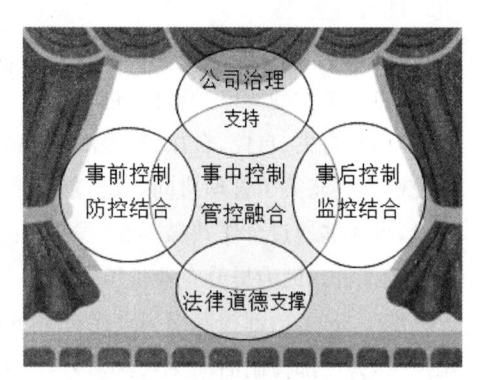

图 1.7　全面风险管控就是系统集成的广阔舞台

理目标的实现,向上寻求公司治理层的支持,向下得到法律与道德的支撑,从而构筑起左右贯穿、上下联动的具有系统性的管控机制,创建互生互动、合作共赢的内部环境,充分彰显内部控制的广度、深度与力度。

粗放型与集约型最本质的区别在于是否合理利用相关资源,最大限度地减少浪费。倡导精益控制与综合整治的系统化控制运行模式,对于促进企业内部控制转型变革有着非常重要的现实意义,将有助于改变内部控制重形式、轻实质的缺陷,改革原有内部控制单一的运行模式,使之动员起来、融合起来、整合起来、有效运转起来,在整体推进中形成协同共进的运行机制。

推进系统化控制是主动应对风险、守住安全底线的内在需求。安全健康的需要必须首先得到满足,这是企业生存与发展的底线。只有系统管控各种威胁安全的风险,满足企业最基本的需要,才能激励股东投资和员工工作。企业安全了,其生存和发展才有希望。但安全健康涉及方方面面,通过推进系统化控制,在波诡云谲的市场面前,运用系统化的理念,配以精益防控和综合整治,能够有效抵御危险与危害,有助于克险制胜。只要各方系统集成、齐心协力,就有转危为机、化险为夷的可能,就能够解决好一些"老大难"问题。

推进系统化控制是有效解决问题、避免积重难返的客观要求。系统化控制就是要打"组合拳",期望产生"化学反应"和"震慑效应",不能解决一个问题又引发另一个问题,要防止把现在的问题推向未来,还要防止以邻为壑,把自己的问题转嫁

给别人,使潜在危险变得更为扑朔迷离。要通过诊断病情、查找病因、追根究底、系统考量,在提高整体免疫水平的基础上,系统根治病症。系统有大有小、可大可小,企业通过健全一个个具有免疫能力的"不倒翁",可以不断增强系统的自适应性、自组织性或自愈性。

推进系统化控制是追求自控自强、力求行稳致远的积极表现。企业作为自主经营、自负盈亏的实体,通过推进系统化控制,可以改善内部环境与要素结构的稳定性,提升自主、自控、自律、自强的主观效能,增进企业的获得感和成就感。系统化控制不仅充实了管理协同理论,能够产生协同效应,而且有助于震慑风险,遏制危险,更能够通过合作共赢、创新发展(不少创新就是来源于现有事物的重新组合或系统推进),助力提升企业价值。

综上所述,内部控制应当秉持开放的理念,以开阔的视野,通过积极实施系统化控制,为内部控制活动注入新动力,产生新动能,实现新发展,进一步促进内部控制增强治愈功能、增进自愈机制,在与风险的博弈或较量中励精图治、奋发图强。

经典案例评析

法兴银行管理失控的惨痛教训

法国兴业银行(简称法兴银行)有着一百五十多年的历史,一度被认为是世界上风险控制最出色的银行之一。但2008年1月,该银行因期货交易员杰罗姆·凯维埃尔在未经授权情况下大量购买欧洲股指期货而形成49亿欧元(约71亿美元)的巨额亏空。

凯维埃尔于2000年进入法兴银行,在监管交易的中台部门工作5年,负责信贷分析、审批、风险管理和计算交易盈亏,熟知控制流程。2005年,其被调入前台,供职于全球股权衍生品方案部,所做的是与客户非直接相关、用银行自有资金进行套利的业务。凯维埃尔的作案手法可以概括为侵入数据信息系统、滥用信用、伪造及使用虚假文书等多种欺诈手段的联合。为了确保虚假的操作不被发现,凯维埃尔利用多年来处理和控制市场交易的经验,连续屏蔽了法兴银行对交易操作进行的检验、监控,其中包括是否真实存在这些交易的监控。此外,凯维埃尔还盗用他人电脑账号,编造来自法兴银行内部和交易对手的虚假邮件,对交易进行授权、确认或者发出指令,以掩盖其违规行为。

健全有效的内部控制系统对非法行为具有"防止""发现"和"纠正"等功能。法兴银行的失控源于制度设计上和治理过程中的严重缺陷,包括对交易员盘面资金的监督、对资金流动的跟踪、对后台与前台完全隔离规则的遵守,以及信息系统的安全及密码保护等多个环节存在的实质性漏洞。例如,法兴银行关注的是欧洲交易所提供的汇总后的数据,而没有细分到每一个交易员的交易头寸数据等。

法兴银行的内部控制系统也有"发现"功能。从2006年6月到2008年1月,法兴银行的运营部门、股权衍生品部门、柜台交易、中央系统管理部门等28个部门的11种风险控制系统自动针对凯维埃尔的各种交易发出过75次报警。从时间来看,2007年发布警报最为频繁(达67次),平均每月有5次以上;2008年1月案发前,又发布警报3次。从细节来看,这11种风险控制系统几乎是法兴银行后台监控系统的全部,涉及经纪、交易、流量、传输、授权、收益数据分析、市场风险等风险控制的各个流程和各个方面,由运营部门和衍生品交易部门发出的警报高达35次。荒谬的是,监控系统竟然发现在不可能进行交易的某个星期六存在一笔没有交易对手和经纪人姓名的交易。风险控制部门负责调查的人员轻信了凯维埃尔的谎言,有些警报甚至在风险控制IT系统中转来转去而没有得到最终解决。直至2008年1月,一笔涉及300亿欧元的德国股指期货的交易对手是巴德尔银行,这引起了集团管理人员的警觉。巴德尔银行是一家规模中等的德国做市商,不可能从事数额如此巨大的交易。在对巴德尔银行收紧贷款、核查其历史交易和开展全面调查后事情才水落石出,但为时已晚。

法兴银行的内部控制根基不牢,控制环境不佳,虽然发现了缺陷,但未能及时防止和纠正。凯维埃尔从2005年开始违规交易,一度账面盈利达14亿欧元。凯维埃尔说:"我不相信我的上级主管没有意识到我的交易金额,小额资金不可能取得那么大的利润。当我盈利时,我的上级装作没看见我使用的手段和交易金额。在我看来,任何正确开展的检查都能发现那些违规交易行为。"显而易见,管理层缺乏风控意识是灾难深重的内在原因。

现在的问题是,"凯维埃尔"还会出现吗?"法兴银行"会更倒霉吗?失控一次次告诫人们:有效的控制与监管都是必要的,防控风险应有足够的准备。

第 2 章　内部控制的中国特色

> 打造融合开放的管控平台,有效推进精益控制与综合整治。

2.1　中国特色内部控制体系

2.1.1　我国企业内部控制建设重点

自改革开放以来,我国从推进内部牵制入手,历经会计控制、内部控制与风险管理,虽然起步较晚,但发展很快,要求很高。其间,政府主管部门、证券监管部门和行业监管机构等制定的政策性文件成为内部控制建设与监管的重点依据,主要包括以下四个方面:

(1) 基础性控制规范

1984 年 4 月,财政部发布的《会计人员工作规则》要求建立会计人员岗位责任制,提出了出纳人员不相容职务分离的规范要求。1985 年 1 月,第一部《中华人民共和国会计法》要求建立健全内部会计管理制度。1996 年 6 月,财政部印发的《会计基础工作规范》要求建立健全包括内部牵制制度在内的会计管理制度。1996 年,中国注册会计师协会发布的《独立审计具体准则第 9 号——内部控制与审计风险》对内部控制的定义、内容等做出规定。1999 年 10 月修订后的《中华人民共和国会计法》要求各单位建立健全本单位内部会计监督制度。2001—2004 年,财政部先后发布了《内部会计控制规范——基本规范》和一系列具体会计控制的规范性文件。2005 年,中国内部审计协会发布了《内部审计具体准则第 16 号——风险管理审计》。2006 年 2 月,财政部发布的《中国注册会计师审计准则第 1211 号——了解被审计单位及其环境并评估重大错报风险》规范了有关内部控制及其审计。2009年12月，风险管理国家标准《GB/T24353-2009风险管理原则与实施指南》和《中华人民共和国国家标准：风险管理术语(GB/T23694-2013代替GB/T23694-2009)》等发布……

(2) 上市公司控制规范

上市公司控制规范主要由上市公司监管机构发布，如证监会分别于2001年和2002年发布《证券公司内部控制指引》和《证券投资基金管理公司内部控制指导意见》。2006年发布的《首次公开发行股票并上市管理办法》规定，首次公开发行股票的发行人的内部控制在所有重大方面必须是有效的，并须由注册会计师出具无保留意见的内部控制鉴证报告。深圳证券交易所和上海证券交易所随即分别出台了《深圳证券交易所上市公司内部控制指引(征求意见稿)》和《上海证券交易所上市公司内部控制指引》。2006年7月，中国证监会发布了《证券公司融资融券业务试点内部控制指引》。2007年2月，证监会发布《上市公司信息披露管理办法》，明确提出上市公司必须建立信息披露内部管理制度。2007年12月26日，深圳证券交易所发布的《中小企业板上市公司内部审计工作指引》要求建立自查机制，由内部审计负责审查和评价内部控制的有效性、提出建议，审计委员会对内部控制的建立和实施情况出具年度内部控制自我评价报告……

(3) 行业性控制规范

各行业监管机构发布的内部控制规范文件是多方面的，如1997年5月中国人民银行颁布的《加强金融机构内部控制的指导原则》、1999年8月中国保监会制定的《保险公司内部控制制度建设指导原则》、2000年4月证监会发布的《关于加强期货经纪公司内部控制的指导原则》、中国人民银行颁布的《商业银行表外业务风险管理指引》和《商业银行内部控制指引》等、银监会发布的《商业银行集团客户授信业务风险管理指引》《商业银行房地产贷款风险管理指引》《商业银行内部控制评价试行办法》《商业银行个人理财业务风险管理指引》《商业银行市场风险管理指引》和《商业银行操作风险管理指引》等一系列风险管理指引。

(4) 中央企业内部控制规范

2006年6月，国资委颁布了《中央企业全面风险管理指引》。2007年12月，国资委又发出《中央企业财务内部控制评价工作指引》。2019年10月印发的《关于加强中央企业内部控制体系建设与监督工作的实施意见》和《2020年中央企业内部控制体系建设与监督工作有关事项》要求严格规范全面有效的内部控制体系，实现强内控、防风险、促合规的管控目标。2020年6月，国资委发出《关于开展对标世界一流管理提升行动的通知》，要求进一步加强内部控制体系建设，构建全面、全员、全过程、全体系的风险防控机制……

2.1.2 第一套中国企业内部控制结构体系

2006年7月15日，财政部发起成立了企业内部控制标准委员会，由财政部、国资委、证监会、审计署、银监会、保监会联合组成。中国注册会计师协会也发起成立了会计师事务所内部治理指导委员会。

2008年5月22日发布的《企业内部控制基本规范》（财会〔2008〕7号）是指导企业内部控制的纲领性文件。

2010年4月26日发布的《企业内部控制配套指引》（财会〔2010〕11号）包括18项《企业内部控制应用指引》《企业内部控制评价指引》和《企业内部控制审计指引》，与《企业内部控制基本规范》一起构建了中国企业内部控制规范体系，标志着"以防范风险和控制舞弊为中心、以控制标准和评价标准为主体"的企业内部控制建设与应用体系的建成。至此，我国建立起第一套具有中国特色的、完整的企业内部控制规范体系，该体系的结构框架如图2.1所示。

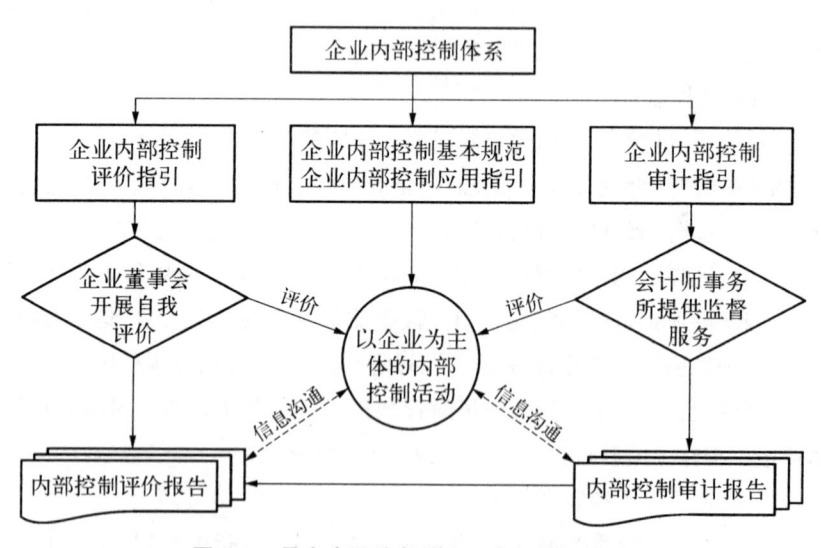

图2.1 具有中国特色的企业内部控制体系

上述企业内部控制基本规范、应用指引、评价指引和审计指引构成一套有机衔接、环环相扣、互为依托、相辅相成的控制体系。执行企业内部控制规范体系的企业应当对企业内部控制的有效性进行自我评价，披露年度自我评价报告；同时,聘请会计师事务所对其内部控制的有效性进行审计,出具审计报告。政府监管部门将对相关企业执行内部控制规范体系的情况进行监督检查。在企业、注册会计师和有关监管部门的三位一体中,企业是内部控制规范体系建设的主体,内部控制自我评价和外部审计评价是我国企业内部控制规范体系建设的两大制度层面。

我国企业内部控制不仅是一项重要的管理活动,而且是一项重要的法规层面的制度安排。虽然各行各业的经营管理情况千差万别,内外部因素复杂多变,但都必须根据基本规范和相关配套指引的要求,结合企业的经营特点和管理实际,建立健全符合本企业实际的操作规范,将企业内部控制规范真正落到实处。

人之体检防疾病,企业体检防风险。企业内部控制基本规范和应用指引已经为企业"体检"确立了标准,实施企业内部控制评价是在"自我体检",应当具有自觉性和持续性;企业内部控制审计属于"外部体检",应当具有专业性和公正性。通过与时俱进的各种管控活动,企业可以实现自主、自控、自强式发展。

2.2 企业内部控制基本规范

2.2.1 企业内部控制的立法宗旨与适用范围

《企业内部控制基本规范》(简称《基本规范》)自 2009 年 7 月 1 日起实施,是我国第一部全面规范企业内部控制的规章制度,开创了我国企业内部控制体系的新局面。

《基本规范》的立法宗旨:"为了加强和规范企业内部控制,提高企业经营管理水平和风险防范能力,促进企业可持续发展,维护社会主义市场经济秩序和社会公众利益,依据《中华人民共和国公司法》《中华人民共和国证券法》《中华人民共和国会计法》和其他有关法律法规,制定本规范。"

《基本规范》确立了我国企业建立和实施内部控制的基础框架,在内部控制规范体系中处于最高层次,起着统驭的作用。该规范适用于在我国境内设立的大中型企业。小企业和其他单位可以参照执行。[①]

[①] 财政部于 2017 年 6 月印发了《小企业内部控制规范(试行)》,这是我国第一部为小企业量身定制的内部控制规范,是我国率先实施差别控制的重要制度安排,在内部控制发展史上具有里程碑的意义,具体内容详见李敏. 小企业内部控制——自主管控的路径与方法[M]. 上海:上海财经大学出版社,2021。

《基本规范》开创性地建立了以企业为主体、以政府监管为促进、以中介机构审计为重要组成部分的内部控制实施机制,要求企业实行内部控制自我评价制度,并将各责任单位和全体员工实施内部控制的情况纳入绩效考评体系;国务院有关监管部门有权对企业建立并实施内部控制的情况进行监督检查;明确企业可以依法委托会计师事务所对本企业内部控制的有效性进行审计,出具审计报告。

内部控制标准的制定与实施如同一枚硬币的两面,相辅相成,形成整体。在制定内部控制标准的同时,应当着手认真研究内部控制标准的实施路径,明确内部控制与企业文化、管理制度和管理程序之间的关系,厘清内部控制流程与企业实物流、资金流、信息流之间的关系和衔接点,建立起一套较完善的内部控制评价制度,确保在企业内部形成顺畅的内部控制实施机制。

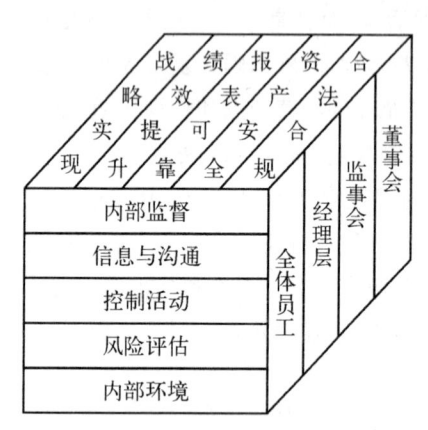

图 2.2 《基本规范》结构框架中的主要内容

《基本规范》的主要内容包括实施五大要素,发挥四个层面的作用,达到五个目标等(如图 2.2 所示),从而构筑起防范风险的"防火墙",铸牢市场健康稳定发展的"安全屏障"。一个完备的、环环相扣的、相互关联的企业内部控制体系将为企业的安全健康发展创造良好的控制环境。

2.2.2 企业内部控制的概念与基本特征

"控制"一词由"控"与"制"两个字组成。控,形声字,从手,空声。手(扌)表意,用手拉开弓弦;空(kong)表声,有穷尽意。控,必穷尽力量拉开弓弦以击中目标,引申为控制、操纵、驾驭。制,会意字,小篆字形。左边是"未",指树上的枝干;右边是刀(刂)。制,表示用刀修枝,具有弃旧图新、重整规制之意,用作名词,表示规章制度。

《辞海》对"控制"的解释:① 掌握住使不越出范围;② 控制论的基本概念,指对系统进行调节以克服系统的不确定性,使之达到所需状态的活动和过程。控制是人类改造自然、利用自然的重要内容和进步的标志。

"控制"最初用于工程学科,后来被拓展应用于管理学科。控制论(Cybernetics)[①]是

---

① 1948 年,诺伯特·维纳(Norbert Wiener)出版了《控制论——关于在动物和机器中控制和通信的科学》一书,特意创造了"Cybernetics"这个名词来命名"控制论"这门科学。

研究动态系统在变化的环境下如何保持平衡状态或稳定状态的科学。据说"Cybernetics"来源于希腊文"mberuhhtz",意为"操舵术",即掌舵的方法和技术。舵手深知大海的不确定性,要求具有掌控方向和搏击风浪(风险)的能力。控制的本质就是对抗不确定性,使之具有平衡性或稳定性。

《基本规范》认为:"内部控制是由企业董事会、监事会、经理层和全体员工共同实施的,旨在实现控制目标的过程。"该定义概要回答了内部控制是什么、靠什么、为什么等重大问题,不仅明确了内部控制的特征,而且具有权威性。

特征一,企业内部控制是动态的,其显著的特征就是通过制定制度、落实措施以管束行为和控制风险,并不断适应变化了的新情况。这个过程存在各种状态(时态):控制着,表示动作或变化正在进行;控制了,表示动作或变化已经完成;控制过,表示动作或变化已成为过去;控制住,表示掌握得稳当、牢固;控制好,表示控制活动令人满意。内部控制是动态变化的,绝不是静止不变的。

特征二,企业内部控制是全面的,包括从董事会到全体员工的全员控制,对事前、事中、事后的全过程控制,从会计领域到所有领域的全方位控制,即内部控制是企业全体人员共同的事。虽然客观上存在控制范围的大小之别,但现代内部控制要求覆盖企业风险的方方面面,被称为全面控制。

特征三,企业内部控制是有目标的,且只有达标才算有效。控制目标体现对约定俗成的规则和秩序的理解以及由此产生的行为规范。虽然内部控制实施的效果有优劣之别,但目标指向是既要防风险,又要控舞弊;既要"做正确的事",又要"正确地做事";最终达到控制目标的各项规范要求。企业期望风险正在被控制(处于受控而不是失控的状态),应有的控制措施已经实施,对控制的评价就是良好的。

2.2.3 企业内部控制的责任担当

企业内部控制的主体责任必须明确。按照《基本规范》的指示,企业内部控制的第一责任人是董事会,第二责任人是监事会,第三责任人是经理层,第四责任人是全体员工,其外延具有全员性的要求。四个层面应当全面出击才能全面奏效,即内部控制的责任主体向上扩展至治理层,向下延伸至所有员工,任何部门、任何人员都不能例外。内部控制需要全员参与、平行参与、平等参与。企业中的每个人都对内部控制负有责任,而领导的标杆作用、表率作用、以身作则与诚信行为更加关键。

第一,董事会对股东(大)会负责,依法行使经营决策权,属于出资者控制的范畴,用以维护所有出资者的利益,旨在实现资本保全与增值,属于企业治理层(领导)控制。董事会负责内部控制的建立健全和有效实施,是加强企业内部控制的第一责任人。如果投资者控制企业的职能"缺位",内部控制的职责就难以真正落实到位。

审计委员会在董事会的领导下负责审查企业内部控制,监督内部控制的有效实施和内部控制自我评价情况,协调内部控制审计及其他相关事宜等。内部审计和纪检监察部门具有一定的独立性和审计监督技巧,能够相对公正且高效地执行内部控制的监督任务。

第二,监事会对股东(大)会负责,监督董事、经理和其他高级管理人员依法履行职责等。监事会监督投资者决策行为的同时,应当切实履行监督投资者对经营者监管职能的落实情况等。

股东(大)会、董事会、监事会或审计委员会属于公司的治理层,对公司战略方向和管理层履行经营管理责任负有监督责任,包括对财务报告过程的监督等。需要盯紧董事、监事和高级管理人员等"关键少数",并压实内部控制靠前指挥、亲自推动、加强统筹协调等领导责任。

领导责任越重大、岗位越重要,越要加强监督,尤其要做实做细对"一把手"的监督和同级监督,包括明确监督重点、落实监督责任、细化监督措施、健全制度机制等,做到真管真严、敢管敢严、长管长严。

第三,经理层(管理层)负责组织和实施股东(大)会、董事会决议事项,主持企业的生产经营管理工作,负责组织、领导企业内部控制的日常运行,尤其是企业总经理(首席执行官)承担着重要责任。

企业应当成立内部控制专门机构(专职的内部控制部门或风险管理部门)或者指定适当的机构(如企业管理部门或战略管理部门)具体负责组织、协调内部控制的建立、实施及日常工作。

第四,全体员工(包括所有业务单元或部门)都应在实现内部控制的过程中承担相应职责并发挥积极作用。管理层应当重视部门和员工的作用,既提供支持,又提供反映诉求的通道。

2.2.4 企业内部控制的目标

(1)内部控制目标的内涵解析

目标导向首先要有明确的目标。作为市场经济主体的企业,要想谋求长期生存和持续发展,就需要制定并有效实施适应外部环境变化和自身实际情况的控制目标。目标越明确,导向作用就越具体。

目标是对控制活动预期结果的主观设想,具有多维性和动态变化性。以下三种关于控制目标的观点相当典型:一是内部控制"三目标",代表观点是《内部控制——整体框架》中提出的效率性、可靠性和合法性;二是内部控制"四目标",代表观点是《企业风险管理——整合框架》中提出的效率性、可靠性、合法性和战略性;三是内部控制"五目标",我国《基本规范》明确提出:"内部控制的目标是合理保证企业经营管理合法合规、资产安全、财务报告及相关信息真实完整,提高经营效率和效果,促进企业实现发展战略。"这五大目标可以分为以下三类,集合起来体现我国对企业内部控制目标的总体要求。

第一类:合规性目标——企业可持续发展的基石

合规性要求合理保证企业经营管理合法合规,经营行为符合适用的法律法规,这是内部控制的底线(红线),是排在第一位的。不合规的风险是最大的风险,因而引发的问题最多。

近年来,不少国家致力于建立和维护开放、透明、公平的社会秩序。2005年12月14日《联合国反腐败公约》正式生效;2010年世界银行集团颁布《诚信合规指南》;2014年12月15日国际标准化组织出版第一个关于合规管理的国际标准《ISO19600:2014合规管理体系——指南》,2016年10月15日又出版《ISO37001:反贿赂管理体系——要求及使用指南》。

贿赂已经严重侵蚀市场秩序,损害商业社会。与贿赂斗争的有效工具之一就是健全合规体系。2017年11月18日,中国国际贸易促进委员会企业权益保护中心主办"中国企业反贿赂国际合规行动研讨会",英国标准协会首席专家高毅民在会上提供的数据显示,当前全球每年有高达1.5兆美元的行贿金额,全球通过行贿来保障其业务开展的企业比重高达30%,行贿金额占到了企业总成本的10%。有调查显示,69%的中国海外经营企业遭受过反商业贿赂执法或处罚。中国贸促会在研讨会上发布了企业反贿赂国际合规行动方案。自2018年8月1日起实施中国国家质量监督检验检疫总局、国家标准化管理委员会发布的《合规管理体系指南》(GB/T 35770-2017)。2018年11月2日,国资委印发《中央企业合规管理指引(试行)》的通知。2018年12月29日,国家发改委等七部委联合印发《企业境外经营合规管理指引》……如今,建立一套行之有效的合规体系已经成为企业的标准配置,尤其是志在全球化的企业更应当把合规体系建设提高到新的高度,以适应合规经营的环境变化。

合规是一种责任、一种纪律、一种习惯。企业应当加强合规教育,增强董事、监事、经理及其他高级管理人员和员工的法制观念,严格依法决策、依法办事、依法监督。违规表现多种多样,包括:主动违规,即行为人明知自己的行为违规,仍然实施这种行为;无知违规,即行为人因为对规章制度不了解、业务政策不熟悉,在不知情的情况下实施违规行为;被骗违规,如被引诱而出现无意识的违规;等等。

在内部控制实践中,确立合规意识很重要。合规是指经营管理行为符合法律法规、监管规定、行业准则和企业章程等。广义的"规"有三层含义:第一层是具有强制性的法律法规;第二层是企业自愿性的承诺和规制等;第三层是职业操守、道德规范和公序良俗等,虽非强制性的,但为大众所认同。

合规风险是指不合规行为引发法律责任、受到相关处罚、造成经济或声誉损失以及其他负面影响的可能性。底线是不可逾越的警戒线,是事物质变的临界点。一旦突破底线,事物的性质就会发生根本改变,导致无法承受的后果。底线思维蕴含着前瞻意识和忧患意识,智者防祸于未萌。

进一步分析失控案件后发现,如果企业建立了有效的合规风险预警系统,一些不合规行为就会无所遁形。由此可见,企业应当建立健全以风险管理为导向、以合规监管为重点的风险预警系统。某企业的合规风险预警系统如图2.3所示。

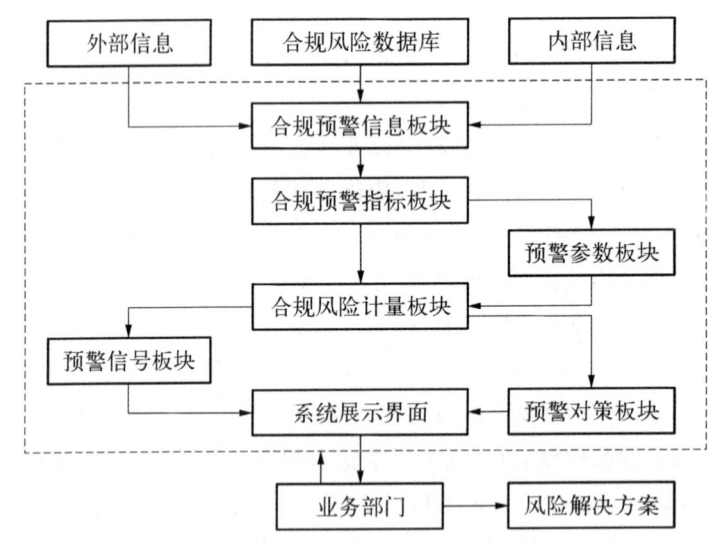

图2.3 合规风险预警系统的结构板块

合规管理就是指以有效防控合规风险为目的,以企业和员工经营管理行为为对象,开展包括制度制定、风险识别、合规审查、风险应对、责任追究、考核评价、合规培训等有组织、有计划的管理活动。企业内部控制活动的首要内容应当是合规管理,这也是内部控制第一目标责任所规定的。

第二类：绩效性目标——企业经营管理活动的指南

合理保证企业资产安全、财务报告及相关信息真实完整、提高经营效率和效果这三个目标居于控制目标的中间地位，与经营活动和管理绩效紧密关联，具有常规性、重要性和持续性。内部控制应当嵌入企业相关领域、层次和环节，以业务或管理流程为基础，利用内部控制的措施和方法，将管控活动有机融合起来。控制不是经营活动本身，而是嵌入管理中的制衡举动，通过控制的作用，不仅为资产保全、信息可靠、经营绩效保驾护航，而且通过掌控风险、化解矛盾、解决问题、提升业绩，有助于企业经营行稳致远。

绩效目标也是一种结果导向，就是以管控成效接受评价和检验，期望管控活动的成果惠及企业，推动业务安全健康发展，有利于企业长治久安。结果导向通常以发展实绩或成效为准绳，不仅重视经济量的增长，而且注重经济质的提升；不仅重视经济发展，而且注重经济活动的协调与平衡，从而形成系统完备、科学规范、运行高效的现代企业管控体系。

风险导向是实施内部控制最显著的特征。从管控风险的这一总体思路出发，可以进一步关注与风险相关的问题、目标及其结果，促使防范风险更为精准、有效。风险（问题）、目标、结果"一体三面"、相辅相成。风险（问题）是出发点，目标是根本点，结果是落脚点，都可以成为风险管控活动的基本遵循与行为导向。

第三类：战略性目标——企业内部控制的最高目标

发展战略是企业在对现实状况和未来趋势进行综合分析和科学研判的基础上制定并实施的发展目标与战略规划，具有长期性、根本性与全局性，它与企业使命相关联并支撑使命，是内部控制设定的最高目标。一方面，发展战略为企业内部控制指明了方向，企业内部控制最终追求的是通过强化风险管控促进企业实现发展战略；另一方面，内部控制为企业实现发展战略提供了坚实保障，即实现发展战略必须通过建立健全内部控制体系提供保证。当代内部控制正面临从财务报告向价值创造转型，使其成为实现企业价值最大化目标的重要战略工具。通过内部控制活动，可以促进企业实现发展战略。

战略是方向性的把握，策略是具体动作。所以，战略不能错，战略错了就不可能产生好的结果。战略是对长期的展望，不常变；策略是短期的行为方法，可以根据环境的变化适当调整。战略风险与战略失败是最严重的风险和最彻底的失败。

近年来，基于风险导向的战略目标控制受到青睐，公司治理、企业文化、战略管理、绩效管理、危机管理等被广泛应用于内部控制框架中。2017年版《企业风险管理框架》在强调风险和价值关联性的基础上，提升了对战略相关议题的研讨，要求风险管理真正融入战略和绩效管理。

在竞争的环境中能够抓住时机并快速决策是现代企业成功的关键之一,但不能在没有选择的情况下仓促决策、武断决策。战略目标不能过于激进,即不能在浮躁心态的驱使下盲目做大,也不能在管控能力不足的状态下急于求成,否则一旦遭遇"风吹草动",就容易"灰飞烟灭"。战略目标也不能过于保守,迟钝会丧失发展机遇和动力,导致"落后挨打",最终被淘汰。战略失控是最大的失控!美国兰德咨询公司认为:"世界上每100家破产倒闭的大企业中,85%是因为企业管理者的决策不慎造成的。"为此,企业应当建立发展战略决策制度,加强对战略制定与实施的事前、事中和事后评估。对发现明显偏离发展战略的情况要及时报告;如确需对发展战略做出调整,就要遵循规定的权限和程序进行。

(2)内部控制目标的行为特性

第一,控制目标体现受托责任,具有导向性。如果控制主体能够就以上"五目标"取得合理保证(而非绝对保证),就可以分别从这五类目标的角度评判内部控制是否有效,从而促使达标要求落实到具体的控制行为与控制过程中。

追随控制目标能够让人们在有限理性的权衡中放弃不理性的行为,从而防止失误或减少损失。或者说,找到并解决好阻碍目标实现的问题,通过必要的控制手段来践行目标方案,以达成目标或收获成果,这是相当重要的。所以,检验内部控制的成果,不仅要看嘴上说的、纸上写的、墙上挂的,而且要看行动。如果管理在作弊、领导在舞弊、结果是错弊,即使说得再多、写得再好、挂得再满,存在重大缺陷所导致的失控与失望也在所难免。

目标导向重在以落实管控责任为己任,持之以恒,一步一个脚印朝着既定的目标努力前行,将发展愿景或战略目标转化为具体行动,激发自主管控的活力、动力和能力。"一分部署,九分落实"。目标明确,措施与执行力必须跟上。以目标为引领贵在自觉,经常对标对表,补短板、强弱项,步步为营,久久为功。

第二,控制目标可以分阶段分步骤实施,具有时间性。例如,企业根据中长期总体发展战略,运用树状分析法,分解战略目标,即在各个运营单位的层面上分解形成相应的运营单位目标,然后按照部门设置将运营单位目标分解为部门目标,再按照业务流程将部门目标分解为流程目标等。通过层层分解,最终把企业的总体战略目标分解为金字塔形的目标体系。其中,阶段性目标可以是实现一定程度的控制目标,但应反映所期望达到的具体要求与管控水平。

第三,控制目标可以划分为不同的层次,具有结构性。最优期望目标属于最有利的理想目标;实际需求目标是经过预测和核算被纳入预算(计划)的目标;可接受目标是经过权衡或努力可以实现的目标;最低限度目标是通常所说的"底线",即最低要求,一定要严防死守。在"五目标"中,合法性、资产保全性、信息真实可靠性属于基础性、常规性的目标要求;效率效果性属于重要目标,涉及有效或高效利用资源创造价值等问题;战略性目标是高层次目标,与企业的愿景、使命相关。

第四,控制目标应当是具体的,针对风险的,可以通过具体履职情况、具体控制过程或具体控制措施体现的,具有可操作性。无论是维持现状,还是打破现状,或者创新创造;无论是解决慢性问题,还是解决急性问题,或是不解决问题,具体控制目标与工作方向都是不可或缺的。

例如,在发票管理方面,表2.1所列的主要风险点与具体控制目标和具体措施之间具有较强的内在联系。

表2.1　　发票控制的风险点、控制目标与控制措施的对应关系分析

主要风险点	具体控制目标	具体控制措施	部　门
发票未根据经确认的订单和有效的发货单开具	发票都是根据经过确认的订单和有效的发货单开具的	客户订单经检查无误后,系统生成联号发货单,仓库保管员依据发货单进行拣配、验货并与运输或经销商清点交接后签收确认,发货无误后仓库系统操作员根据发货单在系统中做过账处理	物流部财务部
不是所有发货都被开具发票	所有发货都被开具发票	开票员根据当日订货单、发货单经核对后及时开票,确保数量、金额准确无误;会计核算员在系统中根据经确认的发货单、发票等确认销售并形成销售收入凭证	财务部
发票未被准确开具及恰当记录	发票被准确开具及恰当记录	每日将当日的销售流水记录在系统中,每月月末由财务部负责核对并确认收入	财务部
发票未在恰当的会计期间开具	发票在恰当的会计期间开具	当月业务当月开票,不跨月;每月月末,销售部与财务部应核对一致,签字确认	财务部销售部

当具体控制目标与具体措施配套后,可以促使控制活动具有针对性和有效性。所以,在设计内部控制制度时,应当细化目标,并尽量满足以下5项要求:一是行为标准的明确性,二是具体目标的可衡量性,三是努力奋斗的可实现性,四是业务活动的相关性,五是时间要求的限制性。

对于一项工作,人们总是想找出数量、质量、时间及成本之间的内在联系。例如在制造业中,最常用的定量控制标准包括时间标准(如工时、交货期)、数量标准

（如产品数量、废品数量）、质量标准（如产品等级、产品合格率）和成本标准（如总成本、单位产品成本）等。标准通常是一种实用的控制目标，包括具体的制度规定、工作计划或预算文件等。更多情况是将某一计划目标分解为一系列控制标准，包括定量标准和定性标准等（如图2.4所示）。

图2.4 前行在不断达标的管控道路上

2.2.5 企业内部控制的原则

（1）原则是内部控制行为的指南

内部控制原则是企业建立与实施内部控制的基本遵循。原则接近规律，是对规律的正确认知（表述），并体现其精神实质，应当成为内部控制活动的行为指南。

内部控制的许多规范是在漫长的时间里很多人的复杂行为碰撞后的认知结晶，通常能被大多数人所接受的规定性的指引就是"约定俗成"的规范。规范性的东西一般具有普遍的认可性、强加的义务性或依靠压力的维持性。人们通常先从认识规矩开始，制定规制（制度），确认规则，提炼原则，总结规律，完成从实践到认知的飞跃，然后根据规律、原则或规则去制定规制，遵守规矩，指导实践，如此循环往复，逐步递进。

认知是渐进的，是通过感官、思想、经验获得知识和理解的心理活动，从而形成真知灼见，尤其是提炼与认知行为原则很重要。其中：感觉就是看到、听到、触到、闻到的东西；思想就是人的观念；经验是经历过的体验；理念是更高层次的想法，是反映在人的意识中经过思维活动后产生的结果。对内部控制的认知过程是一个理性化的逻辑思维过程。

管理过程学派的主要代表人哈罗德·孔茨（Harold Koontz）认为，控制是管理最终的落脚点，其职能就是按照计划的标准衡量计划完成的情况，并纠正计划执行中的偏差，以保证计划目标的实现。他提出内部控制的13项原则：① 保证实现计划目标；② 控制要针对未来；③ 控制的职责要明确；④ 控制要讲究经济效率；⑤ 应尽可能地采用直接控制；⑥ 控制必须反映计划的要求；⑦ 控制必须有适当的组织来保证；⑧ 控制必须采用适合具体人员的技术和信息；⑨ 控制必须有客观的、精确的和合适的标准；⑩ 控制必须抓住关键点；⑪ 控制必须集中于例外情况；⑫ 控制必须灵活；⑬ 发现偏差后必须及时采取行动予以纠正。

归纳所阅文献,对内部控制原则的提法见仁见智,包括合法性、有效性、审慎性、全面性、及时性、独立性、成本效益、分步实施等。[①]

《基本规范》认为,我国企业建立与实施内部控制,应当遵循全面性、重要性、制衡性、适应性和成本效益原则。这五项原则统率并指导各项具体的控制行为,内嵌于各项制度文本中,形成一系列规则、规范。本节将着重论述这五项基本原则,在以后的章节中将一一阐述在这些原则指导下的规则及其应用场景等。

(2) 我国企业内部控制的基本原则

第一原则:全面性

全面性至少包括范围覆盖具有全面性,人员参与具有全员性,流程控制具有全过程性,控制目标具有系统性。也就是说,应有的内部控制都已设置,同时对经营管理活动的全过程进行自始至终的控制。或者说,内部控制必须渗透企业经营管理的各项业务过程和各个操作环节,涵盖所有部门和岗位,不能留有死角、产生漏洞,不能存在内部控制真空点(盲区)。

全面性体现在控制层次上,应当涵盖企业董事会、监事会、管理层和全体员工;体现在对象范围上,应当贯穿决策、执行和监督全过程,覆盖企业及其所属单位的各种业务和事项;体现在风险排查上,应当面对所有可能存在错弊的、容易失控的从而应当予以关注的地方。

全面是经常性的(不是阶段性的或突击性的)、有关联的(与管理活动互相关联而不是独立割裂的)活动,从而可以实现不脱节的链式控制。尤其是大型企业,其内部控制规范体系不仅要在集团层面执行,而且要落实到各级公司等;不仅要实现纵向涵盖,而且要横向涵盖企业的各个部门、各个环节和各个岗位。

第二原则:重要性

在贯彻全面性原则的同时,内部控制应当特别关注风险出没的重要领域,包括重要业务、重大事项和高风险业务,突出抓住这"两重一高"领域中的控制重点,有助于合理保证不发生重大失误。

重要业务:一般以资产、收入、利润等作为判定标准,资产占用、营业收入、利润比例较高的业务相对比较重要。

重大事项:一般是指重大投资决策项目,如兼并重组、资产调整、产权转让项

[①] 《小企业内部控制规范(试行)》提出风险导向原则、适应性原则、实质重于形式原则和成本效益原则,具体内容详见李敏.小企业内部控制——自主管控的路径与方法[M].上海:上海财经大学出版社,2021。

目、期权、期货等金融衍生业务,融资、担保项目,重大的生产经营安排,重要设备和技术的引进,采购大宗物资和购买服务,重大工程建设项目,年度预算内的大额度资金调动和使用,以及其他大额度资金运作事项等。

高风险业务:一般是指经过风险评估后确定为较高或高风险的业务,也包括特殊行业及特殊业务、国家法律法规有特殊管制或监管要求的业务等。

高风险业务通常与重要的或关键的岗位相关。高风险岗位是指操作风险很高,执行失败会给企业带来重大损失的岗位。例如:能够接触到大额资金、资产和票据的岗位;有重要决策权的岗位;能够接触到企业重要信息,包括管理信息、客户信息、业务信息的岗位;能够以权谋私的岗位;等等。

重大风险就是风控的重点,尤其当以下领域出现危机信号或危险问题时,应当特别予以警觉并落实重点管控措施:高风险领域;人员胜任能力不足的领域;关键岗位人才流失的领域;与新开展的业务、新采用的技术、新进或新调整岗位的人员相关的领域;无法实现职责分离的领域;同业已发生新问题的领域;重大的例外事项;法律法规要求重点监督的领域;等等。

风控的重点可能因时因事因地而异,且可以迁移,但下列提示的风控重点(对象或环节)值得注意:资金管理、重要资产管理、关键人员管理、关键客户管理、关键供应商管理、关键技术与信息管理、重要外包业务管理、例外事项的处理、监管的特别内容与要求、其他需要关注的领域等。

一个重要的控制领域可以有多个控制重点,一个控制重点的区域内可以出现多个控制要点或关键控制点,其中,关键控制点是指在相关流程中影响力和控制力相对较强的一项或多项控制,其控制作用是必不可少或不可代替的。关键控制点往往处于内部控制环节中的要害,或者说是指在一项业务处理过程中起重要作用的控制点,如果没有那些控制点,业务处理过程很可能出现错误和弊端,达不到既定目标;或者是指那些超出一般情况的特别好或特别坏的异常变化。设置关键控制点应针对错弊的发现和纠正。例如,为了保证账户记录的真实性,账实之间的核对就是关键控制点;又如,在采购与付款流程中,选择与确定供应商就是关键控制点;等等。

加强对关键风险点的控制可能是最直接、最有效的方法之一。例如,要重点控制关键人,如机构负责人和财务负责人;要把握关键控制部位,如审批程序、审批权限、操作密码等;要重视关键物件的管理,如发票、票据、印鉴等;要控制关键工作岗位,如财务部门的出纳、审核人与审批人等。这样做可以使有限的控制发挥更大作用,达到事半功倍的效果。也就是说,控制既要有原则,又要灵活,尤其应当善于抓住关键控制点,落实具体的控制方法,促使控制活动具有很强的针对性和有效性。尤其是各层级的主管人员,应将注意力集中在应对风险事故的主要影响因素上。掌控了关键也就稳住了全局。

控制风险的变动趋势很重要。尤其是掌控全局的主管人员,应着重注意现状所预示的趋势,而不是现状本身。控制变化的趋势可能比改善现状重要得多。趋势是多种复杂因素综合作用的结果,是在一段较长的时间内逐渐形成的,并对管理工作的成效起长期的制约作用。趋势往往容易被现象所掩盖,它不易被察觉,也不易被控制和扭转。不能当趋势可以被明显地描述为某种数学模型时再进行控制。从现状中揭示倾向,特别是在趋势刚显露苗头时就进行控制是明智的。

第三原则:制衡性

控制的核心作用在于制衡,其源于分权思想。古希腊哲学家亚里士多德(Aristotle)在阐释"法治应当优于一人之治"的思想时,主张把政府的权力分为讨论、执行、司法三个要素,而权力活动又应当普遍地、严格地遵守制定完好的法律。分权制衡是内部控制活动中的重要法理。

制衡包含制约与平衡,是指两方或多方形成的一种上下牵制、左右制约、相互监督的关系,是内部牵制的一项重要制度安排与运行机制。

从纵向看,每项经济业务的处理至少要经过上下级有关人员之手,使下级受上级监督,上级受下级制约,促使上下级均忠于职守、不疏忽大意。

从横向看,每项经济业务的处理至少要经过彼此不相隶属的两个岗位/部门的处理,使每一个岗位/部门的工作受另一个岗位/部门的牵制,不相隶属的不同岗位/部门均有完整的记录,使互相制约、自动检查,防止或减少错误和弊端;同时,通过交叉核对等措施及时发现错误和弊病。

对重要岗位的授权管理和权力制衡特别重要。一方面,要运用不相容岗位相互分离的控制要求,严格规范重要岗位和关键人员在授权、审核、批准、执行、报告等方面的权责,实现可行性研究与决策审批、决策审批与执行、执行与监督检查等岗位职责的分离。另一方面,要建立健全内部控制工作手册,重点强化采购、销售、招投标、投资管理、资金管理和工程项目等业务领域各岗位的职责权限与审批程序,形成相互衔接、相互制衡、相互监督的制约机制。

第四原则:适应性

物竞天择,适者生存,长适者长存。

内部控制应当与企业的经营规模、业务范围、竞争状况和风险水平等相适应,不能超越现状做出"过分"的设计与"非分"的想象。内部控制体系要与企业的发展阶段相匹配,与现有人员的能力和素质相适应,与现有业务的复杂程度相一致,不必"一口吃出个大胖子",应当随着情况的变化及时调整、与时俱进。内部控制不是一个静态的管理状态,而是一个动态的管理过程,需要定期进行内部控制现状的评价,及时发现风险的变化,适时进行控制的调整和优化,以防"道高一尺,魔高一丈"。

控制措施不求最好,只求最合适。"鞋子合适不合适,只有脚才知道。"最好的不一定是最合适的,最合适的可能是最好的。在内部控制活动中,能够让"医生"和"病人"携手防控风险可能是最合适的。

内部控制应针对风险制定措施,并想方设法守住底线,管好边界,确保不突破风险承受度相当重要。所以,不仅要抓,而且要放;不仅要控制,而且要松绑;不仅要对上负责、保证不偏航,而且要向下赋能,促使灵活应变、释放活力。哪个有效就用哪个,尽量不留后遗症。如果有后遗症,用什么措施来预防和解决呢?管控活动并不总是越复杂越好。有些企业管控不成功,可能就是把简单的问题复杂化了,或者把复杂的问题变得更为复杂,从而产生内耗。如果能够化繁为简,是什么问题就有针对性地解决什么问题,就能把复杂的问题简单化。

第五原则:成本效益

没有不花代价的内部控制,也不存在完美无缺的内部控制。

控制是有成本、有代价的,包括反控制的代价等。所以,控制应当越有针对性、越有效越好。内部控制应当权衡实施成本与预期效益,以适当的成本实现有效控制,把握好成本效益的"度",实现成本与效益的均衡。

控制的经济效益并不总是立竿见影,而增加的费用却历历在目。一些急功近利的人会因此"打错算盘",以为加强内部控制增加的费用与增加的经济效益相悖,不去认真落实内部控制,这是不对的。

内部控制可以着重考虑如何适合企业自身情况,既提高经营效率,又实现控制目标。对事关企业存亡的重要环节(如资金收付、投融资活动、对外担保等),应当遵循重要性原则,从严管控。在通常情况下,控制环节越多,控制措施越严,控制效果就越好,但控制成本也越大。因为控制环节较多,设置的岗位也必然增加,就需配备较多人员,对内部控制制度的评价力量也需要增加,最终会使控制成本加大。如果内部控制的成本超过风险或错误可能造成的损失,那么控制措施就会失去意义。所以,要防止控制过度从而伤害工作积极性的情况出现。

内部控制活动应当实质重于形式。内部控制之道,首要崇实戒虚。只有脚踏实地,管控才能落实。做表面文章,政令难以落地。务虚不务实,靠召开会议、制订计划、请某某检查，而没有深入研究、真抓实干，应付了事是解决不了面临的问题的。内部控制之理，重在守正笃行。树正气、重实际、说实话、务实事、求实效，才能解决好实际问题。内部控制之要，在于"有用""管用"。"有用"是"管用"的前提，"管用"是制度建设的内在要求。制度能否得到认同和落实，能否对实践产生积极的作用，关键在于制度是否"管用"：一要符合法律法规和上级政策的精神，具有合规性；二要切合具体工作实际，具有针对性；三要简便易行，具有可操作性。所以，从制度设计开始就应当"对症下药"，防止"一般化"或"一刀切"。

如果实施和维持某些控制措施的费用比资产遭受损失的预期值高，那么该项控制措施就可能是不合适的；如果落实控制措施的费用比安全预算高，也可能是不合适的。但如果预算不足以提供足够数量和质量的控制措施，从而导致不必要的风险或风险加大，就应该予以关注并考虑调整。

事实上，内部控制并非万能，它只能合理防止、发现并纠正舞弊，并不能消除所有舞弊，如共谋性舞弊和管理层越权可能会使内部控制失效，对高管监督弱化和缺乏权威性控制措施也会导致内部控制无效等。所以，不能认为建立和实施了内部控制就可以消除企业经营活动中的所有舞弊问题。

（3）原则、规则及其相关关系分析

原则如同灯塔，闪烁着理性的光芒，指引着前行的航向；规则犹如航道，规范着航线，防范着人们误入歧途。

规则是广义的，包括规制、规矩或规范，体现原则的精神实质。规和矩原指校正圆形和方形的两种工具，引申为一定的标准。规制（规章制度的简称）归纳各种规范或约定俗成的规矩，表现为各种形式的制度安排，是规则具体内容的外在表现。

从国家层面看，内部控制的文件是由相关立法主体依照一定的程序制定并发布的部门规章，具有法律效力。这些规范性文件是内部控制得以有效实施的重要支持和保证，已经得到理论界和实务界的认同。从企业层面看，无论是制定制度、实施措施，还是执行程序、遵守规矩，内部控制都要讲原则、守规则、有规制。

辨析概念：内部控制规则，是指采取一定的结构形式具体规定控制行为及其后果的规范性文件或制度性规定，是开展内部控制活动、遵循内部控制运作规律所规定的法则，包括人们共同遵守的制度、章程、标准等规范性文件。只要是规则，就具有制约性。内部控制原则，是指内部控制活动所依据的准则，是经过长期经验总结所得出的合理化现象，更具基本性、综合性和稳定性，接近规律，从而成为一定控制体系中各种规则产生的指导思想。只要是原则，就具有指导性。原则指导并渗透于规则中,规则体现原则的方向与要求。

辨认功能:规则的基本功能在于为人们的行为提供确定的、可预测的导向,其相对具体。原则是指总的方面、大体上的、较为稳定的原理和准则,比较抽象,其不预先设定任何确定而具体的事实状态,也没有规定具体的权利、义务和责任。例如,制衡性是内部控制的重要原则之一,但如何制衡,就应当体现在具体的规则中。

辨识内容:规则的规定明确具体,着眼于主体行为在各种条件或情况下的共性表现,目的在于削弱或防止自由裁量权的滥用。原则比较笼统,并不直接指明应当如何去实现或满足这些要求或标准,在适用时有一定的灵活性。或者说,内部控制都适用的规则被称为原则,具体规范某一类行为的被称为规则。

辨别适用范围:规则只适用于某一类行为,难以具有普遍适用性。原则对人的行为及其条件有更大的覆盖面和抽象性,如全面性原则可以贯穿整个内部控制活动。因此,原则的适用范围宽于规则。一条规则只能对一种类型的行为加以调整,而一条原则可以调整较宽的领域,甚至涉及大部分行为关系的协调和指引。

辨明具体作用:规则反映原则的要求;原则可以弥补规则在适用过程中的不足,是为规则提供某种基础性、指导性的准则或规范。或者说,原则是指原本的规则,是行为的底线;规则形成了内部控制制度中的"条条杠杠",凸显内部控制制度的"硬度",是行为的纪律,即为了维护集体利益并保证工作的顺利进行而要求成员必须遵守的规章。内部控制要求自律、自控,能够明确底线、分清界限、固守红线,做一个懂规律、讲原则、重规则、守纪律、具有内部控制意识与内部控制文化的人。

2.2.6 企业内部控制的基本要素

(1) 内部控制五要素及其相互关系

目标是控制主体努力实现的方向,控制要素代表着要实现这些目标需要什么,是构成内部控制制度规范的必要因素,由此组成内部控制系统的基本单元与核心内容,是推动系统产生、变化、发展的内在动因。

内部控制五要素包括内部环境、风险评估、控制活动、信息与沟通、内部监督,这些要素应当内嵌于企业的经营过程与管理活动中,是构建内部控制标准的结构框架。企业应当构建起以内部环境为重要基础,以风险评估为重要依据,以控制活动为重要手段,以信息与沟通为重要载体,以内部监督为重要保证的内部控制体系。这五个相互关联的要素之间存在着科学的内在联系,既不能在整体框架上四分五裂、各自为政,也不能在内容安排中支离破碎、各行其是。五要素之间相互联系、互相促进的关系如图2.5所示,具有强基固体、稳定可靠的"防火墙"作用,集中用于防范各种风险。抓好内部控制五要素就是牵住了企业内部控制的"牛鼻子"。

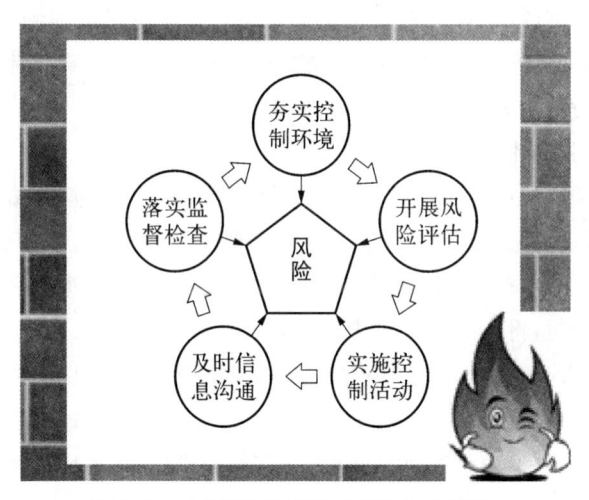

图2.5 内部控制五要素与"防火墙"作用

老法师提醒2.1 │ 健全免疫系统才能有效抵御各种病毒的侵袭

一个健全的内部控制要素构成好比机体中的"免疫系统",可以帮助企业抵抗各种病毒的侵袭,不生病或少生病。如同人体的免疫系统由扁桃体、肝、胸腺、骨髓、淋巴结共同配合一样,内部控制包括控制环境、风险评估、控制活动、信息与沟通、内部监督五大要素。内部环境是企业"免疫系统"的基础,良好的控制环境将主动遏制存在的"病毒";风险评估在于及时发现与识别"免疫系统"的不足,评价企业遭受"病毒侵蚀"的风险程度;控制活动是"免疫系统"处理"病毒"的过程和程序;信息通过沟通与反馈,并提出改进的建议,完善体制机制;内部监督是内部控制的"医生",进一步帮助内部控制查找自身缺陷,并促进其有效执行。不断健全"免疫系统"并促进其新陈代谢,可以增强企业的自我防护与自愈修复功能,这对于内部控制的本质认识和功能定位具有理论深度、视野宽度和站位高度,其解释力很强。

(2) 内部控制要素是一组动态发展的概念

内部控制要素不是一成不变的。自1988年美国注册会计师协会发布的《审计准则公告第55号》中提出控制环境、会计制度、控制程序3个要素后,要素控制理论不断演进。1992年,COSO在《内部控制——整合框架》中从目标、要素与层级三个维度对内部控制进行定义与描述。从目标维度看,其强调了内部控制需要对运营的有效性、财务报告的可靠性以及法律法规/规章制度的遵循性这三个方面做出合理保证。从要素维度看,其提出了五要素的解决思路,即由环境分析开始,评估经营过程中存在的风险,并针对评估出的超出可接受水平的风险采取控制措施。在这个过程中,要重视贯穿始终的沟通和信息问题,并由不负责具体执行的监管层对整个过程进行监督。从层级维度看,其提出了内部控制需要涵盖组织的整体、分/子公司、部门、具体岗位等层级。

2004 年,COSO 在《企业风险管理——整合框架》中将风险评估细化为目标设定、事项识别、风险评估和风险应对,对风险管理提出新的进一步的要求。由此,企业风险管理包含 8 个相互关联的构成要素,与五要素相比,其最明显的特征是在细化风险评估的同时,将内部控制上升至全面风险管理的高度来认识,并与之融合。

2017 年,COSO 的《企业风险管理框架》又回到五要素,但被重新命名为"治理和文化,战略和目标设定,绩效,审阅和修订,信息、沟通和报告",还细化为 20 项基本原则,直接从公司治理和管理的角度嵌入风险管理内容,为风险管理工作融入治理与管理打下基础。企业风险管理被定义为:组织在创造、保持和实现价值的过程中,结合战略制定和执行,赖以进行风险管理的文化、能力和实践。

(3) 内部控制要素应当协同运行,形成控制机制

一个有效的内部控制体系要求五要素都存在且发挥协同运行作用。"存在"是指这些控制要素和相关原则都已包含在内部控制体系的设计和运行中,以实现具体目标。"发挥作用"是指这些控制要素和相关原则持续存在于内部控制体系的运行和行为中,并发生协同效应或整合作用。"协同运行"是指五要素一起努力将影响目标实现的风险降低到可接受水平。所以,控制要素是构成控制机制内在联系的有机组成部分,不应被割裂,而应被视为一个整体。

当然,五要素都存在并有效发挥作用并不意味着五要素都必须同时或同等水平地发挥作用。这些要素应当同处在一个内部控制体系中,需要互助与平衡。当某一要素不足时,可以通过其他要素作用的充分发挥加以弥补,这种总体上的充分发挥作用有助于进一步将风险降到可接受的水平,这也就是机制运行的力量所在。

(4) 内部控制要素是可以分层次的

内部控制是企业管理的一个系统,是指由相互联系、相互作用的若干要素构成的具有特定结构层次和功能作用的有机整体。

层次从属于结构,并依赖结构而存在。系统内部处于同一结构水平上的诸要素互相联结成一个层次,不同的层次代表不同的结构等级。划分层次是为了识别

事物之间的差异性,是对事物及其概念由少而多、由简而繁、由粗而精的识别和分解过程。通过分层次认知,可以更精细地探索内部控制运行变化的过程与规律,以便更好地掌握内在变化的秩序和运行规则,进而认知和利用其发展变化的法则。

《内部控制——整合框架》提出的5个内部控制要素是内部控制整体结构系统的第一层次。其内容要点还可以分层,如将内部环境要素的构成因素(第二层次)划分为治理结构、机构设置与权责分配、内部审计、人力资源政策、企业文化、法制教育等。内部环境的好坏直接决定着其他控制要素能否发挥作用,是其他内部控制要素能否充分发挥作用的根基。又如,2006年COSO发布了《较小型公众公司财务报告内部控制指南》,就较小型公众公司如何按照成本效益原则使用《内部控制——整合框架》设计和执行财务报告内部控制提供指导。该指南(同样适用于大型公司)提供了一整套20项基本规则的说明,并与《内部控制——整合框架》的5个要素相配套。细分后的20项规则都是从五要素中进一步提炼出来的,可以说是对合理保证财务报告方面的进一步分层控制,展现出精准控制的思维和综合整治的要求。只有这些构成因素共同发挥作用,才能防止、发现以及矫正财务报告的重大错报。当内部控制的这些要素都能运行并发挥作用,从而使管理层合理保证所编制的财务报表可靠时,内部控制就被认为是有效的。

分层控制能精细识别控制对象的发展层次,设计相应的控制手段,实施层次对应的有效管理或优化管理,以提高效率,从而减少控制手段层次与对象层次的不对称所导致的资源浪费;同时,不同层次与不同侧面都应当互相呼应、相互补充,整合起来才能发挥协同效应。

(5) 内部控制要素之间的循环周转

一套内部环境优化、风险评估科学、控制措施得当、信息与沟通迅捷、监督制约有力的内部控制要素体系本身就是一个"大循环",一环紧扣一环,环环关联。其中,内部环境是实施内部控制的重要基础,风险评估是内部控制的首要前提,控制活动是内部控制的具体措施,信息与沟通是内部控制的必要条件,内部监督是内部控制的保证手段,并体现信息反馈与管理闭环的要求。

要素与要素之间可以轮动互动,从而实现"中循环"。5个要素可以分别处于不同的运行阶段并发挥不同的作用,切不可将其生硬割裂开来,也不能顾此失彼,因为5个要素之间"你中有我,我中有你"。例如,信息与沟通与其他4个要素密切相关,不断互为因果、互相作用。

要素的内部构成(更小的要素)之间可以互动从而实现"小循环(内循环)"。例如,风险评估过程因素的四个方面——确定风险承受度、识别风险、风险分析和风险应对——既是风险评估运作的基本逻辑顺序,也是循环往复的必经过程。

检验控制要素系统的有效程度,一看控制要素是否全部到位,二看周转运行是否顺畅有效,三看是否被纳入 PDCA 循环[①]中。例如,对所有要素的运行情况都需要信息沟通,这对每个要素的全部测试或部分测试都是必要的。有效的监控活动通常可以识别某个要素在运行中的问题,通过改进要素或利用其他要素来弥补缺陷,降低差错,从而全方位提升效率。

(6) 内部控制运转应当齿合联动

内部控制目标的实现过程也是五要素不断循环的运作过程:在不断健全控制环境的基础上,通过设定具体控制目标、收集与沟通相关信息、识别与评估影响控制目标的内外部风险因素,针对高风险领域或管控的重点领域,采取相应的策略与措施,开展相关的管控活动。内部控制持续有效运行的基本路径(外在表现)是五要素共同发挥作用,在不断监督及改进的同时实现管理闭环,其结果(实质内容)是在防范和化解风险的同时,接近或达到控制目标,从而合理保持企业的健康持续发展。

内部控制的目标与业务目标应当趋同,控制的对象虽然是业务流程或管理活动中形形色色的风险,但对风险管理需要付诸实施的措施大多不能离开业务及其管理,所以五要素的运行要倡导业财融合、算管融合、管控融合,从而实现"要素循环"与业务流程或管理活动紧密相连后的"更大的循环",做到联动机制紧密配合,齿合标准环环相扣,并通过相互影响,发挥综合或整合后的能动作用(如图 2.6 所示)。

图 2.6 内部控制运行与齿合联动关系

2.3 企业内部控制配套指引

2.3.1 配套指引的框架结构

《企业内部控制配套指引》(简称《配套指引》)由《企业内部控制应用指引》《企

[①] PDCA 循环是美国质量管理专家沃特·阿曼德·休哈特(Walter A. Shewhart)提出的,其含义是将质量管理分为四个阶段,即 Plan(计划)、Do(实施)、Check(检查)和 Act(处理)。

业内部控制评价指引》和《企业内部控制审计指引》组成。其中,《企业内部控制应用指引》主要是对企业如何按照内部控制原则、根据内部控制五要素建立健全企业内部控制所提供的具体指引,在配套指引乃至整个内部控制规范体系中占据主体地位;《企业内部控制评价指引》是为企业管理层对本企业内部控制的有效性进行自我评价而提供的指引;《企业内部控制审计指引》是为注册会计师和会计师事务所执行内部控制审计业务提供的执业准则。三者之间既相互独立,又相互联系,形成一个有机的整体(如图2.7所示)。

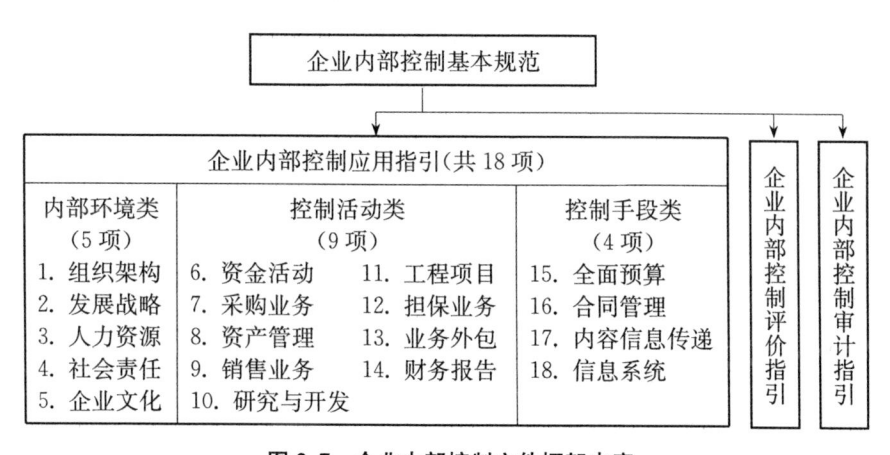

```
                    企业内部控制基本规范
         ┌─────────────────┬──────┬──────┐
         ▼                 ▼      ▼      ▼
   企业内部控制应用指引(共18项)     企    企
                                  业    业
 内部环境类    控制活动类    控制手段类   内    内
  (5项)      (9项)       (4项)    部    部
 1. 组织架构  6. 资金活动  11. 工程项目  控    控
 2. 发展战略  7. 采购业务  12. 担保业务  制    制
 3. 人力资源  8. 资产管理  13. 业务外包  评    审
 4. 社会责任  9. 销售业务  14. 财务报告  价    计
 5. 企业文化 10. 研究与开发          指    指
                                  引    引
        15. 全面预算
        16. 合同管理
        17. 内容信息传递
        18. 信息系统
```

图2.7　企业内部控制文件框架内容

专题讨论 2.1 | 内部控制对主体、客体的划分是相对的

每个人既是内部控制的主体,要"自控",又是内部控制的客体,被"他控"或"互控"。例如,某领导既是控制者,又是被控制者,既要"自控",又被"他控",还处于"互控"或"联控"的机制中。从这种意义上看,内部控制本身是一种制衡机制:自控、互控、他控,从而形成"联控",才能使安全运营具有平稳有序的良好环境,才能为健康发展设置一道又一道安全屏障。

每一级次的主管人员都履行控制职能很重要。无论是哪一级次的主管人员,都不仅要对自己的工作负责,而且要控制所辖计划的实施,其本人及其下属的工作都是计划的一部分和被控制的对象。各级主管人员与其下属之间存在控制与被控制的关系,这是面向次级管理人员和员工的控制。控制对象可以分层次,但不能就此以为内部控制只是高层(上层)对下属的控制。

控制是控制主体意志的体现,控制主体不同,层次地位不同,控制的具体目标就会有差异。即使控制主体相同,控制环境发生变化,控制目标也会相应改变。

2.3.2 应用指引的主要内容

《企业内部控制应用指引》的 18 个文件被具体划分为内部环境类、控制活动类和控制手段类三个类别。

内部环境是企业实施内部控制的基础，支配着企业全体员工的内部控制意识，影响着全体员工实施控制活动和履行控制责任的态度和行为。内部环境类应用指引有 5 项，包括《企业内部控制应用指引第 1 号——组织架构》《企业内部控制应用指引第 2 号——发展战略》《企业内部控制应用指引第 3 号——人力资源》《企业内部控制应用指引第 4 号——社会责任》和《企业内部控制应用指引第 5 号——企业文化》。

控制活动类应用指引旨在对各项具体业务活动实施相应的控制，包括《企业内部控制应用指引第 6 号——资金活动》《企业内部控制应用指引第 7 号——采购业务》《企业内部控制应用指引第 8 号——资产管理》《企业内部控制应用指引第 9 号——销售业务》《企业内部控制应用指引第 10 号——研究与开发》《企业内部控制应用指引第 11 号——工程项目》《企业内部控制应用指引第 12 号——担保业务》《企业内部控制应用指引第 13 号——业务外包》和《企业内部控制应用指引第 14 号——财务报告》。

控制手段类应用指引偏重"工具"性质，往往涉及企业整体业务或管理环节，包括《企业内部控制应用指引第 15 号——全面预算》《企业内部控制应用指引第 16 号——合同管理》《企业内部控制应用指引第 17 号——内部信息传递》和《企业内部控制应用指引第 18 号——信息系统》。

内部控制知识的具体运用主要体现在工具方法中。但应用知识并非越多越好、越复杂越好。这是因为：一方面，内部控制知识并非为了应用而应用，而是有目标需求、有应用场景的，因而是有针对性、个性化的应用；另一方面，应用内部控制知识需要逻辑自洽与保持连贯，尽量避免出于各自"职能管理"（而非企业整体管理）而选用内容交叉且多重过度的控制工具，导致无序应用或滥用。

2.3.3 控制范围与控制责任是全方位的

企业内部控制体系建设是一项全方位的系统性工程，不能期望毕其功于一役，而是要求从高层到普通员工全员全过程参与，并实现长效监管。

控制范围就像一张无形的"网"，覆盖企业，分布在组织的"面"上，其外延体现全面性。谁也不能游离于内部控制外，不能居于内部控制上而不受约束，包括董事会，既是内部控制的决策者和推行者，也是被监事会监督的对象。谁认为内部控制与自己无关，谁就可能在涉及内部控制的很多方面没有主动性，如不提出改进内部控制的合理化建议，不举报有关人员的不当行为，甚至认为内部控制会约束和惩罚自己，从而产生抵触情绪或"对着干"的错误想法。

控制的责任对象也具有全面性的外延，国际内部审计师协会（IIA）提出的有效风险管理与控制的三道防线模型就是例证。

防线是对风险事件进行有效拦截或缓冲的管控屏障。第一道防线是企业的运营和管理，由业务和流程负责人负责，对组织运营和管理过程中的风险进行控制。第二道防线是企业的风险管理和合规性管理，由企业风险管理委员会或风险管理的主管部门负责，塑造良好的风险管理环境，从整体把握企业风险管理目标，并监督和促进业务及营运层面风险管理的有效实施。第三道防线是内部控制和内部审计，由审计委员会或内审部门负责对企业的重点风险管理进行独立审计并出具审计报告。对企业风险管理和控制的监督应独立于业务层面的风险管理。IIA认为，三道防线中的第一道防线和第二道防线在实践中可以融合，融合后将侧重核心业务层风险的自控，并将风险管理工作最大限度地嵌入业务职能。

2020年7月，IIA在更新该模型时，更多关注了治理层，提升了风险管理对实现目标和创造价值的贡献。既要掌控风险，又要服务经营（如图2.8所示）。

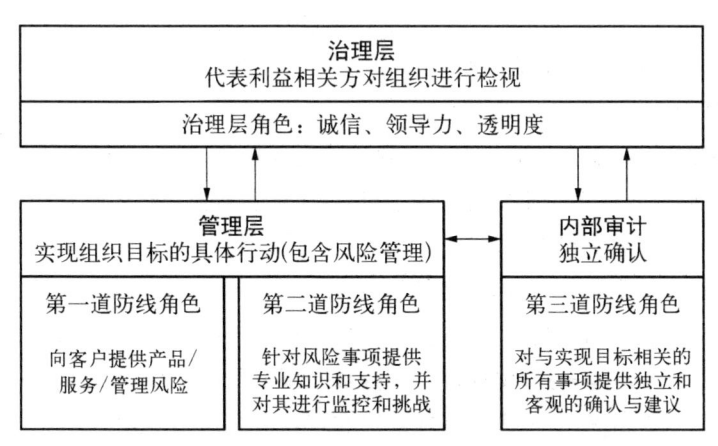

图 2.8　有效风险管控的三道防线应当各司其职

实证分析 2.1 ｜ 风控防线徒有形式，怎能抵御风险

成立于1993年的中国航油（新加坡）股份有限公司是我国首家利用海外自有

资产在国外上市的中资企业。其总经理陈某在位期间的个人意志竟然能"一手遮天"！该公司擅自从事石油期权投机交易,还提供假账,而集团公司没有发现问题,新加坡当地监督机构也没有发现其违规现象,使得开始的一个失误酿成最终亏损5.54亿美元的大案。该公司有风险管理手册,也设有风险管理委员会。根据其风险管理手册的规定,期权交易业务应实行交易员→风险管理委员会→审计部→总经理→董事会层层上报、交叉控制制度,每名交易员亏损20万美元时,交易员要向风险管理委员会汇报;亏损达37.5万美元时,向总裁汇报;亏损至50万美元时,必须斩仓。但交易员没有遵守交易限额规定和平仓规定,风险管理委员会也没有进行必要的风险评估,审计部因直接受命于总经理而选择附和,总经理为挽回损失一错再错,而董事会对期权交易的盈亏情况始终不知情。正是由于公司法人治理结构和风险管理方面的严重缺陷,加上以往的成功使总经理藐视风险管理规定,致使风控防线名存实亡。

2.4 企业内部控制执行机制

2.4.1 内部控制执行机制与操作步骤

执行机制是内部控制相关职能的活动方式、系统功能和运行原理,体现在一系列操作步骤、操作路径和实施过程等运行方式中。由于经济生活的复杂性、人们的有限理性以及机会主义行为的倾向等,内部控制必须不断完善执行机制,不断提高执行力,从而减少或避免失误与失控。

内部控制之行始于足下。为了有效推动内部控制建设,不断健全内部控制运行机制,企业应当成立内部控制领导小组,由企业负责人担任组长,并对内部控制的建立健全和有效实施负责。

内部控制工作领导小组的主要职责:确立内部控制政策,审定重大风险和重要业务流程的管理制度及内部控制机制,部署内部控制的重大事项和管理措施;完善内部控制工作具体方案,按规定落实内部控制工作;定期或不定期召开会议,研究内部控制工作情况,审议风险事件定级和责任追究建议,提出加强和改进措施;加强对内部控制工作的监督和指导;等等。具体内部控制工作可以由指定的部门牵头,各相关部门配合,并由审计部负责监督检查。尤其是在启动阶段,应当通过培训、讲座、沙龙等形式宣传内部控制的重要性、实施方案与操作方法等,务必促使全员了解并参与内部控制活动,尤其应当明确内部控制建设的总体目标、分阶段任务和当前的工作重点,通过剖析本企业存在的问题或"短板",说明推行内部控制活动的要点或"卡脖子"的地方,疏通员工的思想困惑或"堵点",减少控制活动过程中的"阻梗"或难点等。

一分部署,九分落实;真抓实干,奠基立业。内部控制活动的建设流程如图2.9所示,这是制度建设应有的运行逻辑。企业应当在业务流程梳理和各种风险识别的基础上,查找相关文件依据,寻求政策支持,并设定好内部控制的具体目标,同时收集、整理、修订各项管理制度,提炼出符合内部控制要求的内部控制制度文本并加以完善。

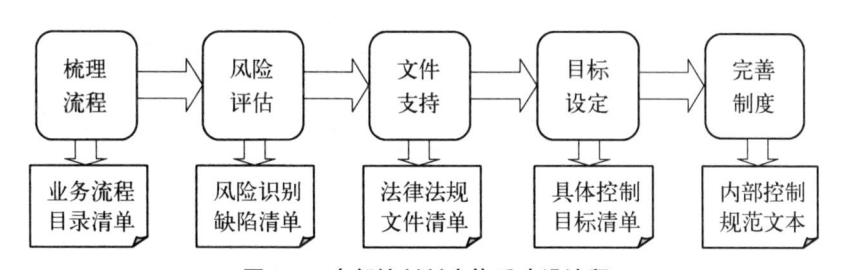

```
梳理流程 → 风险评估 → 文件支持 → 目标设定 → 完善制度
   ↓          ↓          ↓          ↓          ↓
业务流程   风险识别   法律法规   具体控制   内部控制
目录清单   缺陷清单   文件清单   目标清单   规范文本
```

图 2.9　内部控制制度体系建设流程

在流程梳理阶段,需要在整合业务流程的基础上编制相关的业务流程目录清单,为制度编撰设计好结构框架。

在风险评估阶段,应当在风险识别的基础上,查找各个管理环节的风险点,评估风险影响程度,编制缺陷清单,明确关键控制节点和控制要求,为有针对性的建章立制提供依据。

在文件支持阶段,应当通过广泛查找各种文件资料,包括中央的、地方的、主管部门的,寻求政策支持,并汇总编制相关法律法规文件清单。

在目标设定阶段,应当依据上述几个步骤,提炼企业层面和业务层面各领域的内部控制具体目标,编制具体控制目标清单。

在完善制度阶段,应当通过广泛收集、分类整理、修订完善各项管理制度,编写符合内部控制规范要求的制度文本。内部控制文本应当有版本号,并注意与时俱进。

在上述基础上全面组织实施内部控制制度,并注重评估与监督检查工作,力争内部控制活动走深走实。

某企业将内部控制建设过程归纳为准备、建设和运转三个阶段,细分为十项内容,突出了内部控制建设过程的流程管理与协调运行,其活动要点如图2.10所示。

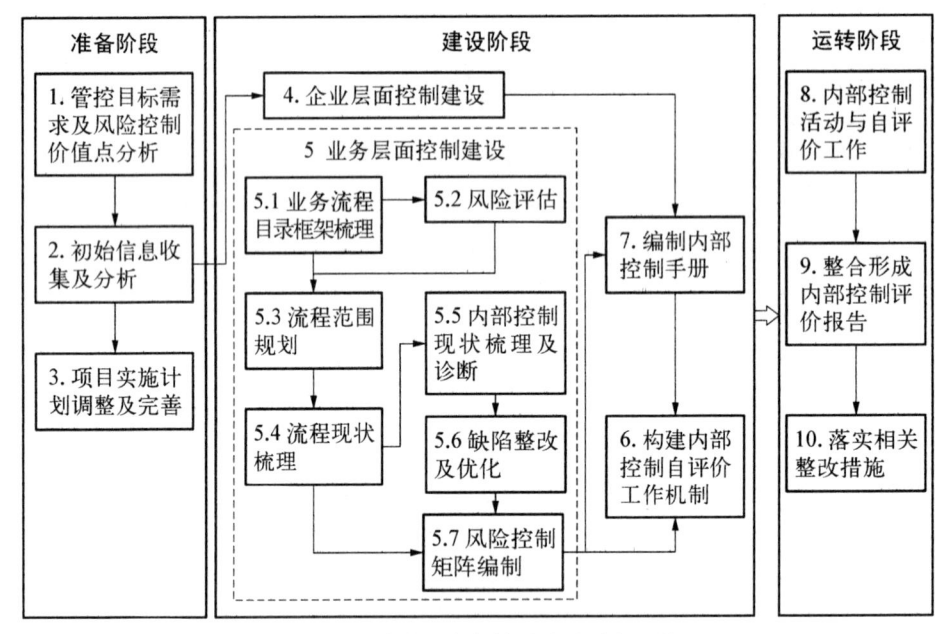

```
准备阶段                    建设阶段                              运转阶段

1.管控目标需      4.企业层面控制建设                      8.内部控制
求及风险控制                                              活动与自评
价值点分析       5 业务层面控制建设                       价工作

                5.1业务流程      5.2风险评估
2.初始信息收     目录框架梳理                    7.编制内部
集及分析                                         控制手册     9.整合形成
                5.3流程范围     5.5内部控制                   内部控制评
                规划            现状梳理及                    价报告
3.项目实施计                    诊断
划调整及完善    5.4流程现状     5.6缺陷整改      6.构建内部    10.落实相关
                梳理            及优化           控制自评价    整改措施
                                                 工作机制
                                5.7风险控制
                                矩阵编制
```

图 2.10 某企业内部控制建设过程一览

2.4.2 内部控制的实施路径与操作突破口

成功的内部控制实践重在理顺与日常管理之间的逻辑关系,而不是生搬硬套《基本规范》和《配套指引》,更不是将内部控制体系建设推入堆砌和罗列制度的死胡同,从而与日常管理形成"两张皮",甚至不同文本之间存在矛盾、重叠的现象。有价值的风险管控系统在于支持管理及其决策,而不是"另立山头",否则将陷入"手表定理"的混乱。[①]

部分企业缺乏正确的认知逻辑,还停留在制度建设的表面形式,以为开过会议、写过制度、发过文件、应付过去就行了;还有些企业由于没有明确、细化的配套制度,粗线条的文本不具有可操作性,使得制度难以落到实处。个别企业将内部控制活动看成"救火"而不是"防火",发现管理中的某个问题就相应出台一项制度来规范它,缺乏系统性和完整性。当然,也有不少企业在如何加强内部控制系统集成方面进行着有益的探索与创新,正在丰富、充实、完善内部控制的理论、体系与方

---

① 手表定理是指一个人有一块表时可以知道现在是几点钟,当他同时拥有两块表时却无法确定。手表定理启发人们,对同一个人或同一个组织的管理不能同时采用两种不同的标准,否则将无所适从;每个人也不能同时选择两种不同的价值观,否则其行为将陷入混乱。

法。以下几条实施路径或操作突破口可供选择:

一是以流程梳理为基础,实现管理和控制的集约与集成。流程管控就是对某种行为延续到他种行为的管理与控制。业务像河流,流程像河道,制度就是巩固河道的堤坝,规范着企业运行的线路,承载着运营逻辑或轨迹。流程图就是流经一个系统的信息流、观点流或部件流的图示。从业务流程着手,通过辨识、分解业务流程中的各个环节,对不必要的环节进行删除、压缩、整合,对必要的环节加以重组等,有助于拧紧流程链与价值链,取得集约化的效果。

二是以控制要素或控制措施为载体,优化要素配置,强化管控制约。集约化控制除了要求在风险较高的领域投入较多控制要素与控制精力外,还可以通过要素的集中调整和重新组合来提高控制效率与效果,这也是集约化管理的重心所在。此外,也可以以落实内部控制措施为抓手,推进相关管理工作的协同开展,如落实按职级、岗位层层授权的审批管控体系。

三是对岗位职责(职能)进行优化整合,以实现管控效能最大化。整合职能(岗位)可以促使劳动用工科学配置,有效防止因职务重叠而发生的工作扯皮现象,提高工作效率、工作质量和内部竞争活力等。企业为实现效益所做的努力无可厚非,对机构、部门、职能、岗位等,该撤销的撤、该"减肥"的减、该"瘦身"的瘦、该"换岗"的换、该"轮值"的轮,不能手软。高效源于协同。确保各层级机构各就其位、各司其职、各尽其力、履职到位、政令统一,才能运行顺畅、执行高效、充满活力。

四是以财务指标为核心,建立一套财务化、数据化、工具化、系统化的财务边界风险管控体系。财务边界风险管控体系将边界管控和财务管控相结合,打破业财藩篱,梳理出一套以财务指标为主,包含边界清单、核心边界地图等在内的财务边界风险研究文档,并通过制度、职责、流程等多方优化,将财务管控要求根植于业务前端,实现风险"嵌入式"管控,积极推动业财紧密合作与深入融合。

五是以合规合法作为引领路径,将法律法规融入内部控制体系,建立内部法制化管理标准,并通过文化引导、权力制衡、流程标准化、信息规范公开以及内部监督,促进"依法治企"和法制化管理标准的有效执行。

实证分析 2.2 | **"方圆"内部控制体系的构建与完善**

2009 年,云南白药集团意识到内部控制体系构建对企业可持续发展的战略意义,开始着手建设内部控制体系,经过不断完善与改进,最终形成适合自身发展的"方圆"内部控制管理体系。该体系强调以合规为原则,嵌入以战略为导向、以人为中心、以风险管控为基点、以管理为框架、以绩效为动力、以信息与沟通为手段、以

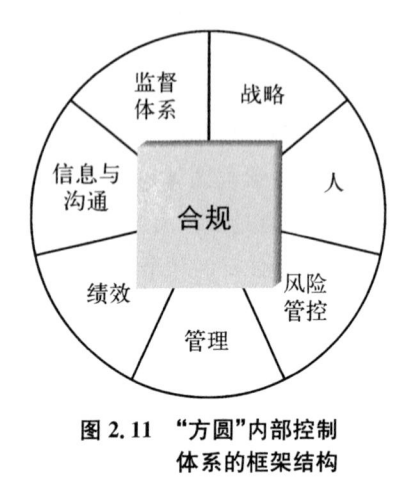

监督体系为方法的围绕圈,共同作用,形成合力,聚焦为全方位、全覆盖的云南白药内部控制体系(如图2.11所示)。

内部控制体系运行后最直观的成果为完整的内部控制测评底稿、内部控制评价手册及内部控制管理手册。而促进企业发展的隐形成果主要表现在企业效益增加、品牌价值提升、风险管控能力提升、治理能力提升、企业上下沟通协调顺畅、个人工作效率提高、企业文化魅力提升等诸多方面。

图2.11 "方圆"内部控制体系的框架结构

企业应当理论联系实际地探索适合自身发展需求的路径与方法,如场景式控制、定制化控制、模板式控制、差别化控制……还可以考虑多法并行,通过融合或整合,探寻最优的过程控制,产生融合并行的控制模式、控制方法和控制工具。尤其是在企业面临危机走向危险或导致危害之际,应通过抽丝剥茧、条分缕析,迅速找到合适解决自身问题的综合整治思路。

2.4.3 设计内部控制的流程节点与控制动作

控制流程一般有控制节点,需要设计效率性动作与控制性动作等。梳理任何流程都需要注意简化与整合,并关注制衡作用的适度可控,既确保实现业务目标,也合理保证实现内部控制目标。

一是流程节点设计可以细化的,应尽量细化到可执行的程度,也称粒度[①],但不是越细越好,管理需要弹性的,控制节点就不是越多越好。最为重要的是对关键风险点进行卓有成效的控制,包括重点控制对象要有针对性,控制方法要恰如其分,控制措施重在防错纠偏,还需要有一定的力度和深度等。

二是要正确处理效率性动作与控制性动作的关系。效率性动作是指为了完成某项业务所必不可少的行为。例如,采购业务中的请购、确定供应商、收货、付款等都是为了完成采购业务目标而设计的动作,可以从降低操作成本、提高操作便捷性和高效性等角度进行考量,其目标是经营效率最大化,但片面考虑效率可能增大风

---

① 颗粒的大小称为颗粒的粒度,也可称为粒径。工作性质和目的不同,所采用的粒度划分标准也不同。

险。控制性动作是指流程中添加的用以防范风险的动作。例如,批准采购是为了防止越权或盲目采购造成积压和浪费;询价与比价是为了保证价格合理,防止贵买;合同审核与批准是为了授权管理,防止日后纠纷;验收是为了防止采购物品的数量和质量等问题……控制性动作主要从降低或减少操作中的风险性,从而增强可靠性等角度考量,目标是经营风险最小化,但片面考虑风险可能影响效率。所以,效率性和控制性需要协调与平衡。可以考虑设计一些复合性动作,如询价与比价,既是效率性动作,也是控制性动作,应当尽量将控制性动作融入效率性动作,而不是过分强调控制。还可以设计一些平衡性动作,如选择与确定供应商、合同的会审或会签,让多方参与,及时沟通,平行运作,可能效率更高、效果更好。

三是要善于将流程与控制节点固化或法治化,尤其是企业领导,应当考虑职务之便、能力之强能不能、会不会越过流程、超越法治。按照华为的风险管理规则,95%的风险控制职责落在流程负责人的肩上,流程负责人是风险控制的第一责任人,是很多规章制度的制定者和执行者,其领而导之的精神实质就是要以身作则、身先士卒,不越雷池一步。

专题讨论 2.2 | 怎样有效保证流程执行的刚性

一些企业花大力气做了很多流程优化工作,也形成了厚厚的文件或手册,可结果发现流程不执行、不落地,其原因可以从以下三个方面进行分析:

一是不知道有流程或者不知道流程如何执行。虽然经过修订和审批的流程会挂在内部办公网上,但由于执行者对修改情况不明、重点不清,因此难免被搁置。所以在流程优化的过程中,应强化调研与沟通,收集各方意见,并就流程优化的结果召开沟通会,让大家理解优化的背景、目的和方案的要点,只有对优化内容达成共识,才能为后续的推行落地奠定基础。

二是流程与实际业务脱离,不合理,使得执行困难。这里的关键问题是流程优化与业务调整应当并驾齐驱。流程是管理和业务的载体,流程梳理与优化本身既是思考、体会和模拟业务运作的过程,也是分析、优化、搭建管理体系的过程,应当取得业务的理解与支持。

三是主观上不愿接受约束,不执行,或不按流程操作。流程的执行力是否强劲,取决于强制手段和文化理念的推动。一方面可以通过对流程关键指标的测评来监控流程的运行效果;另一方面需要建立相应的违规责任追究机制,提高违反流程的成本。真正长久的还是文化的影响力。当一家企业逐渐以流程为做事准则,重视流程的权威性,通过流程的视角来看问题,用流程的意识工作时,就会潜移默化地影响每一个员工的行为习惯。

2.4.4 健全内部控制手册

管控企业的许多方法是基于业务流程的。流程方法论的基本原理:通过固化成功的实践经验,使成功可以复制。如果业务环境相对稳定,业务场景就是可以标准化的。

如果把各种规章制度、岗位职责等要求比作散落于盘中的珍珠,那么,业务流程管理就像丝线,把这些珍珠一颗颗串联起来,成为珍珠项链,既自成一体,又相互交叉,像护身符一样为企业营运提供合理保障。所以,很多企业的内部控制建设是从业务流程的角度来编制内部控制手册,并梳理和完善相关管理制度。

面对各种流程,是先梳理再优化,还是先优化再梳理,或是边梳理边优化?一些企业先制订详细的梳理计划,再经过长时间的梳理,但效果并不一定令人满意,其原因很多,包括领导对梳理流程的目标不明确,业务部门为梳理而梳理,欠缺的地方要求补全时未必有人配合等。另一些企业成立了几个流程优化小组,先重点优化几项业务流程,然后以点带面,成效显著。从结果导向看,领导要的是流程优化,而不只是梳理。通过流程梳理,重要的在于识别业务及管理过程中存在的漏洞及风险,并在此基础上进行改进与优化。

业务流程设计应当具有层次性,体现由上到下、由整体到部分、由宏观到微观、由抽象到具体的逻辑关系。通常,可以先建立主要业务流程的总体运行过程,然后对其中的每项活动进行细化,落实到各个部门的业务过程,建立相对独立的子业务流程以及为其服务的辅助业务流程。

流程的分层与管理层次有一定的对应关系,通常可分为主流程、子流程和操作流程等,需解决好"为什么做""做什么"和"如何做"等问题。不同层级的部门有着对业务流程不同的分级管理权限。决策层、管理者、使用者可以清晰地看到下属和下属部门的业务流程与审批权限等,从而有助于内部控制显性化和公开化。

与传统的制度文本相比,内部控制手册中凸显了控制流程、流程描述等特征。

控制流程是以业务流程为导向,反映各项业务行为运行过程及其控制节点的图表,如横式流程图、直式流程图、矩阵流程图等,形式多样,不拘一格。其中,矩阵流程图是指纵横排列的二维数据表,是企业按流程分类记录控制活动的文档,用以反映控制活动与控制目标之间的关系,包括相关部门、业务活动流程、关键控制点或风险编号、相关文档流转等。借助流程图,可以清晰、简明、形象地将流程中各个阶段、各个环节的先后顺序和逻辑关系表现出来,同时在流程图中标注有关风险点,便于文件使用者迅速了解流程的基本状况,发现和分析流程中存在的问题,从而为对流程中的风险点进行系统识别和评估打下基础,也为流程优化乃至流程再造提供重要依据。

流程描述是采用文字表述的形式对内部控制流程进行详细描述的文档,包括但不限于主流程及其子流程的名称、流程目的、适用范围、职责划分、流程说明、关键控制节点的描述等;也可以通过编制流程分析表,利用表格的方式分析各项控制行为的流程要求、流程组成、流程节点和流程要素。通过流程分析表,对流程中各个阶段、环节、主要步骤的有关要素(包括输入与输出信息、岗位、职责、制约关系、权限设置、有关法规及合规提示等)进行逐一解析,明确流程中各个阶段、环节、主要步骤的细化要求,既做到管控活动可追溯,也为持续改进流程提供依据。

2.4.5 控制活动循序渐进与升级完善

控制活动应当跟踪工作进展,及时揭示脱离正常或预期成果的信息,为纠正偏差建立有效的信息反馈机制,使反映实际工作情况的信息既能迅速收集上来,又能适时传递给管理人员,并能迅速将纠偏指令下达给相关人员,使之与预定标准相比较,及时发现问题并迅速处置。

控制活动要善于将实际业绩与控制标准相比较,确定两者之间有无差异。若无差异,工作就按原计划进行。若有差异,就要了解偏差是否在标准允许的范围内,在分析偏差产生的原因的基础上进行改进;若差异在标准允许的范围外,则应深入分析产生偏差的原因。控制者必须把精力集中于查清问题的原因上,既要查内部因素,也要查外部环境的影响,寻找问题的本质。

管控活动重在采取纠偏措施。需要纠偏的可能是企业的实际活动,也可能是指导这些活动的计划或衡量活动的标准,即纠偏的对象可能是正在进行的活动,也可能是衡量的标准,甚至是指导活动的计划。控制人员要充分考虑组织成员对纠偏措施的不同态度,特别要注意消除执行者的疑虑,争取更多人的理解、赞同和支持,以免使人产生消极情绪,出现人为障碍等。

优秀的制度或措施可以抑制人们的邪念,而制度不良会让好的愿望四处碰壁。建立起行为结果与个人责任和相关利益关联一体的内部控制制度,通过流程设计与措施配套可以解决不少管理问题。当企业发生下列情形时,应当评估现行的内部控制措施是否仍然适用,并对不适用的部分及时更新和优化:① 企业战略方向、业务范围、经营管理模式、股权结构发生重大变化;② 企业面临的风险发生重大变化；③ 关键岗位人员胜任能力不足；④ 其他可能对企业产生重大影响的事项。

从无到有，从少到多，从粗放走向精益，从合规基础走向管控融合与风险治理，良好的内部控制活动具有自主控制意识与动态寻优机制，会推进内部控制循序渐进，并试图向价值链的高端迈进，从而达到理想的运行效果。随着数据、信息、管控经验的不断积累，内部控制的发展进程应当就是动态改善的过程（如图 2.12 所示）。

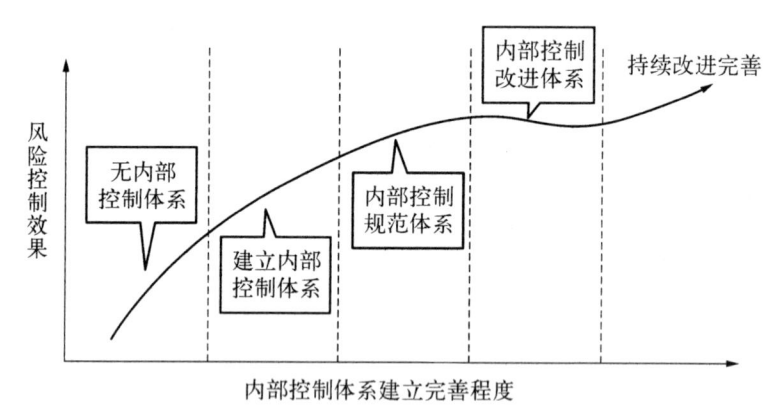

图 2.12　内部控制体系和风险控制效果与时俱进

经典案例评析

精准防控合同风险的操作步骤

管控企业从经济业务的源头入手，精准防控合同风险是明智的选择。

杭州某矿产资源管理公司的某业务员先后伪造 6 份假合同、2 张假收货函、1 张假提货委托函，诈骗资金达三百余万元，涉及流转资金几千万元，牵涉相关公司十余家，终因走投无路而投案自首。为什么合同舞弊屡屡发生，上当受骗不一而足？

合同作为企业承担民事责任、履行权利义务的重要依据，是经济业务发生的主要源头，也是经营管理活动的重要痕迹，更是企业风险管理的主要载体。在市场经济环境下，合同已经成为企业最常见的契约形式，涉及大部分业务。合同管理涉及面广，凡涉及合同条款内容的各部门都要一起来管理，尤其要注重履约全过程的情况变化，特别要掌握对自身不利的变化，及时对合同进行修改、变更、补充、中止和终止。

合同是当事人之间设立、变更、终止民事法律关系的协议,包括书面合同和口头合同。防范合同风险的前置条件应当是重合同、守信用、依法履约。然而合同问题五花八门,合同风险奇形怪状,合同控制可能是容易疏忽的薄弱环节之一。

合同控制全流程从洽谈、草拟、签订生效开始直至合同失效,以下步骤可资借鉴:

第一步,精细梳理合同管理活动,厘清相关业务流程中存在的控制点,其流程如图2.13所示。

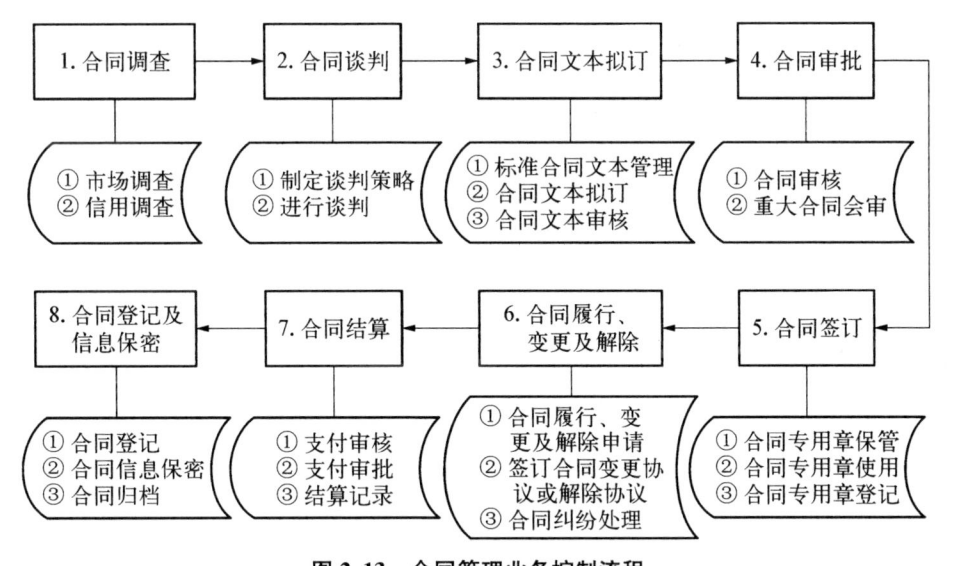

图2.13 合同管理业务控制流程

第二步,精确识别合同业务运作过程中的相关风险,分析并明确主要风险点。如果未订立合同、未经授权订立合同、合同对方主体资格未达到要求、合同内容存在重大疏漏和欺诈,就会导致企业合法权益受到侵害;如果合同未全面履行或监控不当,就有可能导致企业诉讼失败、经济利益受损;如果合同纠纷处理不当,就会损害企业利益、信誉和形象等。

第三步,精准落实对合同风险点的制衡措施,尤其是对以下关键风险控制点应当予以重点管控,具体措施至少包括以下几个主要方面:

一是订立规范的书面合同。企业对外发生经济行为,除零星或即时结清交易方式外,一律订立书面合同。对于影响重大、涉及较强专业技术或法律关系复杂的合同,应当组织法律、技术、财会等专业人员参与谈判,必要时可聘请外部专业人员参与相关工作。谈判过程中的重要事项和参与谈判人员的主要意见应当予以记录并妥善保存。

二是履行严格的审核与批准程序。企业应当根据协商、谈判的结果拟订合同文本,明确双方的权利、义务和违约责任等,并严格进行审核。例如,合同文本中会涉及定金、订金、押金、保证金、违约金等专门条款,这些专业术语各有用途,法律特征不一,管控有别,在签订合同时必须仔细甄别,不能马虎。签订合同应当按照规定的权限和程序。正式对外订立的合同,应当由企业法定代表人或其授权代理人签名、加盖有关印章。属于上级管理权限的合同,下级单位不得签署。

三是诚实守信,严格履约,并对合同的履行实施有效监控。发现显失公平、条款有误或对方有欺诈行为等情形,或因政策调整、市场变化等客观因素已经或可能导致企业利益受损的,应当按照规定程序及时报告,并经双方协商一致,按照规定的权限和程序办理合同变更或解除事宜。存在合同纠正情形的,应依据国家相关法律法规,在规定的时效内与对方当事人协商并按照规定权限和程序及时报告;协商无法解决的,根据合同约定选择仲裁或诉讼方式解决。

对于合同纠纷出现失控局面的,可能涉及诚信、质量、经济、法律等多方面问题,应当多管齐下,采用综合手段,在综合整治下解决好合同业务失控的相关问题,并在信息沟通的基础上积极防错纠偏。

第四步,做好合同的日常管理工作。业务部门、财务部门应当根据所立合同台账,按企业的要求,定期或不定期汇总各自工作范围内的合同订立或履行情况,由法律顾问据此统计合同订立和履行情况,并向总经理汇报。各有关人员应定期将履行完毕或不再履行的合同有关资料(包括相关的文书、图表、传真件以及合同流转单等)按合同编号整理,由法律顾问确认后交档案管理人员存档,不得随意处置、销毁、遗失。

认真做好合同归档工作,加强合同信息安全的保密工作。合同是企业对外经济活动的重要法律依据和凭证,有关人员应保守合同秘密。未经批准,不得以任何形式泄漏合同订立与履行过程中涉及的商业机密或国家机密。合同文本须报经国家有关主管部门审查或备案的,应当履行相应程序。

第五步,积极有效地实施合同考评。企业应定期对合同管理工作进行考核,将合同签约率、合同文本质量、合同履行情况、合同台账记录等纳入企业对员工和部门的工作绩效考核范围。

企业不仅要重视合同签订前的防控,落实履约中的管控,而且要重视合同实施后的监控。注重合同风险防控应当自始至终,立足防患于未然。

第 3 章　控制要素的运行规则

> 控制要素协同运行能够不断提升治理机制中的免疫功能。

3.1　内部环境与管控机制

3.1.1　内部环境与强本固基

控制总是运行在具体环境中。内部环境是企业内部控制运行机制的基础,包括治理结构、机构设置及权责分配、内部审计、人力资源政策、企业文化等。完善内部控制运行机制,既要优化外部大环境,营造重视与理解内部控制的氛围等,也要优化内部小环境,如建立"风险隔离墙"、强化独立监控等。

事有因果。内因起主要作用,外因起转化作用。控制过程及其控制机制的形成与内部环境密切相关。失误也好,失控也罢,即使失败,也总是在某种控制环境或运行条件下产生的。当环境与机制改变,一些重要的影响因素和运行状态就会变化,从而实现优劣、多寡的转化,还可能转危为安,这是控制环境调整法的内在作用。现代丛林法则中的"适者生存"强调与环境相协调、相适应。

内部环境本身既是内部控制的一个组成部分,也是塑造控制文化、影响员工控制意识、推动控制工作的"发动机"。良好的内部环境、值得信赖的控制文化有助于企业风险管控的拓展。而恶劣的生存环境、不良的企业文化、可疑的商业行径对员工具有刺激、诱惑等不良效应,容易导致失控或失败。

不同企业的控制环境不尽相同,不可同日而语,但都可以借鉴《企业内部控制应用指引》在组织架构、发展战略、人力资源、社会责任和企业文化等方面的规范要求,根据自身的实际情况,有的放矢,突出重点,强本固基,夯实内部控制环境。

3.1.2 组织架构与管控机制

内部控制活动依赖组织而存在,内部控制基因根植于公司治理体系。健全的治理结构、科学的内部机构设置和权责分配是建立并实施内部控制的前提,也是影响和制约内部环境的首要因素。内部控制环境应当主动融入公司治理体系,通过固本强基,相得益彰。

《中华人民共和国公司法》是规范公司组织和行为的母法,自1993年第八届全国人民代表大会常务委员会第五次会议通过后,经过1999年、2004年、2005年、2013年和2018年5次修订,体现了不断完善公司治理的现实重要性。

公司制的组织形式包括股份有限公司和有限责任公司。多元股份制比单一股份或"一股独大"①更具有制衡性。公司治理的重点在于对权力运作风险的制约,包括设计既符合治理要求又适合发展需求的组织架构,涵盖治理结构和内部机构两个层面。

治理结构是企业治理层面的组织架构,涉及"三会一层",即股东(大)会、董事会、监事会和经理层,是针对企业高层的制度安排。企业应当通过立法形式明确董事、监事、经理层的职责权限、任职条件、议事规则和工作程序等,确保决策、执行、监督形成"三权"分立、权责分明、相互制衡的机制,做到位高不擅权、权重不谋私。这一层面安排不好、运行不良,战略实现就无从谈起,经营失败就在所难免。如果治理结构形同虚设,就可能导致企业缺乏科学决策,难以实现发展战略和经营目标;如果治理结构不完善,内部控制失效,就容易出现以权谋私、权钱交易、暗箱操作、利益输送、串谋舞弊等危险。隐藏于治理结构中的风险往往关乎企业兴衰成败,不得不问,不得不防,不得不管,不能掉以轻心。企业梳理治理结构,应当重点关注董事、监事、经理及其他高级管理人员的任职资格和履职情况,以及董事会、监事会和经理层的运行效果,坚持用制度管权、管事、管人,健全任职回避、定期轮岗、干部交流、监察监督等制度。

内部机构是企业内部机构层面的组织架构,是指企业根据业务发展的需要,分别设置不同层次的管理人员及由各专业人员组成的管理团队,包括具体岗位的名称、职责和工作要求等,并明确各个岗位的职责权限和相互关系,体现不相容岗位

---

① 一般是指在上市公司股本结构中,某位股东能够绝对控制公司的运作。

相分离的原则等管控要求。

组织架构的设计应当着眼于企业未来的发展,与企业发展战略相适应,并考虑满足内外部客户的需求。应控制部门设置的数量,以高效、量少为原则。其岗位设计应从业务需要、职能需要出发,因事设岗,避免因人设岗。如果组织构架设计不适当,结构层次不科学,权责分配不合理,就可能导致机构重叠、职能缺位、推诿扯皮、运行效率低下;如果组织构架没有相应的保障机制,就会缺乏有效的决策机制,所以应当重点关注内部机构设置的合理性和运行的高效性等。公司制企业的组织架构可根据具体情况参照图 3.1 设计。

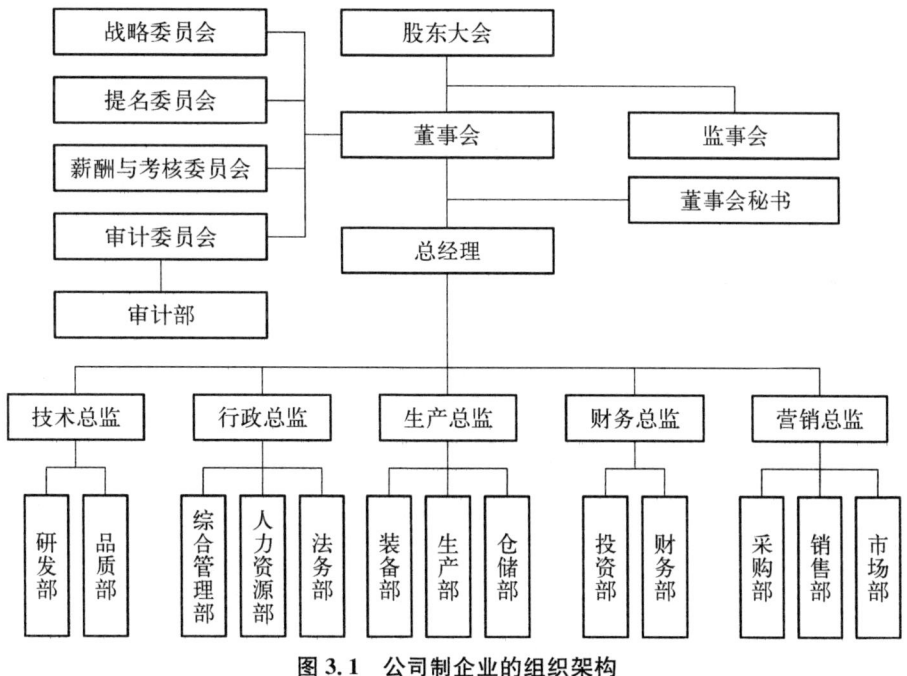

图 3.1 公司制企业的组织架构

管控机制是以一定的组织架构为基础的系统结构及其运行机理,是协调各部分之间关系以更好发挥作用的具体运行方式,包括运行机制、动力机制、约束机制、保障机制等。有效的组织架构应当分工明确,权责清晰,运转高效。叠床架屋、过于复杂的机构设置将受到噪音的干扰,内部中间层越多,交易成本就越高,熵增就会递增。设计组织架构以适宜为要,好的组织架构应当避免分工不明、责任不清、多头管理、职能错位、管理低效。

组织本身就是一种协调方式或运行机制,具有自身的运行逻辑和自治力量,不能死水一潭,静止不动。构成组织的各个部分往往优劣不齐,而劣势往往决定整个组织的水平,这就是水桶效应①。所以,要注重补齐"短板",在设计组织架构时,除了依照职能分工原理组建职能部门外,还要识别存在的风险及其相互之间的制约关系,从而增强组织运作的制衡作用。分工是将企业转化成不同职能(岗位)的手段,整合是将不同部门结合起来有效运作,做到事要分、人要合,纵向管人、横向管事。

控制活动可以运用组织职能重新分配、岗位重新调整、任务重新分派,以及轮岗、换岗、强制带薪休假等方法来纠正偏差。例如,对不适应工作要求的管理层进行调整,启用懂市场、会管理、善经营的企业家或职业经理人;又如,对管理方法进行更新,或者出台新的政策措施,通过调动各方积极性,促进企业高效规范运营。适时必要的调整和外部董监事机制也是有效的制约机制。

一定要坚持制度管权、管事、管人,明确角色边界,健全决策权、执行权、监督权相互制约、协调的权力结构和运行机制,做到权责法定、权责透明、协调运转、有效制衡,以推动制度优势转化为治理效能。董事会应重在定战略、做决策、防风险;经理层应重在谋经营、抓落实、强管理;监事会应重在把方向、明底线、强监督。尤其是重大决策、重要人事任免、重大项目安排、大额度资金运作事项(简称"三重一大"),必须按照规定履行集体决策程序。

重大决策事项主要包括企业贯彻执行党和国家的路线方针政策、法律法规和上级重要决定的重大措施,企业发展战略、破产、改制、兼并重组、资产调整、产权转让、对外投资、利益调配、机构调整等方面的重大决策,企业党的建设和安全稳定的重大决策,以及其他重大决策事项。

重要人事任免事项,是指企业直接管理的领导人员以及其他经营管理人员的职务调整事项,主要包括企业中层以上经营管理人员和下属企业、单位领导班子成员的任免、聘用、解聘和后备人选的确定,向控股和参股企业委派股东代表,推荐董事会、监事会成员和经理、财务负责人,以及其他重要人事任免事项。

重大项目安排事项,是指对企业资产规模、资本结构、盈利能力以及生产装备、技术状况等产生重要影响的项目的设立和安排,主要包括年度投资计划,融资、担保项目,期权、期货等金融衍生业务,重要设备和技术引进,采购大宗物资和购买服务,重大工程建设项目,以及其他重大项目安排事项。

大额度资金运作事项,是指超过企业或者履行资产出资人职责的机构规定的

---

① 水桶效应是指一只水桶想盛满水,必须所有木板平齐且无破损。如果其中有一块木板特别短或者某块木板有破洞,这只水桶就无法盛满水。或者说,一只水桶能盛多少水,并不取决于最长的那块木板,而是取决于最短的那块木板,也称短板效应。

企业领导人员有权调动、使用的资金限额的资金调动和使用,主要包括年度预算内大额度资金调动和使用,超预算的资金调动和使用,对外大额捐赠、赞助,以及其他大额度资金运作事项。

贯彻落实"三重一大"决策制度,必须制止权力越位失控,改变一切事务都由"一把手"说了算或"一言堂"的局面,更不允许领导将分管工作、分管领域变成不受集体领导和监督的"私人领地"。

专题讨论 3.1 | 如何切实完善重大事项决策约束机制

一要会前充分酝酿。"三重一大"事项提交会议决策前,应发扬民主,广泛听取意见,开展深入调查研究,对决策提案的合法合规性进行审查,事先防控决策风险。

二要会中集思广益。与会人员要逐一充分讨论决策事项,分别发表意见并说明理由。因故未到会人员可以书面委托他人表述意见。主持人应在与会人员充分发表意见的基础上,最后发表意见。

三要贯彻执行决策。"三重一大"事项形成决策后,由领导按照分工组织实施,并明确落实部门和责任人。遇有分工和职责交叉的,应明确一名领导牵头。内部控制及相关部门根据业务范围及职能归口制定并完善"三重一大"决策事项相应的后评估制度,从决策酝酿的充分性、决策程序的合规性、形成决策意见记录的完整性、决策执行的有效性、决策实施的效果等方面,对有关决策事项做出后评估,并不断完善决策失误纠错改正机制。

3.1.3 权责明确与岗位责任制

权责分配是指企业根据经营战略和经营管理等特点、组织结构设置和内部管控等要求,在工作分析的基础上,明确各部门或岗位的工作内容、工作职责和工作权限的过程。其中:董事会负责提出战略构想,并负责组织结构模式、组织结构设计方案的审批;总经理负责组织结构模式、组织结构设计方案的审核并提出建议;人力资源部负责部门职责划分、岗位设置等工作,相关部门负责配合人力资源部完成岗位设计工作。

岗位责任制强调责、权、利相结合。"责"是指各岗位人员应承担和履行的义务,"权"是指履职应有的权力,"利"是指各岗位的物质利益。责是核心,权是保障,利是动力,要以责定权、以权定利。责、权、利要对应,坚持有权必有责,有责必落实,失责必追究。防止有责无权或权力太小、有权无责或权力过大等偏差。

不明确岗位职责,就不清楚自己的定位,也就不知道应该干什么、怎么干、干到什么程度。所以,企业应当根据工作任务的需要确立岗位名称及其数量,根据岗位工种确定岗位职务的范围及其任职资格,确定各个岗位之间的相互关系及实现岗位目标的责任,做到"凡事有章可循,凡事有人负责,凡事有据可查,凡事有人监督"。

作为硬性制度约束的岗位责任制应注意他律与自律相结合。一方面,员工的自觉性、自我约束程度往往有限,必须充分发挥制度的规范作用;另一方面,在保证企业生产经营活动正常进行的前提下,应尽可能发挥自律作用。过度他律会降低信任感,影响员工的积极性和创造性。所以,应当将岗位责任制的作用与员工的自我管理充分结合,互为因果,相互补充。

企业可以通过编制内部管理手册,使全体员工掌握内部机构设置、岗位职责、业务流程等情况,明确权责分配,正确行使职权。可以编制组织结构图、业务流程图、岗(职)位说明书、权责清单或权限指引等内部管理文件,使员工掌握组织架构设计及权责分配情况,正确履行职责。

界定机构职能、厘清事项范围、明确权责边界、梳理事项清单有助于建立权责对等的管控模式。权责明确是现代企业制度的特征之一。为此,企业应当建立内部控制责任制度,按照权利、义务和责任相统一的原则,明确规定各部门、岗位、人员应负的责任和奖惩措施,形成行使权力、承担责任、实现功能的良性秩序。

3.1.4 审计委员会与内部审计

如果说健全的治理结构和内部机构是形成内部控制机制的硬件要素,那么内部审计及其有效监督就是内部控制机制产生作用的软件要素。

审计委员会的主要职责:负责审核企业的财务信息及其披露,监督企业的内部审计制度及其实施,负责企业内部控制制度审查以及重大关联交易情况的审计,负责监督与审核外部审计机构是否独立、客观及审计程序是否合法,负责内部审计与外部审计的沟通等。

审计委员会的主要权限:拥有企业财务信息审核权,拥有企业内部控制制度审核及执行监督权,对外部审计机构的审计结果拥有核查权,拥有高级经理人员离职的审计监督权,拥有企业内部审计制度完善的建议权等。

在审计委员会领导下的内部审计受企业董事长的直接领导,地位相对比较超脱,有较强的独立性和权威性,工作不受管理部门的限制,发现的重大问题可以提交董事会或股东(大)会研究解决,以确保审计结果受到足够的重视。审计委员会和内部审计师应确保独立性,并力求做到风险在哪里,审计跟踪到哪里。

实证分析3.1 | **华为治理结构的显著特征**

华为是一家100%由员工持股的民营企业。公司治理层实行集体领导,不把公司的命运系于个人身上。集体领导遵循共同价值、责任聚焦、民主集中、分权制衡、自我批判的原则。股东会是公司权力机构,对公司增资、利润分配、选举董事/监事等重大事项做出决策。董事会是公司战略、经营管理和客户满意度的最高责任机构,承担带领公司前进的责任,行使公司战略与经营管理决策权,确保客户与股东的利益得到维护。公司董事会及董事会常务委员会由轮值董事长主持,轮值董事长在当值期间是公司的最高领袖。监事会的主要职责包括董事/高级管理人员履职监督、公司经营和财务状况监督、合规监督。自2000年起,华为聘用毕马威作为其独立审计师。审计师负责审计年度财务报表,根据会计准则和审计程序评估财务报表是否真实和公允,对财务报表发表审计意见。华为认为,权力是为了实现共同价值的"推进剂"和"润滑剂";反之,权力不受约束,会阻碍和破坏对共同价值的守护。公司拥有完善的内部治理架构,各治理机构权责清晰、责任聚焦,但又分权制衡,使权力在闭合中循环,在循环中科学更替。

3.1.5　人力资源政策与激励约束机制

人力资源政策是企业为了实现目标而制定的有关人力资源的获取、开发、保持和利用的政策规定,包括岗位职责和人力资源计划、招聘、培训、离职、考核、薪酬等有关人事的活动和程序。良好的人力资源管理制度和机制是增强企业活力的源泉。

如果人力资源政策不合理、关键岗位人员管理不完善,就可能导致人才流失、经营效率低下或关键技术、商业秘密泄漏等。为此,企业应当明确各岗位的职责权限、任职条件和工作要求,通过公开招聘、竞争上岗等多种方式选聘优秀人才,并依法签订劳动合同,建立劳动用工关系。企业要设置科学的业绩考核指标体系,对各级管理人员和全体员工进行严格考核与评价,并制定与业绩考核挂钩的薪酬制度和员工退出(辞职、解除劳动合同、退休等)机制等。企业还应当将职业道德修养和专业胜任能力作为选拔和聘用员工的重要标准,切实加强员工培训和继续教育,不断提升员工素质。企业选聘人员应当实行岗位规避制度。

激励约束是现代经济学和管理学的重要内容,一般包括激励约束主体、客体、方法、目标和环境条件等,以解决"谁去激励约束""对谁激励约束""怎样激励约束"

"向什么方向激励约束"以及"在什么条件下进行激励约束"等问题。激励包括物质激励和精神激励。约束包括内部约束、市场约束、法律约束、信用约束等。激励与约束相辅相成。

激励约束机制是以员工目标责任制为前提、以绩效考核制度为手段、以激励约束制度为核心的一整套激励约束管理制度。在激励约束体系中,目标责任制是激励约束机制建立和实施的前提与依据。没有对目标责任的绩效考核,对员工的激励与约束就缺乏依据。绩效考核制度是联结目标责任制与激励约束机制的中间环节,是科学评价、认定目标责任完成情况的主要手段,也是激励约束机制正确实施的前提。绩效考核制度制定得是否科学、合理,直接关系到对目标责任完成情况的评价和认定,也关系到整个激励约束机制是否得以顺利贯彻执行及能否达到预期目的。企业通过建立内部控制实施的激励约束机制可以将各责任单位和全体员工实施内部控制的情况纳入绩效考评体系,以促进内部控制的有效实施。

实证分析 3.2 | 财务总监为何能够一次又一次卷走钱款

詹恩贵具有"魔幻"般的经历。早年在上海打工时,他将同事的六十多万元偷走,2006 年被判 5 年有期徒刑。2011 年在四川巴中担任某公司出纳,卷走公款七百多万元,2013 年被判处有期徒刑 7 年。2020 年 2 月,江苏南京一家公司发现账上一千九百多万元不翼而飞,财务总监有重大作案嫌疑:他能接触到转账所需的 3 个 U 盾,且公款丢失那天曾来过公司,警方调查时又处于失联状态。詹恩贵被捕后交代,2020 年 1 月 24 日,他利用除夕公司放假的机会潜回财务室,对电脑动了手脚,第二天一早赶到广东转账、取现、洗钱。为了掩人耳目,他还一直和公司董事长保持电话联系,甚至提交了年度工作计划。

一个有前科的人是如何让老板和同事对他深信不疑的?管理为何一次次失控?据说,同事对他的评价是"精通法律、公文写作、电脑研究等",还以为他是一个智商、情商皆高的"富二代"。在职期间,詹恩贵还为公司处理了两起法律纠纷,主持过两个过亿元的投资项目,工作能力让公司领导层刮目相看,很快就升迁为财务总监,年薪 36 万元。

3.1.6 合规教育与企业文化

内部控制应当多管齐下,包括"法治""德治""控制"齐抓共管。法律法规使之不敢,职业道德使之不愿,内部控制使之不能,从而达到自控强基、德治教化、法治保障的理想效果。

合规教育是法制教育和风险教育的基础与重点。市场经济重视法治,对知法、守法、用法的要求很高。扎实有效地推进合规教育是企业依法合规经营的重要保障。董事、监事、经理及其他高级管理人员应当在企业文化建设中发挥主导作用。企业管理层注重道德行为的表率作用,树立正面形象,注重制定包括行为规范在内的政策及程序,促使员工在实现企业目标的过程中追求相同的价值观及恪守企业文化体现的精神与规范等,可视控制环境为有效。"以法兴企,以典护企",就是要有法可依、有法必依、执法必严、违法必究。在良好的控制环境中,内部控制政策容易贯彻落实。

企业文化是在实践中逐步形成的,为整个团队所认同并遵守的价值观、经营理念和企业精神,以及在此基础上形成的行为规范的总称,是企业的灵魂,可以为企业提供精神支柱和提升企业的核心竞争力,并为内部控制的有效性提供有力保证。企业应当加强文化建设,倡导合规经营、诚实守信、爱岗敬业、开拓创新和团队协作精神,培育积极向上的价值观和社会责任感,并履行社会责任,包括安全生产、产品质量(含服务)、环境保护、资源节约、促进就业、员工权益保护等。

3.2 风险评估与内部控制指向

3.2.1 风险的基本特征

管控风险从辩证认知风险的基本特征入手。

(1) 风险具有客观性和普遍性

风险与收益相伴、与管理思维同行、与决策行为同在,包括自然风险、社会风险、政治风险、经济风险和技术风险等。风险是某一事件发生的概率及其后果的组合,并不以人的意志为转移,是超越人的主观意识而客观存在的。没有企业可以在无风险的环境下运营。风险几乎无处不在、无时不有的事实既证实了风险的客观性和普遍性,也说明了控制风险的现实重要性。企业应当在管控自身的同时主动作为,如降低风险发生的频率、减少风险损失的程度等。

(2) 风险具有波动性、多样性和多层次性

各种风险的质和量是可变的,对于风险的认知是在不确定性基础上所进行的分析、推理、综合、判断等。波动性代表变化,且大量风险因素之间的关系错综复

杂,各风险因素与外界交叉影响,使得风险显示多样性和多层次性。企业想要追求收益,就要有应对风险的策略与方法。

(3)风险具有扩散性和突发性

市场有时会对风险推波助澜,尤其是金融风险产生的连锁反应会不断扩散,并以突发的形式表现出来。内部控制的作用就在于以自身管控风险的确定性来抵御各种可能发生的不确定性,将风险打压在肆虐之前,更彰显内部控制对于风险管理的极端重要性。

(4)风险具有偶然性与必然性

某一具体风险的发生具有偶然性,大量风险的发生具有必然性。任何具体风险的发生都是诸多风险因素和其他因素共同作用的结果,似乎是一种随机现象,是偶然的和杂乱无章的,但通过对大量风险事故资料的观察和统计分析就会发现,其呈现明显的运动规律,这就使人们有可能用概率统计及其他风险分析方法计算风险发生的概率和损失程度。通常,风险中内含的机会是对达成目标有正向影响的可能性,风险中内含的损失是对达成目标有负向影响的可能性。

3.2.2 风险点分类与风险因素解析

现实的风险并不总是显露在外,企业不能识别、未加识别或错误识别都可能造成意外损失,所以,需要提高识别风险的洞察力,具有预见、预判风险的能力。

内部控制直指各类风险控制点,简称风险点。风险点是管理活动过程中能够产生问题、可能存在错弊、容易失去控制、应当予以关注的场景,如可能发生危险的部位、场所或动作等。认识风险点是为了有序探索与准确发现风险的运行规律,有助于确认防的导向、控的指向和治的方向。

风险可变、会变甚至瞬息万变,按照其变化程度,风险点可以分为危机点、危险点、危害点和失败点(参见图1.1)。为了精准施策,企业应当仔细辨析、归纳、整理风险点的各种表现特征及其影响程度等,尤其应当注意风险转为危机或危险的"拐点"。拐点,是指事物的发展趋势开始改变的地方。发现拐点能够揭示风险现象的本质,区分风险演变的不同阶段,为判断现状提供基础或为未来趋势提供参考。日常风险可能处于分散状态,一旦风险开始逆向运动并由分散走向集中,就有可能对全局产生不利影响。

风险点有的稳定,有的潜伏,有的待爆发。稳定点是指风险水平相对平稳的点,如企业收大于支、资产负债中性、财务资金运作平稳时所处的状态。潜伏点是指隐藏或埋伏着的、目前还处于风险水平较低的点,如企业商品发出、货款尚未收到前所产生的财务资金暂时性紧张,一旦货款收不回来,潜伏的风险就会显现。爆发点是指风险水平较高的点,如企业资金链断裂造成财务不能支付的窘迫困境。危险就是爆发后构成威胁的风险。

风险点中还可分离出真空点和失控点。真空点即盲区,是指控制没有到达的部分,或控制环节中既没有想到,也没有做到的处于空白的地方,如个别企业利用一些过渡性会计科目进行造假,这种舞弊极具隐蔽性,看起来很像偶然笔误所致,企业的监控没有触及这些隐秘的地方从而形成真空。失控点是指内部控制环节中已经想到但没有设计好,或虽然想好但没有落实到位而产生控制缺陷的地方。潮起潮落都需要有明锐的洞察力:涨潮时,要小心隐藏着的暗礁;退潮时,要注意观察露出水面的礁石……

风险有主次之分,可以分解为一般风险点(统称风险控制点)、主要风险点(控制重点)和关键风险点(关键节点)。按照全面管控风险的要求,企业应当在梳理业务流程的过程中,尽力识别和找出所有风险点,并重点控制主要风险点,集中精力掌控关键控制节点。例如,图 2.13 标明了合同调查、合同谈判、合同文本拟订、合同审批、合同签署、合同履行、合同结算、合同登记及信息保密 8 个主要风险点。其中,订立规范的书面合同、履行严格的审核与批准程序、加强对合同履行的有效监控相当重要。

通过进一步梳理、识别、解析风险,还有助于细化风险因素,分辨风险管控的主次。风险梳理,是指通过广泛、持续地收集与本企业风险和风险管理相关的内外部初始信息,利用头脑风暴、问卷调查、岗位(流程)风险辨识、专家研讨、访谈、情景分析、行业标杆对照、历史数据分析、计算机数据模拟等方法,从中发现所有可能影响企业经营目标的因素,并采用归纳法的思路,通过列举或列表的方式加以分析、总结与提炼。风险识别,是指发现、列举和描述风险的认知过程。风险解析,是指系统确认风险来源与分类的理性认知过程。上述过程结合起来所要回答的主要问题:企业究竟存在哪些风险?其分布在哪里?各自有些什么特征?重要程度如何?哪些应予以关注?引发风险的主要原因是什么?其影响程度与发生的可能性有多大?等等,从而为风险评价和风险应对提供相关信息与判断依据。

(1) 风险二因素

内外因素分析法最常见。企业应当在充分调研和科学分析的基础上,准确识别影响企业内部控制目标实现的内部风险因素和外部风险因素(如图 3.2 所示)。

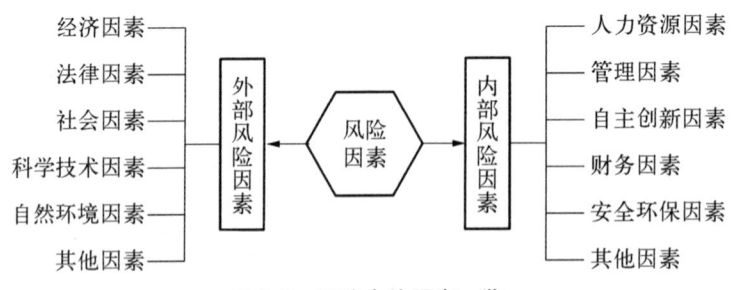

图 3.2 风险内外因素一览

内部风险因素是风险存在的内在原因,属于主要因素,包括:① 董事、监事、经理及其他高级管理人员的职业操守、员工专业胜任能力等人力资源因素;② 组织机构、经营方式、资产管理、业务流程等管理因素;③ 研究开发、技术投入、信息技术运用等自主创新因素;④ 财务状况、经营成果、现金流量等财务因素;⑤ 营运安全、员工健康、环境保护等安全环保因素;⑥ 其他有关的内部风险因素。

外部风险因素是风险存在的外在原因,属于重要因素,包括:① 经济形势、产业政策、融资环境、市场竞争、资源供给等经济因素;② 法律法规、监管要求等法律因素;③ 安全稳定、文化传统、社会信用、教育水平、消费者行为等社会因素;④ 技术进步、工艺改进等科学技术因素;⑤ 自然灾害、环境状况等自然环境因素;⑥ 其他有关的外部风险因素。

管理学上将风险分解为市场风险和企业风险两个方面。

市场风险是指未来市场价格(利率、汇率、股票价格、商品价格等)的不确定性对企业实现目标的影响。对这些具有宏观性质的系统性风险,企业也许无可奈何,却可以尽力规避,如不入市可避免股价波动的风险。

企业风险是未来的经营不确定性对实现其目标的影响,如盈利减少、亏损增加、新产品开发失败、合同纠纷、诉讼失败等,又称非系统风险,按其形成原因可进一步分为经营风险和财务风险两大类。经营风险是因生产经营方面的原因而给企业盈利带来的不确定性,如投资风险、信用风险、合同风险等。财务风险是因举债而给企业财务状况带来的不确定性。企业应当关注由于财务结构不合理、融资不当、可能丧失偿债能力而导致预期收益下降的"拐点"。

(2) 风险三因素

任何风险损失的发生都是有内在原因的,首先是存在风险因素,然后是发生了风险事故,加上缺乏必要的控制措施,导致出现"拐点"以致风险损失。风险因素包括实质性风险因素、道德风险因素和心理风险因素。风险事故又称风险事件,是造成损失的直接的或外在的原因,是使风险转换为损失的媒介,如合同纠纷、客户催债、官司败诉、意外灾害等。风险损失是指风险事故所带来的物质上、行为上、关系上以及心理上的实际的或潜在的利益丧失。

风险管理注重解析风险因素,通过遏制风险因素,阻止其与风险事故结合,从而切断引起或增加风险事故发生的机会或扩大损失的条件。其中,实质性风险因素尤为重要。例如,本书第1章的案例评析中,法兴银行在内部控制设计和治理中存在诸多严重缺陷,如未能密切监测遵守指定风险限额或权限的情况、未能对接触和使用银行资产的记录进行安全监控、未能及时纠正凯维埃尔的违规交易等,灾难就是根源于这些实质性风险。实证研究表明,许多重要的失控点、疏漏的真空点往往就是实质性风险的所在地,极有可能导致实质性漏洞,成为重大缺陷。

实质性风险因素是指足以引起风险事故发生或增加损失机会或加重损失程度,从而引发危险的因素,如汽车刹车失灵导致的交通事故、食物变质对人体的危害、恶劣天气对环境的破坏、疾病传染对健康的威胁等。如果企业存在某种能够直接导致制度机制、执行机制、监督机制失效并极有可能产生风险事故的风险因素,就可判定其为实质性风险。例如,主要领导人"一言堂",习惯于"一人说了算"并且知错不改,凌驾于制度之上,就是一种实质性风险因素,很容易导致实质性漏洞。又如,"账外账(小金库)"的存在是一个实质性漏洞,往往会引发实质性风险,甚至产生危害或灾祸。本书第1章中涉及失控案件的银行等金融机构都存在不少实质性风险,产生一系列实质性漏洞,一旦与某件风险事故结合,就会导致舞弊大案,爆发巨额损失。

道德风险因素是指与人的品德和修养有关的无形因素,即由于人们不诚实、不正直或有不轨企图,故意促使风险事故发生,以致引起损失的因素,如制造虚假会计信息、进行业务欺诈、出卖情报、中饱私囊等。

心理风险因素是与人的心理状态有关的无形因素,即由于疏忽或过失以及主观上不注意、不关心,以致增加风险事故发生的机会和加大损失的严重程度的因素,如侥幸思维、赌徒心理、舞弊借口、从众习惯等。

(3) 风险四因素

研究风险与损失之间的特定关系可以注意以下四个因素之间的关系:

一是损失主体。损失主体解决"谁"受损失的问题,弄清可能遭受损失的个人、部门或企业,对于有的放矢地进行风险管理是有意义的。

二是损失对象。损失对象解决"是什么"的问题。正确识别损失对象是处理损失暴露的起点。对损失对象进行排列和分类可以有多种方法。例如,将损失对象分成"资产"和"收入"两类,"资产"是人们占有的价值物,"收入"则是这种资产产生的结果。损失通常表现为减少或赔偿资产价值,减少或赔偿未来收入,或两者兼而有之等。

三是损失原因。损失原因解决"为什么"的问题,即导致不利结果的原因。从风险管理的角度看,这种导致损失的原因并不一定是事实上已经发生的损失原因,而是可能的损失原因,或称潜在的损失原因。造成损失的可能原因有自然原因、人为原因、经济原因等。自然原因包括火灾、风暴、洪水、地震、疫病等。人为原因包括被窃、暴动、过失、欺诈等。经济原因包括经济衰退、通货膨胀、技术进步等。

四是损失数量。损失数量解决"怎么样"的问题,它是损失对象、损失原因的数量表现及其合乎逻辑的结果,即某种原因发生,给某个对象造成了负面影响,将面临一定数量的价值损失,累积到一定的量将出现"拐点"或导致质变。用理性的方法衡量风险损失的大小是风险管理中的基本问题。对相同的损失数量来说,不同的单位,或同一单位在不同的时期,其损失的严重程度是不同的,100万元损失对一家小企业来说可能是灾难性的,但对一家大企业来说可能并不严重。

(4) 风险五因素

风险分析重在寻找风险的来源(风险源)或危险的根源(危险源),以便对风险事件的后果及其发生的概率进行判断,并制定有针对性的应对方案。国资委将各种风险归纳为战略风险、财务风险、市场风险、运营风险、法律风险五大类(一级风险点)和22个二级风险点,有助于精准施策(如表3.1所示)。

表3.1　　　　　　　　　　中央企业风险分类参考标准

一级风险	重点关注的二级风险
战略风险	宏观经济风险
	国际化经营风险(包括中美贸易摩擦、合规风险、汇率风险等)
	政策风险
	改革与业务转型风险(包括混合所有制风险、资产重组风险等)
	科技创新风险
	集团管控风险
	其他战略风险
财务风险	金融业务与衍生品交易风险
	债务风险(包括负债率高企风险、债券违约风险、融资性贸易风险等)
	现金流风险
	其他财务风险

续表

一级风险	重点关注的二级风险
市场风险	市场变化和市场竞争风险
	客户信用风险
	其他市场风险
运营风险	经营效益风险（包括重要子企业效益大幅下滑和连续亏损风险等）
	投资风险
	安全生产、质量、环保、稳定风险
	采购与供应链管理风险
	工程项目管理风险
	其他运营风险
法律风险	合规风险
	其他法律风险（合同风险、知识产权风险、诉讼风险等）

企业在进行风险识别时，可以采取座谈讨论、问卷调查、案例分析、咨询专业机构意见等方法，特别应注意总结、吸取企业过去的经验教训和同行业的经验教训，加强对高危性、多发性风险因素的分析与关注。

企业即使已经对风险进行处理，也仍会有残留风险，即风险处理后余留下的风险，其中包括未曾被识别的风险。所以，风险识别是一项连续性或持续性的工作。任何事物都在变化。例如，新科技、新产品可能改变原来的风险性质，也可能增添前所未有的风险。如果没有连续的风险识别工作，企业将难以发现面临的潜在风险等。持续的识别还有助于确定残留风险的程度是否可容许；如果不容许，就应当产生新的风险处理机制，并评价该处理的有效性等。

3.2.3 风险管理与内部控制的关系

从发展进程分析：风险管理是内部控制进一步发展的理性选择，风险管理拓展了内部控制的内涵，成为以风险为导向的内部控制。人们可以将内部控制与风险管理一体化，即作为一个整体来理解。

从目的手段分析：控制的实质是风险控制，防范风险是内部控制的主要目标，有了防范风险的目标，内部控制才显得特别重要，才有发挥作用的广阔空间。内部控制构成风险管理的主要手段，即风险管理依靠内部控制。强调风险管理与内部控制的融合并不是风险管理要代替内部控制,两者之间是目的与手段的关系。

从各自侧重分析:内部控制重在把控方向,防错纠偏,侧重对确定性的掌控;风险管理重在防微杜渐,防患于未然,侧重对不确定性的把握;把握不确定性要用确定性做基础,增强确定性要以应对不确定性做准备,两者之间是"你中有我,我中有你"的互补关系。单靠风险管理,没有规则作保障,目标很难达成;单靠规则,没有风险管理作引领,乏力难挡。两者结合,效用互补。

从范围内涵分析:内部控制注重解决流程问题,重在"正确地做事",重视各项规章制度与操作规范等。风险管理不仅要解决流程问题,而且要解决战略决策问题、应急处理问题;不仅要解决当前问题,而且要预测和应对将来可能发生的问题;不仅要解决"正确地做事"的问题,而且要解决"做正确的事"的问题。因而风险管理更偏向前端,更加关注影响目标实现的因素及其分析、评估与应对,防止重大决策失误,防止出现重大危机等。风险管理还要抓住机会、顺势而为,不拘泥于现有规则,在打破常规中创新发展,寻求新的发展空间与风控路径。

全面风险管理是指企业围绕总体经营目标,通过在企业管理的各个环节和经营过程中执行风险管理的基本流程,培育良好的风险管理文化,建立健全全面风险管理体系,包括风险管理策略、风险理财措施、风险管理组织职能体系、风险管理信息系统等,为实现风险管理的总体目标提供合理保证的过程和方法。实证研究发现,相比未实施全面风险管理的企业,实施了全面风险管理的企业具有更好的财务业绩。全面风险管理的实施有利于降低企业高财务杠杆带来的财务风险。

3.2.4 风险评估的逻辑顺序

风险评估就是企业及时识别、系统分析经营活动中与实现内部控制目标相关的风险,并合理确定风险应对策略的过程。风险管理从风险评估入手,有助于变被动为主动,并促使内部控制具有更强的针对性或精准性。

《基本规范》将风险评估的过程因素归纳为四个方面,即目标设定、风险识别、风险分析和风险应对,这是风险评估的基本逻辑顺序。其中,目标设定是前提。只有设定好目标,才能根据目标判断可能影响目标实现的潜在风险,并根据设定的目标合理确定企业整体风险承受能力和具体业务层次上的可接受风险水平;然后根据设定的控制目标,全面、系统、持续地收集相关信息,并结合实际情况,及时进行风险的识别与系统分析,从而合理确定风险应对策略。

国际标准化组织在 2009 年发布了《风险管理原则与指南》，其中，对风险评估流程的描述如图 3.3 所示。

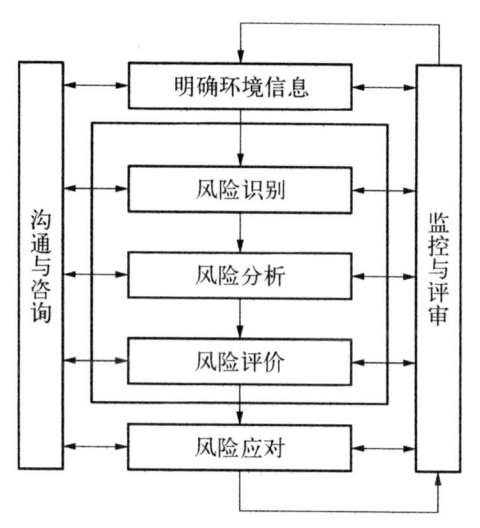

图 3.3 风险评估的操作流程

3.2.5 风险评估与风险等级解析

风险评估需要区分各类风险的重要性，找出关键风险，并作为重点管控的依据。理性的企业是根据风险分析与评估的结果，依据风险的重要性水平，运用专业判断，按照风险发生的可能性大小及其对企业影响的严重程度进行风险排序，从而确定应当重点关注的重要风险，并按照优先原则先行或重点管控主要风险。

风险的重要性可以从其发生的可能性和影响程度两个维度进行测量，其方法分为定性和定量两种。

风险的定性分析可采用问卷调查、集体讨论、专家咨询、情景分析、政策分析、行业标杆比较、管理层访谈和调查研究等方法，通过观察、分析和管理评分等方式对企业整体或相关的风险程度打分，其表现形式是使用文字或叙述性的分类等级来描述可能影响的程度以及发生的概率，如风险事件对企业声誉、人身安全、日常运营的影响等。

风险的定量分析可采用指标计算、影响程度分析、统计推论、计算机模拟、事件树分析和缺陷树分析等方法，推算出风险事件的影响程度与发生概率，如影响营业收入、税前利润等指标的发生概率、发生频率、发生数量等，还可利用流动比率、速动比率、资产负债率、已获利息倍数等来分析资产与负债的错配风险,采用毛利率、总资产报酬率、净资产收益率、投入资本回报率等来测算企业的盈利能力风险等。

企业可采用 5 分制来度量风险:0 分代表发生的可能性或影响程度最低,5 分代表发生的可能性或影响程度最高。某集团公司的风险评分标准如表 3.2 和表 3.3 所示。

表 3.2　　　　　　　　　　　风险可能性的评分标准

评　分		0～1	1～2	2～3	3～4	4～5
风险可能性描述		极低	低	中等	高	极高
定性	发生的难易程度	一般情况下不发生	极少情况下发生	某些情况下发生	较多情况下发生	频繁发生
定量	风险事件发生的概率	<20%	20%～40%	40%～60%	60%～80%	>80%
	风险事件发生的频率	2年1次	1年1次	半年1次	3个月1次	1个月1次
	风险事件发生的数量	<1件	1～5件	5～10件	10～20件	>20件

表 3.3　　　　　　　　　　　风险影响程度的评分标准

评　分		0～1	1～2	2～3	3～4	4～5
风险影响程度描述		极低	低	中等	高	极高
定性	声誉影响	负面信息在企业内部流传,声誉影响小	负面信息在当地局部流传,声誉影响较小	负面信息在本省内流传,声誉影响中等	负面信息在多个省流传,声誉影响较大	负面信息在全国范围内流传,声誉影响恶劣
	安全影响	短暂影响员工健康	严重影响一位员工的健康	严重影响多位员工的健康	导致一位员工死亡	导致多位员工死亡
	运营影响	不受影响	轻度影响	中度影响	严重影响	重大影响
定量	收入影响	<0.05%	0.05%～0.5%	0.5%～1%	1%～2%	>2%
	损失或费用占税前利润比重	<0.1%	0.1%～1%	1%～3%	3%～5%	>5%

考量或研判风险可以是多维的(如图3.4所示)。通常,出现频率高、重要性水平高、变动幅度大、主观因素强、可疑程度高、复杂系数大、后果相对严重的风险,对其打分会相对高些;还应当考虑政治影响涉及面和损失承受度等其他因素。尤其是对某些行业的某些特别风险的考虑更要周全,如风险是否与近期经济环境、会计政策或其他方面的重大变化相关,是否属于舞弊风险;业务交易的复杂程度与重大的关联方交易等需要特别关注;财务信息计量的主观程度,特别是计量结果

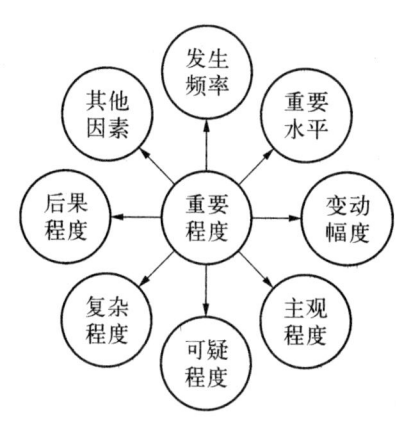

图3.4 风险重要程度的多维考量因素

是否具有高度不确定性;风险是否涉及异常或超出正常经营过程的重大交易;等等。

对风险影响的情况做出大小、多少、优劣的评价是一件很复杂的事,需要数据、经验等各类信息资料,还必须仔细推敲。某公司设计的风险评价计分表参考样式如表3.4所示。

表3.4　　　　　　　　　风险评价计分表(部分)

风险类型	风险内涵	打分参考依据	1 轻微风险	2 较小风险	3 中等风险	4 较大风险	5 重大风险	得分
会计风险	会计政策不一致或会计激进,信息披露不合规,纳税不符合国家税务规定,抵押担保物来源和操作方式不当	① 会计政策变更周期过短或会计估计超出同行业水平 ② 信息披露不及时、不完整,受到警告或处罚 ③ 纳税时间和数量违反国家税法 ④ 担保抵押占资产总额比率过高或违反规定	不满足①~④中的任何一个	满足①~④中的1个	满足①~④中的2个	满足①~④中的3个	满足①~④中的4个	

如何精准确认风险发生的可能性及其严重程度是一道难题。实务中采用风险图谱,也叫风险坐标图或风险等级矩阵表,把风险发生的可能性、风险影响的程度

93

作为两个维度,绘制在同一个平面上,有助于确定各类风险管理的先后顺序和策略(如表3.5所示)。

表3.5　　　　　　　　　　　　风险等级矩阵表

风险等级		后果				
		1	2	3	4	5
可能性	A	低	低	低	中	中
	B	低	低	中	中	高
	C	低	中	中	高	极高
	D	中	中	高	高	极高
	E	中	高	高	极高	极高

图例:□低风险　▨中风险　▨高风险　■极高风险

风险矩阵是通过后果与可能性的范围来排列显示风险的工具。在表3.5中,后果中的1、2、3、4、5分别表示发生风险事件的后果的严重程度,顺序递进;可能性A、B、C、D、E则表示极不可能、不太可能、可能、很可能、几乎确定五种程度,依次递进;图中的低、中、高、极高就是对四个风险等级的认定,与企业确定风险应对策略相关。当风险可容忍时,企业应保持已有的安全措施;当风险不可容忍时,企业应采取更为安全的措施以降低、控制或转移风险。

3.2.6　风险应对策略与风险容忍度

在经营管理中,风险与机遇并存,没有风险就没有机遇。所以,并非所有风险都对企业有害。企业应当甄别风险并结合企业实际情况确定风险承受度。当风险预示着机会时,应当化风险为增进企业价值的时机,促进其积极面发生的概率最大化。当风险损失可能发生时,应设法使其发生的概率最小化;当风险损失不能避免时,应尽量减少损失,使消极的后果最小化。

应对风险的策略可以是一种或多种方案的集合。在瞬息万变的市场经济面前,企业应当学会审时度势、灵活变通,或迎难而上,或知难而退,或迂回包抄,或巧妙躲避,或有效隔离风险等。制定风险应对策略是对已经识别的风险进行分析、排序后制定的应对措施或整体性方案,主要考虑四个方面的因素:可规避性、可转移性、可缓解性和可接受性,以求将风险降至可接受的程度,从而有效管控风险(如图

3.5所示)。在实践中,企业通常将应对风险的策略与各种控制措施一并进行组合优化,使其在成本最小的承受度下达到最佳的风险管理效果。

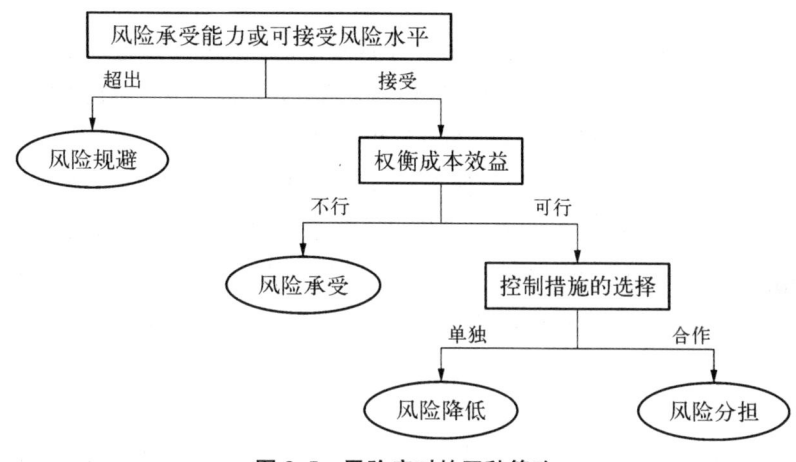

图 3.5 风险应对的四种策略

(1) 风险规避

企业对超出整体风险承受能力或具体业务层次上的风险,应当规避,即通过放弃、停止或绕开与该风险相关的业务活动,不开始或不继续导致风险的行动,以求避免和减轻损失。

凡风险所造成的损失不能由该项目可能获得的利润予以抵消,规避风险就可能是最可行的方法,包括拒绝高风险投资的诱惑,放弃明知失败的项目,中断与失信客户的业务往来,停止危害环境的试验等。风险管理应当帮助企业到达期望的目的地,同时避开前行途中的暗礁。

风险承受能力与风险容忍度相关。风险容忍度是指在企业目标实现的过程中对差异的可接受程度。不要一有风险就难以忍受,更不要看到短期风险的波动就情绪失控。只要收益能够覆盖风险,风险就是可以容忍的。

风险容忍度与"底线"思维相关。"底线"是指可容忍的限度,是风险监控的临界值,超过临界值就不能容忍了。

风险容忍度与企业风险偏好相关。所以,应当合理分析、准确掌握董事、经理等高级管理人员、关键岗位员工的风险偏好,采取适当的控制措施,避免因个人的风险偏好而给企业的经营带来重大损失。须知:容忍危险等于作法自毙,谨慎行事才能安然无恙。

为了将风险偏好管控落实到日常风险监管中,就需要建立风险偏好传导与反馈机制,将风险偏好与日常风险监测、风险限额处置、风险考核挂钩,并将日常风险管理的结果与风险偏好的执行和调整相结合,形成管理闭环。

(2) 风险承受

企业为寻求机会而承担风险,或权衡了成本效益后无意采取进一步的控制措施,就可以实行风险承受,即不准备采取控制措施以降低风险或者减轻损失。

风险承受就是接受风险。对于损失较小的风险,当企业有足够的能力承受损失时,可以采取风险自担和风险自保来自行消化风险损失。风险自担就是风险损失发生时,直接将损失摊入成本或费用,或冲减利润;风险自保就是企业预留一笔风险金或有计划地计提资产减值准备等。管理层在为企业创造价值的同时,需要准备承担或实际承担多大的风险,这是一种理性的权衡和有经验的选择。

(3) 风险降低

企业在权衡成本效益后愿意采取进一步的控制措施以降低风险、提高收益或者减轻损失,将风险控制在风险承受度内。

降低风险的主要路径:一是控制风险因素,消除风险源,减少风险的发生或改变风险发生的后果;二是控制风险发生的频率,减轻风险损害的程度;三是采用风险隔离措施,遏制风险传导,防止风险由"点"扩大到"面"。

降低风险不等于规避风险。企业不向任何单位提供担保,不与失信企业合作,这是在规避风险。

(4) 风险分担

企业在权衡成本效益后,愿意借助他人力量,采取业务分包、购买保险等进一步的控制措施以降低风险、提高收益或者减轻损失的,可以实行风险分担,将风险控制在风险承受度内。

风险分担是一种转移风险的技巧。企业以一定的代价(如保险费、盈利机会、担保费和利息等),采取某种方式(如参加保险、信用担保、租赁经营、套期交易、票据贴现等)将风险损失转嫁给他人承担,以避免可能给企业带来的灾难性损失。例如,向保险公司投保;采取合资、联营、增发新股、发行债券、联合开发等措施实现风险共担;通过技术转让、特许经营、战略联盟、租赁经营和业务外包等实现风险转移。

对于无法承受的风险,可以实行风险回避;对于可以承受但风险较大的事项,可以采取风险降低、风险分担等方法,将风险降低到可承受范围内,而不是等到百分之百有把握了才签订合同。

3.2.7 风险管理清单与风险信息库

风险的影响广泛、具体,且动态变化,所以对风险需要仔细排查、动态掌握。不同的企业、同一企业在不同时期以及同一企业不同的内部环境、业务层面和工作环节可能面临不同的风险,企业应当按照立足实际、突出重点、体现差异、适应变化的思路,有针对性地开展风险评估,不断完善风险信息库,包括建立风险识别评估表、风险管理清单和关键风险分析表等。

风险识别评估表可以在流程图的基础上,对流程中存在的风险点进行识别与评估。运用风险识别评估表,可以通过定性的方法对流程中各个具体的环节可能存在的风险点及其要素(具体的风险是什么、风险类型、风险发生的可能性及其后果、风险危害程度/级别、相关部门/岗位、现有控制措施等)进行识别与评估;制定相应的控制方案和措施;对新增风险控制措施的效果进行跟踪,从而对流程中的风险点进行持续有效的识别、评估、控制、再评估,最终实现流程风险控制的持续改进。

风险管理清单是企业运用"八二原理"识别和确立主要风险,以形成有针对性的管控依据。通过阅读风险清单,熟悉各类风险的定性描述和指标体系,可以帮助人们准确理解和掌握各类风险的特征,既有助于避开前进道路上的隐患和意外,也有利于找到最佳方案并付诸实施。某企业设计的风险管理清单(部分)如表3.6所示。

表3.6　　　　　　　　风险管理清单(部分)

风险识别							风险分析						风险应对	
风险类别						风险描述	关键风险指标	可能产生的后果	关键影响因素	风险责任主体	风险发生的可能	风险严重程度	风险重要等级	风险应对措施	备注
一级风险		二级风险		……											
编号	名称	编号	名称	编号	名称										
1	战略风险	1.1													
		1.2													
		…													
2	财务风险	2.1													
		2.2													
		…													

风险管理清单也可以按部门列示,如某公司建立的风险清单与控制活动(部分)如表3.7所示。

表3.7　　　　　　　　某公司风险清单与控制活动(部分)

流程名称	风险编号	风险事件描述	控制目标	措施编号	控制活动描述	责任部门	控制频率	对应制度	涉及文档
采购预算编制	略	采购预算编制不合理,导致资产闲置或不足、资金浪费,与内部控制规定相违背	确保采购预算符合实际需求,避免资金资产浪费	略	管理归口采购部,负责建立采购计划,制定采购制度细则,对采购计划与预算进行汇总等	各职能部门、采购部门、采购副总	编制预算时	采购管理制度第××章第×××款	年度预算、批复文件

经过上述风险评估流程后,就可以填写关键风险分析表(如表3.8所示)。

表3.8　　　　　　　　关键风险分析表(部分)

公司名称		所属部门	
风险名称			
风险描述			
涉及流程			
风险动因分析			
风险影响分析			
具体解决方案			
风险管理现状			
风险管理策略			
风险承受度			
风险管理目标			
预警指标			
责任部门		责任人	

风险应对是一个动态的过程,企业应当结合不同发展阶段和业务拓展情况,持续收集与风险变化相关的信息,进行风险识别和风险分析,及时调整风险应对策

略。也就是说，企业按照规定的程序和方法开展风险评估后，可以结合业务流程、风险因素、重要性水平和风险应对策略，设立风险管理清单，建立风险数据库或矩阵文档，为持续开展和不断改进风险评估提供文件支持，并适时更新、维护风险信息（数据）库，及时调整风险应对策略。

3.2.8 风险评价报告与风险管理报告

风险评价报告是关于企业风险分析评价结果的汇总报告，包括重大风险排序表、重大风险分析、可能的解决措施建议、需要的支持等内容。

重大风险排序表是通过定性评价和定量检验调整后列示排名前十位的存在重大风险的风险点。这张表是对定性评价、定量评价和校验结果的总结。

重大风险分析将针对重大风险排序表中的每项重大风险给出定性和定量的描述、风险点的可能表现以及产生的主要原因等。

可能的解决措施建议应当针对重大风险排序表中的每项重大风险给出企业可能的解决措施、实现的方式及其相关建议。

需要的支持是对企业开展控制活动时需要相关方面提供何种支持进行详细阐述。风险应对策略总是与企业的具体业务或事项相联系，对不同的业务或事项可以采取不同的风险应对策略，对同一业务或事项在不同的时期可以采取不同的风险应对策略，对同一业务或事项在同一时期也可以综合运用风险降低和风险分担的应对策略。在考虑如何进行风险应对的过程中，管理者需要考虑成本和效益，并在期望的风险容忍度内选择风险应对方案。

企业应当定期对风险管理工作进行总结、评估，形成"风险管理工作总结"，用于指导下一阶段的风险管控工作。例如，中央企业每年按照规定编制全面风险管理报告报送国资委。自2020年起要求认真做好年度重大风险评估工作，结合"中央企业风险分类参考标准"（见表3.1）及企业自身实际情况，科学准确识别、评估、预判企业面临的重大风险，将重大风险评估情况报经董事会或类似决策机构审议通过；还应建立健全重大风险季度监测和报告工作机制，经确认造成重大资产损失的风险事件，应当在5个工作日内报告国资委。国资委要求以"强内控、防风险、促合规"为目标，进一步整合优化内部控制、风险管理和合规管理监督工作，按一体化要求编制年度内部控制体系工作报告。[1]

---

[1] 参见《关于做好2020年中央企业内部控制体系建设与监督工作有关事项》（国资厅发监督〔2019〕44号）。

3.3 控制活动与风险应对措施

3.3.1 控制活动的制衡性与融合性

控制活动是合理保证管理指令贯彻执行的政策和程序,它发生于整个管理过程中,遍及所有管理层级与职能,一方面具有制衡或制约的作用,另一方面体现整体和融合的理念。

企业应当学会理性选择内部控制活动及其配套措施等。常见的控制活动内容大致分类如图3.6所示。在有效的控制活动过程中,学会融合(结合)很重要,包括业财融合、管控融合、体系融合、信息融合、工具融合等。融合是指几种不同的事物融为一体(或各部分合成整体,即结合)。

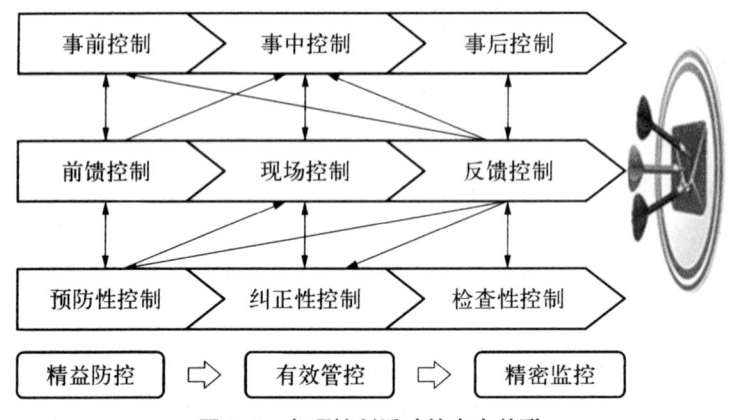

图 3.6 各项控制活动的内在关联

图3.6所示的各项控制活动分类之间互相关联,配合交融,但并非一一对应,有关概念及其关系分别解释如下:

(1) 事前控制与防控结合

风险紧随收益,紧跟决策,紧靠经营,紧贴思维,时而代表机会,时而预示危机。风险并不可怕,可怕的是不拿风险当一回事。为什么危机总是突如其来?因为人们没有做好准备。

直面风险应未雨绸缪,这就要求落实事前控制。

事前控制是在某项活动开始前所进行的前馈性防控活动。控制者应事先深入实际调查研究,识别和测算发生风险的程度与概率,并找出关键控制点和保护性措施,体现在相关制度或流程中,通过主动防御风险,织密安全网,避免或减少差错,以预案的前瞻性和精准性来对冲环境的复杂性和风险的不确定性。

事前控制重在自觉防控、有效防备,其核心要义在于提高警惕、精益防控、防患于未然。防控是一个偏正词,中心语是"控制",以"预防(或防御)"作为修饰语。防控以"防"为先,侧重防范式控制。预防属于治本,没有预防,监督会疲于奔命。内部控制应当有防有控、边防边控、防控交织;也可以先防后控,以防为先或以防为主;但不能一味"防",防的关键在于构建以制度为核心的长效机制。防控交融,互为补充,攻守兼备,最为重要。

"防"就是预先做好准备,是一种积极的、主动的姿态。事故出于麻痹,安全来自警惕。事前预测与事先防范是应对风险最明智,也是最重要的方法。英国危机管理专家迈克尔·里杰斯特(M. Regester)认为:"预防是解决危机的最好方法。"确实,理想的内部控制应当注重事前防控,这在采取行动前能起到引导匡正的作用。内部控制作用的大小与事先设想、规划、控制点的分布和安排有密切的关系。所以,开展内部控制活动必须坚持防范为先、风控为本、审慎经营、内部控制优先等理念。落实企业内部控制工作宜早不宜迟,谁落实谁受益,先落实先受益。当然,内部控制不可能一劳永逸,也不要指望一日千里,而要在攻防中动态调整策略。舞弊与反舞弊、欺诈与反欺诈总是道高一尺,魔高一丈,唯有不断洞察风险,持续优化防控策略,才能有效控制风险。

"控"就是使企业的运作遵循控制者的意愿,处于控制者占有、管理、影响下,这是实施控制的初衷之一。尤其是对于各类风险"苗头"或不确定事件,绝不能掉以轻心、置若罔闻。企业既要警惕"黑天鹅"事件,也要防范"灰犀牛"事件;[①]既要有防范风险的先手,也要有应对和化解风险的高招。

作为企业的领导,应当注重指导性的防控活动。指导性的活动是为了实现有利的结果而采取的引领性行为,如编制详尽的内部控制指导手册、宣讲内部控制的工具方法、明确奖惩工作方案、亲临现场辅导操作等。"领而导之"的直接作用在于明确目标,掌控方向,在实现有利结果的同时,避免不利结果的发生。防控结合,共同出招,贵在自觉,慧在察觉,重在警觉,如此方能掌控风险和机会,通过化险为夷、转危为安,减少损失或增加价值。

---

① "黑天鹅"事件是指难以预测且不同寻常的事件,但通常会引起市场的连锁负面反应甚至颠覆。"灰犀牛"事件是指过于常见以至于人们习以为常的风险,比喻大概率且影响巨大的潜在危机。

专题讨论 3.2 ｜ 过桥、护栏及防控的导向作用

市场经济犹如具有不确定性的河流，如何管控风险？现实是此岸，理想是彼岸，中间隔着湍急的河水，内部控制就是架在河上通达目标的桥，能够帮助企业绕过激流险滩，到达理想的彼岸。企业需要端正思想，走上桥梁，进入内部控制领域，通过健全的风险管控机制来增强抵御风险、拒腐防变的能力和持续发展的韧性。

没有堤坝，河水会泛滥。如果没有桥呢？如果桥上没有护栏呢？

"你走过桥吗？""走过。""为什么要走桥啊？""方便。""桥上有护栏吗？""有。""那你过桥时手扶栏杆吗？""不扶。""因为栏杆对你没用吗？""有用，没有栏杆保护会很危险，我会害怕。""……"

"桥"引导人们沿着正确的方向走在通顺便捷的道路上，不至于迷失方向；风险管理如同"护栏"，防止（阻止）人们误入歧途，规劝人们不能走偏。"护栏"可以高低错落，桥面应当没有"路障"。有了明确的方向和切实的保障，人们才会感到踏实与安全。

（2）事中控制与管控融合

事中控制是在采取行动、执行标准、落实措施的过程中所进行的纠偏性管控活动，尤其是在现场就能发现问题，采取措施，防错纠偏，解决问题，有序处置已暴露的风险，确保不发生系统性风险或制止错弊的发生、发展、爆发，并检查预防性措施发挥作用的具体情况等。

事中控制重在边管边控，有效管控，其核心要义在于防微杜渐，制止失控。管理控制也是一个偏正词，中心语是"控制"，以"管理"作为修饰语，简称管控，以"管"为先，侧重管理式的控制。

管控融合意在谋求理念上的融合。理念或思想上的趋同是管控融合的本质。无论是管理活动，还是控制活动，归根结底都是为了企业价值最大化，因而两者都必须服从并服务于价值创造的实现需求。管理企业就是在管控风险，控制风险就是在保护、维持、修复或创造企业价值。倡导管控融合、寓控于管、寓监于管，既可以促使管理者重视内部控制，也可以促使控制人重视管理活动，如此相得益彰。

管控融合意在谋求信息共享上的融合。在信息时代，管控融合的内容更多基于信息层面的融合，包括在经营管理的主要领域、层次、环节或者整个企业的管理流程中实现管理信息与控制信息的相互渗透、互相吸收、有机整合。内部控制应当嵌入企业管理活动过程中，将有关信息融为一体、共享共用、互为作用，不可人为隔离，更不能形成信息孤岛。

管控融合意在谋求组织机构上的融合。管控融合应该是企业组织机构的天然属性和内在需求。企业需要管理就需要控制,强化控制就是加强管理。所以,管理人员应学会控制,控制人员应学会管理。在内部分工的条件下,管理部门和内部控制部门各有岗位职责的界定,可以有所侧重。在这里,既有分工的价值,也有协同的价值。目前,管控融合之所以成为一个问题,可能是不合理的分工现状导致了"两张皮"。所以,不少企业在推动内部控制工作前就成立了内部控制领导小组,确定内部控制牵头部门与协同部门等,这是相当理智的。

管控融合意在谋求行为目标上的融合,即管控融合是企业目标一致性使然。为什么在控制?因为要管理。管理活动借助内部控制防错纠偏或拨乱反正的作用,有助于把控行为目标的方向。从管控风险的角度看问题,企业管理的直接目的并不是获取盈利,而是提高成功的把握,于是,如何提高管控能效就变得十分重要。学会管控是"练内功""有能耐"的表现。主动管控是克险制胜的"法宝"。管控融合就是相互配合,交互作用,齐心协力,同向发力,打造管控风险的"命运共同体"。

如何将各种管理工具建立起有机的联系,特别是将管理与控制有效整合在一个系统框架内,并进行深入的理论分析与实践总结,从而对风险进行全面有效的管控?我国一些学者和企业正在孜孜以求。志之所向,一往无前;任重道远,行则将至;行而不辍,未来可期。

(3)事后控制与监控结合

事后控制是在某项活动完成后所进行的反馈性或检查性监控活动,通过分析与评价、监督与检查等程序,将实际业绩与控制目标或标准进行比较,并采取相应的措施惩前毖后、拨乱反正,目的是达标,并迫使行为或活动返回事先确定的或期望的水平。

事后控制重在精密监控、亡羊补牢。监督控制是一个偏正词,中心语是"控制",以"监督"作为修饰语,简称监控,以"监"为先,侧重监察式控制。

监控的精密性依赖监督者广阔的视野、灵敏的嗅觉、真切的感受、缜密的推敲、周全的思量和准确的判断。理想的监控状态在于平行并伴随着业务,而不能串行于业务中(或落后于业务)使效率迟滞。对监控来说,业务最好是透明的,一切被看清楚,监控只是根据条件触发机制进行警示和干预,具有保驾护航的作用;对业务而言,在努力前行的同时,能感受到监控的威慑力而不是羁绊和掣肘,如此寓监控于服务才是上选。此外,应当关注企业是否具有补偿性控制活动,这是针对某些环节的不足或缺陷而采取的措施,目的在于把风险限制在一定的范围内。

综上,控制活动的核心要义在于采取正确的做法掌控风险。控制活动可以事前、事中、事后全过程开展,并重在防范和化解风险,通过关口前移、源头治理,标本兼治,重在治本,从而避免控制活动落后、被动的局面。治理之道,先理后治。"理"就是厘清源头,找到根源,明确风险产生的机理和发生发展的逻辑,不断完善风险预判、研判与防控机制。

上述控制活动可以手工操作(手工控制),如不定期盘点、不告知的突击检查等,具有较强的威慑作用;也可以自动操作(自动控制),如定期盘点、信息化自动查询、跟踪与反馈等,具有持续的联动作用;更应当创造条件实施自动化运作,当某些风险满足触发条件时,系统不仅会自动报警,而且能够自动关闭某些权限或某种运营状态,直至修复自愈。

3.3.2 具体措施与控制对策

从广义上看,凡是围绕控制目标与要求实施的行为都与控制活动相关,都会有相应的控制措施。各种控制措施应当融入管理活动,并配套跟进,所以,控制活动被称为根据风险评估结果在控制活动过程中的行为举动。

纵观现有控制措施,大多经过去粗取精、弃伪存真的过程:一是经过无数次观察、体验等实践活动说明是确有作用的;二是在持续的理性评价与检查中被验证是有用的。这两种获取途径或存在形式向人们昭示了控制措施存在和发展的理性研究方法。本书中所介绍的各种控制措施都是通过反复实践后在应用上具有指导价值的(详见第4章),具有重复性、可检验性,而非随意性、无效性。

实施不同的控制措施体现控制活动的不同行为特征,包括预防措施、安全措施、强制措施、应变措施等。例如,中国银监会在《商业银行操作风险管理指引》中将内部控制措施作为操作风险管理最有效的手段,具体包括:① 部门之间具有明确的职责分工以及相关职能的适当分离,以避免潜在的利益冲突;② 密切监测遵守指定风险限额或权限的情况;③ 对接触和使用银行资产的记录进行安全监控;④ 员工具有与其从事的业务相适应的业务能力并接受相关培训;⑤ 识别与合理预期收益不符及存在隐患的业务或产品;⑥ 定期对交易和账户进行复核、对账;⑦ 主管及关键岗位轮岗轮调、强制性休假制度和离岗审计制度;⑧ 重要岗位或敏感环节员工8小时内外行为规范;⑨ 建立基层员工署名揭发违法违规问题的激励和保护制度;⑩ 查案、破案与处分适时到位的双重考核制度;⑪ 案件查处和相应的信息披露制度;⑫ 对基层操作风险管控奖惩兼顾的激励约束机制。

措施是应对风险的具体对策,包括控制手段、惯例或各种修正风险的举措,是实施内部控制活动的具体方法、载体和专业技术手段。《基本规范》将控制措施概括为7种,即不相容职务分离控制、授权审批控制、会计系统控制、财产保护控制、预算控制、运营分析控制和绩效考评控制。这些措施是人类实施内部控制活动的经验总结,并上升到理性高度提炼而成的操作规则,可以综合运用或交叉使用。

控制措施服从并服务于内部控制目标。"没有规矩,不成方圆。"实施各种控制措施,如果能够让想"干坏事"的人觉得不方便,要"干坏事"的人觉得不自在,最后能够在理智的权衡中放弃"干坏事",那么,这样的措施针对可能出现的失控现象就是有威慑力的。所以,控制措施的共同特征就是使控制对象按控制者的意愿活动,处于控制者的占有、管理或影响下,其共同目的是将风险控制在可承受范围内。然而控制措施与控制目标之间并非线性对应关系。虽然设计制度时人们总想使控制措施与控制目标保持清晰的对应关系,但实际上很困难,因为控制措施与控制目标之间经常会出现一对一、一对多、多对一、多对多等复杂的网络化关系,这种复杂关系增加了对控制运行效率及其有效程度的观测难度。

控制措施与控制要素内在关联。如果说控制要素指明了"要做什么",具有方向性、指示性的作用,那么控制措施就是针对问题的解决办法,说明"正在做什么",具有操作性,并力求精准施策以实现精益防控。

控制的关键在于有效行动、精准施策。控制措施只有在规定的(或特定的)情景下(场景化)方可起到应有的作用,人们可以选择使用而非任意乱用。选择恰当的措施(方法)有利于事半功倍,有助于实现控制目标;选择不当,不仅浪费资源,而且影响控制效果,甚至得不偿失。

控制有时候被直接理解为处理风险的措施。管控风险最基本的逻辑:控制目标→潜在风险→应对策略→控制措施,即各种措施体现控制目标的具体要求,是根据风险评估的具体结果并结合风险应对的具体策略选定的。

防范和化解风险需要深入把握风险运行的内在规律,不断提高控制效能。效能作用主要体现在控制措施的具体执行方面。需要提请关注的是,病毒(细菌)具有耐药性或称抗药性,如何对其耐药性进行监测及预警很重要,需要强化风险意识,常观大势,常思大局,科学预见风险走势和风险挑战。既要善于透过复杂现象把握本质、抓住要害、找准原因,又要善于扬长避短、取长补短、精准施策等。

笔者倡导"精准施策"进而达到"精益控制"的用意在于:内部控制活动应当关注精准施策问题并有益于业务活动的健康运营,包括精细梳理业务活动的各种运营逻辑(厘清相关控制点),精确识别业务运作过程中的相关风险(明确主要风险点),精准落实对相关风险点的制衡措施(关注关键风险控制点),精密监控危险状况等相关问题(谨防真空点或重大失控点)。本书主要章节就是按照这样的思路编排相关内容的。

3.3.3 例外事项控制与突发事件应急处理机制

在多变的市场环境下,为了抢占先机、应对意外、谋求利益,某些例外事件难以避免。例外事项是偏离计划和预期的事件,如首次出现的、随机出现的、十分重要且需要立即处理的非程序化事项(如急于支付的某笔大额款项等)。

对例外事项应当实施例外管理。例外管理是指高级管理层对日常发生的例行工作拟定处理意见,使之规范化、标准化、程序化,然后授权下级管理人员处理,而自己主要处理那些没有或者不能规范化的例外工作,并且保留监督下级管理人员工作的权力的一种管理制度或原则。这样操作,可以节省高级管理层的时间和精力,使他们集中精力研究和解决重大问题,同时使下属部门有权处理日常工作,提高工作效率。高级管理层能够集中主要精力处置重要的例外偏差,控制效能就高。

高级管理层应当特别重视对例外事项的管控,防止失控。在控制过程中,应将注意力集中在那些异常情况,如特别好、特别坏或特别突兀的情况,同时将例外管理与风险导向结合,注意关键点的例外情况,谨防突发与突变事件导致的不良后果。一些企业为此特别制定了"内部控制例外事项管理规定"和"例外事项审批表",并对例外事项的执行情况留下证据链,实施后评估,这是明智的。

例外事项可能与权力"真空"相关,所以,针对权力运行机制和管理监督体系中的薄弱环节,织密制度的笼子,对防范"灯下黑"很重要。

例外事项可能与突发事件相关,隐含重大风险,所以,企业应当建立突发事件应急处理机制,对可能发生的突发事件或风险事故制订应急预案,规范处置程序,以备及时妥善处置。预案即预备方案,是根据分析或经验对潜在的或可能发生的突发事件的类别和影响程度事先制订的应急处置方案。对于例外事项或突发事件,都应当坚持"预防为主,常备不懈"的谨慎态度,并提供有效的管控保障。

有效的控制活动应当善于总结经验,不断把例外事项变为例行事项,将过程例行化。所谓"例外事项例行化",就是把先前不确定的"例外"因素认定为未来"可能发生的例行事件",并为此设计、固化相应的管理规范与控制流程。

专题讨论 3.3 │ 内部控制是在维持现状还是打破现状

控制活动需要将执行情况与相关评价标准进行比较,发现偏差及时采取纠正措施使管理活动趋于稳定,以实现既定目标,即"维持"有利的或既定的状态。

控制活动也要善于"打破现状"。内外部环境的变化会对企业提出新的要求，对现状的不满需要改革、创新，开拓新局面。人们也许对长期活动逐渐形成的"惰性问题"习以为常，难以发现或者即使发现也不愿意解决，这时就要打破现状，求得螺旋式发展。

控制可以维持现状，也可以打破现状，目的都是防患于未然。这就要求管理者向前看，把控制活动建立在前馈而不是简单的信息反馈上，在不应发生偏离的情况下预见偏差并及时采取措施加以防范。

3.4　信息沟通与内部控制报告

3.4.1　信息的生命在于流动

信息在流动，沟通在流动，舞弊也在流动，所以，控制的信息与控制的行为不能不动。信息与沟通就是及时、准确、完整地收集与管控相关的各种信息，并使这些信息以适当的方式在企业有关层级之间及时传递、有效沟通和正确应用的过程，是实施内部控制的重要条件。

信息活动与有效控制相关。为了"改善"某个或某些受控对象的状态，需要获得并使用信息，以此为基础经过优化后作用于该对象上的过程就是控制。控制的基础是信息，信息的传递是为了控制，任何控制都有赖于信息反馈。控制过程是反馈信息并逐渐逼近目标的过程，很难一蹴而就。如果管理层次增多，高层信息失灵，许多舞弊待案发后才知问题严重，这就是一个很危险的信号。

如何确保管理活动"耳聪目明"？有效的信息与沟通很重要。语言作为表情达意的工具体现在沟通的过程中，数据作为精确计量的工具在运用中凸显作用。信息时代的控制活动是否有效，很大程度在于管理信息系统是否完善，信息反馈是否灵敏、正确，各方沟通是否及时、有效。灵敏就能及时识别与发现变化，正确就能高效分析与加工各种数据和信息，及时将整理后的信息转化为强有力的行动，以达到有效管控的目的。

为了引导企业充分利用信息系统规范交易行为，提高信息系统的可靠性、稳定性、安全性及数据的完整性和准确性，降低人为因素导致内部控制失效的可能性，形成良好的信息传递渠道，企业应当遵循《企业内部控制应用指引第17号——内部信息传递》和《企业内部控制应用指引第18号——信息系统》。

信息活动是指围绕信息资源的形成、传递和利用而开展的管理活动与服务活动。企业在建立与实施信息活动控制的过程中,至少应当强化对下列关键方面或者关键环节的控制:① 职责分工、权限范围和审批程序应当明确、规范,机构设置和人员配备应当科学、合理,重大信息系统开发与使用事项应履行审批程序;② 信息系统的开发、变更和维护流程应当清晰、合理;③ 应当建立访问安全制度,操作权限、信息使用、信息管理应当有明确的规定;④ 硬件管理事项和审批程序应当科学、合理;⑤ 会计信息系统流程应当规范,会计信息系统操作管理,硬件、软件和数据管理,会计信息化档案管理应当完善。

3.4.2 信息的能动作用在于沟通与整合

沟通是连接心灵的"桥梁",有助于疏通信息障碍,清除信息误解;沟通是理解与治愈的良药,有助于化解心理冲突,抚平心病伤痕。所以,信息沟通很重要,有相处就有沟通,有管理就要沟通。

信息与沟通是指及时、准确、完整地收集与企业经营管理相关的信息,并使这些信息以适当的方式在企业有关层级之间及时传递、有效沟通和正确应用的过程。为了防范风险累积和爆发,信息沟通越及时就越有效。《基本规范》第三十八条指出:"企业应当建立信息与沟通制度,明确内部控制相关信息的收集、处理和传递程序,确保信息及时沟通,促进内部控制有效运行。"

企业应当全面收集来源于企业内外部、与经营管理相关的财务及非财务信息,并力求真实、准确、完整、及时,从而为内部控制的有效运行提供信息支持。

企业内部信息主要包括财务会计信息、生产经营信息、人员变动信息、技术创新信息、综合管理信息等。企业可以通过财务会计资料、经营管理资料、调研报告、专项信息、内部刊物、办公网络等渠道获取内部信息。

企业外部信息主要包括政策法规信息、经济形势信息、监管要求信息、市场竞争信息、行业动态信息、客户信用信息、社会文化信息、科技进步信息等。企业可以通过行业协会组织、社会中介机构、业务往来单位、市场调查、来信来访、网络媒体以及有关监管部门等渠道获取外部信息。

通过建立财务和业务一体化的信息处理系统,可以实现财务、业务相关信息一次性处理和实时共享,充分发挥信息技术在信息与沟通中的作用。一个有效的信息系统应当做到:① 确认和记录所有交易;② 及时、详细地描述交易,以便在报告中对之进行正确的分类;③ 能以某种方式计量交易的价值,以便在报告中以适当的货币价值记录交易;④ 确定交易发生的期间,以便将交易记录在恰当的期间;⑤ 在财务报告中适当地表达交易事项和披露相关事项;等等。

信息整合是最大化挖掘信息价值的管理过程。整合不等于合并,而是有分有合、取长补短、优势互补、协作共进。内部控制的信息资源整合至少可以从以下几个方面入手:

一是信息数据整合。数据是组成信息的基本元素,各种原始数据的积累与集中是一个组织机构开展业务的基础,而这些数据大多是由各种应用系统生成的结构化数据。企业的结构化数据存放在各种不同的数据库中,每个新增加的企业应用系统都会带来一系列新的结构化数据。数据整合就是对分散异构的多数据源实现统一访问,实时地、智能地将有价值的数据传递给分析系统或其他应用系统进行信息的进一步加工。数据整合的目的是将不同的数据库集成起来,提供一种单一的虚拟数据库,这样就不会出现与核心业务不一致的多个数据库,保持应用软件数据相互一致并与企业实际情况相符。

二是评价内容整合。内部控制评价与内部审计的内容大多体现在电子表格、文本文件、图像、图表、报告、音频文件和视频文件中。在进行内容整合时,企业可以建立一个内容管理平台,以提供对非结构化信息进行管理的功能。企业的文件、图片、多媒体等办公信息,搜索软件搜索整理的信息,翻译系统翻译的信息等非结构化信息可以进入内容管理系统。内容管理系统对各类信息进行编、审、校等,对各类信息进行分类管理,并控制信息的发布与访问权限。

三是评价过程整合。内部控制评价与内部审计在数据整合、内容整合的基础上,还可以寻求与业务过程、控制过程的整合,并通过提高过程的协同效应与自动化水平,提高过程执行的整体效率,达到优化过程的目的,促使物流、资金流、信息流的有效整合,实现对信息资源的序列化、共享化,进而实现信息资源配置最优化,拓宽信息资源的应用领域,促使管理者全面掌控企业的经济状况和管控现状等。

老法师提醒 3.1 | 信息化程度越深,加强管控越重要

企业应当善用 ERP 等管理信息系统,但不可迷信。任何管理软件都是基于计算机程序的管理信息系统,其减少人工操作,实现信息集成和自动控制的功能不会自动产生,而需要设定,如果把错误的流程固化进系统,就会火上浇油。西方国家在实行会计电算化的初期,因计算机舞弊,每年损失上百亿美元。信息系统规模越大、与管理联系得越密切、集成度越高,风险就越大,所以,应当加强对信息系统开发与维护、访问与变更、数据输入与输出、文件储存与保管、网络安全等方面的有效控制,保证信息系统安全稳定运行。

3.4.3 理顺传递程序，加强内部报告管理

内部信息传递是企业内部各管理层级之间通过内部报告形式传递生产经营管理信息的过程，一般存在三个基本环节：一是传达人把信息译成接受人能理解的语言或图像等；二是接受人把信息转化为自己能理解的表述形式，称为"译进"；三是接受人把自己对信息的反应传递给传达人，称为"反馈"。信息反馈是指由控制系统把信息输送出去，又把其作用结果返送回来，并对信息的再输出产生影响，起到制约的作用，以达到预定的目的或目标的过程。

企业应当通过合理筛选、核对、整合各种内外部信息，制定信息传递与内部报告流程，全面推行风险主动报告制度，健全并落实风险分级管控和隐患排查治理双重预防工作机制，筑牢安全防控体系；还可以将风险主动报告纳入企业统一的信息平台，构建科学的内部报告体系，从而提高信息的共享性和有用性。

企业应当建立内部控制报告制度，明确规定报告人与接受报告人，报告的时间、内容、频率、传递路线、负责处理报告的部门和人员等。尤其健全重大经营风险事件报告工作，是风险防控机制的重要环节，直接影响企业能否及时采取有效措施减少资产损失和消除不良后果，避免发生系统性经营风险。主要领导是报告工作的第一责任人，分管领导负责推动内部控制（风险）管理与业务管理等相关部门加强工作配合和信息共享，建立上下贯通、横向协同的报送机制，保障报告工作体系有序、高效运行。内部控制（风险）管理部门要会同相关部门细化重大经营风险事件报告标准，明确责任分工，畅通报告渠道，加强对敏感性信息的识别、预判和预警，做到重大风险早发现、早报告、早处置。

如果内部信息不传递或传递梗阻，出现瞒报、少报、变通报告等扭曲情况，就可能造成事前、事中出现监管盲区，事后甩锅推责；如果内部报告系统缺失、功能不健全、内容不完整，就可能影响经营管理的有序运行；如果内部信息传递不通畅、不及时，就可能导致决策失误、相关政策措施难以落实；如果内部信息传递中泄露商业秘密，就可能削弱企业核心竞争力；等等。

为此，企业应当建立科学的内部信息传递机制，明确内部信息收集与整理、编制与审核、传递与使用、保密与归档的流程以及各管理层级的职责权限等，促进内部报告的有效利用，充分发挥内部报告的作用。尤其应当将内部控制相关信息在企业内部各管理级次、责任单位、业务环节之间，以及企业与外部投资者、债权人、客户、供应商、中介机构和监管部门等有关方面之间进行沟通和反馈。信息沟通过程中发现的问题，应当及时报告并予以解决。重要信息应当及时传递给董事会、监事会和经理层。

3.4.4 健全反舞弊机制,遏制错弊发生

反舞弊机制存在于内部控制环境下,其能否顺利运行将影响其执行效果。为此,企业应当坚持惩防并举、重在预防,并明确反舞弊工作的重点领域、关键环节和有关机构在反舞弊工作中的职责权限,监视舞弊人行为举止的异常状态,规范舞弊案件的举报、调查、处理、报告和补救程序。

建立有效的反舞弊机制是企业建立和完善有效的内部控制的重要组成部分,其中,预防管理层(尤其是高层)舞弊是重中之重。通过改善企业股权结构,健全治理结构,从而达到制衡作用;通过加大外部董事比例,完善独立董事制度,起到制约作用;通过发挥监事会应有的作用,强化监督检查机制,遏制舞弊行为。

有效的反舞弊机制是企业防范恶意舞弊、优化内部环境的重要制度安排。企业至少应当将下列情形作为反舞弊工作的重点:① 未经授权或者采取其他不法方式侵占、挪用企业资产,谋取不当利益;② 在财务报告和信息披露等方面存在虚假记载、误导性陈述或者重大遗漏等;③ 董事、监事、经理及其他高级管理人员滥用职权;④ 相关机构或人员串通舞弊;等等。

实证分析 3.3 | 反舞弊培训与反舞弊运行机制

注册舞弊审查师协会(ACFE)的《2020年全球职务舞弊与滥用职权的调查报告》显示,在组织中进行反舞弊培训有助于员工通过正规举报途径对舞弊事件进行举报(有56%的举报来自举办相关培训的组织,只有37%的举报来自没有举办过相关培训的组织)。约43%的舞弊案例是通过举报被发现的,举报人有约50%来自组织内部的员工。举报人倾向于通过热线电话和邮件的方式检举(拨打热线电话和发送邮件的比例各占总的举报数量的33%)。在过去的20年里,越来越多的组织采纳或加强各类反舞弊手段的应用。其中,设置举报电话的比例增加13%,实施反舞弊政策制度的比例增加13%,对员工进行反舞弊培训的比例增加11%,对管理者和企业高管进行反舞弊培训的比例增加9%。

3.5 内部监督与管控闭环

3.5.1 尽职尽责与内部监督

没有尽职尽责的责任观和仔细认真的监督检查,某些追求付出最小化与收

入最大化的动机就会扭曲人的行为。内部控制实施与否、是否有效取决于监督机制。强调什么就监督什么，不监督就是不重视。如何知责于心、担责于身、履责于行？持续的、自觉的监督活动应当"嵌入"内部控制活动中，而不是"附加"其上，更不是可有可无。加强监督应当成为重要而现实的选择。

从治标到治本，从动真到碰硬，需要凝心聚力、直击积弊、扶正祛邪，把制度的篱笆一步步扎紧，方能承载起受托责任。为此，企业应当建立内部控制内部监督检查制度，结合内部控制的有关要求、方法、标准与流程，明确规定监督检查的对象、内容、方式和负责部门等，实施精密有效的内部监督。

内部监督原指由企业的会计机构和会计人员对本企业实行的会计监督，其基本要求包括：① 记账人员与经济业务事项和会计事项的审批人员、经办人员、财务保管人员的职责权限应当明确，并相互分离、相互制约；② 重大对外投资、资产处置、资金调度和其他重要经济业务事项的决策和执行的相互监督、相互制约应当明确；③ 财产清查的范围、期限和组织程序应当明确；④ 对会计资料定期进行内部审计的办法和程序应当明确。

内部控制中的内部监督，是指企业对其内部控制制度的健全性、合理性和有效性进行监督、检查与评估，形成书面报告并做出相应处理的过程，是内部控制得以有效实施的机制保障。其作用主要在于对内部控制建立与实施的情况进行监督检查，评价内部控制的有效性，发现内部控制缺陷，督促及时改进。内部监督是内部控制体系中不可或缺的组成部分，是内部控制得到有效实施的保障机制。

3.5.2 内部控制监督检查制度

内部控制监督检查可以分为日常监督和专项监督两个方面。日常监督是指企业对建立和实施内部控制的情况进行常规、持续的监督检查。持续性监督检查具有连续、全面、系统的特征。专项监督是指在企业发展战略、组织结构、经营活动、业务流程、关键岗位员工等发生较大调整或变化的情况下，对内部控制的某一方面或者某些方面进行有针对性的监督检查。专项监督的范围和频率应当根据风险评估结果以及日常监督的有效性等予以确定。专项监督具有不定期、专门、有针对性的特征。日常监督和专项监督（或称持续性监督检查和专项监督检查）应当有机结合，互相补充。

监管过程可采用"3W1H"的提问法进行深究，即问题在哪里发生（Where），什么时间发生（When），谁经办审批（Who），有什么防范措施（How），并应当利用信息与沟通的情况,提高内部监督工作的针对性和时效性;同时,通过实施监督检查等方面的现场工作,提高内部监管的质量和运行效率。

检查过关就等同于内部控制合格吗?有些企业认为内部控制工作是外来的要求,只要形式合规就可以了,而不是出于企业自身自觉管理的需要。一些企业为了满足监管机构、债权人和投资者的要求制定相应的内部控制制度,进行相应的内部控制检查,这种被动应付式而非主动自觉的方式,可能徒有形式空壳却没有内容实质,从而给企业增添了麻烦,给管理增加了负担,给员工带去了失望。

3.5.3 闭环管理与循环监控

闭环管理将控制过程看成一个闭环系统,并把该系统中的各个要素、各项控制专业活动作为闭环的子系统,使系统和子系统构成封闭的回路,控制、反馈、再控制、再反馈……从而在循环积累中不断自我完善与提高。对内部控制实施评估与审计等监控活动,重在发现内部控制缺陷并予以纠正,从而落实知责明责、履责督责、考责问责的闭环管理与循环运行。

企业应当建立内部控制监督报告与信息反馈制度,内部审计部门、内部控制管理职能部门、业务部门人员应将发现的内部控制缺陷按照规定的报告路线及时报告董事会、监事会、高级管理层或相关部门,并建立内部控制问题整改机制,明确整改责任部门,规范整改工作流程,确保整改措施落实到位。

企业应当以书面或者其他适当的形式妥善保存内部控制建立与实施过程中的相关记录或者资料,确保内部控制建立与实施过程的可验证性;同时,应当跟踪内部控制缺陷整改情况,就内部监督中发现的重大缺陷追究相关责任单位或者责任人的责任。

综上,内部控制五大要素相互依存、互为补充,应当形成 PDCA 循环与管理闭环。P(Plan,计划):根据控制目标,明确问题并对可能的原因及解决方案进行事先安排。D(Do,实施):落实各项控制行动。C(Check,检查):评估结果。A(Act,处理):如果对结果不满意,就返回计划阶段;如果对结果满意,就对解决方案进行标准化。PDCA 循环往复,螺旋上升,可以达到不断提升控制质量的目的(如图 3.7 所示)。

PDCA 循环要求行动有计划,实施有目标,过程有检查,结果有评价、有处理,环环相扣,互相促进,推动控制的思想、方法和活动过程更加条理化、系统化和科学化。

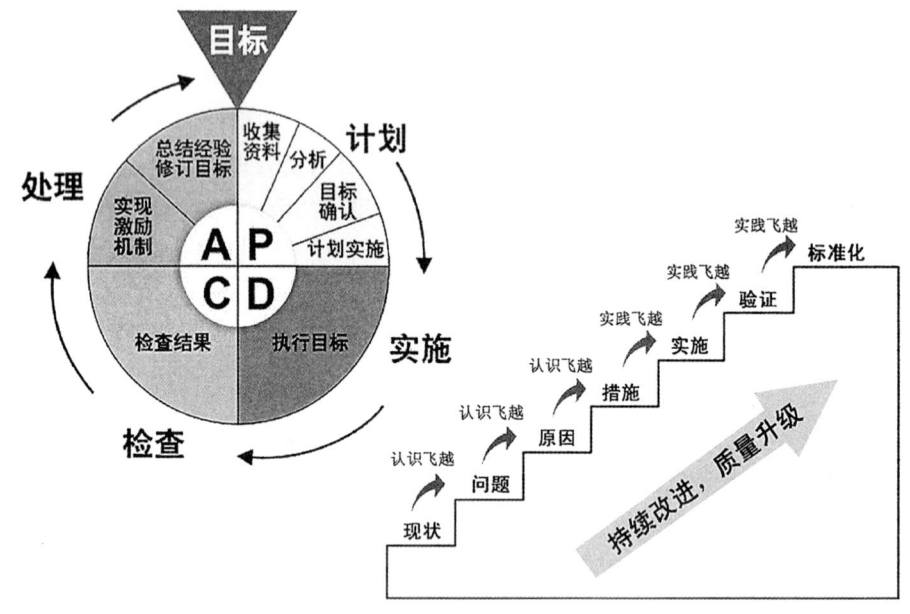

图 3.7　PDCA 循环与控制质量不断升级

──────── 经典案例评析 ────────

请准备好化险为夷的应对策略

企业想要化险为夷、转危为安,就应当准备好应对相关风险的策略。

凡事留有备选方案,在遇到麻烦时才可能因祸得福。150 年前,约翰·彭伯顿(John Pemberton)想发明一种缓解疼痛的专利药。然而,一场经济危机让他承担不起原料成本,迫不得已放弃进行了一半的项目,转而启动了预先准备好的另一个计划。他用原先的配方改做了一款由水、糖、咖啡因混合而成的低价饮料,打出了"有助舒缓情绪"的招牌,那就是最初的可乐,至今依然畅销全球。

十多年前,当华为处于发展巅峰时,任正非以一封"华为的冬天"内部信提醒华为人要居安思危。在风平浪静的时候,任正非就设想了一种极限的压力:如果有一天,美国所有高科技产品都不再向华为供货,华为能不能继续生存?华为总会有"冬天",准备好棉衣比不准备好。华为由此开始自主研发与实施"备胎计划"[①]。

────────

① 备胎本意是指给汽车准备一个备用轮胎,一旦轮胎出问题,备用轮胎就方便及时地取而代之,使汽车不至于中途抛锚。面对美国将华为列入"实体名单",导致受制于美国的芯片企业无法与华为合作,华为将"备胎""转正"了。

压力测试与做最坏的打算不一样。做最坏的打算是结果可以承受,而压力测试是需要想出一个可行的解决方案,这有助于化解重大风险,或者在关键时刻帮助我们度过危机,这就是华为的"备胎策略"。

压力测试是一种以定量分析为主的风险分析方法,它主要用于分析假定的、极端的、但可能发生的不利情景对企业的冲击程度,进而评估其对企业资产质量、盈利能力、资本水平和流动性的负面影响。通过压力测试,对已经识别的风险进行定性分析、定量分析和风险排序,从而制定相应的风险应对策略,这对任何企业都是极为重要的,尤其是在竞争中成长的企业。凡事留个"后手",才能行稳致远。

压力情景可分为中度压力、重度压力和极限压力。华为使用的就是极限压力,为这种极端情景的发生做好抗压准备。压力测试的重要意义在于通过压力测试过程促进各部门之间的交流,并了解自身风险管理存在的问题和薄弱环节,以推动风险管理体系和制度建设。

压力测试包括敏感性分析法和情景分析法等。敏感性分析是指测量单个重要风险因子或少数几个关系密切的因子在假设变动情况下对风险暴露和承受风险能力的影响。情景分析是指测量多个风险因子同时发生变化以及某些极端不利事件发生对风险暴露和承受风险能力的影响,如历史情景分析、假设情景分析等。

华为从小做到大,一直主动关注风险并主动应对国际化战略实施过程中的各种考验。华为立志实行国际化,成为世界一流的设备供应商,所以成立三十多年来一心一意坚持主业,规避了"搞金融、炒房地产"的诱惑与风险。国际市场很大,风险更大。华为通过 SWOT 分析①,起初只将少量产品投入海外市场试水,然后实现由"点"到"面"的突破,渐渐加大承受的风险。华为具有谨慎应对国际市场风险的策略:一是复制国内成功的"农村包围城市"策略,从电信发展较薄弱的国家"下手",步步为营、层层包围,最后攻占发达国家。二是跟随中国外交路线进行跨国营销,在什么地区投放什么力度的人力、物力也是根据国家外交的风向变化来决策。三是建立合资公司、与竞争对手合作等。四是依托银行的买方信贷拓展市场等,逐级渗透,渐进式地发展海外市场。五是逐渐完成从"以利润换市场"到"以实力和服务赢市场"的转型。六是建立内部严密的监控和评审机制,合理规避国际融资和货币风险,其货款被拖欠率和坏死率在业内是最低的。智在居安思危,强在化险为夷。华为在"春天"就预见了"冬天",那时,谁备有棉衣,谁就活下来了。

---

① SWOT 分析是基于内外部竞争条件下的态势分析,包括研究对象的内部优势(Strengths, S)、劣势(Weaknesses, W)和外部机会(Opportunities, O)、威胁(Threats, T)。

第4章　控制措施的应用场景

> 怎样才能让人们在理智的权衡中放弃不理智的行为呢？

4.1　职务分离控制

4.1.1　内部牵制与不相容职务分离

内部牵制主要着眼于业务流程中的职能分解和相关人员的职责分工等，以便形成互相制约的机制，如职务分离、岗位分开、场所分立、物理分控、技术措施保密、网络口令加密、定期岗位轮换等，其核心内容是不相容职务的分离控制。

职务是指承担某些职责或工作内容的若干职位的总和。例如财务部经理，是指具有行使企业财务会计工作指挥、指导、协调、监督和管理的权力，并承担执行企业规程及工作指令义务的财务领导，可以设正副经理若干人。职务与岗位相关，岗位与人对应。岗位是指由人所从事的某种职责或工作内容的职位。

管理者并不希望负责交易的系统或个人包揽一切而隐瞒甚至掩盖什么。不相容职务（或岗位）就是指那些如果由一个人担任，既可能发生错误和舞弊行为，又可能掩盖其错误和舞弊行为的职务（或岗位）。管理者设想通过控制来确保不被隐瞒或难以隐瞒，所以规定了不相容职务，即不能由一个人兼任的职务，其本质在于相互牵制或风险隔离。所以，考察不相容职务分离的具体对象的重点就在于界定职务（或岗位）并对此进行制衡。

基于制约机制建立起来的内部牵制存在两个方面的假设：一是两个或两个以上的人或部门无意识地犯同样错误的机会很小，二是两个或两个以上的人或部门有意识地合伙舞弊的可能性大大低于一个人或部门舞弊的可能性。两个或两个以上的人同时做一件事比一个人独自做一件事出错或作弊的可能性小的原因是存在制约机制。若一事物的存在或变化是另一事物存在或变化的先决条件，则前者制约后者。有效的内部控制应当尽量确保各项管理行为或业务活动相互制约，以做到"集权有道、分权有序、授权有章、用权有度"。"一毫财赋之出入，数人耳目之通焉。"恰当掌握好制约的尺度，就能理解内部控制的精髓，就会明白为什么在经济管理活动中一再强调"职责分离""岗位授权"等控制措施的重要性。

不相容是对客观场景（事物）的一种主观认定。例如，我国《内部会计控制规范——基本规范》第七条规定："内部会计控制应当保证单位内部涉及会计工作的机构、岗位的合理设置及其职责权限的合理划分，坚持不相容职务相互分离，确保不同机构和岗位之间权责分明、相互制约、相互监督。"根据《中华人民共和国会计法》的要求："记账人员与经济业务事项和会计事项的审批人员、经办人员、财物保管人员的职责权限应当明确，并相互分离、相互制约。"出纳人员不得兼任稽核、会计档案保管和收入、支出、费用、债权债务账目的登记工作，这是落实会计机构内部牵制的需要。如果出纳人员既管理钱款，又保管会计档案，就很容易在钱款上做了手脚之后利用管理会计档案的机会修改档案内容而掩盖自己的行为，所以应予以禁止。如果出纳人员既保管支票印章又负责签发支票，或者既记录支票登记簿又登记银行存款日记账，或者既负责编制会计凭证又负责企业与银行之间账目的审核与对账等工作，就不符合不相容职务相互分离的控制原则，很有可能导致舞弊行为的发生。不少企业为此明文规定，出纳人员不得兼任的职务包括：① 收入、支出、费用、债权债务等账目的登记；② 稽核检查；③ 会计档案保管；④ 支票的保管和签发；⑤ 银行账户的开立和注销；⑥ 银行存款余额调节表的编制与核查；⑦ 现金和银行存款总账的登记与核查。

4.1.2 不相容职务分离控制的操作要点

（1）识别不相容职务

企业应当通过对各机构职能的科学合理分解，确定岗位责任、相应职责和工作要求。只有在明确各岗位权限和相互之间的关系后，才能识别不相容职务并实施必要的分离措施，形成各司其职、各负其责、相互制约的工作机制。

不相容职务分离关注的重点通常在于分析哪些职务是不能由一个人兼任的，提出的问题包括：是不是不相容职务，要不要分离职务，并判断风险的大小等，包括未分离的风险究竟有多大、后果有多严重、什么时候必须分离、什么时候可以暂缓分离、是否需要严格分离等。

不相容岗位分离有哪些基本的规范要求呢？一要满足国家法律法规对不相容岗位分离的相关要求，这是最低标准，所以需要熟悉法律法规的相关规定；二要切合企业的实际情况，包含合乎行业惯例（规矩）、企业文化、自律要求与约定俗成等内在需求等；三要充分考虑合理制约性与有效分离性，这就需要进行理性思考和实践操作，而不是分离得越细越好。也就是说，不是所有职务（岗位）都必须严格分离，还需要考量成本效益、可能性与适应性等。

（2）合理界定不同职务的职责与权限

企业可以通过梳理岗位责任，在明确各司其职的前提下，合理分离不相容职务，只有这样，当出现问题时才能准确地分清责任。如果业务流程的控制点被分为授权批准、业务经办、会计记录、财产保管、稽核检查等，那就要求将授权批准与业务经办、业务经办与会计记录、会计记录与财产保管、业务经办与稽核检查、授权批准与监督检查等职务分离。

在具体设计内部控制制度时，通常考虑以下场景中的两两分离：① 申请某项业务与授权审批该项业务分离；② 授权进行某项业务与执行该项业务分离；③ 执行某项业务与审核这项业务分离；④ 执行某项业务与记录该项业务分离；⑤ 保管某些财产物资与对其进行记录分离；⑥ 保管某些财产物资与使用这些财产物资分离；⑦ 执行某项业务与监督这些业务分离；等等。

（3）分离出不相容职务

在进行定岗、定员和合理分工时，应当注意将不相容职务分离开来，使其相互牵制、相互制约。

互相分离的对象究竟是岗位，还是部门？企业通常采用从部门到岗位的组织架构，即先明确部门的定位和功能，再设定部门内岗位的职责和操作要求。分离制约针对的是岗位职责而不是部门权责，即使一项业务的流程动作都在一个部门内完成，只要这个部门内的不相容职务交由不同岗位的人员操作，也就是在实施内部牵制。例如，在采购业务活动中，货比三家、价格磋商、确定供应商、拟订采购合同都在采购部门内部完成，只要采购中的执行、审批、记录、监督由部门内的不同人来执行，也就符合岗位分离的基本要求。其中，请购与采购、批准采购与办理采购、询价比价与确定供应商都属于不相容职务，如果上述各组职务中的两项职务由同一个人担当，即出现该采购员既有权决定采购什么、采购多少，又可以决定采购价格、采购对象、采购时间等，在缺乏其他岗位或人员监督制约的情况下，就很容易发生舞弊行为。至于是否需要将询比价和确定供应商的职能分离出来，合同拟订和签署是否需要经过法律部门、财务部门等会签,这既与不相容岗位分离相关,又属于部门设置与分权管理等问题。

采购部门应当通过建立采购和付款的岗位责任制度,明确相关部门和岗位的职责、权限,确保办理采购与付款业务的不相容岗位相互分离、制约和监督,不得由同一部门或个人办理采购与付款的全过程。还可以通过编制不相容职务分离表来表述业务流程中的各个不相容岗位,用以描述控制活动中的不同部门、岗位之间的权责分离、相互制约、相互监督等情况。

采购与付款控制中不相容职务分离控制的要点如表4.1所示。

表4.1　　　　　采购与付款控制中不相容职务分离控制要点

流　程	不相容职务分离控制要点	经办人与审批人分离控制
采购与付款	① 请购与审批	经办人应在职责范围内,按照审批人的批准意见办理采购与付款业务。对于审批人超越授权范围审批的采购与付款业务,经办人有权拒绝办理,并及时向审批人的上级授权部门汇报
	② 询价与确定供应商	
	③ 采购合同的拟订、审核、审批	
	④ 采购、验收与相关会计记录	
	⑤ 付款的申请、审批与执行	

(4) 采取必要的牵制措施以保障分离到位

对于重要的岗位,可设置一岗双人、双职、双责,相互制约;明确该岗位的上级对其应采取的监督措施和应负的监督责任,并将该岗位作为内部审计的重点;等等。例如,将重要保险柜的钥匙交给两个以上工作人员持有,若不同时使用这两把以上的钥匙,保险柜就无法打开。对于涉及重大或高风险业务的处理流程,必须考虑建立各层级、各部门、各岗位之间的分离和牵制,在因机构人员较少且业务简单而无法分离处理某些不相容职务时,应当制定切实可行的替代控制措施。

常见的内部牵制手段包括实物牵制、机械牵制、体制牵制和簿记牵制(如图4.1所示)。无论哪种牵制方式,立足点都在于增设核对点或制衡点,以加强相互制约。

总之,职务分离旨在预防、发现与遏制可能产生的错弊,其应用场景重在"分离"与"制约",并至少要求控制以下几个关键点:① 任何业务尤其是货币资金收支业务的全过程不能由某一个岗位或某一个人包办;② 经济业务的责任转移环节不能由某一个岗位单独办理;③ 某一个岗位是否已经履行职责绝不能由履行人员自

```
┌─────────────────────────────┬─────────────────────────────┐
│ **实物牵制**：由两人以上共   │ **机械牵制**：只有按照正确的 │
│ 同掌管必要的实物工具，       │ 程序操作机械，才能完成一     │
│ 共同完成一定程序的机制       │ 定过程的操作的机制           │
├─────────────────┬───────────┴─────────────────────────────┤
│                 │     内部牵制                              │
├─────────────────┴─────────────┬─────────────────────────────┤
│ **体制牵制**：对每项经济业    │ **簿记牵制**：原始凭证与记账 │
│ 务的处理都有两人或两人        │ 凭证、会计凭证与账簿、账     │
│ 以上共同分工负责，以相        │ 簿与账簿、账簿与会计报表     │
│ 互牵制、互相制约的机制        │ 相互核对的机制               │
└─────────────────────────────┴─────────────────────────────┘
```

图 4.1　内部牵制的基本手段

己说了算；④ 财务等重要权力的行使必须接受定期或不定期的独立审查；等等。

4.1.3　"三权分离"与权力制衡

权力是腐败的轴心，腐败聚焦以权谋私、权钱交易等的权利运作，所以，制衡的重点在于对权力的制约与均衡，警惕并抵制绝对权力的产生。事实证明，决策者的行为由利益推动，由责任约束，由权力保证；而腐败始终隐藏在权力的某个角落，像一枚地雷，随时会爆炸。失控的权力如同脱缰的野马，任性妄为，危险异常。

有效的权力运行监控机制应当兼顾权力制约有效和权力运行高效双重目标，使两者相互促进。从风险与权力的关系分析中甄别权力运作行为，可以透视腐败不断演变的规律，从而有针对性地防范权力运作风险（如图 4.2 所示）。

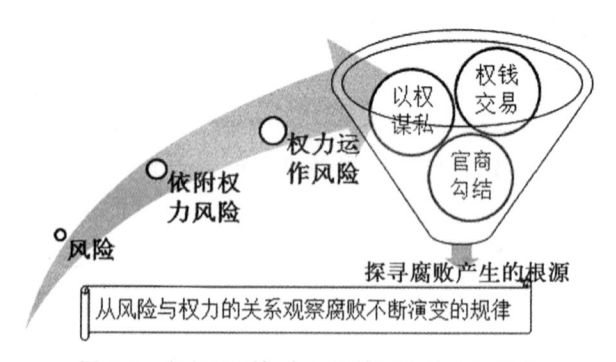

图 4.2　仔细甄别权力运作的风险并予以制衡

我国自西周始就注重权力监督的制度建设。秦汉时期已有大量相关法规，如关于官吏任用与铨选的《置吏律》、关于官吏调任与监察的《效律》和考核官吏为政情况的《上计律》等。唐朝的行政法典——《唐六典》首次以法典的形式为行政监督提供法律根据。在此基础上,宋朝大量充实各项监察法规,诸多行政制度也体现了权力监督理念,如在人事任用上通过了"避亲法""避嫌法"等回避制度以约束官员的权力。明清两朝也制定了专门的行政法典和比较完善的监察法等。

制衡以控"权"为重、控"权"为先、控"权"为要。如何不让权力成为少数人恣意妄为的工具,建立良性的、有秩序的、有约束的权力制衡机制很重要。一方面要防止权力失控、权力失真、权力失算等,另一方面要通过合理分权,建立健全决策权、执行权、监督权既相互制约又相互协调的权力结构和运行机制,从而减少权力腐败发生的可能性。制衡可以多维操作,包括权衡、交衡、均衡、抗衡等。只要制衡机制始终处于控制过程中,对失控或腐败就具有制约作用。

(1) 权衡

权衡即对权力的制衡。权力充满诱惑,绝大部分以权谋私的案件发生在权力的行使过程中。权位越高,越危险。

分权可以制约权力,分权管理与制衡原理内在关联。所有权与经营权"两权分离"后会使经营者更加专业化,提高管理效率。"三权分离"的制约与协调更是一种有效制衡权力的管控模式,通过集体行使决策权、分散行使执行权、独立行使监督权的有效运行,可以完善对权力的制约,防止腐败和权力滥用;通过以权制权,形成对权力的制衡机制。

"三权分离"首先是岗位分离。决策、执行、监督不仅应当各司其职,而且应当实施不相容职务分离,即决策的不能执行,执行的不能监督,监督的不能决策,以相互牵制,符合制衡机制的要求,避免既当"运动员",又当"裁判员"的情况发生。

"三权分离"要求过程分离。决策是执行的前置条件,执行是对决策的具体落实,监督影响和制约着决策与执行,这三个过程应当既相互分离又相互制约。决策过程主要表现为授权批准过程,在办理经济活动事项前,应当经过适当的审批程序,重大事项需要经过集体决策和会签(会审)。任何个人都不得越权决策或擅自改变集体决策的意见。执行过程是按照审批的结果和适当的权限办理业务的过程。监督过程主要通过对决策过程、执行过程的合规性以及执行的效果进行检查和评价,以确保各业务和事项都经过适当的授权审批,并确保经办人按照授权的要求办理业务。

"三权分离"主要体现在公司治理结构、机构设置、权责分配、业务流程等方面是否形成相互制约、相互监督的制约与平衡机制,最常见的做法是分事行权、分岗设权、分级授权,从而实现决策、执行和监督"三权分离"、相互制约,体现关口前移、未病先防的理念。正确运用制衡原理确实可以大大提高企业内部控制的执行力与可行性,让想干坏事的人感到不方便从而打消念头。

(2) 交衡

交衡即交叉制衡。管理层都是掌控某种利益的人,又是在别人的掌控下,从而形成"他控"或"互控"机制。

无原则的"你好,我好,大家好"可能造成"你不管我,我不管你",还可能演变成"小团体",徇私舞弊就在其中了。所以,还是应该"你监控我,我监控你",形成一种文明的控制文化氛围。在这样的氛围中,岗位分离,职务分开,分工协作,互相牵制,既有"自律",又有"他律",从而形成一种律己律人的"互律机制",在这样的环境中,会让人们在理智的权衡中放弃那些不理智的动机,闻过则喜,从善如流。

(3) 均衡(平衡)

均衡表示一个物体同时受到几个方向不同的外力作用而合力为零时所处的相对静止或匀速运动状态,也指经济中各种变量的作用恰好互相抵消,暂时处于一种平衡状态。权力的均衡是指特定权利受到来自不同方向的制约力量而有所收敛或处于自律自控状态。势均力敌就是指双方力量相当,不分高低,是控制方式所形成的一种结果(暂时状态)。失衡就是失去平衡。失衡容易造成失控。

(4) 抗衡

抗衡即对抗权力。让群众拥有对权力的监督权就会使权力无法滥用,就能够保障权力为公众服务,从而防止权力失控,并促使权力走向收敛。

4.1.4　不相容职务分离的替代性措施

内部控制并不能也不要求消除所有业务流程中的风险,因为那是不可能的。如果风险不大,分离的条件尚不具备,在企业可承受的范围内,就可以考虑实施替代性措施。

因资源限制等原因无法实现不相容职务相分离的,并不等于不要分离。一般情况下,为达到某一目的,总会有几种可以采取的措施,并且这些措施可以相互替换,被称为替代方案或可行方案。

替代性控制措施就是用某项控制措施替代另一项控制措施,以达到必要的控制目的,如采取抽查交易文档、资产盘点、诫勉谈话、定期轮岗、回避制度等。

(1) 抽查交易文档

在执行检查程序时,从被查对象总体中,按照一定的方法,有选择地抽选一定数量的样本进行测试,并根据测试结果推断总体特征的方法就是抽查。抽查对象包括凭证、账簿、报表、文件资料等。抽查法具有高效率、低费用、省时省力的优点,恰当运用能够收到事半功倍的效果。

(2) 资产盘点

企业通过定期或不定期对资产进行盘点与核对,发现资产管理中的问题。尤其是监管资产真实、准确、完整、统一的过程将有效遏制徇私舞弊、弄虚作假等行为的发生。

(3) 诫勉谈话

诫勉谈话主要是与有轻微违纪行为或有苗头性、倾向性问题的人员谈话,达到及时提醒、教育挽救的目的,内容包括警示提醒、诫勉督导、训诫纠错等。

警示提醒:针对群众举报的、社会反映的违反基本道德要求的、有腐败苗头和倾向性的问题,以询问、告诫为主要内容,及时给予警示和提醒。

诫勉督导:对工作中出现的问题,本着既纠正偏差又保护工作热情的原则,以督察引导、勉励帮助为主要内容,促其从思想上认识问题,从行动上改正缺点。

训诫纠错:对有轻微违纪行为和一般性错误的问题,本着"惩前毖后、治病救人"的原则,以批评训示、强制改正为主要内容,给予训诫和纠正。

(4) 定期轮岗或工作轮换

宋太祖时期规定,"主库吏三年一易(主管仓库的官员必须三年更换一次)",通过实行"管职分离""职差分离"等职务轮换控制,防止弊端发生。美国货币管理局要求全美的银行雇员每年休假一周,在雇员休假期间,安排其他接替人员做他的工作,就是为了防止员工长期在同一岗位工作可能产生的舞弊。故此,企业应当明确重要岗位的任职期限、轮岗轮换、带薪休假、离任审计等制度安排,这有助于揭露前任工作中可能存在的差错和弊端,抑制不法分子的不良动机。

(5) 回避制度

回避制度是指为了保证执法或者执业的公正性,对由于某种原因可能影响其公正执法或者执业的人员实行任职回避和业务回避的一种制度。例如,《会计基础工作规范》规定:"国家机关、国有企业、事业单位任用会计人员应当实行回避制度。单位领导人的直系亲属不得担任本单位的会计机构负责人、会计主管人员。会计机构负责人、会计主管人员的直系亲属不得在本单位会计机构中担任出纳工作。"需要回避的亲属关系包括夫妻关系、直系血亲关系、三代以内旁系血亲以及近姻亲关系。

4.1.5 不相容职务检查的主要内容

风险会不期而遇,所以经济业务或事项不仅需要在一定的制约下形成互相牵制效应,而且应当设计手动或自动的检查功能,以加强监管。

第一,每类经济业务的发生与完成,不论是简单的还是复杂的,都必须经过两个或两个以上的部门或人员,并保证业务循环中的有关部门和人员之间相互检查与核对。如果企业没有适当的职务分离,则发生错误和舞弊的可能性较大。例如,一项票据的签发业务应当经过不同部门或人员,如票据申领人、签发人、核对人、盖章人、记录人等,并保证该业务循环中有关部门之间相互检查与制约。又如,某项资产管理业务中,资产的保管、记录、保管与记录之间的核对检查这三项职务就是不相容职务,应当实行分离。不相容职务分离后需要各个职务分离的员工各尽其责,如果担任不相容职务的员工之间串通勾结,则不相容职务分离的作用会消失殆尽。

第二,在每项经济业务检查中,检查者不应是被检查者的领导,以保证检查出的问题不被掩盖并得到及时纠正。例如,仓库保管员在没有及时取得符合质量和数量要求的材料时,可能向上级领导反映,以便引起管理部门的重视;如果其上级领导是采购员,则反映结果往往会引起采购员的不满甚至抵触。同样,如果销售经理的上级领导是主管制造的副总经理,则销售经理一旦因产品质量问题引起客户不满而向上反映,就很可能被其上级领导掩饰。

第三,权力与职责应当明确地授予具体的部门和人员,并尽可能给予有关部门和人员一定的自主权,以便为各个岗位规定明确的经济责任。这种权力与职责通常以书面文件的形式加以规定。如果有责无权,内部控制的职责就无法落实,这种情形应当被及时发现、及时纠正。

第四,对于关键岗位(或重要岗位),应当实行岗位轮换或强制休假制度,并检查控制对象可能存在的失控情况。

第五,按照决策程序应当实行回避制度、任用会计人员应当实行回避制度的,应当检查其实施情况等。

专题讨论 4.1 | 理性制衡与精准控制相关

没有制衡就无所谓内部控制。一些企业发展得快,衰败得也快,来去匆匆的重要原因之一就是缺少制衡机制,决策者一个人说了算,导致"成也萧何,败也萧何"。从短期效果看,走流程、磋商……确实慢了些;但从长远看,相互制约的机制可以降低决策失误和权力滥用的风险。那些不顾控制缺陷的"高效决策"所带来的利益可能无法弥补失控所造成的损失。故此,制衡不能缺位,这是内部牵制的核心。

不能因为是"领导"就不敢制衡,也不能因为要"面子"就不去制衡。尤其是在环境不确定性和人性自利的背景下,更要注意制衡机制的恰当运用。应当通过正确区分风险层级,制定与风险程度相匹配的制衡手段与控制程序,把控好关键制衡点。

制衡不能过度,因为制衡不是越严越好,而是越有效越好。这里需要有重要性和适当性的考量。例如,有的企业以为所有单据都要"一把手"签字,这种承担过多审批功能的制衡导致"一把手"忙于签字,没有精力仔细核实签字事项的真实性、合理性和必要性,这种形式上的过度制衡容易导致实质上的制衡缺失。

过度制衡往往是因为没有考虑企业的实际情况,未能仔细区分所面临风险的大小,设计了"一刀切"式的控制流程,其中有些设计可能没有针对性,反而会造成人心恐慌、人才思动,得不偿失。所以,企业应当考虑权力分配的合理性和约束的适当性,并兼顾运营效率和效果等。

4.2 授权审批控制

4.2.1 授权控制的要点

观察企业内部控制是否存在,最直观的窗口之一就是各级管理人员是否在授权范围内行使职权并承担责任。

授权的应用场景表现为上级对下级的权力下放过程,即根据被授权者承担目标责任的大小授予一定的权力。这既是职责的再分配过程,也是完成目标责任的基础,还是调动部属积极性、提高部属管理能力和应变能力的条件。只有授权,才能让权利锁着责任走。只有权责对应,才能确保责任者有效实现目标。不懂得逐级授权的企业可能走不远,也不可能消除风险。

企业应当建立岗位授权制度,避免因授权不合理、权限不清晰、责任不明确等原因做出风险性的决定或造成损失。授权控制通常关注以下几个要点:

一要相近。一方面给下级直接授权,不要越级授权;另一方面把权力授予最接近做出目标决策和执行的人员,一旦发生问题,便于立即做出反应。

二要明责。授权以责任为前提,同时要明确其职责,使下级明确自己的责任范围、权限范围和管控范围等。

三要放权。授予下级的权力应该是下级在实现目标的过程中最需要的、比较重要的、能够解决实质性问题的权力。

四要可控。合格的管理者应当学会"放风筝",既令被授权者有权,又确保授权者可控,并使授权者与被授权者信息共享、沟通畅通;同时,应当针对下级的不同环境条件、不同目标责任及不同时间,授予不同的权力。现实中,可单项授权,即只授予决策或处理某一问题的权力,问题解决后,权力即收回;也可条件授权,即只在某一特定环境下授予下级某种权力,环境改变了,权限也随之改变;还可定时授权,即授予下级的某种权力有一定的时间期限,到期收回权力。

4.2.2 批准控制的要点

企业应当建立内部控制批准制度,对内部控制所涉及的重要事项明确规定批准的程序、条件、范围和额度、必备文件、有权批准的部门和人员及其相应责任。

审批要具有可操作性,应当是针对具体控制目标和具体行为的审查和批示。例如,针对"采购应经过适当审批"这一控制目标,某企业规定:金额在人民币 5 000 元以内的请购单,由生产经理负责审批;金额在人民币 5 000 元以上 20 000 元以下的请购单,由副总经理负责审批;金额在人民币 20 000 元以上的请购单,由总经理负责审批。但如果将上述 5 000 元改为 1 000 元,将 20 000 元改为 2 000 元,显然这种"事无巨细"都请副总经理和总经理签批的规定会占据大量工作时间,不具有可行性。

审批要有界限,不得越权审批。严格的审批制度可防范员工越权审批,从而避免企业不必要的损失,即要求企业各部门、各岗位按照规定的授权和程序,对相关经济业务和事项的真实性、合规性、合理性以及有关资料的完整性进行复核与审查,通过签署意见并签字或者盖章,做出批准、不予批准或者其他处理决定。

审批要有原则,不得随意审批。企业对于重大的业务和事项(尤其是对于金额巨大、技术性强、影响范围广的经济业务与事项)应当实行集体决策审批或者联签制度,任何个人不得单独进行决策或者擅自改变集体决策。

专题讨论 4.2 | **审批环节越多风险就越少吗**

某公司的授权审批上 OA 系统多年,从申请人提交申请到 CEO 审批要经过 13 个人,既烦琐又官僚,带来的问题是中间的一些审核人或审批人从来没有提过反对意见。事实上,有效的授权批准程序应当学会做加减法。华为的经验是,"每增加一个流程节点就要减少两个流程节点,或每增加一个评审点就要减少两个评审点"。华为在时刻提醒自己,警惕管理过度、管理僵化,不能因追求完美而忘了管理的本质——商业成功。有时候删除一些规定比增加制度有用,因为太多制度可能基于不信任,这是有反作用的。大道至简,会清理不必要的流程证明你已经懂得了授权、放权与审批责任的关系。

4.2.3 授权批准控制体系

（1）授权批准范围

授权批准控制是在职务分离控制的基础上，由企业权力机构或上级管理者明确规定有关业务经办人员的职责范围和业务处理权限与责任，使所有业务经办人员在办理每项经济业务时都能事先得到适当的授权，并在授权范围内办理有关经济业务，承担相应的经济责任和法律责任。企业的经营活动一般应当纳入授权批准范围，以便全面预算与全面控制。授权批准范围不仅包括控制各种业务的预算（计划）的制订情况，而且包括对办理手续的相关人员进行授权，同时，对业绩报告也要授权有关人员反映和考核。

授权审批控制要求企业根据常规授权和特别授权的规定，明确各岗位办理业务和事项的权限范围、审批程序和相应责任。

常规授权（又称一般授权）主要应用在日常经营管理活动中按照既定的职责和程序进行授权。企业应当编制常规授权的权限指引，对办理常规性经济业务的权力、条件和有关责任者做出具体规定。常规授权通常是在对该业务管理人员任命时确定的，在管理部门中采用岗位责任制或管理文件的授权形式认定，或在经济业务中以规定其办理条件、办理范围的形式予以反映。

特别授权主要是在特殊情况、特定条件下进行的授权，如对于对外投资、资产处置、资金调度、资产重组、收购兼并、担保抵押、财务承诺、关联交易等重要经济业务事项的决策权，以及超过一般授权限制的常规交易。这种授权只涉及特定经济业务处理的具体条件及有关具体人员，且应掌握在较高管理层手中。特殊授权时效较短，有的须一事一议。企业应当关注对临时性授权的管理，规范临时性授权的范围、权限、程序、责任和相关的记录措施。有条件的企业可以采用远程办公等方式逐步减少临时性授权。

（2）授权批准层次

授权应当有层次，区别不同的情况。根据经济活动的重要性和金额的大小确定不同的授权批准层次有利于保证各管理层和有关人员有权有责。授权批准在层次上应当考虑连续性，要将可能发生的情况全面纳入授权批准体系，避免出现真空地带。当然，应当允许根据具体情况的变化对有关制度进行必要的修正，适当调整授权层次。例如，出现新业务的，要配上相应的规定；限额规模发生变动的，要修改原有的层次界定；等等。

依据企业具体情况和权限层级，设置阶梯式授权批准是最常见的授权批准模型,其控制流程如图 4.3 所示。

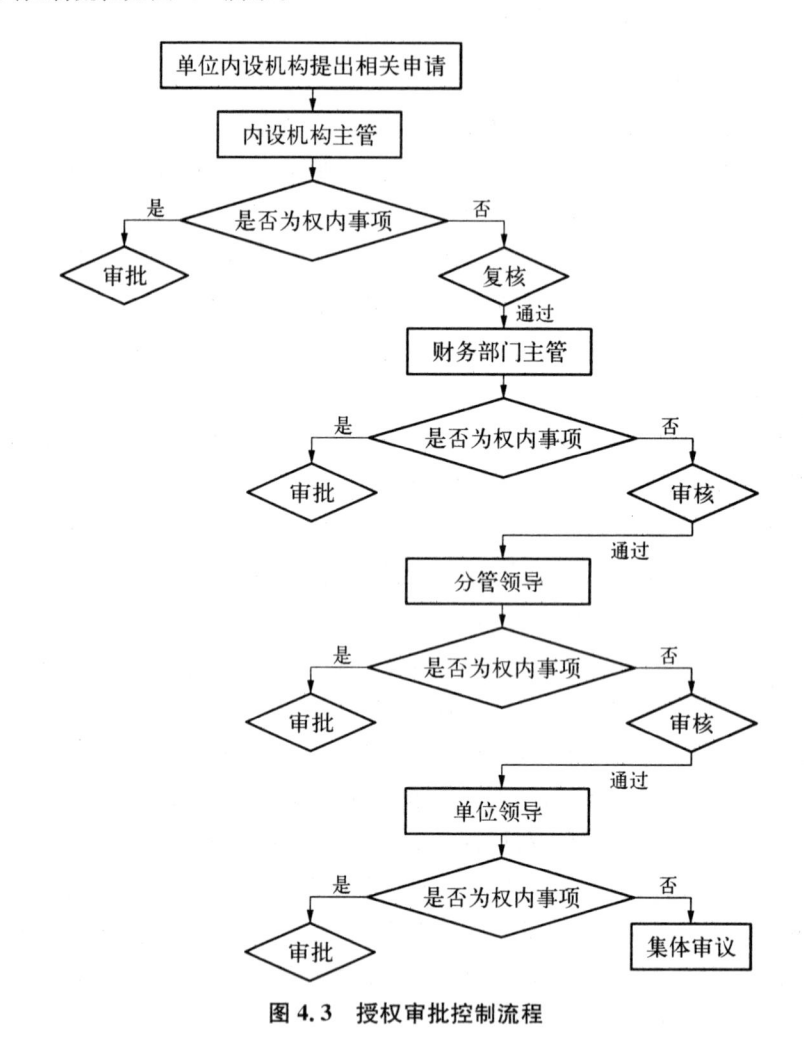

图 4.3　授权审批控制流程

(3) 授权批准责任

被授权者应明确在履行权力时对哪些方面负责,避免授权责任不清。以差旅费报销业务为例,应根据企业总体组织计划,对部门的权限范围和职责做出相应的规定。此项业务一般涉及以下三个部门与相关人员:报销人员与所在部门负责人应对报销事项的真实性负责;审核部门与人员应核定费用报销的相关标准;会计部门审核有关凭证的合法性、完整性,对符合条件的情形予以报销。

(4) 授权批准程序

企业的经济业务既涉及企业与外单位之间资产和劳务的交换,也包括企业内部资产和劳务的转移与使用。因此，每类经济业务都会有一系列内部相互联系的流转程序。企业应当规定每一类经济业务的审批程序，以便按程序办理审批，避免越级审批和违规审批的情况发生。

(5) 授权批准检查

经济业务发生和完成时通常要编制、审核一系列凭证或文件，这些都是授权批准的执行证据，通过审查可反映授权批准手续的执行程度。例如，核对购货发票和采购订单，以检查采购业务是否符合授权标准、价格是否合理、货款支付方式是否正确。如果购货发票上的数量、金额与订单不一致，货款支付仅以购货发票为依据时，则说明在采购和货款支付的授权批准程序上存在失控情况。观察授权批准的工作现场有助于判断授权批准的工作质量。例如，某企业规定购货时需经电话询问取得三种报价后才可发出订单，要查明经办人员是否执行上述授权批准程序，只有通过现场观察才能确切了解。

4.3 会计系统控制

4.3.1 会计控制具有核心地位

17世纪人们对控制的认识只是"由登记者之外的人对账册进行检查、核对"，体现对会计账目和会计岗位的分离与牵制。之后，会计随着经济的发展越来越重要，会计控制在内部控制系统中逐渐居于核心地位，具有"牛鼻子"作用。一方面，绝大部分舞弊盯着钱，所谓"人为财死，鸟为食亡"，而会计控制正是管理钱这个要害；另一方面，会计是计量钱财的工具，内部控制发展历程的一条主线就是确保会计信息的真实、可靠。

《易经·系辞》说："上古结绳而治，后世圣人易之以书契，百官以治，万民以察。"远古时期，人们用结绳记事的方式管理事务，后代帝王改用文书契据，众多官员凭借文书决断政务，民众凭借文书指导行动。"记事"与"书契"都是为了"治"与"察"，如同会计的确认、计量、记录与报告，都与监控活动休戚相关。从复式记账到账簿体系乃至会计信息系统，是不断渐进的控制机制。传统会计重在客观描述事实，被动地受制于经济事项。现代会计强调规范，要求主动控制经济业务的发生，所以更应当明确受托责任，树立受托责任意识，强化会计实体及其责任人的受托责任感，并正确理解"会计是什么、为什么"等重大问题，具体落实到会计对经济活动过程全面有效的控制，包括系统完整的会计记录（完整性）、及时可靠的会计核算

（及时性）、科学合理的业务描述（合理分类）、正确恰当的会计计量（恰当估价）、真实可靠的信息报告（充分披露）等。计利当计天下利，求名应求万世名。会计应当把经济活动过程的利害关系用社会共识的逻辑框架和通用的商业语言说明清楚，其基本目标应当是有利无害的。

4.3.2　会计控制与受托责任观

受托责任观认为，会计目标就是以恰当的方式有效地协调委托和受托关系，从而真实、公正地反映受托方的财务状况与经营状况。管理会计通过预测、决策、预算和控制分解受托责任目标，并协助受托人完成受托责任目标；财务会计按照公认会计准则的要求，对受托责任的过程与完成情况进行确认、计量、记录与报告，为委托人审核受托责任完成情况提供信息支持。

受托责任观侧重于从监督角度考虑问题，以监督受托者的受托责任完成情况，与控制理念相通，其要点：会计目标在于反映受托责任履行情况，强调对委托方的忠实性。这种受托责任实际上是一种产权责任，产权必须如实反映并可以验证，以维护产权主体的权益，因而更加强调可靠性，会计信息应尽可能精确。[①]

分析 2019 年"中国总会计师协会（CFO）能力框架"问卷调查，在 22 项非常重要的能力要素选择占比中，第一位就是"受托责任"，占比高达 99.49%，可见"受托责任"对总会计师履职的重要性。总会计师履职应当具备道德遵从能力、专业能力、组织能力、商业能力 4 类能力和 23 个能力要素，[②]它们都是为"价值创造、管理风险"目标服务的。其中，"道德遵从能力"包括诚信操守、合规管理、受托责任、道德遵从下的价值创造、相关利益平衡，并指出"总会计师处于单位治理的重要环节，需公允反映单位绩效，以依法合规的方式有效履行受托责任，协调委托代理关系"；在"专业能力"中特别提出应当具备"风险管理能力"，包括组织、制定、执行风险管理流程，培育良好风险管理文化，建立健全风险管理体系，为实现风险管理的总体目标提供合理保证的能力；在"组织能力"中还特别指出应当具备"自我控制能力"等，包括有效转化冲突，妥善处理突发事件，合理控制妨碍履职的感性行为的能力；等等。

天下未乱计先乱，天下欲治计乃治。目前，经济社会的一个突出问题就是做假账。许多贪污受贿、偷税漏税、挪用公款等贪腐问题与假账相关，已经成为严重危

[①] 决策有用观认为，会计信息必须对使用者的决策有用，因而强调相关性，在会计确认上不仅要确认实际发生的经济事项，而且要确认虽未发生但对企业有重要影响的事项。

[②] 2019 年 8 月 27 日中国总会计师协会发出《关于下发中国总会计师（CFO）能力框架的通知》（中总协〔2019〕29 号）。

害市场经济秩序的"毒瘤"。从根本上解决这个问题必须强化法制、倡导德治、严格管治，做到"诚信为本，操守为重，坚持准则，不做假账"。证监会于2021年5月3日发布的数据显示，自2020年以来，依法从严从快从重查办上市公司财务造假等违法行为，共办理该类案件59起，占办理信息披露类案件的23%，向公安机关移送相关涉嫌犯罪案件21起。这些财务造假案件主要呈现四大特点：一是造假模式复杂，系统性、全链条造假案件仍有发生，主要表现为虚构业务实施系统性财务造假、滥用会计处理粉饰业绩等。二是造假手段隐蔽，传统方式与新型手法杂糅共生。除伪造合同、虚开发票、银行和物流单据造假等传统方式外，还利用新型或复杂金融工具、跨境业务等实施造假。三是造假动机多样，并购重组领域造假相对突出。造假动机涵盖规避退市、掩盖资金占用、维持股价、应对业绩承诺等因素。四是造假情节及危害后果严重，部分案件涉嫌刑事犯罪。个别案件造假金额大、时间跨度长，且伴生资金占用、违规担保等多种违法违规。

经济越发展，舞弊越严重，会计的责任就越大，其控制的作用也就越显著。企业构建起以会计控制为核心的内部控制体系是相当明智的。不断出现的会计造假、虚假报表等财务问题就是因为缺少强有力的控制机制。所以，会计控制应当成为企业实现全面控制的基础，是企业内部控制的重中之重。

4.3.3 会计系统控制的重点

我国的内部控制始于会计控制，并且相当重视内部会计控制。财政部早在2001年至2004年先后发布了《内部会计控制规范——基本规范(试行)》《内部会计控制规范——货币资金(试行)》《内部会计控制规范——采购与付款(试行)》《内部会计控制规范——销售与收款(试行)》《内部会计控制规范——工程项目(试行)》《内部会计控制规范——担保(试行)》《内部会计控制规范——对外投资(试行)》《内部会计控制规范——成本费用(征求意见稿)》和《内部会计控制规范——预算(征求意见稿)》。[①]

会计系统控制主要是通过对会计主体所发生的各项能用货币计量的经济业务进行确认、计量、记录和报告所实施的控制，主要包括以下几个方面：① 建立会计工作的岗位责任制，对会计人员进行科学、合理的分工，使之相互监督和制约；② 设置科学、合理的会计控制流程；③ 按照规定取得和填制原始凭证，使之"留印"

---

① 关于内部会计控制的详细内容与操作规程，请进一步阅读李敏. 会计控制与风险管理[M]. 上海：上海财经大学出版社，2015。

和"有痕";④对凭证进行连续编号;⑤规定合理的凭证传递程序;⑥明确凭证的装订和保管手续及责任;⑦合理设置账户,登记会计账簿,进行复式记账;⑧按照会计法、会计准则和会计制度的要求编制、报送、保管财务报告等。特别是集团性公司更有必要统一会计科目和会计政策,便于统一核算口径进而编制合并财务报表。

会计控制强调严格执行国家统一的企业会计准则制度,加强会计基础规范工作,明确会计凭证、会计账簿和财务报告的处理程序,保证会计资料真实和完整。例如,凭证编号是企业常用的控制方法,可以控制企业签发的凭证数量以及相应的交易涉及的其他文件。编号的连续性在一定程度上可以减少抽取发票、截取银行收款凭证等进行贪污舞弊的可能性。企业应当明确各种业务和事项所涉及的表单和票据,并按照规定填制、编号、审核、归档,保管好各类凭证。各种票据或文书等材料一经加盖印章,就意味着法人法定权力的行使和法定义务或法律责任的承诺,具有法定凭证作用。企业还要制定印章管理规定,指定印章归口管理部门,明确企业各部门的印章管理职责,明晰印章刻制、使用的业务流程,做到有规可依、有章可循。

运用流程图来设计结账的工作步骤、内容、完工时间、有关责任人有助于保证结账工作顺序进行。控制结账程序能够保证企业会计处理的及时完成,及时发现错误并予以改正。还可以运用流程图来确定内部会计控制的流程、凭证的传递与关键控制点等。

随着管理会计与网络技术的推广,企业一方面应当实时动态监控经济业务的会计处理,以确保会计核算与信息传递真实可靠,另一方面应当业财融合、算管融合、算为管用,从"数钱的会计"转变为"控钱的会计"和"赚钱的会计"。"财"应当是"贝"与"才"的组合,财不仅是钱有多少的问题,而且是如何管控钱财的本领,即"才"的问题。君子爱财,取之有道。

4.4 财产保护控制

4.4.1 财产保护控制的基本要求

财产保护控制要求企业建立财产日常管理制度和定期清查制度,采取财产记录、实物保管、定期盘点、账实核对等措施,确保财产安全。

内部控制向来重视保护财产的安全完整。宋太祖时期规定,凡州官到任,必须亲自检阅所管账簿和盘查清点官物。宋太祖还规定,仓库主管官员三年轮换一次,防止连任发生弊病,此后便成为定制。宋太宗继位后,对于中央库藏的管理采用了一种较先进的管算结合的办法,如内藏库所储藏之物"每千计用一牙钱记之。凡名物不同,所用钱色亦异,他人莫能晓,匦而置之御阁,以参验账籍中定数"。

4.4.2 财产保护措施的应用场景

(1) 限制接近

企业应当严格限制未经授权的人员接触和处置财产,即应当严格限制无关人员对资产的接触,只有经过授权批准的人员才能接触资产。限制接近包括限制对资产本身的直接接触和通过文件批准等方式对资产进行使用或分配的间接接触。一般情况下,对货币资金、有价证券、存货等变现能力强的资产,必须限制无关人员的直接接触。

(2) 定期盘点

盘点是指定期对实物资产进行盘点,并将盘点结果与会计记录相比较。实物盘点结果与有关会计记录之间的差异应由独立于保管和记录职务的人员进行调查。如果盘点结果与会计记录不一致,就说明资产管理上可能出现错误、浪费、损失或其他不正常现象。为防止差异再次发生,应通过详细调查,分析原因、查明责任,并根据资产性质、现行制度、差异数额以及产生的原因,采取保护性控制措施。

(3) 记录保护

首先,应该有限制接近的相关规定,以保持保管、批准和记录职务分离的有效性。其次,应妥善保存相关记录,尽可能减少记录受损、被盗或被毁的可能性。最后,某些重要资料(如定期财务报告)应当备份管理,以便在遭受意外损失或毁坏时恢复。

(4) 财产保险

企业可以通过资产投保(如火灾险、盗窃险、责任险等)来增加实物资产受损后补偿的程度或机会,从而保护企业的实物安全。

(5) 财产记录监控

企业应当健全永续盘存制和资产档案管理,对资产的增减变动情况做及时、全面的记录,同时加强对财产所有权证的管理,以确保账实一致、账证一致。

4.5 全面预算控制

4.5.1 预算控制与交互机制

预算具有前瞻性,是对未来经营管理活动的周密安排,是可据以执行和控制的计划,是将控制目标具体化和数量化。

企业如果不编制预算或预算不健全,就可能导致企业经营缺乏约束或盲目发展;如果预算目标不合理、编制不科学,就可能导致企业资源浪费或发展目标难以实现;如果重编制、轻执行,预算管控就可能因缺乏约束机制而形同虚设;如果预算缺乏刚性、执行不力、考核不严,就可能导致预算管理流于形式。为此,预算控制要求企业实施全面预算管理制度,明确各责任单位在预算管理中的职责权限,规范预算的编制、审定、下达和执行程序,强化预算约束。

全面预算以企业发展战略为导向,在对未来经营环境进行预测的基础上,确定预算期内的经营管理目标,逐层分解、下达于企业内部各个经济单位,并以价值形式反映企业生产经营和财务活动的计划安排。全面预算与内部控制都要求全方位、全过程、全员参与:全部经济活动均纳入预算体系,各项经济活动的事前、事中、事后均纳入预算管理过程,各部门、各单位、各岗位、各级人员都参与预算编制、实施和考评等。在企业内部,预算控制的应用场景可能是最多的。

预算并不是僵化的。作为一种有效的控制机制,全面预算不仅追随战略,是战略执行的工具,而且提供衡量标准,尽力保持一定程度的确定性。控制不一定都是强制性地控制偏差,也可以通过偏差分析应对变化,学会适应,重新组织学习,产生一种新的"交互控制"。交互控制机制是一种重视未来和变化的系统,其要求追踪不确定性因素,从而使管理者时刻保持清醒,注重持续变化的信息。交互预算控制使得管理控制系统不仅遵循和服从既定的战略,而且关注和应对战略本身的不确定因素,并发现新的战略机会。

全面预算作为经营管理活动的"标杆",使所有预算执行主体都知道自己的目标是什么、应如何完成预算、预算完成与否如何与自身利益挂钩等,从而起到自我约束和自我激励的作用。控制是实现预算(或计划)的保证。各项预算(或计划)和各种工作都各有特点,其控制标准的确定、关键控制点的选择、主要参数的选定、工作成效的评定方法等都必须根据不同预算(或计划)的特殊要求和具体情况来确定。预算(或计划)越是明确、全面、完整,对预算控制的作用就越显著。

实证分析 4.1 | 基于内部控制视角的预算管理集成机制创新

山东高速集团积极探索基于内部控制视角的企业财务管理机制创新研究,在原有预算数为控制上限的预警机制的基础上,强化以下三个方面的预警控制:一是将全面预算管理系统与会计核算系统集成,监控核算的经济业务与预算项目信息的偏离度;二是将全面预算管理系统与资金管理系统集成,监控资金收支与资金预算的偏离度;三是将全面预算管理系统与招投标管理系统集成,监控重点项目支付进度与合同支付条款的匹配度。

4.5.2 全面预算的运行体制

企业应当建立健全预算工作组织领导与运行体制,明确企业最高权力机构、决策机构、预算管理部门及各预算执行单位的职责权限、授权批准程序和工作协调机制。

股东(大)会或企业章程规定的类似最高权力机构负责审批年度预算方案。

董事会或者企业章程规定的经理、厂长办公会等类似决策机构负责制订企业年度预算方案。

企业可以设立预算委员会、预算领导小组等专门机构具体负责本企业的预算管理工作。不具备设立专门机构的条件的企业,可以指定财会部门等负责预算管理工作。

总会计师应当协助企业负责人加强对企业预算管理工作的领导与业务指导。

企业内部相关业务部门的主要负责人应当参与企业预算管理工作。

预算管理部门主要负责拟定预算目标和预算政策;制定预算管理具体措施和办法;组织编制、审议、平衡年度等预算草案;组织下达经批准的年度等预算;协调、解决预算编制和执行中的具体问题;考核预算执行情况,督促完成预算目标。

企业内部生产、投资、筹资、物资管理、人力资源、市场营销等业务部门和所属分支机构在企业预算管理部门的领导下,具体负责本部门、本机构业务预算的编制、执行、控制、分析等工作,并配合预算管理部门做好企业总预算的综合平衡、控制、分析、考核等工作。

企业所属子公司在上级企业预算管理部门的指导下,负责本企业预算的编制、执行、控制和分析工作,并接受上级企业的检查和考核。所属基层企业负责人对本企业预算的执行结果负责。

企业应当通过建立预算工作岗位责任制,明确相关部门和岗位的职责、权限,确保预算工作中的不相容岗位相互分离、制约和监督。预算工作的不相容岗位一般包括:① 预算编制(含预算调整)与预算审批;② 预算审批与预算执行;③ 预算执行与预算考核。

4.5.3 全面预算的关键控制环节

预算管理是有效的控制机制,绝不是机械的压制机制。投入为产出所必需,投入必须有产出才行。企业应当通过制定预算控制流程,明确预算编制、执行、调整、分析与考核等各个环节的控制要求,规范预算编制、审定、下达和执行程序,及时分析和控制预算差异,采取改进措施,确保预算的执行,并设置相应的记录或凭证,如实记载各个环节工作的开展情况,确保预算工作的全过程得到有效管理。

在实施预算内部控制的过程中,至少应当强化对下列关键方面或者关键环节的控制:① 职责分工、权限范围和审批程序应当明确、规范,机构设置和人员配备应当科学、合理。② 预算控制流程应当清晰、严密,对预算编制方法、预算指标及其限额、审批程序、预算调整、预算执行结果的分析与考核等应当有明确的规定。

预算控制是每个主管人员的职能,而不仅是上层主管或中层主管部门的事。实际上,无论哪一层的主管人员,都不仅要对自己的工作负责,而且要对整个预算(计划)的实施与目标实现负责,因为他们本人的工作是计划的一部分,其下级的工作也是计划的一部分。控制无非是确立标准、衡量成效、纠正偏差等。各级主管人员,包括基层主管人员,都必须承担预算控制这一重要职能的责任。

4.5.4 全面预算管理的控制要点

(1) 完善预算编制工作制度

企业应当明确编制依据、编制程序、编制方法等,确保预算编制依据合理、程序适当、方法科学,避免预算指标过高或过低。

预算编制应当体现目标引导规则,谁花钱、谁做事、谁编预算、谁承担责任。业务部门的预算不应当也不可能由财务机构一手包办、闭门造车。各业务部门的预算必须基于业务流程的顺序编制,必须列出具体理由和计算基础等,力争消除无效预算。

(2) 遵守预算编制流程

企业应当根据发展战略和年度经营计划,综合考虑预算期内的经济政策、市场环境、上年执行情况等因素,按照上下结合、分级编制、逐级汇总的程序,编制年度全面预算。综合办公室(或预算管理委员会)应当对预算管理工作机构在综合平衡的基础上提交的预算方案进行研究和论证,从企业发展全局的角度提出建议,形成全面预算草案,并提交董事会审核。企业全面预算按照相关法律法规及企业章程的规定报经审议并经批准后,应当以文件形式下达。企业预算应当刚柔相济,适当留有余地和弹性,以应对突发事件和意外风险。

预算编制过程涉及方方面面,其控制的基本流程如图 4.4 所示。

图 4.4　预算编制的基本流程

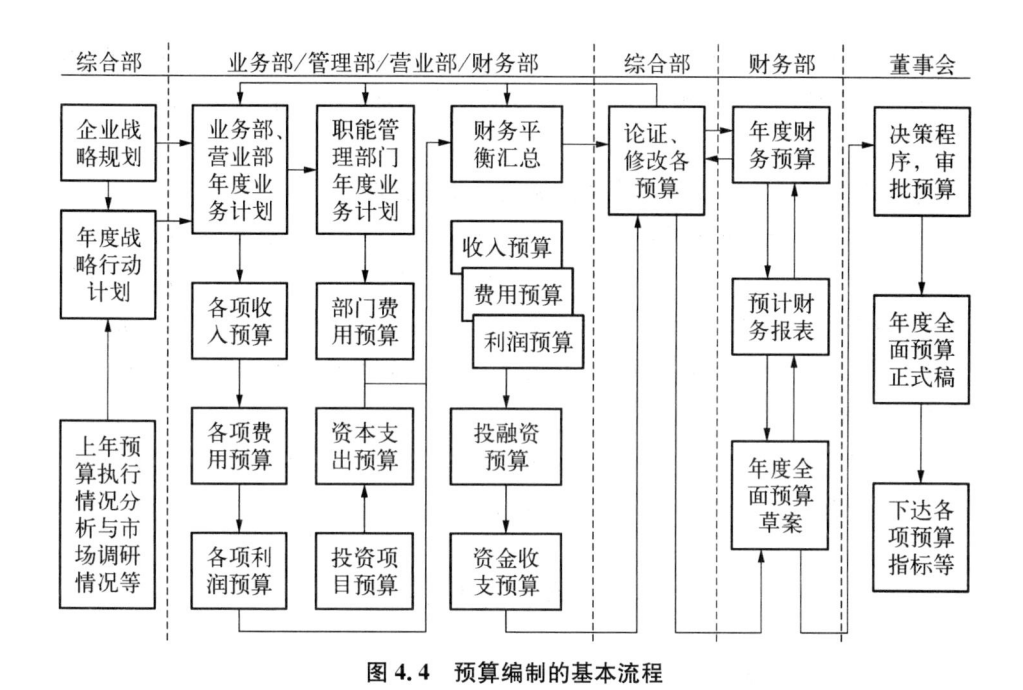

（3）加强预算执行管控

全面预算一经下达，各预算执行单位就必须以此为依据，将预算指标层层分解，从横向和纵向落实到内部各部门、各环节和各岗位，并严格执行和控制预算。企业预算工作机构和各预算执行单位还应当建立预算执行情况分析制度，定期召开预算执行分析会议，妥善解决预算执行中存在的问题。

（4）实行预算报告制度

预算报告制度的内容包括执行情况报告与预警机制信息反馈，及时掌握预算执行动态及结果，及时向企业决策机构和各预算执行单位报告或反馈预算执行进度、执行差异及其对企业预算目标的影响，促进企业完成预算目标，并通过科学选择预警指标、合理确定预警范围，及时发出预警信号，积极采取应对措施。

（5）严格预算执行考核制度

对各预算执行单位进行分析与考核，切实做到有奖有惩、奖惩分明。必要时，可实行预算执行情况内部审计制度。

预算控制的核心是强化预算约束。所以，企业应当按照经济活动的责任权限进行预算控制，预算内资金实行责任人限额审批，限额以上资金实行集体审批，严格控制无预算的资金支出。也就是说，一切投入必须有预算；无预算的，不能支出。

所有进入运作的资源和行为必须事先接受程度不同的预算审核。资源是企业的，不是部门的，部门只有在预算范围内，经企业批准才可使用资源。

老法师提醒 4.1 │ **实施预算调整控制的思路与方法**

预算调整应确保调整依据充分、方案合理、程序合规。对于下达执行的预算，不得随意调整，如确需调整预算，应当报经原预算审批机构批准。调整预算由预算执行单位逐级向原预算审批机构提出书面报告，阐述预算执行的具体情况、客观因素变化情况及其对预算执行的影响程度，提出预算的调整幅度。对于不符合上述要求的预算调整方案，企业预算审批机构应予以否决。预算管理部门应当对预算执行单位提交的预算调整报告进行审核和分析，集中编制企业年度预算调整方案，提交原预算审批机构审议和批准，然后下达执行。

4.6 运营分析控制

4.6.1 运营分析控制的基本要求

运营分析控制要求企业建立运营情况分析制度，利用数据资源平台等渠道，综合运用业务信息和财务信息，实现线上线下集成融合，通过因素分析、对比分析、趋势分析等方法，定期开展分析活动，发现问题及时查明原因并予以改进。

目前，运营分析存在的突出问题是分析指标与战略目标衔接不够，指标与业务活动未打通，指标缺乏合理的评判标准与边界界定，缺乏指标预警机制与自动化控制平台支撑等。

运营分析应当沿着业财融合、算管融合的主线，围绕洞察财务报表，通过解析、整合、研判财务信息与非财务信息，在透视资产质量、债务风险、经营业绩、流量平衡、增长趋势、绩效评价等维度的基础上，驱动提升营运效能、偿债效能、盈利效能、收现效能、发展效能和综合绩效，从而构建起多维度、立体式、全方位分析格局，提供更高效、更便捷、更精准的服务，成为企业全方位的"经济顾问"和全天候的"企业医生"。

例如，评价资产质量可以重点分析不良资产率等定量指标，也可以与总资产报酬率等相关指标进行对照分析，还可以观察企业对于资产风险分类的准确性、偏离度，以及不良资产的现状和处置能力等。又如，评价盈利能力可以重点分析资本净利润率等定量指标，也可以结合盈余现金保障倍数进行解析，还可以观察企业收入或收益结构的现状与盈利稳定趋势等。① 对于控制全局的领导来说,不仅要善于控制现状,而且要控制现状所预示的发展趋势。控制趋势的关键在于从现状的分析中揭示倾向,趋势刚露出苗头就敏锐地察觉到、把握住,从而化险为夷、逢凶化吉。

指标式管控可以提供系统的信息支持,这很重要。② 分析与控制都是手段,达到预算目标或控制目标才是运营分析的目的。所以,企业应当充分利用指标分析的协调与平衡作用,将指标控制作用于经营管理的全过程,渗透在经营绩效分析与评价的相关领域,落实在指标生成的各个重要环节。企业应当全面掌握各项指标的完成情况和预算执行情况,研究、落实、解决预算执行中存在的问题。

4.6.2 运营分析与 KPI 指标控制

指标是以数据形式获取的可量化的浓缩的事实。不同类型的岗位关键绩效指标(KPI)选取的重点应当有所不同。例如,确保流动性是企业追求盈利时一项严格的约束,在过度负债的企业中,无力支付将导致破产清盘。所以,不少企业的财务部门将资产负债率和流动性管理作为企业治理的重点控制指标。

KPI 指明各项工作内容所应产生的结果或所应达到的标准。最常见的关键业绩指标有三种:一是效益类指标,如资产盈利效率、盈利水平等;二是营运类指标,如部门费用控制额度、市场份额等;三是组织类指标,如满意度水平、服务效率等。自 2020 年起,中央企业经营业绩考核在保留净利润、利润总额、资产负债率 3 个指标的基础上,新增营收利润率、研发经费投入强度指标,形成"两利三率"的指标体系,以引导企业更好地实现高质量发展。

确立 KPI 的具体操作要点:一是确定业务重点,找出关键业务领域的关键业绩指标,即企业级 KPI;二是分解出部门级 KPI,并确定相关的要素目标,以便确定评价指标体系;三是分解出个人 KPI,作为各职位的业绩衡量指标;四是设定评价标准,确定从哪些方面衡量或评价,分别应该达到什么样的水平;五是审核关键绩效指标。每个职位都是影响某项业务流程的一个过程,或影响过程中的某个点。在制定目标及进行绩效考核时,应考虑任职者是否能控制该指标的结果,如果任职者不能控制,则该指标就不能作为任职者的业绩衡量指标。

---

① 关于运营分析的具体内容与工具方法等,请进一步阅读李敏.洞察报表与透视经营——算管融合的财务分析逻辑[M].上海:上海财经大学出版社,2020。
② 托马斯·艾希曼、马丁·科斯勒和乌尔里克·鲍莫尔的专著《指标式管理控制——系统支持的控制理念》认为,指标可以为管理控制提供支持,并指出与纠正预算执行过程中的偏差,这是很重要的。

4.6.3 透视财务指标与确立风险管控边界

分析财务指标是运营分析的核心内容,也是管控风险的重要"风向标"或"指路牌"。财务管控的重要职能在于确保财务结构始终处在战略方向上的安全边界内,从而有效防范风险,达到收益与风险的平衡。为此,企业应当以全面预算管理为平台,设定经济运行的安全边界,促使企业在边界内灵活高效运转,实现在有效防范系统性风险的前提下持续提高运营效率和价值创造能力。这是边界管控思想的核心理念。

边界管控就是要明确界限,关注临界点。财务边界风险是指从财务视角出发,在观察内外部环境变动后,确认可能出现风险问题的界限。财务边界风险管控旨在识别、诊断、优化、监督重要财务边界指标,防控财务边界风险。例如,资产负债率在65%以上是危机预警线,在70%以上成为危险的重点监管线……以资产负债率为核心的财务结构边界旨在保持财务安全与财务结构总体稳健,以业务板块间风险隔离为目标的制度边界旨在避免风险传递,以聚焦核心主业高效配置资源为准则的行为边界旨在提高企业的资源利用效率和合规运营水平。

从内在逻辑看,边界管控既是风险平衡术,也是管控方法论,并与底线思维相关。一方面要防范风险,使企业在风险可控的前提下追求效率,在风险与效率的有效平衡中实现持续发展;另一方面提高管理效率要以"负面清单"作为管理思路,将突破财务结构边界明确为禁止行为。

从精益控制看,边界控制指标应当有现实针对性并注意细化。例如,将资产负债掌控在合理的范围内需要做到:① 将资产负债率列为财务风险控制的核心指标;② 严格监控带息负债,或有负债的增减变动情况;③ 有效管控"两金"占比[①];④ 规定资本性支出不应超过自由现金流量;⑤ 规定投资收益不得低于贷款利率;⑥ 对外投资必须符合列举业务许可或"负面清单";⑦ 严格规范各种担保行为;⑧ 规范各业务主体之间的债务关联以避免风险传递;等等。

从行为过程看,边界控制指标应当优化。企业应当结合业务系统环境,将边界管控指标嵌入线上信息系统和线下业务流程,确保业财边界严格按既定规则运行,将边界管控思想融入业务。在指标评价方面,运用数理模型制定通用边界管控评价指数,综合考量边界管控类指标客观完成率及通用边界主观满意度,跟踪评价财

---

① "两金"占流动资产比重 $= \dfrac{\text{应收账款}+\text{存货}}{\text{流动资产}} \times 100\%$。

务边界风险管控成效,并研究将其纳入企业健康指数及业绩评价体系。

建立财务边界风险管控体系应当充分利用历史数据和管理预期,量化、细化各层管控指标的边界值、边界区间或边界红线,通过管控指标数据来管控业务,引领业绩管控目标的实现;同时,运用数理模型制定边界评价指数,以长期跟踪、有效评价财务边界风险管控成效,并对执行弱项指标进一步开展研究分析,推动风控与业绩的平衡发展。

财务边界风险管控体系建设过程可分为梳理业财边界、诊断边界风险、优化边界管控、应用落地深化四个步骤。建成后的财务边界风险管控体系自上而下分成目标、业务、方法、支撑四个方面,并在运用现有风险管控建设理念与方法论时,结合内外部环境与条件的变化,动态滚动修订管控规则,共同推动财务边界风险管控实现闭环管理,在加强边界管控的基础上,在安全边界内实现有效率、有效益的发展。

在实际运用中,企业可通过模型计算得出边界值和标准值,并将其固化到预算方案和预算管理过程中,进行系统落实和过程管控,通过边界值和标准值对相关预算指标划定红线,从而达到风险与效率的有效平衡。在预算编制阶段,边界管控体现为在相关业务预算和专项预算中对边界指标的系统安排;在预算执行阶段,边界管控的主要职能是监测预警和反馈调整;在预算评价阶段,通过将预算指标边界值纳入经营业绩考核指标体系,与经营年度和任期薪酬考核直接挂钩,进一步强化对预算执行结果的评价运用。

市场经济就是风险经济,企业所面临的经济环境日趋复杂多变,危机与危险随时可能发生。但危机由萌生到恶化并非瞬间所致。企业从风险走向危机进而产生危害,从问题走向困难进而产生困境,其间定有不少预警信号值得警惕。

无视风险导致危机,轻视危机导致危险,忽视危险导致危害。防微杜渐就是要求企业在日常运营过程中,对风险状况进行跟踪、分析、诊断、监控,及早发现危机信号。一旦发现某种异常征兆,就应着手应变,以避免或减弱其对企业的破坏。企业应当建立重大风险预警机制和突发事件应急处理机制,明确风险预警标准,对可能发生的重大风险或突发事件制定应急预案、明确责任人员、规范处置程序,确保重大风险或突发事件得到及时、妥善的处理,并根据情况的变化调整控制措施,防患于未然。

4.7 绩效考评控制

4.7.1 绩效考评控制的基本要求

合规是绩效的前提,绩效应当在合规基础上取得并不断提升。企业应当在健全岗位责任制的同时,将内部控制建设与执行效果纳入绩效考核体系,为战略有效实施、资源优化配置、企业价值提升提供强有力的支撑。

绩效考评控制要求企业通过建立和实施绩效考评制度,科学设置考核指标,参照评价标准(如前期业绩、预算指标、评价基准等),对实际业绩进行考核、评价与奖惩,其基本要求如下:

第一,建立经济活动分析制度,定期召开分析会议,全面掌握预算的执行情况,研究并解决预算执行中存在的问题,纠正预算的执行偏差。针对预算的执行偏差,应充分、客观地分析其产生的原因,提出相应的解决措施或建议,提交董事会或经理办公会研究决定。

第二,定期组织预算审计,纠正预算执行中存在的问题,充分发挥内部审计的监督作用,维护预算管理的严肃性。预算审计可以是全面审计,也可以结合年报审计同步进行,还可以组织不定期的专项审计。

第三,严格绩效考评。企业内部预算执行单位上报的财务预算执行报告应经本部门、本企业负责人按照内部议事规范审议通过,作为企业进行考核的基本依据。年度终了,预算委员会应当向董事会报告预算的执行情况,并依据预算的完成情况和审计情况对预算执行单位进行考核。

4.7.2 绩效考评控制系统

没有考评很难管理,没有控制更难保公平。作为现代企业重要管控工具的绩效考评控制系统,通过周期性检讨与评估各层次的工作表现、管理业绩与控制效果,不仅能确定每位员工或每类业务对企业的贡献或不足,而且可以在整体上改善信息的反馈机能,提高绩效评价的可靠性与有效性。

绩效考评通常以经营业绩定量考核指标为主,采取定量与定性相结合、横向对比与纵向对比互为补充等方法,综合评价经营绩效及其管控程度,促进提高管理效能和持续发展能力。所以,对完成任务的具体情况应当有一个跟踪、记录、复核与审核的过程,目的在于确认业绩和评价绩效。

KPI考核法可以从多个维度对岗位进行考核和评价。例如,业绩维度是指被考核人员所取得的工作成果,包括每个岗位的职责指标、任务目标完成情况、对下属的管理和工作指导的绩效等;行为维度主要针对被考核人员的品行,考核范围包括岗位任职者在工作过程中表现出来的行为与履职情况等。

绩效考评控制系统的核心思想是绩效改进,所以应当关注绩效沟通,既注重结果,也注重过程。其强调各级管理者的参与,注重信息沟通、方法辅导与能力提高,而不是简单的任务管理。

有效的绩效考核要基于企业的战略目标、与业务运作紧密结合并建立高绩效的文化理念。所以,绩效考核一定要从高层开始,没有高层参与,只针对中层和员工的绩效考核体系是不可能真正成功的。

绩效考评报告是为了提高企业内部管理的时效性和针对性而实施的控制与报告。绩效考评报告应当反映部门、人员的经管责任,其形式、内容应简明扼要,信息传递和信息反馈应迅捷高效。

经典案例评析

财务风险边界与风险隔离机制

持续提升价值是企业的基本追求。企业理应追求效率,但效率与风险如影随形。企业必须严加管控,而管控力度与管控成本始终相伴。例如,企业发展需要投资,而不当投资会使企业遭遇灭顶之灾,所谓"不投资等死,乱投资找死"。所以,如何持续地平衡好效率与风险之间的关系是经营管理面临的重大问题。

中国兵器工业集团公司(简称"兵工集团")在反思企业发展方式时,注重思想方法的调整,即不仅总结"要做什么",而且注重总结"不做什么",以及"哪些方式不能采用"。例如,投资决策失败的原因之一就是财务杠杆没有对企业投资决策形成硬约束,从而造成恶性循环。所以,企业必须牢固树立边界意识,将财务杠杆上升到企业战略层面,作为硬性约束,并在投资和运营过程中坚守。

财务边界管控就是对财务结构性指标设置风险边界,在有效管控中实现风险隔离,主要指标包括最基本的资产负债率以及与此相关的带息负债总额、资本性支出规模、应收账款和存货等,主要可以从盘活存量资源、控制投资规模、控制业务规模、开放资本结构、退出低效业务等方面展开操作。

首先,确定资产负债率目标边界。以各独立会计主体的资产负债率现状为起点,参照同业水平,通过综合分析评估确定边界值。过程中主要考虑三大要素:一是通过现金收支平衡,确保支付顺畅,经营活动现金净流入大于净利润;二是降低综合融资成本,应低于通行的实际利率;三是执行业内信用政策,不恶意拖欠。

然后,确定其他主要指标的边界值。以资产负债率为约束边界,对影响资产负债率的重大因素("两金"占流动资产比重、资本性支出规模、债务融资规模等)进行互动平衡测算,确定各项指标的边界值。其中,资本性支出规模重点关注投资总额、资本金比率;应收账款重点关注营业规模、信用政策;存货重点关注营业规模、生产周期、安全库存。这些指标之间的关系如图4.5所示。

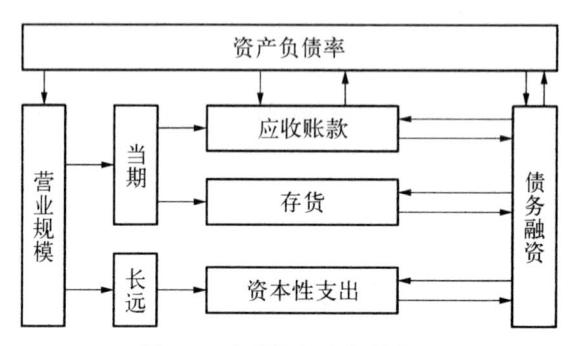

图4.5 各项指标之间的关系

具体实操时应视外部环境对边界值进行浮动管控,保持一定的弹性。外部环境宽松,突出追求效率,反之则强调风险管控,但无论松紧都不能突破预定的结构边界。同时,要注重防范风险传递,妥善安排业务之间的债务关联(垫款、担保等),不做"超级股东"。概言之:总体上,管好资产负债表;结构上,建立风险隔离机制。

边界管控的载体是全面预算管理平台。通过建立以价值创造为导向的全面预算管控模式,将边界管控指标嵌入全面预算,从而对重点指标形成预算约束,确保边界管控落地到位。

作为一套有效的创新型管理工具,财务风险边界管控系统在兵工集团财务管理工作中起着十分重要的作用。企业只有在方向明确、边界明晰的条件下,才能避免陷入"一放就乱,一管就死"的怪圈,才会努力追求效率、释放活力,在增添动力的同时增强自衡力或自控力。财务风险边界管控已经成为推进精益管理的重要手段。

第 5 章　资金风险的控制对策

> 失控与管控犹如跷跷板，此起彼伏，究竟谁更胜一筹？

5.1　精细梳理资金控制流程

5.1.1　资金控制的具体目标

从资金入手控制风险具有很强的针对性与综合性。资金不仅是各项财产物资的货币表现，而且是生产经营活动循环周转的"血液"，遍及经营管理的方方面面，成为贯穿运营活动的一条主线，构成内部控制的核心对象和主要抓手。

作为价值运动的资金周转循环一定要安全、完整、有效。为了防止资金异动或异常，需要设计严密的控制流程和预警监测机制，在关注资金合规性的基础上，通过有效监控现金流，保持现金流动的均衡性，防止资金流失和支付危机等。资金控制的核心问题是资金的安全、完整及其周转效率对企业价值的影响。

资金控制的具体目标：实行资金管理职责分工、预算与审批等流程控制，健全资金内部控制制度体系，确保收入入账完整、支出手续完备，防范资金活动风险，提升资金使用效益，确保资金收支合法、合理、安全、完整，相关信息合规、正确。

5.1.2　资金控制的基本流程

广义的资金活动是企业筹资管理、投资管理和资金营运管理活动的总称，涉及企业管理的方方面面,其控制流程的范围与内容相当广泛,如图5.1所示。

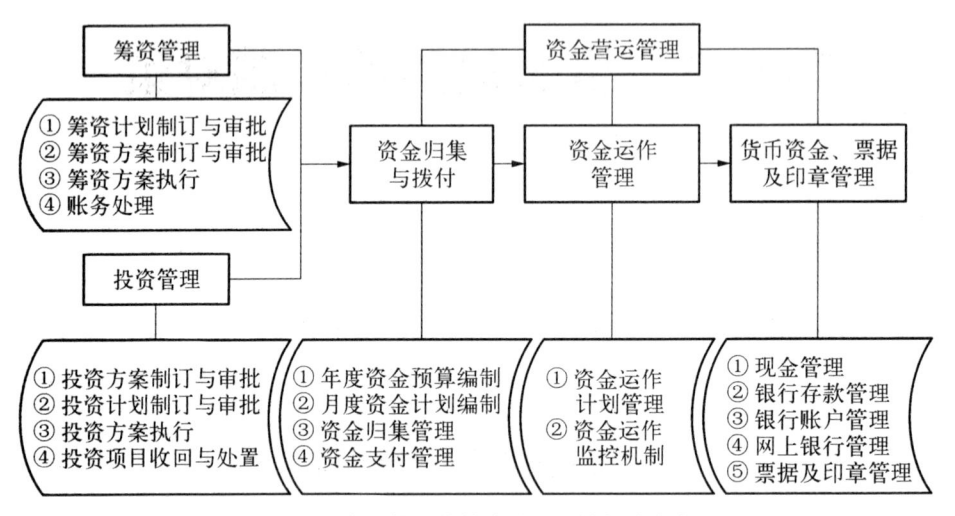

```
筹资管理                          资金营运管理
┌─────────────┐        ┌──────────┐  ┌──────────┐  ┌──────────┐
│①筹资计划制订与审批│        │资金归集  │→│资金运作  │→│货币资金、票据│
│②筹资方案制订与审批│   →    │与拨付    │  │管理      │  │及印章管理  │
│③筹资方案执行    │        └──────────┘  └──────────┘  └──────────┘
│④账务处理       │
└─────────────┘
投资管理
┌─────────────┐  ┌─────────────┐  ┌──────────┐  ┌──────────┐
│①投资方案制订与审批│  │①年度资金预算编制│  │①资金运作  │  │①现金管理   │
│②投资计划制订与审批│  │②月度资金计划编制│  │  计划管理  │  │②银行存款管理 │
│③投资方案执行    │  │③资金归集管理   │  │②资金运作  │  │③银行账户管理 │
│④投资项目收回与处置│  │④资金支付管理   │  │  监控机制  │  │④网上银行管理 │
└─────────────┘  └─────────────┘  └──────────┘  │⑤票据及印章管理│
                                                  └──────────┘
```

图5.1 资金控制的基本流程及其相关内容

企业在设计资金活动内部控制制度时,应该明确各种资金活动的业务流程,确定每个环节、每个步骤的控制内容和应履行的程序,并将其落实到具体部门、岗位和人员;还应根据内部控制规范等法律法规及企业自身的管理需要,完善资金管理制度,建成资金共享平台,强化资金授权、批准、审验等方面的控制,努力实现管控融合和财法融合。

实证分析5.1 | 创建智慧集成共享的资金管控平台

国网吉林电力以集团智慧资金共享平台为基础,建立银企系统全面集成、信息实时共享、实现100%省级资金统收统支高度集约化的资金管控体系。该平台推行财法融合的双重控制:在合同起草时,经法系统调用财务预算进行"预算强控",实现资金全天候、全过程监控,可及时发现并处置资金使用风险,保障资金安全;在支付发起时,财务系统调用合同信息进行"合同强控"。支付成功后,支付信息反馈经法系统"履约检查",通过法财深度融合、关联强控,实现全业务、全流程合同合规闭环管理,并通过资金分级授权,资金支付划分支付密钥、审核密钥、复核密钥以及人脸识别等多重加密方式,严把资金出口关。

5.1.3 货币资金控制的基本流程

本章主要阐述资金控制中的经营资金,即参与生产经营活动的流动资金。其中,货币资金是企业经营资金运动的起点和终点,随着供、产、销过程的运行,形成频繁的收支行为,并与应收应付、实收实付之间产生时间间隔,形成往来结算业务和现金流入流出业务,其管理关系如图 5.2 所示。

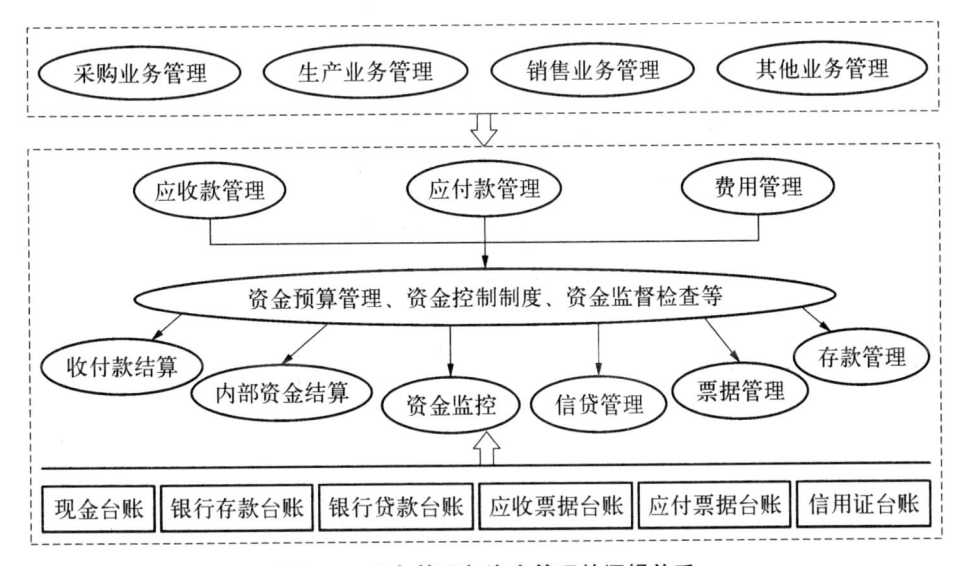

图 5.2 业务管理与资金管理的逻辑关系

狭义的资金控制针对货币资金。货币资金包括库存现金、银行存款以及流动性极强的现金等价物,是流动资金中最活跃的部分,能立即投入流通,用来采购商品、劳务或偿还债务,也容易被侵占、挪用等,故应当对其实施严格的法制、控制与相关的台账管理等。

货币资金控制流程涉及方方面面,纵横交织,其管理过程与控制要点如图 5.3 所示。

企业应当细化资金收支、审核批准、结算管理、银行账户、网银支付、票据管理、密码管理、安全管理等关键环节的控制要求,明确其中的控制限额、控制标准、触发条件等,确保资金活动可控制、可追溯、可检查,消除违规操控因素,在确保资金安全的前提下提高资金使用效益。

图 5.3 货币资金业务控制流程

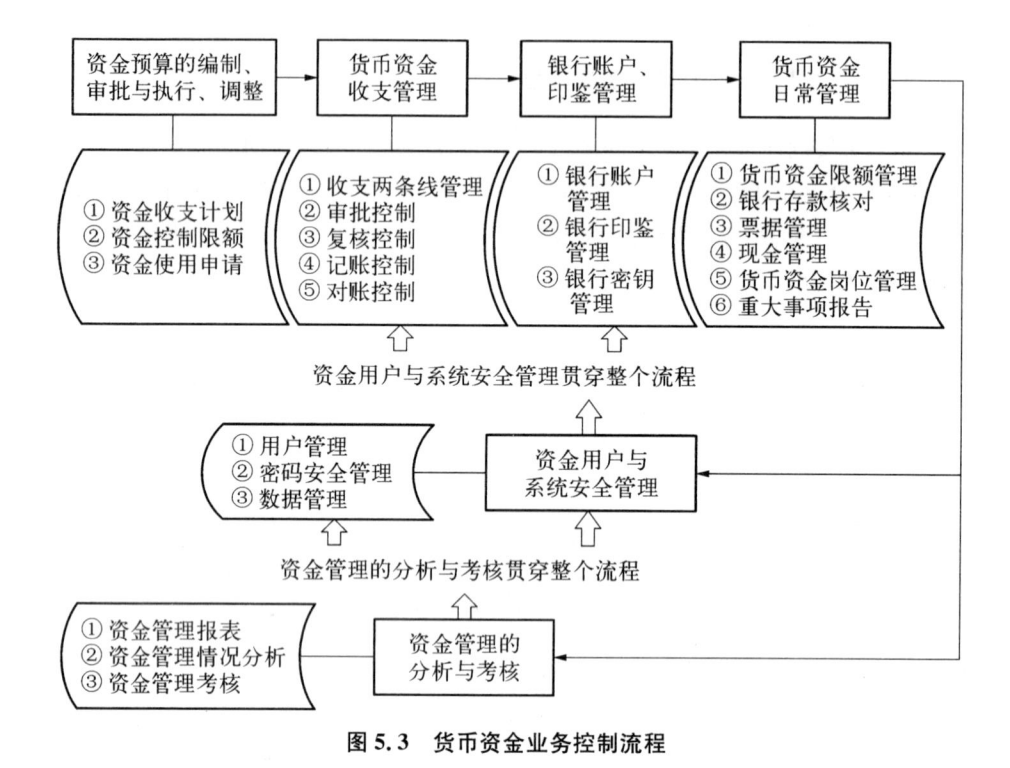

5.2 精准识别资金营运风险

5.2.1 资金失控的主要场景

资金活动的涉及面很广、影响因素很多,不确定性很大,容易出现资金管控执行不到位、支付管理不规范等问题,甚至发生重大违纪违法案件,暴露资金内部控制管理的严重缺陷。

钱的诱惑力难以估算,不可低估。《2019 年度中国企业员工舞弊犯罪司法裁判大数据报告》显示,在挪用资金案件中出现犯罪金额达 5.03 亿元(案值最高),以及挪用资金时间长达 15 年之久(时间最长)的案件;在职务侵占罪案件中出现涉案人数达 13 人(人数最多)的案件。在能够有效统计金额的 2 520 起案件中,职务侵占案件涉及金额 37.3 亿元,单案平均侵占金额 148 万元,占所有舞弊案件涉案金额的 50.83%。在职务侵占案件中,涉案金额为 1 000 万元以上的有 54 起,其中最高涉案金额为 1.55 亿元。

对钱的控制永远重要,尤其要警觉握有财权的人见利忘义、监守自盗、以权谋私。常熟某热电公司出纳8年挪用公司近亿元出境赌博;南宁市某经济发展公司出纳10年贪污及挪用公款1.69亿元买名车、包养情人、嫖娼等;台州临海市某电子信息科技公司的财务以"蚂蚁搬家"方式3年挪走公司7 000万元;味千拉面前首席财务官7年擅改180张公司支票,盗取约2 600万港元;天津港焦炭码头有限公司一财务人员贪污超过1.54亿元且持续多年。类似案件屡见不鲜。

某公司的出纳一场车祸令其在5年时间内挪用公司1 300万元资金的行为东窗事发。此后的一次审计将全资子公司董事长一年内侵占3亿多元银行存款的事实大白于天下。这样的"巧取"与"豪夺"发生在同一家上市公司身上是偶然的吗?在1 300万元被挪用的案件中,公司的付款制单和付款审核均由王某一人掌控,两枚银行印鉴章均由王某一人保管,完全违背了不相容职务相互分离的原则。在3亿元资金"不翼而飞"的事件里,财务监督为什么无法掌控财务状况?为什么内外审计都没有发现?

5.2.2 资金风险成因及其后果分析

公款私用,侵占资金;虚报冒领,虚列支出;延迟入账,挪用现金;重复报销,贪污现金;出借账号,违规操作;少列收入或截留收入私设"小金库";非法集资或违规借贷;等等。众多资金舞弊案例在诉说着人的自私、贪婪与疯狂,警示着企业管理的失能、失控与失败。

对资金风险熟视无睹、听之任之,其危险与危害的后果十分严重。资金管理不善,存在贬值风险;资金违规使用,存在流失风险;资金盲目使用,存在损失风险;资金私自乱用,存在舞弊风险。资金一旦失控,轻则巨额损失,重则毁于一旦:① 资金管理违反国家法律法规,可能遭受外部处罚、经济损失和信誉损失;② 资金管理未经适当审批或超越授权审批,可能因重大差错、舞弊、欺诈而导致损失;③ 银行账户的开立、审批、使用、核对和清理不符合国家有关法律法规的要求,可能导致受到处罚,造成资金损失;④ 资金记录不准确、不完整,可能造成账实不符或导致财务报告信息失真;⑤ 有关票据的遗失、变造、伪造、被盗用以及非法使用印章,可能导致资产损失、法律诉讼或信用损失;⑥ 企业资金调度不合理、营运不畅,可能导致企业陷入财务困境或资金冗余;⑦ 资金活动控制不严,大额应收款项未能回收,控股股东、实际控制人及其关联方存在非经营性资金占用等,可能导致资金被挪用、侵占、抽逃、欺诈等;⑧ 印章的管理和使用不规范,存在未书面详细记录印章外借用印事项、未对用印事项严格履行审批程序、私自借出企业公章等情形。

5.2.3 资金风险的控制重点

资金活动错综复杂,资金控制必须识别和关注风险来源,并将关键风险控制点作为风险控制的重点,集中精力掌控关键风险,以提高资金控制的效率和效果。

(1) 收支审批控制点

业务经办人员办理现金收支业务,须得到一般授权或特殊授权。经办人员须在反映经济业务的原始凭证上签章;经办部门负责人审核原始凭证并签字、盖章。审查原始凭证可以保证现金收支业务按照授权进行,增强经办人员和负责人员的责任感,保证现金收付的真实性和合法性,避免乱收乱支、假收假支及现金舞弊等问题的发生。

审批活动的控制点:制定资金的限制接近措施,经办人员从事业务活动时应该得到授权审批,未经授权的人员不得办理资金收支业务;使用资金的部门应提出用款申请,记载用途、金额、时间等事项;经办人员在原始凭证上签章;经办部门负责人、主管总经理和财务部门负责人审批并签章;等等。

(2) 业财复核控制点

业务复核和财务复核是减少错弊的重要举措,根据企业内部层级的隶属关系可以划分为纵向复核和横向复核两种类型。前者是指上级主管对下级活动的复核;后者是指平级或无上下级关系的人员之间的相互核对,如财务系统内部的核对。

复核的控制点:资金营运活动会计主管审查原始凭证反映的收支业务是否真实、合法,经审核通过并签字、盖章后才能填制原始凭证;凭证上的主管、审核、出纳和制单等印章是否齐全;等等。

在审批或审核环节,每个签署者都必须独立审核相关事项,认真而不是草率地签字。签署过程一般是从下级到上级层层审批,如果发现最高层或最后签署者在其他签署者之前签署,就可能存在错弊,因为这有悖于审批签署常理。如果每个签署者都尽到职责,在签署之前仔细审核,那么,一些假冒签名、涂改付款会签单的行为就不会得逞。

(3) 收付活动(现金流量)控制点

收付导致资金流入和流出,反映资金的来龙去脉。出纳人员应当仔细复核现金收支记账凭证及所附原始凭证,按照凭证所列数额收付现金并在凭证上加盖"收讫"或"付讫"戳记及私章。为了加强对现金收付的控制,必须建立严格的出纳岗位责任制,并实施不相容职务分离控制,谨防贪污、挪用、私存现金,以及重付、漏收现金等行为的发生。

现金流量控制点：关注各类现金流量增减变动状况，重点是经营活动的净现金流量，将经营活动净现金流量与财务报表相关项目的信息进行比较，可以分析和评价企业获取现金的能力、现金的流动性、现金的偿付能力、收益的质量等，并向有关部门提供及时、动态的资金变动信息。一旦发现异常情况，就应当及时报告，并采取果断措施制止失控。

（4）记账控制点

凭证和账簿是反映企业资金流入和流出的信息源，如果记账环节出现管理漏洞，就很容易导致整个会计信息处理结果失真。

记账活动的控制点：出纳人员根据资金收付凭证登记日记账；会计人员根据相关凭证登记有关明细分类账；主管会计登记总分类账，并定期与出纳人员的日记账核对；等等。

（5）对账控制点

对账是账簿记录系统的最后一个环节，也是报表生成的前一个环节，对保证会计信息的真实性起到重要作用。对账活动包括账证核对、账账核对、账表核对、账实核对。

对账活动的控制点：出纳人员的日记账必须顺时逐笔登记，做到日清月结；应及时掌握银行存款余额，防止透支。出纳人员应每日盘点现金，并与现金日记账余额核对相符；应控制现金坐支，当日收入的现金应及时送存银行。月末，会计人员必须将现金、银行存款、其他货币资金总账余额与出纳人员的银行存款日记账、现金日记账、其他货币资金日记账核对相符。银行存款日记账应与银行存款对账单核对，若有未达账项的，则应编制银行存款余额调节表。如果经过调整，账单仍然不相符的，就应查明原因，及时处理。对于未达账项，应查明原因，督促有关责任人及时处理。

清查工作不可或缺。例如，由财务部主管、审计人员和稽核人员组成清查小组，定期或不定期清查库存现金，核对现金日记账。清查时，须有出纳人员在场，核对账实；根据清查结果编制现金盘点报告单，填制账存与实存的符合情况；如有误差，须报批准后予以调整处理。

5.3　精确落实资金管控措施

5.3.1　资金业务的岗位责任制

企业应当建立资金业务岗位责任制，明确上岗资质、岗位职责权限、定期轮岗等关键环节的控制触发条件和控制标准,确保办理资金业务的不相容岗位相互分离、制约和监督。尤其是出纳岗位,是资金收付活动控制的前沿,担负着会计核算的基础工作,必须有很强的守法合规意识。出纳岗位具有特殊性,每天要与金钱打交道,稍有不慎就会造成经济损失。

资金业务的不相容岗位至少包括资金支付的审批与执行,资金的保管、记录与盘点清查,资金的会计记录与审计监督。其中,可以细分为以下几个要点:

① 资金收付及保管只能由经授权的出纳人员负责处理,但出纳人员不得兼任稽核、会计档案保管和收入、支出、费用、债权债务账目的登记工作。

② 银行印鉴及网银U盾必须分设管理,绝不能由一人保管。

③ 规模较大的企业,出纳人员应将每天的收支现金数登记现金出纳备查簿(或现金收支日报表),现金日记账与现金总账应由其他人员登记。规模较小的企业可用现金日记账代替现金出纳备查簿,由出纳人员登记,但现金总账的登记工作须由其他人员担任。

④ 负责应收款项账的人员不能同时负责现金收入账的工作,负责应付款项账的人员不能同时负责现金支出账的工作。

⑤ 保管支票簿的人员不能同时负责现金支出账和调整银行存款账。

⑥ 负责调整银行存款账的人员应与负责银行存款账、现金支出账、应收款、应付款的人员分离。

⑦ 货币资金支出的审批人应与出纳员、支票保管员和记账员分离。

企业内部控制部门应建立资金内部控制关键要素管理台账,对企业资金账户、核心岗位、上岗人员、审批权限、银行印鉴及网银U盾责任人等关键要素进行限时备案管理;应持续跟踪、监测、预警资金内部控制要素异动情况,对资金内部控制关键要素失控、重要岗位权力制衡缺失、大额资金拨付异常等风险第一时间启动紧急应对控制措施。按照不相容岗位分离、定期轮岗、人岗相适应原则,对人员调动、分工调整等情形,内部控制部门应当出具复核意见,并定期开展资金岗位任职情况巡检巡评,对资金结算中心等重点单位进行重点检查,对不符合内部控制要求的,应当限期整改。

实行网上交易、电子支付等方式办理资金支付业务的企业,应当与承办银行签订网上银行操作协议,明确双方在资金安全方面的责任与义务、交易范围等。操作人员应当根据操作授权和密码进行规范操作;应当严格银行账户和网银监管,定期或不定期对特殊银行账户的开户审批、银行印鉴及网银U盾分设管理、银行账户和网银交接程序及密码定期更换等情况进行评估,确保账户和网银安全可控。

实证分析 5.2 | **如此草率的资金管理让舞弊分子有机可乘**

在长达 9 年的时间里,37 岁的某公司财务人员通过做平账目、伪造单据等方法瞒天过海,将三千多万元挪作己用,曾两百多次前往香港挥霍。该案发生在上市公司,而财务和审计居然都没有发现!

公司曾将两道密钥交给作案人一个人操作,收回密钥后也没有更改密码,以至于被告人在长达 9 年的时间里同时知道公司网银的两道密钥,遂通过网银长期自行转账出入。作案人竟然同时兼任会计和出纳,真是岂有此理!

由于公司未能切实落实资金管控制度,财务出现漏洞,因此才被别有用心的内部人员利用。尤其是使用网上交易、电子支付方式办理资金支付业务,更应严格不相容岗位相互分离的控制,并配备专人加强对交易和支付行为的审核等。

5.3.2 资金集权、分权与授权控制

资金管控的核心在于科学决策。企业应当根据自身发展战略,综合考虑宏观经济政策、市场环境、环保要求等因素,结合发展实际,科学确定投融资目标和规划。如果目标不明确,决策不正确,控制措施就难以执行到位,资金活动也就难以顺利进行。

随着企业规模的扩大,资金管理的难度也在加大,企业应当在集权与分权之间做出权衡。资金集中管理是集团公司发展到一定规模后,为了进一步优化资源配置而采用的一种组织形式,具有推行资金集约管理和集中调控的功能。有条件的集团公司可以进一步探索财务公司、资金结算中心等资金集中管控模式,有序推进现金流量的统筹与管控,发挥现金流量的最大效用。

无论如何集权与分权,严格履行授权审批制度都很重要,应当明确审批人对资金业务的授权批准方式、权限、程序、责任和相关控制措施,规定经办人办理货币资金业务的职责范围和工作要求。审批人应当在授权范围内进行审批,不得超越审批权限。对于重要资金支付业务,应当实行集体决策和审批。对失职、渎职行为,应当进行责任追究。

5.3.3 现金收支管理的内部控制措施

现金管理包括现金的收入管理和支出管理。收入是企业现金的来源,支出是企业现金的去向。现金管理制度要求对取得现金的途径、方式,支出现金的用途、项目等做出规定,控制现金流量,谨防现金收支风险,提高现金管理的效益。其内部控制措施的要点至少包括以下几个方面:

① 企业的现金收入应于当日送存开户银行；当日送存有困难的，由开户银行确定送存时间。

② 企业支付现金可以从本企业库存现金中支付或者从开户银行提取，不得从本企业的现金收入中直接支付，即不得坐支现金。因特殊情况需要坐支现金的，应当事先报经开户银行审查批准，由开户银行核定坐支范围和限额。企业应定期向银行报送坐支金额和使用情况。

③ 企业从开户银行提取现金，应当写明用途，由本企业财会部门负责人签字、盖章，经开户银行审核后予以支付。

④ 企业因采购地点不固定、交通不便以及其他特殊情况必须使用现金的，应向开户银行提出申请，经开户银行审核后予以支付。

⑤ 企业借出款项必须执行严格的审核批准程序，严禁擅自挪用、借出货币资金。

⑥ 企业应当定期和不定期地进行现金盘点，确保现金账面余额与实际库存相符；发现不符的，应及时查明原因，进行处理。

老法师提醒 5.1 ｜ 现金收支应当做到"五不准"

现金收支应当做到"五不准"：不准用不符合制度的凭证顶替库存现金，即不得"白条抵库"；不准谎报用途虚列支出，即不得"套取现金"；不准用银行账户代其他单位和个人存入或支取现金，即不得"出借账户"；不准将企业收入的现金以个人名义存储，即不准"公款私存"；不准保留账外公款，即不得设置"小金库"等。

5.3.4 银行结算纪律与支付结算办法

企业应严格按照国家的有关规定，加强对银行账户的管理，严格按照规定开立账户，办理存款、取款和结算，不得违反规定开立和使用银行账户。除允许用现金结算方式直接以现金收付外，必须通过银行划拨转账。

特别注意加强大额资金支付监管，从资金支付额度、支付频次、支付依据等方面研究设置控制参数，警觉触发条件。对于短期内向同一账户多次或单笔支付大额资金、预算外支出、超出预付信用敞口限额支付预付款等异常情形，通过线上信息系统推送或线下报送（未建立财务资金信息系统的企业）等方式及时预警风险，纠正违规行为，消除资金风险隐患。

企业应当严格遵守银行结算纪律，不得签发没有资金保证的票据或远期支票，套取银行信用；不得签发、取得和转让没有真实交易和债权债务关系的票据；不得无理拒绝付款,任意占用他人资金。

企业应指定专人定期核对银行账户,每月至少核对一次,编制银行存款余额调节表,并指派对账人员以外的人员进行审核,确定银行存款账面余额与银行对账单余额调节相符;如调节不符,应当查明原因,及时处理。应定期检查、清理银行账户的开立及使用情况,发现未经审批擅自开立银行账户或者不按规定及时清理、撤销银行账户等问题,应当及时处理并追究有关责任人的责任。

企业应加强对银行对账单的稽核和管理。出纳人员一般不得同时从事银行对账单的获取、银行存款余额调节表的编制等工作。确需出纳人员办理上述事项的,应当指定其他人员定期进行审核、监督。

5.3.5　票据控制要点

第一,加强票据管理的职务分离控制,如保管支票的人、签发支票的人和支票的印章管理人不能为同一个人。

第二,明确规定各种票据的购买、保管、领用、背书转让、注销等环节的职责权限和处理程序,并专设票据登记簿(如应收票据登记簿和应付票据登记簿等)进行记录,防止空白票据的遗失和被盗用。

第三,开具票据必须有依据,并加强审核。因开具失误或者其他原因导致作废的法定票据,应当按规定予以保存,不得随意处置或销毁。对超过法定保管期限、可以销毁的票据,在履行审核批准手续后销毁,应当建立销毁清册并由授权人员监销。

第四,对收取的重要票据,应留有复印件并妥善保管。不得跳号开具票据,不得随意开具印章齐全的空白支票。

5.3.6　印章控制要点

印章是企业身份的证明,是明确责任、表明业务执行及完成情况的标记,包括公章、财务专用章、合同专用章、法定代表人章、发票专用章等。为了防止某些不法人员私自刻制公章,从事违法活动,国家将刻字业纳入特种行业,由公安机关实行专门管理。无权制作印章的行为人私刻印章,属于违法行为。

印章的保管必须落实不相容职务分离,严禁将办理资金支付业务的相关印章和票据集中于一人保管。财务专用章要与企业法人章分管,印章要与空白票据分管。按规定需要由有关负责人签字或盖章的经济业务与事项,必须严格履行签字或盖章手续,用章必须履行相关的审批手续并进行登记,实施专人专管、专章专用。

企业一方面必须保护印章的安全、完好，另一方面要警惕"萝卜章"事件。"萝卜章"是对私刻、伪造的公章比较形象的统称。工作人员签订合同流于形式、例行公事，认为只要章一盖就可以交差了，甚至不去关心盖的是真章还是假章，以致追悔莫及。例如，吉林某电力设备公司业务员通过伪造公司财务专用章及财务人员签名，制造虚假收据，骗取工程款27万元。类似案件接二连三、不胜枚举。

如何有效防范假公章？一是面签，二是公证，三是录像、录音，四是电话核实等。《最高人民法院关于适用〈中华人民共和国民事诉讼法〉的解释》规定，通过电子邮件、电子数据交换、网上聊天记录、博客、微博、手机短信、电子签名、域名等形成或者存储在电子介质中的信息应认定为电子数据，可作为证据。

专题讨论5.1 | 如此虚假理财为何迟迟未被制止

自2013年以来，某银行支行行长张某使用伪造的理财合同和银行印章骗取客户理财资金，以高息为诱饵，诱骗147名被害人签订虚假的理财产品购买或转让协议，并将购买或受让虚假理财产品的钱款转入其控制的个人银行账户，涉案金额高达27.46亿余元。2020年12月，张某被判处无期徒刑。该案件暴露了一些银行内部控制漏洞严重，值得深刻反思：

一是印章使用不规范。该银行支行行长利用银行公章骗取客户理财资金多年未被发现，说明印章使用流程极不规范。

二是缺失监督制衡机制。骗取客户理财资金并非行长一人所为，而是由行长、副行长、理财经理、柜员等人相互配合共同完成的。张某骗取客户的巨额资金并未进入银行账户，而是用于体外循环，财务也没有发现。相关人员不但未能形成相互制衡关系，反而共同进行违规操作，给投资者带来了巨大财产损失。

三是总行缺乏控制力。某款虚假的"理财产品"在一年后由投资者而非总部发现其骗取资金的事实，说明总部对分行的监督检查存在空白地带，给舞弊串通留下了较大空间。

5.4 精密监控资金失控危险

5.4.1 及时发现资金失控情形

异常是指非正常的、不同于平常的情况，如银行函证未回函、通过外部借款虚构应收账款的收回、利用资金池业务造假等。近年来，资金大案接二连三"暴雷"，令人沮丧：先是康美药业年报称不见了299亿元，市场一片哗然；后来康得新爆出122亿元现金不知所踪，康得新声称该笔资金在北京银行账户上存着，北京银行却回复称康得新账户余额为0；接着东旭光电账面上的货币资金成了"水中之月"；等等。

"管钱不管账，管账不管钱"是不相容职务分离原理的典型运用，应当重视类似风控措施的执行情况。例如，如果由出纳来负责领取银行对账单、编制银行存款余额调节表，出纳就有可能挪用或侵占企业货币资金，并通过伪造对账单或在银行存款余额调节表上做手脚来掩盖自己的舞弊行为。要纠正这种错弊并不难，只要改由出纳以外的人来负责银行对账单的领取和账面银行存款余额核实工作即可。

细心观察以下异常动态有助于发现潜在问题或错弊的蛛丝马迹：① 关注资金业务相关岗位及人员的设置情况，重点检查是否存在资金业务不相容职务混岗现象；② 关注资金授权批准制度的执行情况，重点检查资金支出的授权批准手续是否健全，是否存在越权审批行为；③ 关注支付款项印章的保管情况，重点检查是否存在办理付款业务所需的全部印章由一人保管的现象；④ 关注票据的保管情况，重点检查票据的购买、领用、保管手续是否健全，票据保管是否存在漏洞；等等。尤其当出现网银、支付宝、微信等第三方支付业务的异动时，一定要谨慎观察、仔细处理，切不可麻痹大意。

对于资金失控、重要岗位权力制衡缺失、大额资金流动异常等风险信号，必须第一时间启动紧急应对控制措施。

老法师提醒5.2 │ 内部控制虚设＋电信欺诈导致财务被骗

《温州日报》2020年6月5日报道，一周内接连发生3起财务被骗案件，且3人遭遇同一个套路！从一封邮件开始，建一个公司内部办公QQ群，"老板"在群内。接着，"老板"私信财务，说有一笔款项要打到公司账户，而自己在开会，叫财务跟进这件事，并给了财务客户的号码。然后，合同出了问题，对方要求退回款项并称已经把钱款打到了公司"老板"的私人账户。财务向"老板"汇报情况，"老板"称合同要修改，自己在开会，先把钱款从公司账户退给客户，回公司后自己再把钱补上，手续后续会补。最后，财务把公司账户上的钱款打给了对方，事后才发觉上当受骗。

无独有偶，2020年6月16日，江西世龙实业股份有限公司的财务主管人员遭遇电信诈骗298万元；6月22日，银泰置业银行账户内的2670万元通过网络被骗取。此前，沈阳惠天热电、深圳能源等上市公司也遭遇了电信诈骗。究竟是专业骗子能力太强，还是企业财务经验太少，或者内部控制制度本来就形同虚设？

面对电信诈骗,需要加强外部风险防范,但更重要的是练好"内功",在完善财务内部控制制度的同时保证制度落到实处,重点加强审核批准,拒绝"走形式"甚至连形式也不走的违规操作。

5.4.2 重点监测资金控制中涉及触发条件的具体情形

触发条件原指达成实质交易的条件,如某只股票现价20元,我们预期它下跌到18元触底反弹,于是我们挂18元的买单,在股价跌至18元之前一直无法触发我们的买单,直至在卖盘中出现18元的卖单才能达成触发条件,我们的买单才能成交。

触发机制是指当遇到一定的时间、限额、程序时会自动运行某种函数从而达成某种信号的警示。内部控制的触发条件往往与"三重一大"的决策内容相关,尤其是投融资活动中的大额资金运作、年度预算内大额资金调动、超预算的资金调动和使用以及其他大额资金的运作事项,企业不仅必须有一定的限额规定和相应的决策程序,而且应当触发应急机制或自动报警机制,履行应有的自动监督检查职能。

内部控制制度执行到位与否,事关风险控制活动能否取得实效。严格执行触发机制有助于实现资金活动的控制目标。其中,触发条件、关键控制节点往往是最重要的风险点或最突出的问题所在,监测这些异动情况既是发现问题的线索,也是寻求解决问题的方向。

重要的是监测合规性控制要点是否落实、员工的行为是否遵守各项标准与规定并确保事件不被隐瞒,尤其要注意审批人和经办人是否为同一人、对于重要的货币资金支付业务是否履行决策程序等。内部牵制要求货币资金收支的经办人员与审核人员分离。审批人应当根据货币资金授权批准制度的规定,在授权范围内进行审批,不得超越审批权限。经办人员应当在职责范围内,按照审批人的批准意见办理货币资金业务。对于审批人超越授权范围审批的货币资金业务,经办人员有权拒绝办理,并及时向审批人的上级授权部门报告。

一定要留心是否有合法的原始凭证作为入账依据,是否触发预算限额和越过审核程序。经办人员应当根据合法的原始凭证填列必要的内部凭证,在预算范围内根据授权原则由各级负责人对收支的合法性、真实性、合理性进行审批后,到财务部门办理收入和支出手续。财务主管人员应对业务部门的收入、支出原始凭证的合法性、真实性和合理性进行复核。对于非法支出,会计人员应拒绝办理;对于合法但明显不合理的支出,应报告企业负责人处理。只有经过审核无误的原始凭证才能编制记账凭证并作为出纳人员办理收付的依据。

5.4.3 高度警觉资金体外循环的危险行径

企业发生的各项经济业务事项都应当在依法设置的会计账簿上统一登记与核算。企业取得的各项资金收入都必须及时入账,严禁收款不入账或账外设账,这是禁止性条款的强制性规定。有条件的企业还可以实行收支两条线和集中收付制度,加强对货币资金的集中、统一管理。

违反规定账外设账主要表现为在法定会计账簿之外另设一套或多套账簿,用于登记没有纳入法定会计账簿统一核算的其他经济业务事项,以达到非法目的。

企业应当严禁资金的体外循环。但个别会计人员认为私营企业的财产是私人所有,只要老板签字,想怎么用就可以怎么用。事实上,法人财产和自然人财产不是一个概念,不能混为一谈。私营企业也应公私分明,加强会计控制。

个别企业处心积虑、胆大妄为甚至串通舞弊,其内账、外账各有用途。内账是企业内部人员看的账。外账则名目繁多,如为反映企业实际经营情况的,称为"管理账";为应付税务机关的,称为"税务账";为贷款需要的,称为"银行账";为应付海关检查的,称为"海关账";为申请高新资质的,称为"高新账";为应对社保检查的,称为"社保账";为申请财政拨款的,称为"补贴账";等等。账外设账是滋生"小金库"、不正之风的"温床",是产生虚假会计资料的根源,会直接影响会计信息的真实、完整,是一种极为严重的违法行为,必须综合施策、严加整治。

实证分析 5.3 | 私设"小金库"后患无穷

某部门领导王某在某年 6 月底为了本部门的小团体利益,逃避上级部门的资金监管,私自将 3 000 万元公司收入打到了账外账上,私设"小金库"。他们先后以集资炒股分红的名义分钱,以发放"劳务费"的名义发钱,以全体职工先投保再退保的方式分钱。据检察机关查证:在短短一年时间里,他们以所谓集资名义分红达 48 次,瓜分账外资金五百五十余万元,几乎平均每周分钱一次。这个只有 25 名员工的公司,却私分国有资产总额高达 740 万元,其中获益最多者获益六十余万元,就连公司唯一的临时勤杂工也分得 17 万元红利和奖金。当然,这些被瓜分的钱后来被如数追回,王某因重大法人犯罪案被判处有期徒刑 3 年,缓刑 3 年。

私设"小金库"的手法五花八门、变化多端,目的都是逃避监控、"自由"收支,其后果是十分严重的。例如:

① 收入不入账,开设"小金库"。尤其是不用开具发票的现金收入,有些企业

就将其纳入"小金库"的核算范围,还煞有其事地建立账外账簿进行登记,个别出纳人员"知法犯法"地当起了"保管员"。由于收入不入账,一方面偷逃了税收,另一方面使某些别有用心的人有机可乘。

② 公款私存,另设账外银行账户。个别企业由于票据使用制度监控不到位,也没有定期核对银行存款日记账和银行对账单等习惯,会计人员利用经管货币资金收支业务的便利,把公款转入企业私设或自己私设的银行账户,从而达到侵吞公款或长期占用公款的目的。

③ 多头开户,截留公款。由于企业印鉴保管岗位和货币资金收款岗位的职务未分离等,会计人员利用个别银行之间相互争资金、拉客户的机会,私自利用企业印鉴章在他行开设存款账户,或以本企业更换开户行为由,要求付款单位将欠款或销货收入款转至私设的户头,从而达到截留公款的目的。

④ 转账套现,设置"小金库"。由于负责债权债务的岗位和负责货币资金的岗位发生了混岗或职责不清等情况,会计人员或有关人员配合外单位不法人员在收到外单位转入的银行存款后开具现金支票,提取后私设"小金库",或交付外单位以套取现金。

⑤ 截留返利,私设账外账。子公司的投资收益有可能会被母公司擅自截留、私自使用,或按照某种指令隐匿收益,或者干脆设立账外账等。

⑥ 背书转让,私设"小金库"。会计人员在某种授意或指使下将收到的转账支票、银行汇票、商业汇票及银行本票等票据蓄意背书转让给与企业或个人有利害关系的单位,以达到变相侵吞、占用公款的目的。

5.4.4 经常关注"两金"变动的预警信号

"两金"占比过高已经成为一些快速成长的企业在资金控制上的常见问题,甚至变为发展的桎梏。

"两金"是指企业的应收账款和存货。应收账款是指企业对外销售商品和提供劳务等应向购货方或接受劳务方收取的款项。存货是指在日常经营活动中持有以备出售的产成品、商品、在产品、材料物品等。"两金"占流动资产的比重就是应收账款与存货之和占流动资产的百分比。

《企业绩效评价标准值》[①]将企业绩效评价标准值分为优秀值、良好值、平均

---

① 国务院国资委财务监督与考核评价局每年编制的《企业绩效评价标准值》可作为分析评价时的对比基数。该标准值分行业分别列示了全行业、大型、中型、小型企业及其细分行业各自适用的绩效评价标准值及其分档次的数据,行业不同、规模不同的企业可以参考借鉴。详情参见李敏. 洞察报表与透视经营——算管融合的财务分析逻辑[M]. 上海:上海财经大学出版社,2020.

值、较低值和较差值五个档次。2020年度"两金"占流动资产比重的绩效评价标准值如表5.1所示。

表5.1　　　　2020年度"两金"占流动资产比重的绩效评价标准值　　　单位：%

项　　目	优秀值	良好值	平均值	较低值	较差值
大型企业	16.4	28.9	41.8	49.7	57.9
中型企业	2.4	17.4	36.0	45.1	52.1
小型企业	9.6	29.0	39.8	63.7	71.5
全国全行业平均	11.9	27.1	40.4	51.2	61.3

洞察资金流动状况可以透视管理失控的情况。通常，存货与应收账款不仅金额大、占比高，而且对资产的流动性和收益性都有很大影响。如果"两金"占流动资产的比重指标超过40%，风险就在加大，应当及时预警，尤其应当警惕非预期的存货积压和平均收账期延长等异常情况。

非预期的存货积压可能就是企业财务危机的早期信号。造成存货（主要指产成品）库存积压的主要原因：一是企业生产规模盲目扩大，相应增加了库存；二是产品不适销对路，市场竞争能力减弱；等等。

平均收账期延长会吞噬现金，造成严重的财务问题。造成应收账款大量增加的主要原因：一是企业生产规模扩张快，相应增加一部分应收账款；二是产品不适销对路或质量存在问题，企业之间相互拖欠严重；三是企业未能及时跟踪市场变化，生产的盲目性较大，发出商品未能收回货款；等等。还应当警觉业务人员变更频繁、催款不及时等原因所导致的欠款时间过长的风险。

5.4.5　动态监管经营活动现金流的异常情况

企业应当紧盯经营活动现金流量的增减变动情况。如果经营资金循环不顺畅，现金流入不足以偿还到期债务，财务就会掉进流动性陷阱，陷入不能支付的困境。有效监测现金流量控制指标对于减少偿债风险、避免财务危机十分重要。

监控回款周期对企业具有不同寻常的价值。业务增长很难达到均衡，如果业务模式存在缺陷，人浮于事，想象中的业务没有做成，那么风险就会降临。尤其是业务高速增长的企业，往往会减弱对付款和回款周期的控制能力，为了获得更多业务，允许滞后回款，而付款却一拖再拖，导致信誉损失。而一些潜在的付款压力，如工资、房租、税费等，需要周期性支付，但往往被忽略，从而给支付带来困难。一些企业为此特别关心融资问题,千方百计向银行贷款。但如果企业不能很好地解决其内部的现金流管理问题,再多的资金也会沉淀,对企业自身的成长起不了什么作用。

企业偿债能力的强弱与获取现金的能力相关。维持收支的动态平衡是企业持续经营的基本条件。保持企业合理的现金流量结构是企业发展的基础。现金流量结构包括流入结构、流出结构和流入流出比分析,如经营现金流入量与现金总流入量之比、经营活动现金流入量与经营活动现金流出量之比等指标。通过对该类指标的分析、控制,能够判断企业现金流量结构的合理性。

现金充足性及财务弹性指标反映现金流动能否满足需要,以及在此基础上企业进一步适应经济环境变化和利用投资机会的能力,这种能力来源于现金流量和支付现金需要的比较。财务弹性衡量的是经营现金流量与支付要求之间的关系。支付要求可以是投资需求或承诺支付等。如果现金流量超过需要,有剩余的现金,企业对经济环境的适应性就强。

对于在资金控制活动中发现的薄弱环节或失控表现,应当及时采取措施,防错纠偏。

经典案例评析

警惕收支失衡酿成资金失控

一群青年具有现代城市"消费瘾",在疯狂享受消费的同时却因社会责任延迟而"隐形贫困",这种消费与收入失衡所造成的隐患隐藏着"迷失与无奈"下的危险。分析行为人的犯罪动机,可分为赌博、高额消费、还债、日常消费与投资。在《2019年度中国企业员工舞弊犯罪司法裁判大数据报告》的统计案件中,有上述犯罪动机的案件共1937例。其中,高额消费1441例,占74.39%;赌博249例,占12.86%;还债204例,占10.53%;投资43例,占2.22%。实施舞弊犯罪的人员以中青年为主,31~40岁舞弊人员的占比较高。

"90后"的出纳唐某,长期高消费使其入不敷出,到处借款导致无力偿还。面对债主的威胁,唐某打起了公款的主意:自己虽然只是出纳,但直接经管企业银行账户,同时保管着从上一任出纳交接过来的单位网银的出纳Ukey、会计Ukey及密码,完全有机会"调度"企业的银行存款。短短2年时间,唐某从4个账户中像"蚂蚁搬家"那样挪用公款891笔,金额近170万元,平均每笔1700元左右。最疯狂的一天,她竟然挪用了19笔款项!渐渐地,企业银行账户被转空,以至于无法保障正常活动开支。

这是一起典型的出纳人员利用职务之便挪用公款的案例,案情并不复杂,但唐某2年作案891次为何未被察觉?企业又该如何预防类似案件再次发生呢?

不少企业的出纳经常跑银行办理各种收付款业务,为了"方便"就顺理成章地由出纳领取或接收银行对账单,编制银行存款余额调节表,独自办理资金业务。唐某长期以来一人保管两个Ukey和密码,由其领取银行对账单并负责对账。这种做法存在巨大的风险隐患,一旦监督机制不完善,就极易造成出纳人员神不知鬼不觉地清空单位账户资金的情况。所以,必须明确不相容职务分离的要求,出纳Ukey和会计Ukey必须分开保管,由会计人员接收银行对账单并定期对账。

本案例中,资金支付的审批环节非常薄弱,唐某在向权限审批人提交付款或报账申请时,仅以电话形式做了简单请示,未说明款项的用途、金额、支付方式等内容,该企业领导也未仔细审核资金支付的真实性和合理性,财务部也未有相关人员对其支付进行复核,从而让唐某有机可乘。唐某通过电话的方式请示领导,并用了领导的私章,事后也未补全资质资料和业务部门的审核等手续,可见企业的印章使用和支付审批程序存在严重缺陷。

该企业缺失货币资金核对与盘点机制。唐某持续2年不断转走企业银行账户中的款项,平均每天一笔以上,竟无人发现。假如该企业定期由会计人员进行对账,编制银行存款余额调节表,由财务经理复核,每年末对现金、票据等进行盘点来核实资产的完整性,那么唐某就不敢屡屡挪用资金。

千里之堤,毁于蚁穴。唐某的堕落固然有其虚荣心膨胀、法律意识淡薄等诸多因素的影响,但财务管理与资金控制形同虚设、缺乏必要的监督检查致使唐某一错再错。该案例还反映领导和相关管理人员风险意识缺乏,甚至连最基础的风控常识都不具备,应当深刻反思。

任何企业要想有效防范类似案件的发生,都必须切实做到不相容职务分离、加强资金支付申请审批及其用印控制、健全资金盘点与核对机制等,这是最基础的要求。防范风险必须从小处或细节做起,实现"事前—事中—事后"全方位控制,才能最大限度地杜绝类似舞弊事件的发生。

上述资金控制要点中,"审批""核对"和"清查"最为重要。由业务部门审批原始单据,可以保证经济业务的真实性、合理性和合法性,是控制的第一道关卡;由财会部门进行账账核对,可以保证现金收付和会计核算的正确性,是及时发现现金收付和现金账务记录错误的主要环节,对于保证资金收付工作质量具有重要作用;由清查人员进行资金清查,可以保护资金安全、完整,是保护资金安全的最后一环。

第 6 章　筹资风险的控制对策

> 负重前行时更应警惕风险引发危机,警觉失控导致失败。

6.1　精细梳理筹资控制流程

6.1.1　筹资控制的具体目标

企业运营从筹资活动开始,筹资是整个资金活动的基础,是投资活动、营运活动得以顺利进行的前提。

筹资活动的内部控制影响着企业能不能顺利筹集发展所需资金,还决定着能以什么样的筹资风险筹集所需资金并承担筹资成本,进而影响所筹集资金最终的经济效益。较低的筹资成本、合理的资金结构和较低的筹资风险能够使企业应付自如、进退有据,从容地实现可持续发展,所以,筹资控制很重要。

融资难是一个现实问题,融资约束伴随着企业的资金需求。实证研究表明,高质量的企业内部控制通过增强风险防范能力和改善信息环境,可以减弱信息不对称程度,增进债权人与债务人之间的信任,降低企业的融资约束;也就是说,内部控制质量高的企业,其融资约束程度低。内部控制质量与融资约束的负相关关系在非国有企业中较显著。此类研究拓展了企业内部控制的企业治理效应,是对其经济后果的有益补充,为企业缓解融资约束问题提供了实证支持。[①]

筹资风险主要体现在债务上,如何规范筹资决策程序、控制负债程度、降低资

---

① 崔召岳.内部控制质量、产权性质与企业融资约束[J].新会计,2021(5).

本成本、保持偿债能力、防范财务风险与担保风险都是格外重要的控制内容。企业法人不能清偿到期债务,并且资产不足以清偿全部债务或者明显缺乏清偿能力的,就属于破产法规范的对象了。

筹资控制的具体目标:实行筹资管理职责分工、预算和审批等流程控制,健全筹资内部控制制度体系,实施筹资方案可行性论证,合理规划筹资规模、筹资结构、筹资渠道和筹资方式以满足资金需求,严格掌控筹资成本和债务风险,维护筹资信用,保持偿债能力,降低筹资风险,确保筹资活动合法、有效以及相关信息合规、正确。

6.1.2 筹资控制的基本流程

筹资活动是导致债务规模和资本构成发生变化的活动,主要由借款交易和股东权益交易组成。对筹资活动的内部控制可以区分不同筹资方式,按照业务流程中不同环节体现的风险,结合资金成本与资金使用效益等情况,采用不同措施进行控制。

筹资业务循环一般包括拟订筹资计划、制订筹资方案、执行筹资方案、按期还本付息和筹资记录等环节。筹资业务控制的流程如图 6.1 所示。

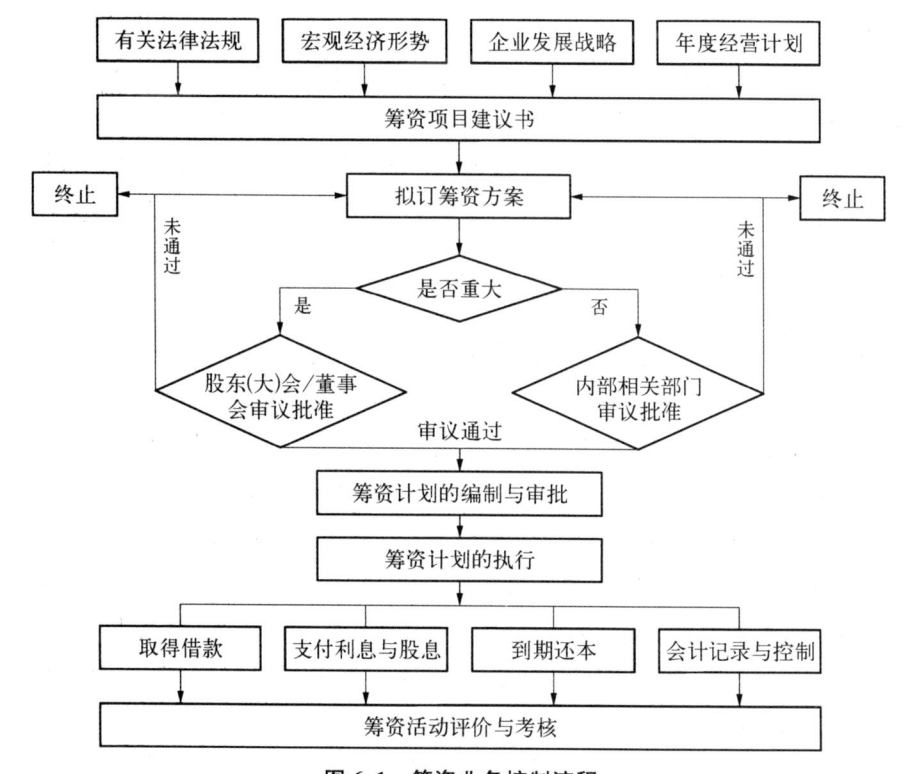

图 6.1 筹资业务控制流程

筹资业务流程中的关键风险控制节点至少包括以下几个方面：一是筹资项目建议书或筹资计划的编制是否符合企业战略目标与全面预算的要求；二是筹资方案是否进行过可行性论证，是否通过比较各种筹资方式的优劣来考虑合理的筹资方式；三是筹资方案的审批是否履行应有的决策程序；四是筹资用途是否切实可行；五是相应的偿债能力是否具备；等等。

6.2 精准识别筹资活动风险

6.2.1 筹资失控的主要场景

冒险与危险结伴，理性与谨慎交友。财务风险是指财务结构不合理、融资不当使企业丧失偿债能力而导致投资者预期收益下降的风险。成功的企业关心负债比和现金流，因为这是一家企业重要的健康指针。失控的企业往往对筹资风险缺乏认知，以为借到钱就是本领，缺少钱就千方百计去借，如此负债无度，后果不可收拾。

适度是药，过度是毒。如何合理安排负债筹资的比重，在利用其正面作用的同时最大限度地避免其负面作用是非常重要的。为了强化负债约束，降低杠杆负效应，企业应当建立以资产负债率为核心的约束指标体系。资产负债率超过预警线和重点监管线的企业，应根据风险大小及其变化情况，对其风险进行持续监测。

6.2.2 筹资风险的成因及其后果分析

虽然负债经营难以避免，但并不意味着负债越多越好。过高的负债对于企业来说是负担，严重的话会导致资不抵债，甚至破产。

① 筹资活动违反国家法律法规，可能遭受外部处罚、经济损失和信誉损失。

② 筹资活动未经适当审批或越权，可能因重大差错、舞弊、欺诈而导致损失。

③ 筹资决策失误，可能造成企业资金不足、冗余或债务结构不合理。

④ 资产负债率居高不下，财务风险逐渐加大，引发资本结构不合理或无效融资，可能导致筹资成本过高或债务危机。

⑤ 债务过多，资金调度不当，财务陷入"拆东墙，补西墙"的困境，可能导致企业不能按期偿付债务。

⑥ 筹资记录错误或会计处理不正确，可能造成债务和筹资成本信息不真实。

6.2.3 筹资风险的控制重点

(1) 缺少筹资的战略规划

企业在具体筹资活动中,应贯彻既定的资金战略,以目标资本结构为指导,协调企业的资金来源、期限结构、利率结构等。如果忽视战略导向,缺乏对目标资本结构的清晰认识,就很容易导致盲目筹资,使得企业资本结构、资金来源结构、利率结构等处于频繁变动中,给企业的生产经营带来巨大的财务风险。

(2) 对资金现状认识不清

企业在筹资前,应对资金现状有全面完整的了解,并在此基础上结合企业战略和宏微观形势等提出筹资方案。如果资金预算和资金控制工作不到位,使得企业无法全面了解资金现状,就会使企业无法正确评估资金的实际需要量以及期限等,很容易导致筹资过度或者筹资不足。特别是对于大型企业集团来说,如果没有对全集团的资金现状做深入完整的了解,就很可能出现一部分企业资金结余,而其他企业仍然对外筹资,使得集团的资金利用效率低下,增加了不必要的财务成本。

(3) 缺乏完善的授权审批制度

筹资方案必须经过严格的授权审批流程方可正式实施,这一流程既是企业上下沟通的过程,也是相关部门对筹资方案进行审核的重要风险控制程序。在审批流程中,每一个环节都应对筹资方案的风险控制等问题进行评估,并认真履行审批职责。完善的授权审批制度有助于对筹资风险进行控制,如果忽略这一完善的授权审批制度,就有可能忽视筹资方案中的潜在风险,使得筹资方案草率决策、仓促上马,给企业带来严重的潜在风险。

(4) 对筹资合约条款审核马虎

筹资活动需要签订相应的筹资合同、协议等法律文件。筹资合同一般应载明筹资数额、期限、利率、违约责任等内容,企业应认真审核、仔细推敲具体条款,防止带来潜在的不利影响,使得企业在未来可能发生的经济纠纷或诉讼中处于不利地位。在这一方面,企业可以借助专业的法律中介机构来进行合同文本的审核。

(5) 无法保证支付筹资成本

任何筹资活动都需要支付相应的筹资成本。对于债权类筹资活动来说,相应的筹资成本表现为固定的利息费用,是刚性成本,企业必须按期足额支付,作为资金提供者的报酬。对于股权类筹资活动来说,虽然没有固定的利息费用和还本压力,但保证股权投资者的报酬同样不可忽视,企业应认真制订股利支付方案,包括股利金额、支付时间、支付方式等。如果股利支付不足,或者对股权投资者报酬不足,就会导致股东抛售股票,使得企业股价下跌,给企业的经营造成重大不利影响。

(6) 缺乏筹资跟踪管控

筹资活动流程较长,不仅包括资金的筹集到位,而且包括资金使用过程中的利息、股利等筹资费用的计提支付,以及最终的还本工作,这一流程一般贯穿企业经营活动的始终,是企业的一项常规管理工作。企业在筹资跟踪管理方面应制定完整的管理制度,包括资金到账、资金使用、利息支付、股利支付等,时刻监控资金的动向。如果缺乏严密的跟踪管理,就可能使企业资金管理失控,因资金被挪用而导致财务损失,也可能因此导致利息没有及时支付而被银行罚款,这些都会使企业面临不必要的财务风险。

6.3 精确落实筹资管控措施

6.3.1 筹资业务的岗位责任制

明确筹资职责划分、实行职务分离控制对防控筹资风险尤为重要。企业董事会、股东大会是筹资活动的决策机构,负责筹资方案的审议、批准;总经理负责筹资需求计划及筹资预算的审核;财务部和证券法务部是企业筹资的实施机构,在各自职权范围内负责企业银行借款、发行股票或债券等方式的筹资;各相关部门在其职权范围内使用资金。

在筹资活动与履责过程中,应当明确办理筹资业务的不相容岗位相互分离、制约和监督。筹资业务的不相容岗位至少包括:① 筹资方案的拟订与决策;② 筹资合同或协议的审批与订立;③ 与筹资有关的各种款项偿付的审批与执行;④ 筹资业务的执行与相关会计记录。应当避免同一部门或个人办理筹资业务的全过程。

重大筹资必须由独立于审批人的人员审核并提出意见,必要时可聘请外部财务顾问,以利于审批人从独立的立场评判计划的优劣。经办人员不能接触会计记录,会计记录人员与负责收付款的人员应相互分离。

6.3.2 筹资活动过程控制要点

(1) 提出筹资方案

一般由财务部门根据企业经营战略、预算情况与资金现状等因素,提出筹资方案。一个完整的筹资方案应包括筹资金额、筹资形式、利率、筹资期限、资金用途等内容,提出筹资方案的同时应与其他生产经营相关的业务部门沟通协调,在此基础上才能形成初始筹资方案。

企业筹措资金的基本原则:规模适当,足量而不过量;筹措及时,适时而不闲置或滞后;来源合理,注意收益与成本配比、资金来源渠道、资金市场供给情况;筹资方式经济、合理,并注意确定合理的资金结构,努力降低成本,减少筹资风险。

(2) 论证筹资方案

企业不得依据未经论证的方案开展筹资活动,所以应组织相关专家对筹资项目进行可行性论证,这是筹资最关键的控制环节。一般可以从下列几个方面进行分析论证:

① 筹资方案的战略评估。防止因盲目筹资而给企业造成沉重的债务负担,防止盲目筹集过多资金造成资金闲置而给企业增加财务负担。

② 筹资方案的经济性评估。分析筹资方案是否符合经济性要求,是否以最低的筹资成本获得所需资金,是否还有降低筹资成本的空间以及更好的筹资方式,筹资期限等是否经济、合理,利息、股息等水平是否在企业可承受的范围内。

③ 筹资方案的风险评估。特别要对利率、汇率、货币政策、宏观经济走势等重要条件进行预测和分析,并有效地应对可能出现的风险。

企业应在不同的筹资风险之间进行权衡,做出决策。

(3) 审批筹资方案

通过可行性论证的筹资方案需要按照分级授权审批的原则进行审批,并重点关注筹资用途的可行性和相应的偿债能力。重大筹资方案应当提交股东(大)会审议,筹资方案需经有关管理部门批准的,应当履行相应的报批程序。审批人员与筹资方案编制人员应适当分离。在审批中,应贯彻集体决策的原则,实行集体决策审批或者联签制度。在综合多方意见的基础上进行决策,而不应由少数人主观决策。筹资方案发生重大变更的,应当重新履行可行性研究以及相关审批程序。

(4) 实施筹资管控

企业应根据审核批准的筹资方案,编制较为详细的筹资计划,按照融资协议约定的用途安排资金,突出主业,聚焦实业,严禁过度融资而形成资金无效淤积,严禁资金空转、脱实向虚,严禁挪用资金、违规套利。企业应保持良好的信用记录,这对顺利进行再融资具有重要意义。

6.4 精密监控筹资失控危险

6.4.1 筹资活动日常监控的主要内容

企业应当建立健全筹资内部控制的监督检查制度,明确监督检查部门和人员的职责权限,定期或不定期地进行检查。

筹资活动监督检查的内容至少包括:① 筹资业务相关岗位设置及人员配备情况,重点检查岗位设置是否科学、合理,是否存在不相容职务混岗等现象,以及人员配备是否合理;② 筹资业务授权审批制度的执行情况,重点检查分级授权是否合理,对外筹资的授权批准手续是否健全,是否存在越权审批等违反规定的行为;③ 筹资业务的决策情况,重点检查对外筹资决策过程是否符合规定的程序;④ 筹资运作情况,重点检查对所筹资金的处置是否经过授权批准,资金是否完整、及时、合理;⑤ 筹资的会计处理情况,重点检查会计记录是否真实、完整;等等。

6.4.2 警惕负债高企的危险信号

举债过度加上缺乏管控,企业困境危如累卵:一是利息支出会增加资金支出负担;二是负债过高会增大财务风险;三是贷款有固定的还本付息日,从而加大偿债压力。过度依赖负债经营的企业,带息负债增速过快。已经"风险越位"(指超过风险警戒线)的企业,更应警惕财务杠杆的放大效应。

应当严格控制资产出表和表外融资。资产出表就是出现表外资产,往往涉嫌会计舞弊,应限期转入表内。表外资产是指不需要列于资产负债表内,但要在财务报告中以注释形式列明的资产,如研发投入、品牌渠道等。表外融资是指不列入资产负债表的融资,既不表现为资产的增加,也不表现为负债的增加,通常以不转移资产所有权的经营租赁、代销商品、来料加工等形式出现,会计上无须在财务报表中反映,但资产的使用权的确已转移到融资企业,可以满足融资企业扩大经营规模、缓解资金不足的需要;另一种方式是建立附属公司或子公司,并投资于附属公司或子公司,用附属公司或子公司的负债代替母公司的负债。表外融资行为不能反映企业真实的负债水平,掩盖了企业的重要财务信息,很可能误导信息使用者。修订会计准则的方向是减少表外融资项目,尽可能地将其纳入资产负债表。

需要警觉经营亏损和资本减弱造成的资不抵债。除了亏损吞噬资本外,应当特别警惕资本虚列、资本抽逃等举动。可以关注与分析资本充足率指标,观察资本充足率是否保持在适当的水平。当净资产大于注册资本时,资本充足水平能适应资产正常增长的需要,利润分配有助于自我积累和持续发展等,企业的风险在降低,反之则在提高。

管控债务风险是一项系统性工程,需要完善监管体系,发挥监管合力,守住风险底线。应当加快建立健全债务风险监测预警机制,完善重点债务风险指标监测台账,充分利用信息化手段加强对债务风险的动态监测,做到早识别、早预警、早应对。

专题讨论6.1 | 对债务风险应当施加硬性的约束要求

中共中央办公厅、国务院办公厅印发的《关于加强国有企业资产负债约束的指导意见》和国资委制定的《中央企业资产负债率分类管控工作方案》都要求以资产负债率为基础控制指标,对不同行业类型的国有企业进行分类管理,并实行动态调整。国有工业企业资产负债率的预警线为65%,重点监管线为70%;国有非工业企业资产负债率的预警线为70%,重点监管线为75%;国有科研技术企业资产负债率的预警线为60%,重点监管线为65%;国有企业集团合并报表资产负债率的预警线为65%,重点监管线为70%……通过画红线、定目标,分类推动企业降杠杆。

所有企业均应纳入资产负债约束管理体制,并根据不同行业资产负债的特征设置约束指标,降低企业杠杆率,增强经济发展韧性,提高经济发展质量。对高负债企业,应当实施负债规模和资产负债率双约束,还应当建立以资产负债率为核心的财务风险边界管控体系;对超出约束指标的企业,应当结合所处发展阶段,在综合评价各类财务指标和业务发展前景的基础上,根据风险大小采取适当管控措施。

6.4.3 警觉现金性筹资风险和收支性筹资风险

企业应严格按照筹资方案确定的用途使用资金,确保款项的收支、股息和利息的支付、股票和债券的管理符合有关规定。尤其要关注债务偿还和股利支付环节的管理,对偿还本息和支付股利等做出适当安排,防止发生筹资风险。

现金性筹资风险是指由于现金短缺、现金流入的期间结构与债务的期限结构不匹配而形成的支付风险。其风险产生的根源:一是理财不当,使现金预算安排不妥或执行不力,造成支付危机;二是资本结构安排不合理、债务期限结构搭配不好,引发企业在某一时点的偿债高峰风险;三是运营安排不当、资金周转不灵,造成支付困难;等等。

收支性筹资风险是指企业在收不抵支的情况下出现的到期无力偿还债务本息的风险。这是一种整体性风险,可能意味着经营失败或正处于资不抵债的状态。出现收支性筹资风险不仅将使债权人的权益受到威胁,而且将使企业所有者面临更大的风险和压力,其风险的进一步延伸会导致企业破产。所以,要确保投资项目的回报率高于资金成本,取得必要的收益。

6.4.4 谨防陷入信用风险的困境

衡量企业信用风险:一看现金流,如果资金链断裂,丧失支付能力,则预期利润再高也没有用;二看回报率,没有回报,说得再好也是白搭;三看资产质量,包括抵押担保的质量;四看高管品质,优秀企业家可以给企业信用加分;五看品牌建设。在这些方面有严重问题的企业往往存在"泡沫",容易引发信用危机。

有信用才可以透支,形成高杠杆。一家银行有10亿元资本,可放贷100亿元,就是1∶10的杠杆。杠杆过高会产生金融风险。金融界总是想方设法把杠杆放大。但过高的杠杆是坏账、风险、危机的来源,所以要"去杠杆"。设计一个信用基础较好、风险较小的杠杆体系是防范金融风险的智慧。

综上所述,对于筹资内部控制活动中发现的失控状态或重大隐患,必须当机立断,防止积重难返。筹资活动完成后要按规定进行筹资后评价,对存在违规现象的,应严格追究责任。

经典案例评析

谨慎防控担保这把"双刃剑"

"双刃剑"用来形容事情的双重影响性,既有利也有弊。合规的融资担保一方面有利于银行等债权人降低贷款风险,另一方面使债权人与债务人形成稳定、可靠的资金供求关系。而恶意担保、违法担保和无效担保等不法行为必将后患无穷。

一是警觉恶意担保。担保是指当事人根据法律规定或者双方约定,促使债务人履行债务以实现债权人的权利的法律制度。担保通常由当事人双方订立保证合同。保证合同是为保障债权的实现,保证人和债权人约定,当债务人不履行到期债务或者发生当事人约定的情形时,保证人履行债务或者承担责任的合同。但如果出现恶意担保,后果就十分严重。

某年C公司因未能披露定期报告而退市。该公司原董事长等人以支付货款、虚构工程项目和对外投资等多种手段将十几亿元公司资金腾挪转移,其中近6亿元资金被转移至国外藏匿。由于董事会和董事长道德缺失,致使内部控制失效,无法发挥内部控制在保护公司资产安全、保证财务报告真实可靠等方面的重要作用。

为使虚构业绩看起来真实,C公司虚构业务,伪造相应资金流。C公司通过设立"壳公司",利用上市公司信用为"壳公司"贷款提供担保,通过"壳公司"从银行大量融资后注入上市公司,数年累计从银行融资二十多亿元,再通过支付成本费用的方式将部分资金转移到国外,并伪造与业绩相关的资金收付款痕迹。值得注意的是,在董事长神秘失踪期间,银行仍继续为C公司的"壳公司"提供部分贷款。为逃避监管,C公司一直未披露大量银行融资和担保。

此案中,贷款银行缺乏风控意识,片面轻信C公司作为上市公司的信用而忽视C公司从未披露融资、担保等情况的信息,导致前后共向其"壳公司"贷款二十多亿元;同时,贷款银行与监管部门的沟通不畅,未能在第一时间知悉C公司高管人员的异常变动和真实的财务状况,也未能及时发现舞弊行为。

此案中的审计质量控制程序存在缺陷,签字注册会计师的专业胜任能力不足,且未实施必要的审计程序,未揭示定期存单质押和虚假存货事宜。在处罚C公司的同时,证券监管部门处罚了担任C公司年报审计工作的3名注册会计师,理由是注册会计师在对货币资金、存货项目的审计过程中未能勤勉尽责,未能揭示4.27亿元大额定期存单质押情况,未能识别1.06亿元虚假钻石毛坯等。

二是警惕违法担保。由于治理机制不完善,有些股权过于集中的公司的法定代表人未经决策程序就擅自对外签订担保合同,这是出于无知的越权行为,还是有意为之的暗中勾结?《中华人民共和国公司法》第十六条第二款明确规定,"公司为公司股东或者实际控制人提供担保的,必须经股东会或者股东大会决议",公司的章程或内部控制文件中也有类似的规定,有的还明确规定原则上不对无产权关系的企业提供担保,对有产权关系的企业按股权比例提供担保,严控企业相互担保等捆绑式融资行为,防止债务风险交叉传导。但蹊跷的是,被担保方或相关机构却接受了不合规的董事会决议或只有法人章的签章,未尽到审查义务,致使纠纷爆发。

三是防范无效担保。如下两类主体不得为保证人:① 机关法人,但是经国务院批准为使用外国政府或者国际经济组织贷款进行转贷的除外;② 以公益为目的的非营利法人、非法人组织。非营利法人包括事业单位、社会团体、基金会、社会服务机构等。因为从属性是担保的基本属性,而保证合同是主债权债务合同的从合同,所以主债权债务合同无效的,保证合同也无效。

担保失控,后患无穷。如果企业对担保申请人的资信状况调查不深、审批不严或越权审批,就可能导致企业担保决策失误或遭受欺诈;如果对被担保人在担保期内出现财务困难或经营陷入困境等状况监控不力,应对措施不当,就可能导致企业承担法律责任;如果被担保人和担保人在担保过程中存在舞弊行为,就可能导致经办、审批等相关人员涉案或企业利益受损。为此,企业应当严格限制担保业务活动,如确需对外提供担保的,应当在担保业务政策及相关管理制度中明确担保的对象、范围、方式、条件、程序、限额和禁止担保事项等,规范调查评估、审核批准、担保执行等环节的工作流程及控制措施,切实防范担保业务风险。详见图6.2。

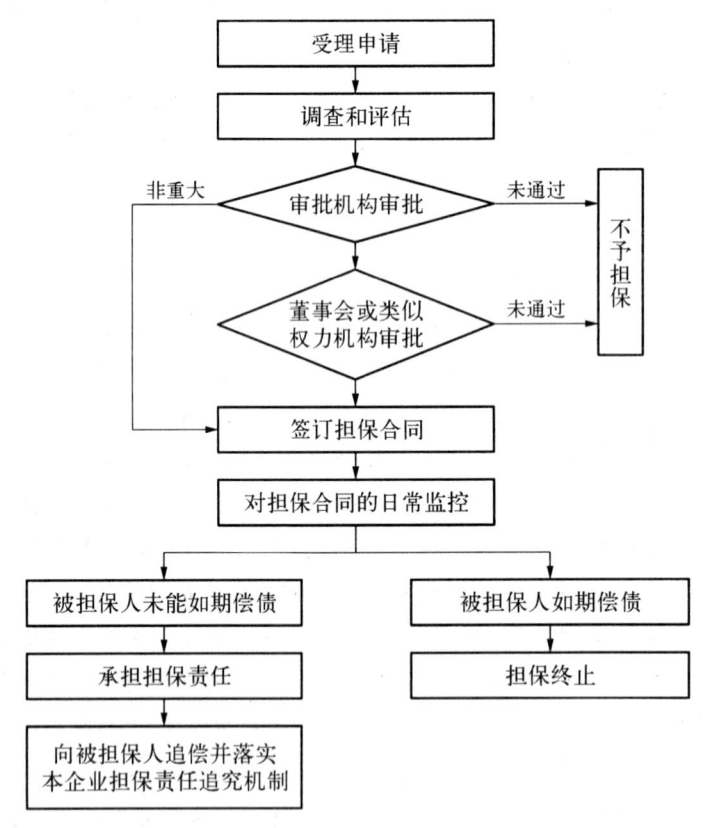

图6.2 担保业务控制流程

因为担保风险很大,所以必须对担保申请人进行资信调查和风险评估,并出具书面报告;企业自身不具备条件的,应委托中介机构对担保业务进行调查和评估。对于符合条件的担保申请人,经办人员应当在职责范围内,按照审批人员的批准意见办理担保业务。对于审批人超越权限审批的担保业务,经办人员有权拒绝办理。

必须加强对包括子公司在内的担保业务的统一监控。企业内设机构未经授权不得办理担保业务。企业为关联方提供担保的,与关联方存在经济利益或近亲属关系的有关人员在评估与审批环节应当回避。

企业应当根据审核批准的担保业务订立担保合同,定期监测被担保人的经营情况和财务状况,了解担保项目的执行、资金的使用、贷款的归还、财务运行及风险等情况,确保担保合同有效履行,防范潜在风险,避免或减少可能发生的损失。

企业应当加强对担保业务的会计控制,建立担保事项台账,及时、足额收取担保费用;规范对反担保财产的管理,妥善保管被担保人用于反担保的财产和权利凭证,定期核实财产的存续状况和价值,发现问题应及时处理。在担保合同到期时,应全面清理用于担保的财产和权利凭证,按照合同约定及时终止担保关系。

第7章 投资风险的控制对策

> 明辨风险才敢于担当,无视风险会胆大妄为。

7.1 精细梳理投资控制流程

7.1.1 投资控制的具体目标

智者讲规范,愚者盲目干。控制投资活动既要重视"正确地做事",更要重视"做正确的事",即在正确选择投资方向的基础上强化对投资流程的控制,从而在险中求胜,并通过有效的措施,确保投资高质量、有实效、可持续。不清楚自己在做什么以及怎样做的后果极其危险。

广义的投资包括对外投资(购买股票、债券等金融资产,实施长短期投资等)和内部使用资金(购置流动资产、固定资产、无形资产等)。狭义的投资仅指对外投资。

危险总爱黏上轻率之人,谁不顾风险,危害就光顾谁。投资失误可能大伤元气。重大投资决策正确与否直接关系到企业的生存与发展,所以,规范投资行为和防范投资风险很重要。例如,期限错配的主要表现是资金来源短期化、资金运用长期化,是一种"短融长投"或"短存长贷"的财务异化现象。期限风险主要体现在流动性风险上。一旦在"发新偿旧"的某个环节出现问题,就有可能导致资金链断裂,投资人血本无回。期限错配过程中的"借新还旧"类似"庞氏骗局"[①],这种现象普遍

---

① "庞氏骗局"是一个名叫查尔斯·庞兹(Charles Ponzi)的投机商人"发明"的,在中国又称"拆东墙,补西墙""空手套白狼",即利用新投资人的钱向老投资人支付利息和短期回报,以制造赚钱的假象进而骗取更多投资。

存在于P2P行业,也存在于银行业和扩张的企业中。通过建立健全内部控制,加强对投资项目的立项、评估、决策等环节的有效控制,可以降低信息不对称的程度,限制投资自利行为,防范和避免盲目投资、期限错配等风险累积所引发的危险与损失,守住不发生系统性风险的底线。

投资控制的具体目标:实行投资管理职责分工、预算和审批等流程控制,健全投资内部控制制度体系,实施筹资方案可行性论证,制订切实可行的投资计划并作为控制依据,防范投资活动风险,维护投资者利益,确保投资活动合法、有效以及相关信息合规、正确。

7.1.2 投资控制的基本流程

投资活动的对象和内容可能千差万别,所以,应根据不同投资类型的业务流程,以及流程中各个环节所呈现的风险,采用不同的具体措施进行投资活动的内部控制。本章主要阐述投资活动中的权益性投资交易和债权性投资交易。

投资环境包括经济环境、市场环境、政治环境、法律环境、文化环境、资源环境等。这些环境因素与企业投资活动息息相关,左右着企业的投资决策与执行,而且不同的环境因素对不同企业的影响也有很大差异。所以,企业在投资前务必对这些环境因素,特别是市场因素进行深入分析,准确预测企业将面临的市场环境,为企业指明投资方向,促进投资项目的成功开展。但是,许多企业存在人员素质、财务管理以及信息渠道等问题,严重影响企业对外部环境的分析和决策的正确性。

对外投资循环涉及的经济业务:确定未来正常生产经营所需营运资本和当前持有多余的现金,分析证券市场上各种证券的情况和其他投资对象的盈利能力以及未来潜在被投资对象的经营政策和财务状况,编制和审批投资计划,委托证券交易商或经纪人购入证券,保管各种有价证券,定期盘点有价证券,委托交易商或经纪人出售有价证券,进行会计记录和报表揭示等。

企业应根据自身发展战略和规划,结合企业资金状况以及筹资可能性,确定投资战略,拟定投资目标,制订投资计划,合理安排资金投放的数量、结构、方向与时机,慎选投资项目,并突出主业,提高收益。投资业务控制的流程如图7.1所示。

投资业务流程中应重点关注投资项目的收益及其风险,其关键风险控制节点至少包括以下几个方面:一是如何拟订投资方案,二是如何实施可行性研究,三是如何实施投资方案决策程序与审批程序等。

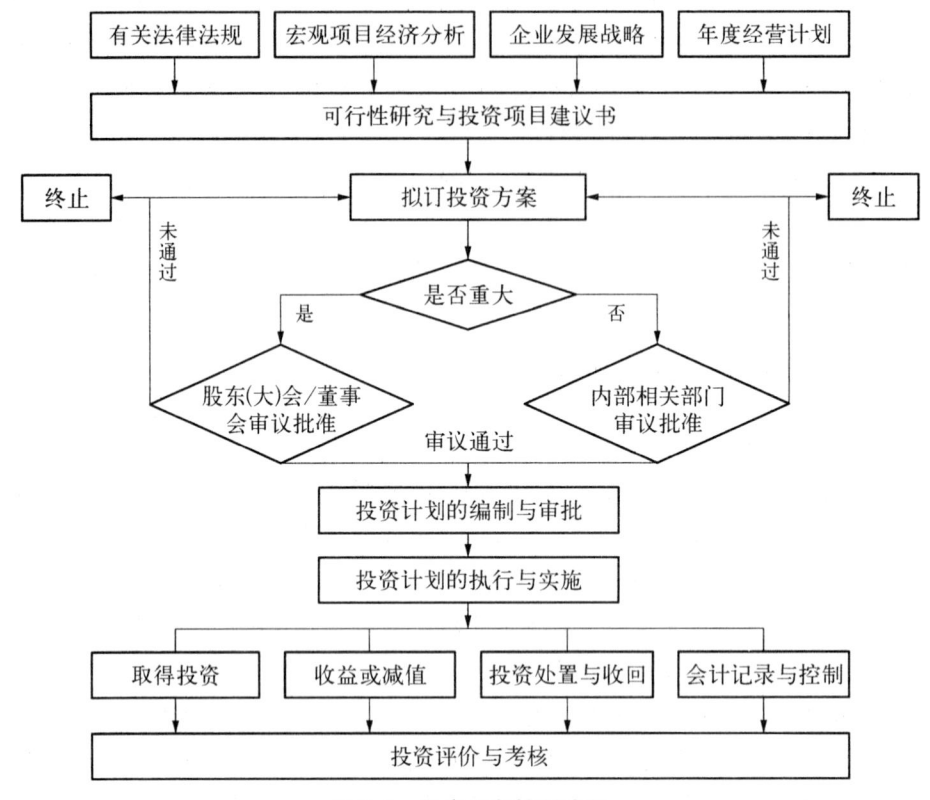

图 7.1　投资业务控制流程

7.2　精准识别投资活动风险

7.2.1　投资失控的主要场景

不存在没有风险的投资,只有风险大小之差,如何度量之别。敢于担当是辨识风险的成果,胆大妄为是无视风险的后果。无知＋大意→危险重重,理性＋防护→平安健康。

投资风险是指未来投资收益的不确定性,可能遭受收益损失甚至本金损失的风险。例如,投资股票可能会被套牢,投资债券可能不能按期还本付息,投资房地产可能遭遇市价下跌等。由于投资总会伴随风险,且投资的不同阶段有不同的风险,因此投资风险会随着投资活动的进展而变化,投资不同阶段的风险性质和风险后果也不一样。胆大妄为的投资战略可能就是最大的风险。

企业投资业务常见的失控表现：盲目投资，投资效益差；隐匿投资，形成账外资产；将投资收益移作他用，逃避税收；证券投资"暗箱"操作，亏损由企业负担，盈利被截留或私分；投资证券保管不善，账实不符；投资会计处理错误，随意调节投资收益，有的将部分或全部投资收益挂账在"其他应付款"账户，隐瞒收入或转移到账外账，形成"小金库"，造成收入不实、私分收益等漏洞……

7.2.2 投资风险成因及后果分析

企业做好长远规划并具有战略定力，才能使一个个投资目标符合发展战略的要求。投资的核心目标是提高市场竞争力，进而提升企业价值。然而某些企业只顾眼前利益，单纯追求短期收益，在进行投资时只看收益高低，不顾风险大小，盲目投资过后一地鸡毛、满目疮痍。无数案例反复证明，企业如果投资风险管理意识淡薄，投资活动盲目、冲动，就很容易陷入投资危机中不可自拔：① 投资行为违反国家法律法规，可能遭受外部处罚、经济损失和信誉损失；② 投资业务未经适当审批或超越授权审批，可能因重大差错、舞弊、欺诈而导致损失；③ 投资项目未经科学、严密的评估和论证，可能因决策失误而导致重大损失；④ 对投资项目的执行缺乏有效管理，可能因不能保障投资安全和投资收益而导致损失；⑤ 投资决策失误，引发盲目扩张或丧失发展机遇；⑥ 投资管理失控，可能导致资金使用效益低下、资金链断裂或投资失败；⑦ 投资项目处置的决策与执行不当，可能导致权益受损；等等。

7.2.3 投资风险的控制重点

（1）投资偏激或偏离战略目标的风险

企业发展战略是企业投资活动、生产经营活动的指南和方向。企业投资活动应该以企业发展战略为导向，正确选择投资项目，合理确定投资规模，恰当权衡收益与风险。要突出主业，妥善选择并购目标，控制并购风险；要避免盲目投资，或者贪大贪快、乱铺摊子，以及投资"无所不及、无所不能"的现象。尤其是投资脱离实际、定位不合理、盲目追求"热门"产业而没有根据自身的实际情况和外部环境因素进行投资，其结果可想而知。事实上，投资定位受企业自身能力及所处环境的制约。企业需要全面分析自己的主业经营、多元特色及其适用条件，不断收集即时信息，分析企业所处的环境，从而有效确定投资方向和定位，优化配置人、财、物资源，切实降低投资风险。

(2) 投资错配的风险

投资错配风险是指投资与筹资在资金数额、期限、成本与收益上不匹配的风险。投资活动的资金需求需要通过筹资予以满足。不同的筹资方式可筹集资金的数额、偿还期限、筹资成本不同,这就要求投资应量力而为,不可贪大求全,超过企业资金实力和筹资能力进行投资;投资的现金流量在数量和时间上要与筹资现金流量保持一致,以避免财务危机的发生;投资收益要与筹资成本相匹配,以保证筹资成本的足额补偿和投资的盈利性。

(3) 投资活动忽略资产结构与流动性的风险

企业的投资活动会形成特定资产,并由此影响企业的资产结构与资产流动性。对企业而言,资产流动性和盈利性是一对矛盾,这就要求企业在投资时恰当处理资产流动性和盈利性的关系,通过投资保持合理的资产结构,在保证企业资产适度流动性的前提下追求最大盈利,这也就是投资风险与收益的均衡问题。

(4) 缺乏投资制约措施的风险

授权审批制度是保证投资活动合法性和有效性的重要手段,不相容职务分离制度则通过相互监督与牵制,保证投资活动在严格控制下进行,这是堵塞漏洞、防止舞弊的重要手段。没有严格的授权审批制度和不相容职务分离制度,企业投资就会呈现随意、无序、无效的状态,导致投资失误和企业生产经营失败。所以,授权审批制度和不相容职务分离制度是投资内部控制、防范风险的重要手段;同时,为了与投资责任制度相适应,还应建立严密的责任追究制度,使责、权、利统一。

(5) 投资资产与会计记录失控的风险

投资是直接使用资金的行为,也是形成企业资产的过程,容易发生舞弊。在严密的授权审批制度和不相容职务分离制度以外,是否有严密的投资资产保管制度和会计控制制度,成为避免投资风险、影响投资成败的重要因素。企业应建立投资管理台账,明确投资责任,通过详细记录,动态反映和控制投资活动,并实施投资跟踪,发现异常情况,及时报告并妥善处理。

7.3 精确落实投资管控措施

7.3.1 投资业务的岗位责任制

企业应当建立投资业务的岗位责任制,明确相关部门和岗位的职责权限,确保办理投资业务的不相容岗位相互分离、制约和监督。

投资业务不相容岗位至少包括：① 投资项目的可行性研究与评估；② 投资的决策与执行；③ 投资处置的审批与执行；④ 投资绩效评估与执行。

规范的投资业务应在授权、执行、会计记录以及资产的保管等方面都有明确分工，不得由一个人同时负责上述任何两项工作。例如，证券投资业务在履行投资者决策程序后，可由高层负责人员授权签批，由财务经理办理具体的股票或债券的买卖业务，由会计部门负责进行会计记录和账务处理，并由专人负责保管股票或债券。这种合理的职责分工所形成的相互牵制有利于避免或减少投资业务中发生的错误或舞弊。涉及证券业务的，其执行人与记录人、保管人应当互相分离；证券的保管与接触至少由两人以上共同控制，并及时存取、详细记录于登记簿。

7.3.2 投资活动的审批控制

企业应当建立投资授权制度和审核批准制度，明确审批人的授权批准方式、权限、程序、责任和相关控制措施，规定经办人的职责范围和工作要求，并按照规定的权限和程序办理投资业务。

投资授权与批准应至少关注以下要点：① 投资预算应由企业最高管理当局直接批准，发生预算外的投资事项应当按照规定的审批程序调整预算；② 企业投资的申请人与审批人应当分离，重大投资项目须经专门部门专人审核论证后，再由批准人批准；③ 企业应授权具体部门及人员办理短期证券投资业务，每一笔投资都必须在企业最高管理当局或其授权人员的授权范围内操作；④ 接触证券的人员必须经过适当授权，严禁未经授权的部门或人员办理投资业务；⑤ 企业应授权具体部门或人员办理投资业务，包括取得与处置，这些业务的执行都必须按照企业最高管理当局已批准的预算和下达的指令进行，未经授权，任何人不得擅自做出投资决定；⑥ 企业最高管理当局应授权财务部门对每个长期投资项目预期的经济效益进行测算，对投资预算提出审核意见，未经效益测算，不得进行投资；⑦ 投资合同、投资处置合同应经企业最高管理部门批准，决定转让长期股权投资，转让价格低于评估价格的，必须经最高管理部门专门批准后，方可实施转让。

审批人应当根据投资业务授权批准制度的规定，在授权范围内进行审批，不得超越审批权限。

经办人应当在职责范围内，按照审批人的意见办理投资业务。对于审批人超越授权范围审批的投资业务，经办人有权拒绝办理，并及时向上级部门报告。

7.3.3 投资活动过程控制要点

(1) 投资决策控制

投资决策控制包括投资预算的编制和审批,投资建议的提出、分析与论证,项目立项,可行性研究,评估,决策等。其中,投资方案的可行性研究与论证是最关键的。可行性研究需要从投资战略是否符合企业的发展战略、是否有可靠的资金来源、能否取得稳定的投资收益、投资风险是否处于可控或可承受范围、投资活动的技术可行性、市场容量与前景等几个方面进行论证。有效的决策程序是重要的制度保障,企业应当按照规定的权限和程序对评估可行的投资项目进行决策审批。重大投资项目应当报经股东(大)会或董事会批准。投资方案需要经过有关管理部门审批的,应当履行相应的报批程序。其间,决策者应与方案制订者适当分离。

(2) 投资风险控制

风险的存在,除了时间因素外,还源于投资者掌握信息的不够充分和缺乏足够的市场影响力等。投资风险具有可预测性差、可补偿性差、风险存在期长、造成的损失和影响大、不同项目的风险差异大、多种风险因素并存并相互交叉组合作用等特点,所以必须重视风险评估。投资风险识别是一个连续的过程,由于投资活动及其所处的环境随时处在变化中,因此,只有根据投资活动的变化适时、定期进行风险识别,才能连续不断地识别各种风险。

(3) 资产投出控制

资产投出控制包括投资合同的签订、投资计划的编制和实施、资产投出等。对需要签订合同的对外投资业务,应当根据对外投资决策内容,并以对外投资分析与论证或可行性研究为依据与被投资单位谈判,谈判必须有两人以上参加。对外投资合同需经授权部门或人员审查批准后签订。已实施的对外投资项目需要进行多期投资的,企业应按规定程序重新履行分析、论证、审批等程序。

(4) 投资持有控制

投资持有控制包括投资项目的安全完整、投资收益的收取、有关凭证的保管和记录、相关会计核算等。投资项目往往周期较长,企业需要指定专门机构或人员对投资项目进行跟踪管理,实施有效管控。在投资项目执行过程中,必须加强对投资项目的管理,密切关注投资项目的市场条件和政策变化,准确做好投资项目的会计记录和处理。企业应及时收集被投资方经审计的财务报告等相关资料,定期组织投资效益分析,关注被投资方的财务状况、经营成果、现金流量以及投资合同履行情况,发现异常的,应当及时报告并妥善处理。同时,在项目实施过程中,必须根据各种条件,准确地对投资的价值进行评估,根据投资项目的公允价值进行会计记录。如果发生投资减值,就应及时提取减值准备。

(5) 投资处置控制

投资处置控制包括对投资的收回、转让、核销等。对已到期投资项目,必要时可委托具有相应资质的专门机构进行评估。核销投资应当取得不能收回投资的法律文书和相关证明文件等。

7.4 精密监控投资失控危险

7.4.1 投资活动日常监控的主要内容

企业应当建立健全投资内部控制的监督检查制度,明确监督检查部门和人员的职责权限,定期或不定期地进行检查,主要内容包括:① 投资业务相关岗位设置及人员配备情况,重点检查岗位设置是否科学、合理,是否存在不相容职务混岗现象,以及人员配备是否合理;② 投资业务授权审批制度的执行情况,重点检查分级授权是否合理,投资的授权批准手续是否健全,是否存在越权审批等违反规定的行为;③ 投资业务的决策情况,重点检查对外投资决策过程是否符合规定的程序;④ 投资资产的投出情况,重点检查各项资产是否按照投资计划投出,以非货币性资产投出的,重点检查资产的作价是否合理;⑤ 投资持有的管理情况,重点检查有关投资权益证书等凭证的保管和记录情况,投资期间获得的投资收益是否及时、足额收回;⑥ 投资的处置情况,重点检查投资资产的处置是否经过授权批准,资产的回收是否完整、及时,资产的作价是否合理;⑦ 投资的会计处理情况,重点检查会计记录是否真实、完整;等等。

7.4.2 监管投资方向是否符合企业发展战略

投资活动应以企业发展战略为导向、为目标,坚持选择正确的投资项目,合理确定投资规模,恰当权衡收益与风险。

多元化投资是指企业为了占领更多市场和开拓新市场,或规避单一经营风险而进入新的业务领域,包括横向多元化、纵向多元化、同心多元化、多向多元化、复杂多元化等。美国的一些大企业自 20 世纪 50 年代起施行多元化战略,在 20 世纪 70 年代达到高峰,20 世纪 80 年代进入战略转换期,20 世纪 90 年代开始实施归核化战略。归核化意指多元化经营的企业将其业务集中到其资源和能力具有竞争优势的领域。

专注于核心业务是聚焦主责主业、做强做大企业的必然要求。归核化可以专业化，也不否定多元化，而是强调企业业务发展与企业核心能力的相关性，强调业务向企业的核心能力靠拢，资源向企业的核心业务集中。归核化后的企业能够释放内部资源，提高控制能力和竞争优势。一些企业在实施归核化战略的过程中，通过出售业务回收资本再投向更有竞争力的领域，进一步突出核心业务，增强主业。主业是指由企业发展战略和规划确定的企业主要的经营业务，非主业是指主业以外的其他经营业务。

专注于核心业务是风险管控的必然趋势。企业的投资应与能力相匹配，包括投资规模与资本实力、融资能力、行业经验、管理水平和抗风险能力等相适应。过于复杂的多元化投资容易增加信息不对称，导致管理中的机会主义与风险偏好。通过剥离非核心业务、处置亏损资产、回归主业、保持适度相关和多元化，有助于企业风险控制能力与发展能力的提升。成功的企业既心无旁骛地专攻主业，又谨慎经营以防患于未然。研究结果表明，企业归核化有助于风险承担水平的提升，包括把握投资方向、优化资本布局、规范资本运作、提高资本回报、维护以资本安全为重点的全程全面监管。须知，强者太分心也会一事无成，而弱者很专注却时有所获。

严控非主业投资，坚定聚焦主业是一种战略定力。投资活动应突出主业，避免盲目投资、贪大贪快、好高骛远。国资委于2017年1月7日发布并实施的《中央企业投资监督管理办法》和《中央企业境外投资监督管理办法》不仅要求强化投资前期风险评估和风控方案制定，做好项目实施过程中的风险监控、预警和处置等，而且要求在国资委发布的中央企业投资项目负面清单基础上，结合企业实际，制定本企业更为严格、具体的投资项目负面清单。

坚持发展战略与突出主业需要"咬定青山不放松，乱云飞渡仍从容"。定力不是喊出来的，而是一次次拒绝"诱惑"练出来的。怎样才能保持定力？一要有理想和信念，这是产生和拥有定力的前提与基础。二要有目标和追求，这是前进的方向和动力之源。三要有主见和决断，并持之以恒。四要有意志和毅力，具有处变不惊、百折不挠的精神。只有拥有定力，才能使企业对目标和事业保持相对的稳定性，才能成就事业和梦想。

实证分析7.1 | 坚持发展战略需要保持目标定力

人之有志如树之有根。创立于1987年的华为是全球领先的信息与通信基础设施和智能终端提供商。三十多年来，华为聚焦"主航道"，抵制一切"诱惑"，不搞金融、不炒房地产；坚持不走捷径，拒绝机会主义，踏踏实实，长期投入，厚积薄发，每年研发投入超过营业收入的10%；坚持以客户为中心，以奋斗者为本，持续改善公司治理架构、组织、流程和考核，使公司长期保持有效增长。定力是自控之力、坚定之力、稳定之力、坚持之力，在面对各种风险考验时，表现一种坚定、稳定和不可动摇性，体现一种自信、底气和能力。

7.4.3　监控投资报告是出于可行性还是可批性

可行性研究是运用多种科学手段（包括技术科学、社会学、经济学及系统工程学等）对一个工程项目的必要性、可行性、合理性进行技术经济论证的综合科学。项目可行性研究是项目前期工作的主要内容。

可行的项目应当是可批的，可批的项目却不一定可行，尤其是为了可批而进行的可行性研究，应当关注其中的风险。

可行性研究本身存在风险：有的项目是先定性可行，再去论证它；有的项目需要上级批准或政府批准，那就让报告内容"对号入座"，这种报告被称为"可批性报告"，它可能与实际情况脱钩，甚至添油加醋，以达成"批准"为己任，因此，有人将"可批性"报告称为"钓鱼"报告。如果决策是建立在"钓鱼"的基础上，风险多大就可想而知了。尤其是当可行性报告不可信，董事会又偏听偏信时，投资失败在所难免。所以，应当加强对决策程序的监管，落实投资岗位分工与职务分离，切实防范徒有形式的风险。

7.4.4　警觉投资规模与管控能力是否匹配

投资活动的资金需求可以通过筹资予以满足。但不同的筹资方式可筹集资金的数额、偿还期限、筹资成本不同，所以，投资应量力而为，不可超过企业资金实力和筹资能力进行投资，包括投资的现金流量在数量和时间上要与筹资的现金流量保持一致，以避免财务危机的发生；投资收益要与筹资成本相匹配，以保证筹资成本能够得到补偿。尤其要警惕杠杆率爆表[①]、投资人以小搏大、风险堪比赌博的疯狂举动，或者境外机构跨境捞"金"，以境外合法掩盖境内非法的行为。

---

① 杠杆率通常是指权益资本与总资产的比率，或核心资本净额除以调整后的表内外资产余额，用以衡量负债风险的程度。杠杆率的倒数为杠杆倍数，倍数增大，风险增大。爆表指仪表指针超过仪表所能显示的上限，表示严重超标。

一家企业同时在许多地方大举收购其他企业、同时涉足许多不同领域、新建项目扩张或对原有项目进行大规模扩建，一旦业务发展过程中未进行严密的财务预算与管理，就很可能发生周转资金不足等问题。投资活动会形成特定资产，并由此影响资产结构与资产流动性。资产流动性与盈利性成反比，这就要求企业投资恰当处理资产流动性与盈利性的关系，通过投资保持合理的资产结构，在保证企业资产适度流动性的前提下追求最大盈利性，这也是投资风险与收益的均衡问题。

投资与能力不匹配——过度投资、过度负债或兼而有之——将导致投资失败。投资过度是一定时期内，投资水平超过投资需求的现象。过度投资与过度负债结合，后遗症严重。所以，企业应当严密监管投资计划的编制和实施情况，投资的方向及其变动情况，投资规模与结构的变异情况，投资资金来源及资产负债率水平波动情况等。

7.4.5　监测投资项目的实际收益并实施后评估

作为筹资活动的延续，投资活动既要补偿筹资成本，又要创造新的价值。成功的投资需要遵守纪律和保持耐心。失败的投资源于失误失控、丧失耐心。

一些企业在项目决策后便漠不关心了，决策的时候"雷声大"，决策之后"雨点小"。要关注"虎头蛇尾"现象，特别是在投资收益与现金流的问题上，一些企业缺少管控办法，听之任之，致使投资收益匮乏。

价格是投资者付出的，价值是投资者得到的。投资的价值就在于投入现金并收回更多现金，产生净现金流量。所以，要有效监控投资活动现金流与投资风险。是要账面利润，还是要现金流入，抑或两者兼而有之？其实际利益并不相同。

企业对每一个投资项目都应当对照当初决策的依据和可行性报告的评价指标进行后评估。后评估不能走形式。通过投资项目后评估，可以识别真伪、辨明是非、落实责任，起到惩前毖后的作用。

综上所述，对于投资资金控制活动中发现的失控或出现的重大失误，应当及时制止，不能听之任之。对于到期无法收回的投资，应当建立责任追究制度。

——————— **经典案例评析** ———————

激进的投资战略一败涂地

成立于 2004 年的 LSW，注册资本 0.75 亿元，2010 年 8 月 12 日在中国创业板上市。LSW 的激进战略导致大规模扩张：2011 年成立 LS 影业，2012 年布局

LSTV,2013年收购花儿影视、LS新媒体,2014年成立LS体育、布局LS手机,2015年布局车联网、开启汽车业务。自2016年起,LSW走向衰败,随后爆发的拖欠员工工资、拖欠供应商款项以及关联企业坏账准备计提等事件致使公司品牌出现信用危机,催讨风波、起诉案件、财务造假、款项冻结、停牌事件屡屡发生。

分析LSW投资活动的现金流量净额,自2011年至2017年始终处于负值状态,而对外投资规模持续不断扩大。投资扩张的背后必然需要大量资金的投入,其通过发行债券、借款、权益融资、减持股份套现等方式,在6年内累计融资高达725亿元。但通过融资活动获得的巨额资金几乎消耗殆尽,如在汽车领域投入金额超过390亿元,而类似领域都属于重资产行业,投资力度大,回收周期长。2015年后,公司扩张的步伐尤为激进,投资规模超700亿元。

其实LSW的很多业务只是处在发展的初级阶段,所能带来的利润根本无法满足其快速扩张的需求,最终自食苦果。分析2012年至2017年的现金流量表(如表7.1所示),结合相关财务指标,可以透视LSW陷入财务危机的深层次原因。

表7.1   LSW现金流量表部分数据   单位:亿元

年 份	经营活动产生的现金流量净额	投资活动产生的现金流量净额	筹资活动产生的现金流量净额
2012	1.06	−7.64	7.19
2013	1.76	−8.98	11.15
2014	2.34	−15.26	11.53
2015	8.76	−29.85	43.65
2016	−10.68	−96.75	94.77
2017	−26.41	−19.50	38.54

一直处于过度投资和狂奔式扩张的LSW投资危机重重,不仅投资无度,而且产出失衡,各项效率指标糟糕,如举债逐年增加,资产负债率连年攀升,2017年至2019年累计亏损近300亿元。

钱荒暴露内部管理问题。一方面规模扩张过快导致过度交易,形成营运资金不足;另一方面存货增加、收款延迟、付款提前等造成现金周转速度减缓,现金流入量却不增反减。在LSW的流动资产结构中,存货和应收账款占流动资产的比例持续增长,2017年高达61.33%,货币资金占比不断下降,捉襟见肘。

在LSW爆发资金链断裂危机前,公司的战略举措、内部控制、财务指标等多方面显现陷入财务危机的迹象,但LSW没有适时调整其战略方针和经营策略等以扭转局面,最终陷入财务危机的泥沼中无法自拔。这也表明,在企业经营过程中,对风险进行实时监控与有效预警是极为重要且不可忽视的环节。

从内部环境看,控股股东即创始人为防止股权稀释,牢牢抓住领导权,致使公司发展战略的制定有"一家独大"的趋势。LSW采用激进式的发展战略,一方面布局过大显现其战略风险,另一方面几乎是以成本价销售,虽然营业收入增加但利润水平大幅下降。这种"烧钱式"商业模式表明,管理层对公司战略的制定缺乏科学性,并且没有一个良好的控制环境以及时发现和预防这种战略风险。激进式的发展战略加上"一言堂"的现状成为诱发企业危机的重大缺陷。

LSW缺乏完善的风险识别机制。庞大的战略布局需要巨额资金支持,产业触角越延伸、产业链越多,对人才、资金和管理水平的要求越多,社会干扰因素就越多,风险也就越大。但LSW对风险缺乏评估机制,令关联交易横行,而且对新兴产业处于起步阶段出现的巨大资金缺口的危险性估计不足。

LSW出现资金链断裂与其信息系统缺乏科学性、完善性有着重要关联。LSW与其旗下子公司之间的关联交易导致众多应收账款无法收回,而会计信息系统没有及时有效地评定交易的可行性,没有对可能产生风险的交易事项进行约束。

LSW的内部控制缺陷较多。高级管理人员在企业实际控制人所拥有的其他企业担任管理者,严重影响独立性和职责分离控制。在授权控制方面,LSW未经股东大会的授权对重要子公司的股权质押进行融资,也未披露这一重大事项;个别首次发生的关联交易未单独履行决策程序,与年度预计关联交易相混淆;等等。

LSW还缺乏严格的内部审计制度。内部审计部门和财务部门没有建立科学的隔离防范措施。LSW集团内部交易紊乱也说明其对控制活动没有有效监管,没有根据内部环境以及经营模式的变化采取相应的监管措施。

2017年,LSW凭借巨亏139亿元成为"A股亏损王";2018年净资产为负,被暂停上市;2020年7月被深圳证券交易所摘牌,上市才10年,高达千亿市值破灭。由于连续10年财务造假,2021年4月中国证监会北京监管局对LSW及其实际控制人做出行政处罚。(关于LSW的全套案例分析,请进一步阅读李敏.危机预警与财务诊断——企业医治理论与实践[M].上海:上海财经大学出版社,2019。)

第 8 章　采购风险的控制对策

> 企业应当通过增加管控自身的确定性来抵消外部环境的不确定性。

8.1　精细梳理采购控制流程

8.1.1　采购控制的具体目标

采购是指购买物资(或接受劳务)及支付款项等相关活动,其既是企业生产经营的起点,又与最终产出品的质量和价格休戚相关。通用电气前 CEO 杰克·韦尔奇(Jack Welch)认为:"采购和销售是公司唯一能'挣钱'的部门,其他任何部门发生的都是管理费用。"也就是说,要想从根本上控制经营成本,究其源头,企业应向采购环节要效益。

采购风险历来受人关注,其外因风险包括意外风险、价格风险、采购质量风险、技术进步风险、合同欺诈风险等;其内因风险包括计划风险、合同风险、验收风险、存量风险、责任风险等。采购舞弊漏洞多,包括招投标舞弊、合同舞弊、付款舞弊等。这些问题历来是采购部门的敏感话题,也是企业管理中令人头疼的问题。由于影响采购活动的因素很多、涉及面很广、不确定性很大,因此其问题成因复杂,问题的后果也较严重。通过加强采购管控,努力实现操作公开、过程受控、决策有效,对于提升依法合规经营水平,打造法治企业具有重要意义。

采购控制的具体目标:实行采购与付款职责分工、预算和审批等流程控制,健全采购内部控制制度体系,规范采购定价机制,防止采购不切实际,避免供应商选择不当,制止采购活动舞弊风险,严格付款手续,确保采购与付款活动合法、有效,以及相关信息合规、正确。

8.1.2 采购控制的基本流程

采购活动既增加货物又导致资金流出,通常以请购需求为起点,以付清货款为终点。企业应当通过建立采购预算制度、供应商管理制度、合同评审制度、物资入库验收制度等,细化采购管理环节,注重动态管控,谨防采购风险肆虐。

采购业务控制的流程图及其控制点的说明如图8.1和表8.1所示。

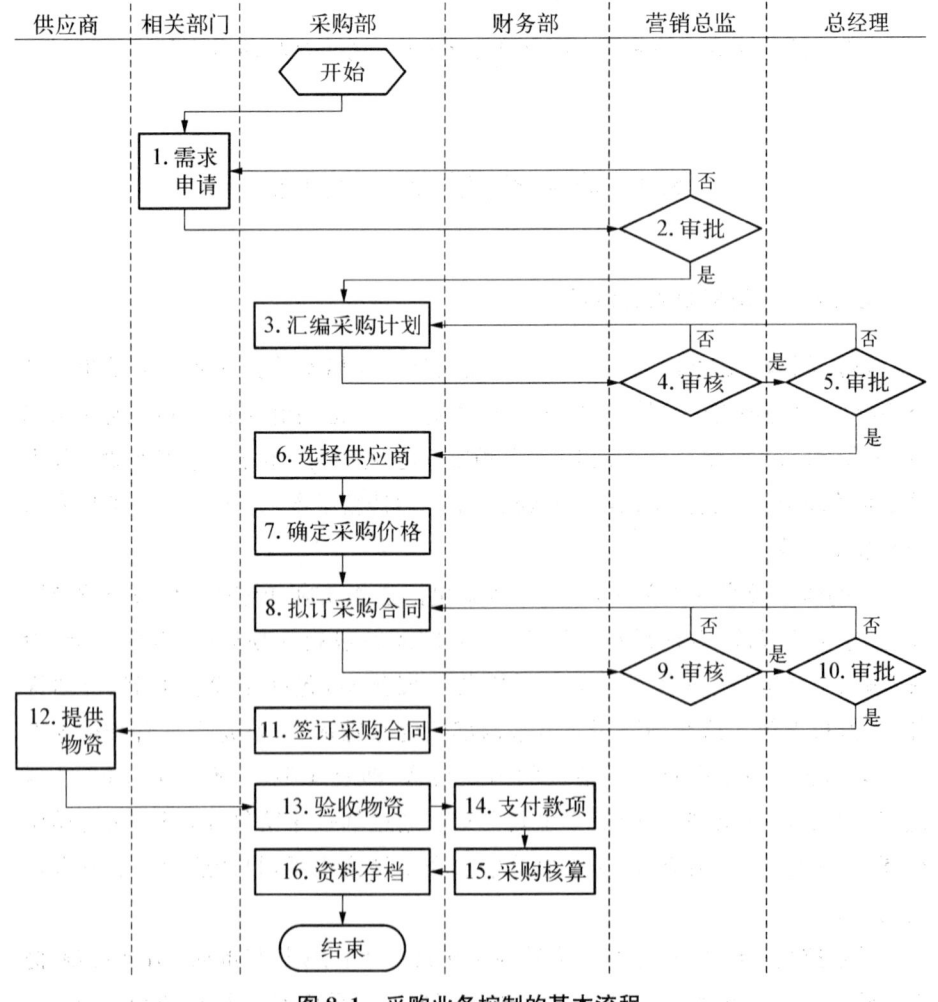

图 8.1 采购业务控制的基本流程

表 8.1　　　　　　　　　采购业务关键控制点说明

关键节点	管理内容	控制标准	相关资料
6. 选择供应商	建立供应商评估和准入机制,完善供应商信息管理系统,定期对供应商实施考核和评估等	科学、合理评估供应商的资质、信誉,遵循公开、公平、公正原则择优选择供应商	供应商信息资料、供应商资信调查报告、供应商评估记录
13. 验收物资	对采购项目的品种、规格、数据、质量等相关内容进行验收	验收标准明确,程序规范,对异常情况及时报告并处理	采购物资验收报告、收料单或入库单等
14. 支付款项	审核采购预算、合同、相关单据、凭证及审批程序后,按采购合同的规定及时办理付款	付款审核严格,付款方式恰当,定期与供应商核对账目	付款申请书、相关会计记录

图 8.1 描述了 6 个职能部门的分工职责、权限边界以及 16 个控制点在流程中的表现。表 8.1 中的 3 个关键控制点是重点:一是如何选择与确定合适的供应商;二是如何对采购的品种、规格、数量、质量等进行有效验收;三是如何按规定办理付款等。其观点鲜明,表述清楚,便于掌握。

8.2　精准识别采购错弊风险

8.2.1　采购失控的主要场景

供、产、销活动频繁的行业,如批发零售业、制造业等,会发生大量采购与销售业务,在业务洽谈、合同签订、收付款等资金流转环节容易产生舞弊行为。虽然管理人员对采购风险比较重视,但一不留神还是会滋生暗箱操作、以权谋私、弄虚作假、以次充好、收受回扣等不良行为。采购失控最容易产生"跑、冒、滴、漏"[①]或积压浪费等问题:① 缺乏采购预算,或采购计划安排马虎,或市场变化趋势预测不准,或某领导一人说了算,造成多头采购或分散采购,形成库存短缺或积压或资源浪费;② 供应商选择不当,采购方式不合理,招投标或定价机制不科学,存在恶性竞标采购等,导致采购问题严重,尤其是发生低价竞标、串标、陪标等恶性竞标事件,导致采购物资的质量难以保证;③ 授权审批不规范,对采购人员的管控要求不严,存在采购人员收受客户贿赂等现象;④ 采购人员身兼数职,请购、询价、定价、采

---

① 液体或气体在存放、运输等过程中,因管理不善及操作不当而产生跑气、冒水、滴液、漏液的现象。

购、收货或验收一人包办,职务分离形同虚设;⑤ 保管员、使用人担任有关账务的记录工作,绕过验单或验货等控制环节;⑥ 采购与付款业务的凭证流转不畅或流于形式,结算账户记录不全,对应关系不明,债权债务混淆,以致账情不清;⑦ 没有定期清理应收应付账户,往来款项长期挂账;等等。

专题讨论 8.1 | 招投标"做局"是令人发指的舞弊行为

招标和投标是商品交易过程的两个方面。在货物、工程和服务的采购行为中,招标人通过事先公布采购要求,吸引众多投标人按照同等条件进行平等竞争,按照规定程序并组织技术、经济和法律等方面的专家对众多投标人进行综合评审,从中择优选定项目的中标人。

在招投标过程中,"做局"即设下骗局:招标前已经内定中标人,组织投标人串通投标,压低或抬高标价;为某个投标人"量身定制"有明显倾向性的条款,以此控标;招标人将一个既定标段拆分成多个标段,然后将内定的中标人分别安排在不同的标段;招标人与招标代理机构暗中约定某些串通行为,如泄露标底、泄露评标情况、泄露关键人物名单等。招投标"做局"与高价采购拿回扣内在关联,从而导致采购成本问题频发。采购作为有"油水"的部门,一旦管理失效,"吃、卡、拿、要"盛行,势必增加舞弊风险。

8.2.2 采购风险成因及后果分析

采购风险是指采购过程中可能出现的不确定性情况,如采购预测不准导致物料难以满足生产要求或超出预算、供应商产能下降导致供应不及时、货物不符合订单要求、呆滞物料增加、采购人员与供应商串通舞弊等,都会影响采购预期目标的实现。

采购风险所引起的后果:① 采购行为违反国家法律法规和企业规章制度的规定,可能导致企业资产损失、资源浪费或发生舞弊,或遭受外部处罚、经济损失和信誉损失;② 采购未经适当审批或超越授权审批,可能因重大差错、舞弊、欺诈而导致损失;③ 请购依据不充分、不合理,相关审批程序不规范、不正确,可能导致企业资产损失、资源浪费或发生舞弊;④ 采购验收不规范,可能造成账实不符或资金损失或信用受损等;⑤ 付款方式不恰当,执行有偏差,可能导致企业资金损失或信用受损;⑥ 缺少廉政教育与有效监督,导致腐败等问题不断发生;等等。

8.2.3 采购风险的控制重点

第一,建立采购申请制度,依据购买物资或接受劳务的类型确定归口管理部门,明确相关部门或人员的职责权限及相应的请购和审批程序。

第二,尽量集中采购业务,避免多头采购或分散采购。对大宗生产物资,倡导集约化采购以提高采购效能。如何遵循集中的权利分散化与隐蔽的权利公开化,根据采购物资的不同等级分权管理,做到决策程序的民主化和公开化,是采购管控环节的难点。一方面,采购过程要做到以销定购、比价择优,将询价、比价、审核、采购、检验等职责分设,以互相制衡;另一方面,有条件的企业或企业集团的采购职责权限应当集中,以提高采购效率,堵塞管理漏洞,降低成本和费用。2018年,中央企业采购总金额达12.1万亿元,约占中央企业年营业成本总额的50%左右。据测算,采购成本每降低1%,利润总额可相应提高7.2%左右。2015年至2018年,中央企业通过实施集中采购分别节约资金3 653亿元、4 220亿元、3 417亿元和3 455亿元,节约金额约占中央企业同期利润总额的1/4左右,为企业稳增长做出了重要贡献。[①]

第三,建立科学的供应商评估和准入制度,根据市场情况和采购计划合理选择采购方式,建立科学的采购物资定价机制,并根据确定的供应商、采购方式、采购价格等签订采购合同,明确双方的权利、义务和违约责任。可选定长期合作的供应商来保证供货价格和质量,每年应对供应商进行评审。

第四,建立严格的采购验收制度,确定检验方式,由验收机构或验收人员进行验收。对于验收过程中发现的异常情况,应当查明原因并及时处理。

第五,明确紧急采购的特殊规定与操作要求。紧急采购是指对于急需物资和零用物资,如按程序不能及时确定供方或在目前的合格供方中不能采购的,可由申请部门提报临时性计划,经申请部门负责人审核并报总经理批准后采购。申请紧急采购的物料,如遇审批的上级领导外出、休假或会议中,未能及时审批,经电话请示获批后方可执行,但事后需补走企业OA电子化办公物资申请流程,并在报文申请中说明相关情况。所有紧急采购完成的物料仍需依照企业采购管理办法的规定办理验收入库等相关手续。

采购部在紧急采购实施前应通知品管部或相关部门加强进货检验,并根据对最终产品的影响程度,对使用该批物资的产品进行不同范围的评审,必要时通知客户。紧急采购结束,采购部应在3天内组织相关部门对该供方进行评估,评估结果作为产品评审的依据之一。评估合格的供方可以纳入合格供方进行管理。

第六,加强采购付款的管理,明确付款审核人的责任和权利,严格审核采购预算、

---

① 数据来自国务院国有资产监督管理委员会官网,企业改革局新闻中心2019年12月26日发布。

合同、相关单据和凭证、审批程序等内容,审核无误后按照合同规定及时办理付款。

第七,建立退货管理制度,对退货条件、退货手续、货物出库、退货货款回收等做出明确规定,并在采购合同中明确退货事宜,及时收回退货货款。

尤其是招投标领域,腐败问题突出,应针对招标流程的风险制定专门的控制流程加以管束,斩断招投标背后腐败的利益链。图8.2可资参考。

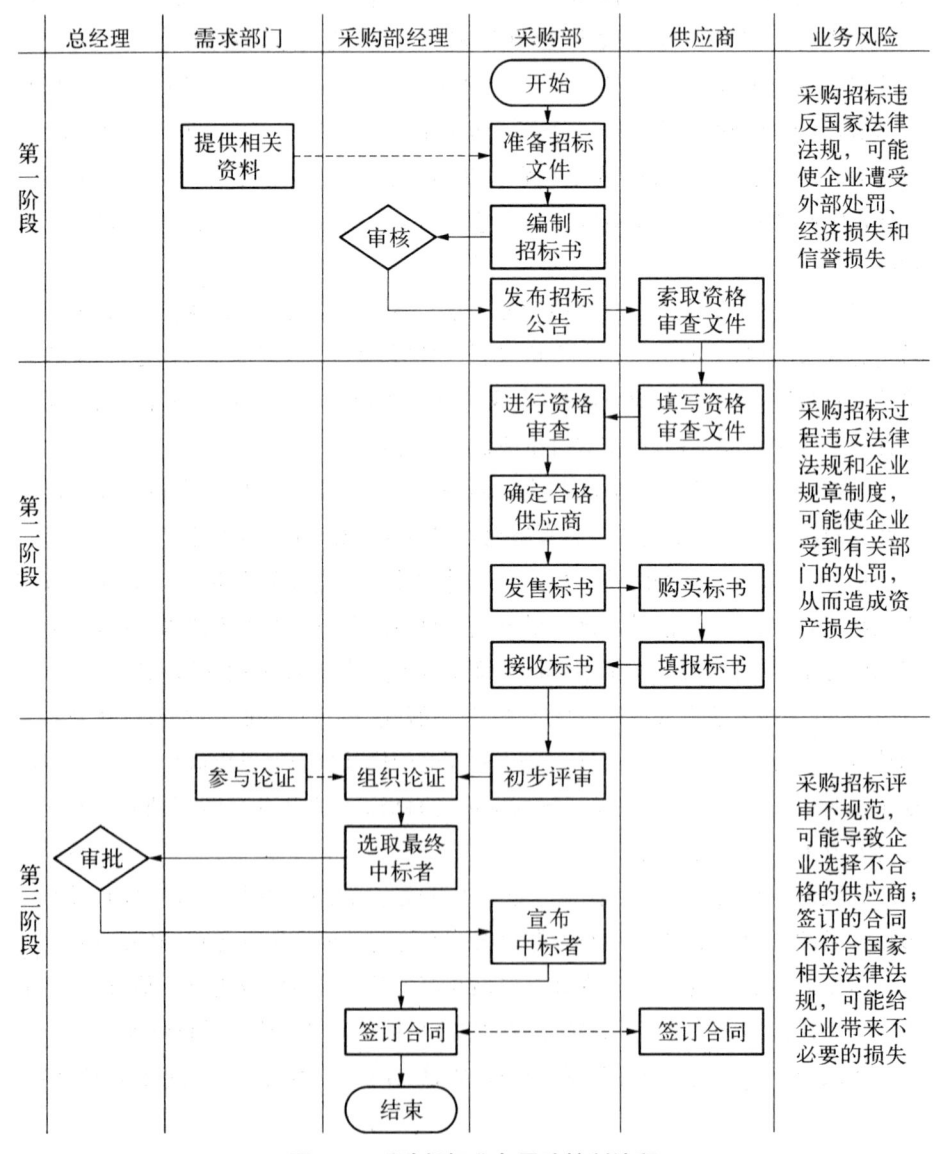

阶段	总经理	需求部门	采购部经理	采购部	供应商	业务风险
第一阶段		提供相关资料	审核	开始→准备招标文件→编制招标书→发布招标公告	索取资格审查文件	采购招标违反国家法律法规,可能使企业遭受外部处罚、经济损失和信誉损失
第二阶段				进行资格审查→确定合格供应商→发售标书→接收标书	填写资格审查文件→购买标书→填报标书	采购招标过程违反法律法规和企业规章制度,可能使企业受到有关部门的处罚,从而造成资产损失
第三阶段	审批	参与论证	组织论证→选取最终中标者	初步评审→宣布中标者→签订合同→结束	签订合同	采购招标评审不规范,可能导致企业选择不合格的供应商;签订的合同不符合国家相关法律法规,可能给企业带来不必要的损失

图8.2 采购招标业务风险控制流程

实证分析 8.1 | **被"私人订制"的招标项目**

罗翔国曾任某县财政局局长、副县长、县委办主任、县委统战部部长等职务,并担任一些工程建设项目的副指挥长、指挥长,负责工程建设项目的招投标工作,逐渐养成了独断专行的作风,热衷于搞权力变现。商人李某想要承揽某项目,在某停车场送给罗翔国 20 万元"见面礼"。为了确保李某顺利拿下该项目,罗翔国不顾法律规定,在招标前大肆透露内幕消息,在招投标实施过程中按照李某的建议确定招投标代理公司,并向代理公司主要负责人"打招呼"。在罗翔国不遗余力的帮助下,李某顺利中标。李某先后分 8 次送给罗翔国 126 万元。

2019 年 9 月 9 日,罗翔国在被告席上流下了悔恨的泪水:"有些朋友唯利是图,把我当鱼在这里钓,被他们所利用,这个教训深刻,追悔莫及。"事实上,是招投标活动的漏洞造成管理的"黑洞",对关键岗位的监督缺失是问题发生的重要原因。

8.3 精确落实采购管控措施

8.3.1 采购业务的岗位责任制

办理采购与付款业务的人员应当具备良好的业务素质和职业道德,这是合格上岗的基本要求;同时,应当明确采购业务的岗位责任制及其相关的职责、权限,确保办理采购业务的不相容岗位相互分离、制约和监督。

企业采购业务的不相容岗位至少包括:① 请购与审批;② 供应商的选择与审批;③ 采购合同、协议的拟订、审核与审批;④ 采购、验收与相关记录;⑤ 付款的申请、审批与执行。

企业除小额零星物资或服务外,一般不得安排同一机构办理采购业务的全过程。

企业可以根据具体情况对办理采购业务的人员实行定期岗位轮换,防范采购人员利用职权和工作便利收受商业贿赂,损害企业利益。

企业应当按照请购、审批、采购、验收、付款等规定的程序办理采购业务,并在采购与付款各个环节设置相关记录,填制相应的凭证,建立完整的采购登记制度,加强请购手续、采购订单或采购合同、验收证明、入库凭证、采购发票等文件和凭证的相互核对工作。

老法师提醒 8.1 | **通过分离控制,谨防采购舞弊风险**

为了杜绝采购岗位"吃、卡、拿、要"的恶习,某企业对采购岗位提出了轮换年限要求,即同一采购人员采购同一类物品的年限不得超过3年,达到3年的应进行轮换。在完善采购申请审批权限及流程管理的基础上,尤其注意对岗位分离等制衡性控制。例如,有权决定材料采购的人员不能兼任采购员,某些企业的负责人或供应经理亲自采购,可能会利用不相容职务未分离所带来的缺陷谋取私利。又如,一个采购员既负责材料采购又负责入库保管,这种身兼数职的行为可能给经办人员创造舞弊的机会,应当注意提防。此外,不能因为申请内容紧急而疏忽必要的管控环节,如用款申请、验收入库、审核批准等。千万不要麻痹大意、心存侥幸、放松措施。

8.3.2 请购审批控制要点

通过建立严格的请购审批制度,依据购置商品或服务的类型,确定归口管理部门,授予相应的请购权,以明确相关部门或人员的职责权限及相应的请购程序。

采购需求应当与企业生产经营计划相适应,具有必要性和经济性等。需求部门提出的采购需求应当明确采购类别、质量等级、规格、数量、相关要求和标准、到货时间等。例如,按最低存量及经济订货批量控制的原材料等的采购,可由仓储部门提出采购申请。

各部门应根据生产进度计划和用料计划编制请购单,申请进货。请购单是用料部门通知采购部门进货的一种业务凭证,该凭证经用料部门负责人签字后送交采购部门。采购部门应审核请购单上的下列事项:购入材料的用途明确(包括哪个部门使用、何时要用);根据生产进度计划编制的用料数量计算正确;库存数量已低于最低储备量;等等。

采购部门根据批准后的请购单编制采购计划。采购计划控制包括:采购计划应提前做出,以避免临时采购;采购计划不能指定单一供应商或某些特定供应商而排斥其他竞争者(垄断性、特殊性商品除外);申请采购方负责核实订购货物的及时性和材料成本的大小。

8.3.3 采购授权审批制度

在完善采购与付款授权批准制度的过程中,应当明确审批人对采购与付款业务的授权批准方式、权限、程序、责任和相关控制措施,规定各层级办理采购与付款业务的职责范围和工作要求。审批人和经办人都应当在职权范围内办理采购与付款业务,不能越权;发现越权行为,在拒绝办理业务事项的同时应及时向上级授权部门报告,请求解决。

应当加强对采购业务的预算约束。对于预算内的采购项目,具有请购权的部门应当严格按照预算执行进度办理请购手续;对于超预算和预算外的采购项目,应当由审批人对请购申请进行审批。

对于重要的和技术性较强的采购业务,应当组织专家进行论证,实行集体决策和审批,防止出现决策失误而造成严重损失。严禁未经授权的机构或人员办理采购与付款业务。

企业应当通过合理设置采购与付款业务的机构和岗位,建立和完善采购与付款的会计控制程序,加强请购、审批、合同订立、采购、验收、付款等环节的会计控制,堵塞采购环节的漏洞,减少采购风险。

8.3.4 采购方式控制要点

企业可以根据商品或服务等的性质及其供应情况确定采购方式。大宗商品或服务等的采购应当采用招投标方式并签订合同或协议。一般物品或服务等的采购可以采用询价或定向采购的方式并签订合同或协议。小额零星物品或服务等的采购可以采用直接购买等方式。企业应当对例外紧急需求、小额零星采购等特殊采购的处理程序做出明确规定。

采购方式一般应按询价、选择供应商、订立合同等环节进行控制。

(1) 询价

采购部门接到经过审批后的请购单,根据请购单对请购物品数量和质量的要求向不同供应商询价。询价的内容至少应包括价格、质量指标、折扣、付款条件及交货时间。

(2) 选择供应商

在采购与付款的流程中,供应商的选择、审核与确认最为关键,其中,订货报价可能是采购业务中的核心问题,千万不能出现错选、瞒选、贿选等情况。企业应当根据不同供应商所提供的资料,选择有利于企业生产和降低成本的供应商,即进行比价择优,并履行相关的决策程序。

(3) 订立合同

向确定的供应商发出订购单并签订购货合同。订购单应事先顺序编号,列示内容应适当。订购单应分送请购部门、收货部门及财务部门,购货合同应分送财务部门。

专题讨论 8.2 | 如何进行比价择优控制

第一,供应部门应广泛收集采购物资的质量、价格等市场信息,及时掌握主要采购物资信息的变化。比价信息要做到规范化、有宽度,且要编制采购物资的价格分析表,提供近几年的市场价、国际价、国内价、最高价、最低价、平均价等价格要素资料。比价信息应由相关部门共享。企业应对相关采购物资按品种建立比价表。大宗采购应有3个以上供货单位,以便比质、比价采购和核价部门审核。

第二,主要物资采购应由总经理室和相关业务部门负责人根据比价表和比价信息进行比价择优集体决策,确定供应商和限定的价格。大宗物资的采购要采用招标的方式,从质量、技术性能、价格、售后服务、付款方式等多方面综合评估进行优选,按规定的决标工作程序确定中标单位,并公开招标方案。日常物资采购应由采购部门按批准的计划,在限价范围内详细填写"物资采购申报单",按比价择优原则提出初选供应商和价格意见,并由部门领导审核后报核价部门核准。

第三,物资采购价格应由价格核定部门根据比价信息和比价表进行核定;采购价格超出核定价格的,应当重新审批;在核定的价格内并经质量检验合格的物资,方可办理采购结算手续。小额零星采购也应由经授权的部门事先对价格等有关内容进行审查。价格监督抽查部门应随时进行抽查和监督。

8.3.5 付款审核与控制流程

在付款前要办妥验收入库等相关手续。对验收过程中发现的异常情况,负责验收的部门或人员应当立即向有关部门报告,有关部门应当查明原因,并及时处理。

企业采购部门在办理付款业务时,应当对采购合同约定的付款条件以及采购发票、结算凭证、检验报告、计量报告和验收证明等相关凭证的真实性、完整性、合法性及合规性进行严格审核,并提交付款申请,财务部门依据合同、发票等对付款申请进行复核后,提交企业相关权力机构或人员进行审批,办理付款。

在付款环节的复核上,应当手续齐全、核对无误。只要钱还没有付出去,风险就不会导致危害,所以,掌控付款环节很重要。付款活动不仅导致现金流出,而且体现管控的最终结果。特别要严格审核采购发票的真实性、合法性和有效性。发现虚假发票的,应查明原因,及时报告和处理。要强化会计系统控制,详细审核供应商情况、请购申请、采购合同、验收证明、入库凭证、商业票据、款项支付等情况,确保万无一失。

企业应当建立预付账款和定金的授权批准制度,加强对预付账款和定金的管理。对涉及大额或长期预付款项的,应当定期进行追踪核查并评估其合理性、不可收回风险。对有疑问的预付账款应及时采取措施,尽量降低预付账款的资金风险和形成损失的可能性。

企业应当加强对应付账款和应付票据的管理,由专人按照约定的付款日期、折扣条件等管理,并定期与供应商核对应付账款、应付票据和预付账款等往来款项,如有不符,应当查明原因,及时处理。

老法师提醒 8.2 ｜ 支持业财融合、管控融合的付款措施

一是必须凭"三单一票"付款,且办理审批手续。"三单"是指物资需求计划单(含调整预算计划申请审批单)、请购申请审批单、采购入库验收合格单;"一票"是指采购发票。

二是订立优秀供应商优先付款激励政策。财务部协同采购部建立一套供应商考评机制,并分设提前付款、按时付款、延迟付款等操作规则与奖励机制。

三是借助银行平台,线上发出付款指令,银行自动完成付款操作,既高效、安全,又降低交易费用。

8.4　精密监控采购失控危险

8.4.1　采购活动日常监控的主要内容

企业应当建立对采购内部控制的监督检查制度,明确监督检查机构或人员的职责和权限,定期或不定期地进行检查。监督检查机构或人员应通过实施符合性测试和实质性测试来检查采购与付款业务的内部控制制度是否健全,各项规定是否得到有效执行,其内容主要包括以下几个方面:① 采购与付款业务相关岗位及人员的设置情况,重点检查是否存在采购与付款业务不相容职务混岗现象;② 采购与付款业务授权批准制度的执行情况,重点检查大宗采购与付款业务的授权批准手续是否健全,是否存在越权审批的行为;③ 应付账款和预付账款的管理,重点审查应付账款、预付账款和定金等支付的正确性、时效性和合法性,确保账账相符;④ 有关单据、凭证和文件的使用及保管情况,重点检查凭证的登记、领用、传递、保管、注销手续是否健全,使用和保管制度是否存在漏洞;等等。

8.4.2　采购活动重点监管的要点

(1) 是否具备供应商评价机制

供应商评价制度一般是由企业的采购部门、请购部门、生产部门、财会部门和仓储部门等相关部门共同对供应商进行的评价规范,包括对所购商品的质量、价格、交货及时性、付款条件及供应商的资质、经营状况、信用等级等进行综合评价,并根据评价结果对供应商进行调整。

企业应当充分掌握有关供应商信誉和供货能力等方面的信息,由采购、使用等部门共同参与比质、比价,并按规定的授权批准程序确定供应商。

企业应当明确采购价格形成机制。例如,大宗商品或劳务的采购采用招投标方式确定采购价格,应明确招投标的范围、标准、实施程序和评标规则。其他商品或劳务的采购应当根据市场行情制定最高采购限价,不得以高于最高采购限价的价格采购。以低于最高采购限价的价格采购的,可以适当方式予以奖励。企业应根据市场行情的变化适时调整最高采购限价。委托中介机构进行招投标的,应当加强对中介机构的监督。

实证分析 8.2 | "集采"也会出现漏洞,莫名损失百万元

"集采"是指集体购买相同品牌或者去同一个地方选购商品,也称"团购"。某公司"集采"后一年,为了检验实施效果,由内审部门开展了一次专项检查。内审人员在对某包装填充物进行检查时,通过市场调研发现该填充物原市场报价为 850 元/卷,远低于现行采购价 1200 元/卷。如果按每卷 350 元的差价计算,初步估算已损失百万元。

从归档的采购资料分析,采购部经过了询比价,并邀请了 3 家经销商参与比价。评比记录说明,在同等质量条件下,B 经销商以比原协议价下降 50 元/卷的最低报价 1200 元/卷获得继续合作的机会。

随着调查的深入,内审发现采购员在询比价时所采纳的信息都来自原信息系统,并未亲自筛选供应商。该公司的询比价流程通常分为 3 个环节:供应商选择、询价函发送与接收、评审与确定供应商。采购部看重后两个环节而忽视了对供应商选择环节的源头控制。

如何正确进行供应商选择呢?若公司已建有较完善的采购物资合格供应商名录,则此时只需在合格供应商名录内按要求随机选择 3 家以上执行采购询比价流程即可;若公司某物资的采购尚未建立合格供应商名录,采购人员在进行询比价时,就需重新寻找供应商、审核资质,按照供应商准入程序,将新的供应商引入合格供应商名录,待其成为公司的合格供应商后方可向其发放询价函,使其有资格参与询比价活动。

此外,还需关注以下事项:一是无论供应商来自哪个渠道,参与询比价的单位

都必须已经是公司的合格供应商;二是从供应商选择开始,必须保持应有的独立性,这样,供应商的选择才能保证公平、公正,最大限度地维护公司利益。

在上述案例中,新接任的采购员草率选择了原系统中推荐的供应商,未慎重筛选,未独立地对供应商资质等信息进行核实就允许该供应商参与询比价,而后所谓的评审也是"空中楼阁",最终造成了案例中实际采购价格过高的"怪象"。

(2) 采购行为是否符合内部控制规则

第一,是否将比价和订货的职责与操作分离,并指定未参与比价的人员按核定的价格执行采购计划。订货人员与供货单位就购销合同的谈判应有两人以上参加。合同应有规范的格式、明确的标的且符合法律法规。经审核批准后的合同应由专人管理。大宗合同应事先听取企业法律部门或法律顾问的意见。

第二,是否根据物品或劳务等的性质及其供应情况确定采购方式。大宗采购应当采用招标方式,一般物品或劳务等的采购采用询价或定向采购方式,采购小额零星物品或劳务可以采用直接购买方式,例外紧急需求按照特殊采购处理程序操作。

第三,关注超额采购的处理方式。采购部门是否存在库存管理超存(过期)的报警制度,是否对存货盘点及状态进行管控;一旦发现物资压库,是否采取必要措施;一旦发现未经同意越权超额采购的物资,是否承担相应的经济责任;等等。

第四,是否建立采购物资质量检验制度和对供应商索赔的制度。质量检验部门应严格按标准和程序对采购物资进行检验,按检验结果出具检验报告。对因质量问题而降级使用或退换给企业造成损失的,应按合同约定的原则处理。未经质量检验的物资,不能办理入库和结算手续。

(3) 货款支付是否符合相关制度规定

第一,发票价格、运输费、税款等必须与合同复核无误,凭证齐全后才可办理结算、支付货款;对于预付款的支付,不仅要与合同核对、履行审批手续,而且要关注支付风险,如有销售折扣与折让或部分退货,应注意从原发票中扣除后再办理结算。会计部门有责任检查所购的货物,并在应付账款中记录。会计部门收到采购发票时,应将发票上所记的规格、价格、数量、条件及运费等与合同或订单上的有关资料核对,并与验收单上的内容相比较。

第二,除了向不能转账的集体企业或个人购买货物以及不足转账起点金额的可以支付现金外,货款一般须通过银行办理转账,不得违反结算纪律擅自支付现金或现金支票。支付货款前应由企业授权人签字；未经签字，不得对外支付货款。支票签章人签章时应仔细审核有关单据。

第三，购货发票以外增加购货成本的各种费用、损失，如因保管、装卸、搬运而支出的费用以及在途损耗等，应分析确定其合法性和合理性。

（4）是否存在后续跟踪或后评价制度

采购部门在发出订货单后，供应单位能否按订货单的条件交货，需采购部门予以关注。采购人员在必要时可到供货单位查看产品的生产进度并检查质量，以保证供货单位按条件发货；同时，采购人员应掌握本企业的生产进度，以确保供货单位的交货满足本企业的生产需要。在采购过程中，若发现异常情况，应及时报告、及时处理。

《企业内部控制应用指引第7号——采购业务》强调，企业应当建立采购业务后评估制度，包括定期对物资需求计划、采购计划、采购渠道、采购价格、采购质量、采购成本、协调或合同签约与履行情况等物资采购供应活动进行专项评估和综合分析，及时发现采购业务的薄弱环节，优化采购流程；同时，将物资需求计划管理、供应商管理、储备管理等方面的关键指标纳入业绩考核体系，促进物资采购与生产、销售等环节的有效衔接，防范采购风险，全面提升采购效能。

对监督检查过程中发现的采购与付款控制中的薄弱环节，企业应当采取措施，及时纠正。

经典案例评析

采购与付款缺陷多多、疑点重重

某家具有限公司下设财务部、采购部、销售部、生产部和仓储部等，由总经理全面负责。随着经营规模的扩大，公司的销售业绩增长较快，但利润不断下滑。尤其是采购成本增长明显高于销售收入增长的态势令人担忧。注册会计师调查采购与付款业务流程的执行情况后发现，公司存在以下问题：

第一，采购部有4名员工。其中，经理1名；采购员3名，甲和乙负责原材料的采购，丙负责五金配件的采购。4人5年以上没有发生任何变动。

第二，公司采购的物资主要是原材料和五金配件，包括木板、塑板、玻璃板、螺栓、金属把手等。采购申请由各个生产车间提出，经生产部经理批准后送采购部。公司规定采购金额在10万元以下的，由生产部经理批准；采购金额超过10万元的，由总经理批准。由于总经理出差而生产车间急用，因此生产部经理多次批准了超过10万元的采购申请。

第三,公司目前有多个固定的原材料供应商,长期不变。公司文件规定,每年进行供应商评选,供应商由采购部选择,报总经理批准;对于五金配件,可根据需要,由丙在市场上购买,价格和供应商都由丙择优选定。

第四,物资采购后,由采购部验收并在验收单上签字,然后交领导审批。绝大多数采购发票是经采购部经理或生产部经理审批签字后送财务部的,财务部据此付款。

第五,采购退货由采购部负责,因业务繁忙,为减轻工作量,采购部一般集中在每个季度末向财务部提供一份退货清单。经查,公司没有退货管理方面的规定。

经过分析归纳后发现,公司的采购与付款控制流程至少存在以下重要缺陷:

第一,不符合不相容职务分离控制的要求。4名采购员在现任岗位长达5年多,未考虑岗位轮换,也没有严格遵循不相容职务相互分离控制的要求。丙采购员负责五金配件的询价并确定供应商,不符合内部控制的要求。主要供应商5年未发生变动,也没有新的评审机制,对此深表疑虑。公司应完善采购与付款岗位责任制,明确界定岗位职责、权限等,确保制约和监督,防范舞弊风险。

第二,没有严格遵循授权批准制度。按规定,审批人应在授权范围内审批,不得超越审批权限。生产部经理在未得到总经理授权的情况下,为什么敢于越权签字?又为什么没被制止?为什么多年发生多次这样的行为且都发生在几家长期固定的供应商身上?公司应加强采购业务管控,严格授权批准制度,明确审批人对采购与付款业务的授权批准方式、权限、程序、责任和相关控制措施。公司应界定紧急采购与非紧急采购的界限,限制紧急采购行为。当总经理不在时,可授权相关人员负责审批采购业务。

第三,采购部经理或生产部经理的部分审批签字以及财务部据此付款均属于越权行为。为什么类似越权行为多年存在?这其中有没有串通舞弊的可能?

第四,验收制度及其做法不符合内部控制的要求。采购物资由采购员在验收单上验收签字,不妥。公司的验收程序等应明文规定,确保采购与验收过程透明化。应由验收部门或仓储部门指定专人对所购物资进行验收,负验收责任。

第五,货款支付环节缺乏严格有效的监管制度。财务部并未制止越权审批的签字行为,财务稽核与内部审计也没有发现并制止,属于监控不力。

第六,未能及时办理退货手续,容易产生管理真空或漏洞。公司应当建立退货管理制度,对退货条件、退货手续、货物出库、退货货款回收等做出明确规定,及时收回退货货款。采购部办理退货,应及时通知财务部,保证货款及时回收。

第9章　收入风险的控制对策

> 没有管不好的企业，只有控不住的风险。失控才是最大的危险。

9.1　精细梳理收入控制流程

9.1.1　收入控制的具体目标

收入是指企业在日常活动中形成的经济利益的流入，包括营业收入和其他收入。其中，销售是指企业出售商品（或提供劳务）及收取款项等相关活动，是营业收入最主要的组成部分。

收入是最直观、最重要的业绩指标。目前，企业的发展是以收入规模或收入增长速度来衡量的。谋求企业发展需要不断加大销售力度，拓宽销售渠道，扩大市场占有率。企业应当对收入业务建立预算管理制度，制定销售目标，建立激励约束机制，保证收入预算顺利完成。

企业经营最关心的风险是没有营业收入或者营业收入不增长、负增长。所以，企业不能因为竞争激烈、风险加大就放弃销售市场，这是因噎废食。CEO和CFO要在做大市场中学会管控风险。加强控制就是为了帮助企业完成营收目标，实现营收成长，并在追求收入增长的同时控制好相关风险。

效益是管出来的，效能是练出来的，潜力是逼出来的，安全是控出来的。一辆车能跑多快取决于发动机和刹车等的共同作用。企业的发展需要CEO与CFO协调配合。CFO要学会运用CEO的眼光，站在CEO的角度考虑问题，也应该在可控的风险范围内鼓励CEO大胆前行。有风险并不一定是坏事，有风险才能有收益，但要想方设法掌控风险。

收入管理一旦失控,不仅会导致会计信息失真、经营业绩虚假、财务状况不实,而且会造成资产流失,损害债权人及投资人的利益,严重干扰市场经济秩序。然而,现实的或潜在的收入风险难以避免,其存在于收入活动的全过程且具有隐蔽性,一旦舞弊爆发,后果就十分严重。

收入控制的具体目标包括:实行销售与收款职责分工、预算和审批等流程控制,健全收入内部控制制度体系,规范销售预算、客户信用管理和定价的合理性,防止定价与合同舞弊,防范收入活动风险,定期结算款项并及时回款,确保销售与收款活动合法、有效,以及相关信息合规、正确。

9.1.2 销售控制的基本流程

企业销售商品并取得货款的行为构成收入的核心业务。销售业务一般从组织市场调查或客户提出订货要求开始,将商品或劳务转化为应收账款,并以最终收回货款结束。销售分为现销和赊销,商业信用的广泛使用使赊销成为普遍采用的销售方式。在赊销方式下,销售业务的基本流程主要有处理客户订单、批准赊销信用、发送货物、开具销售发票、记录销售与收款业务、定期对账和催收账款、审批销售退回与折让等。

销售业务控制的流程图及其控制点的说明如表9.1和图9.1所示。

表9.1　　　　　　　销售业务关键控制点说明

关键节点	管理要求	控制标准	相关资料
8. 客户开发维护	开拓市场份额,维护现有客户,开发潜在客户,对客户资信进行评估	留住现有客户,积极开发新客户,对客户资信实施客观、科学评估	客户档案信息表、客户信用评估表
11. 签订销售合同	销售洽谈,确定销售定价、结算方式、现金折扣及权利义务等,落实销售合同	符合企业销售政策,签订的合同经过必要的授权批准与审核程序	谈判记录、合同本文、审批记录
18. 管理应收款	建全应收账款台账管理,实行应收账款负责制,进行账情分析,防止坏账风险	执行应收账款会计政策,落实核对、分析、清查、催收、责任追究制度	应收款管理台账、账龄账情分析表

企业内部控制规范

客户	销售部	仓储部	财务部	营销总监	总经理

流程图节点：

开始 → 1.组织市场调查 → 2.制定销售政策 → 3.审核 → 4.审批

5.编制销售预算 → 6.审核 → 7.审批

8.客户开发维护 → 9.业务洽谈 → 10.达成一致（否：返回；是：继续）

11.签订销售合同 → 12.审核 → 13.审批

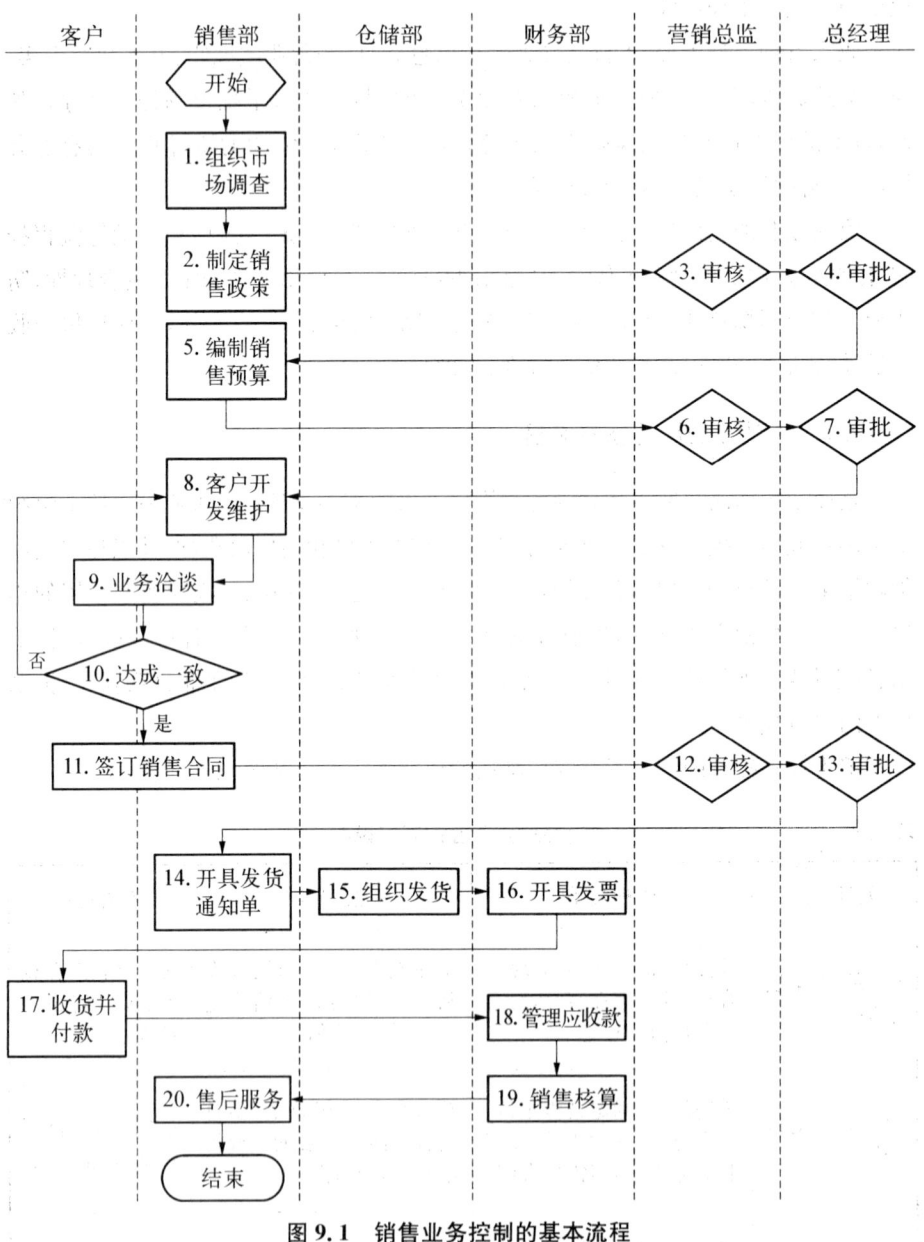

14.开具发货通知单 → 15.组织发货 → 16.开具发票

17.收货并付款 → 18.管理应收款

20.售后服务 ← 19.销售核算 → 结束

图 9.1 销售业务控制的基本流程

图 9.1 既从 6 个职能部门的维度列示其具体的分工职责与权限，又从业务流转程序的维度点明了 20 个主要控制点。表 9.1 明确了 3 个关键控制点：一是如何开发与维护客户，并建立客户资信评估；二是如何签订销售合同，明确销售定价、结

— 206 —

算方式、现金折扣及双方的权利义务等条款;三是如何及时回收货款,减少应收账款、防止发生坏账损失等。

9.2 精准识别收入错弊风险

9.2.1 收入失控的主要场景

《2020年全球职务舞弊与滥用职权的调查报告(亚太版)》显示,在舞弊者所从事的5个最常见的工作岗位中,占比最高的是销售,占18%,其余4个依次是运营(占15%)、高级管理人员(占11%)、会计(占10%)、采购(占7%)。

收入管理失控主要发生在以下场景中:

① 收入管理混乱。有的企业没有收入管理制度,甚至没有产品价格目录,领导一句话就可以随意降价或擅自提价;货物发出与销售管理没有明文规定,可以擅自变更产品销售合同文本中涉及的权利、义务等,失控行为到了"无知无畏"的地步。

② 操纵收入,包括提前确认收入、虚构收入、推迟确认收入、混淆收入等。有的企业在月末或年末为完成利润等业绩指标或掩饰亏损,把应归入下月或下年度的收入列入本期。

③ 收入入账金额不实,包括漏记、多记、少记、瞒记收入,从而达到虚增虚减相关数据的目的。有的企业截留收入,对已实现的收入长时间不入账(尤其是现金收入),其后果一方面会造成盈亏不实,另一方面会形成账外账。

④ 入账内容不符合规定。有些企业为了达到少交税金的目的,把产品(商品)销售收入列入其他业务收入;将实现的其他业务收入记入营业外收入账户或直接冲销费用账户。

⑤ 收入与成本不配比。有的企业只有业务收入,没有结转相应的成本和支出,或反其道而行之,属有意为之。

⑥ 账情不清。尤其是收入与应收账款账账不符、账龄不分、账情不明,客户管理一团糟,投诉纠纷不断。

9.2.2 收入风险成因及后果分析

《2020年全球职务舞弊与滥用职权的调查报告(亚太版)》认为,舞弊者的行为显示了危险信号,其中,入不敷出占33%,与供应商/客户关系异常密切占22%,资金困难占19%,成瘾问题占13%,控制欲极强、不愿与人分担责任占10%。新员工更容易出现舞弊行为,但老员工的舞弊行为造成的损失更大。

收入舞弊的主要动机:一是偷税、漏税、少纳税;二是制作虚假企业财务报表,达到如上市、配股、向银行贷款等特定目的;三是利用职权,营私舞弊,浑水摸鱼,从中牟利。

分析收入管理失控造成风险事故的原因与后果至少包括以下几个方面:① 销售行为违反国家法律法规,可能遭受外部处罚、经济损失和信誉损失;② 销售未经适当审批或超越授权审批,可能因重大差错、舞弊、欺诈而导致损失;③ 销售政策和信用政策管理不规范、不科学,可能导致资产损失或资产运营效率低下;④ 合同签订未经正确授权,可能导致资产损失、舞弊和法律诉讼;⑤ 应收账款和应收票据管理不善,账龄分析不准确,可能由于未能收回或未能及时收回欠款而导致收入流失或法律诉讼。

9.2.3 收入风险的控制重点

(1) 收入下降风险

收入下降风险包括产品销售困难、积压、削价销售等。导致这种危险发生的原因是多方面的:可能是由于企业的产品老化、质次价高、缺乏竞争力,原有市场被新的竞争者夺取;也可能是众多企业生产同一种产品,造成生产过剩、商品供过于求;还可能是国外市场发生重大变化,引起国内市场商品供过于求,销售困难;或者企业销售策略不当,市场预测不准确,销售渠道管理不善等导致销售不畅、库存积压、经营难以为继;等等。

(2) 销售失控风险

销售失控风险包括销售合同失真、出现舞弊;销售定价不合理,结算方式选用不当;销售费用支出失控,回扣严重;销售税金少计、错计、漏计;销售发票管理松懈,销售凭证保管不严等;尤其是虚开发票、虚计销售收入,销售成本与相关费用结转不实、与收入不配比等问题,造成报表严重失真。2015年至2018年上半年,金正大及其合并报表范围内的部分子公司通过与供应商、客户和其他外部单位虚构合同、空转资金,开展无实物流转的虚构贸易业务,累计虚增收入230.7亿元,虚增成本210.8亿元,虚增利润总额19.9亿元。

(3) 坏账损失风险

应收账款久催不回或造成坏账损失,一定要及时查明原因,迅速制止;同时,要制定严密的坏账批准程序,按照授权原则和方法进行坏账的审批。某上市公司在应收账款催收过程中,发现员工李某存在涉嫌通过伪造客户印章、假冒客户有关人员身份、虚假确认对账单及询证函等一系列手段,虚增2019年和2020年前三季度合同金额(分别为3 746.51万元和2 858.19万元)的违法行为。

上述三大收入风险都是危险信号,尤其是销售量的下降会带来严重的财务问题,只不过可能不会立即反映出来。如果非预期的销售量下降是由于内部人捣蛋、恶性竞争、客户串通作弊等造成的,那就是一种异常危险的信号。销售与客户管理是经营活动的重要源头,并由一连串紧密相连的流程构成,其中,警惕销售团队或业务员擅自签约、蓄意压价、离岗跳槽等失控现象相当关键,尤其要警觉销售串通舞弊的危险,这对企业来说可能是致命的。所以,销售经理应当重视内部控制制度的有效执行,包括销售岗位的不相容职务分离、业务人员的轮岗规定、销售合同的审批、价格及其折扣的授权批准执行情况等,尤其是如何对业务员不端销售行为与销售业绩的必要"干预",已经成为关键的风险控制点,其最终"落脚点"就在于如何对销售团队"脱离预期轨道的绩效表现"及时防错纠偏。有经验的销售经理正在改变"短视"的销售绩效评价指标,而采用多维度的"销售人员绩效计分卡"来完整监控销售团队及其成员的表现,并从"绩效评估"升级为"绩效干预"。在如何控制关键业务与关键风险点方面,有经验的管理者应当善于将"经验"方法化,将"想法"程序化,将"做法"工具化,并通过不断交流予以细化和提升。

实证分析9.1 | 私自收款的风险在加大

年过五旬的营业员鄢某,平时负责销售发货、盘点库存、收银等工作。自从迷上了某网络直播平台后,为吸引美女主播,鄢某每次都大方地打赏几百至上千元不等,很快就花光了自己的积蓄。打赏上瘾的鄢某动起了侵占公司货款的歪脑筋。

从2019年2月开始,鄢某违反公司规定,在收银时提供给客户自己私人的微信或支付宝二维码,悄悄将货款装进自己的腰包。为防事情败露,他向公司提供了虚假的库存盘点单,制造他私下收款的已售货物仍在仓库的假象。由于公司极少核对盘点单,因此鄢某越来越胆大,仅在2019年2月至2020年3月期间就通过上述手段侵占公司货款近30万元,其中绝大部分用于打赏美女主播。

直到2020年3月,鄢某因病在家休息,其他营业员实地盘点库存才发现存货与鄢某制作的盘点单不符。经调查问询,鄢某交代了自己侵占公司货款的行为,公安机关对其以职务侵占罪立案侦查,移送检察机关审查起诉。2020年11月23日,鄢某犯职务侵占罪,被判处有期徒刑一年零四个月。

9.3 精确落实收入管控措施

9.3.1 销售业务的岗位责任制

内部牵制适用于预防所有业务环节的舞弊风险,销售也不例外。由销售部独立负责销售与收款的好处是提高了工作效率,但也增加了潜在风险,如销售人员出卖企业信息、制造虚假销售冒领提成奖、贪污挪用销售货款、侵吞市场推广费或滥用交际费用等。为了保证销售与收款业务的有效性和可靠性,企业不得由同一部门或个人办理销售与收款业务的全过程,即在销售和收款业务操作中应建立明确的职责分工,开票、发货、收款、记账职务应当分离。

企业应当分别设置销售部门、发货部门和财会部门,并让三部门共同完成销售与收款业务。销售部门主要负责处理订单、签订合同、执行销售政策和信用政策以及催收货款等;发货部门主要负责审核发货单据是否齐全并办理发货的具体事宜;财会部门主要负责销售事项的结算和记录及监督款项的收回等。

企业应当建立销售与收款业务的岗位责任制,明确相关部门和岗位的职责、权限,确保办理销售与收款业务的不相容职务相互分离、制约和监督。下列不相容职务应当分离:① 接受客户订单的职务与负责赊销信用核准的职务应分离;② 填制发票的职务与发票的复核职务应分离;③ 销售通知单的编制或开具职务与商品付款、提取及托运职务应分离;④ 办理销货退回时的实物验收职务与退货记录职务应分离;⑤ 应收账款的记录职务与收款职务应分离;⑥ 应收票据及票据质押物的保管职务与记录职务应分离;⑦ 商品保管职务与装运职务应分离;⑧ 开单销售职务与收款职务应分离;⑨ 折扣和折让给予职务与审批职务应分离。

9.3.2 收入授权批准控制

企业应当通过完善授权批准制度,防范销售失控风险,其内容主要包括:

第一,赊销业务必须经过信用部门审批。如果赊销业务未经核准、审批,销售部门就不得开具销售通知单,仓库不得发货。对金额较大或情况特殊的销售业务及特殊信用条件的实施,应进行集体决策。

第二,严禁未经授权的机构和人员经办销售与收款业务。销售价格、销售折扣、核销应收账款或确认坏账等必须经过授权批准。对于超过企业既定销售政策和信用政策规定范围的特殊销售业务,企业应当进行集体决策。

第三，企业内部应该规定销售人员、销售主管、销售经理等的赊销批准限额，限额以上的赊销必须由授权的更高级管理人员根据赊销分级管理制度进行批准。业务经办人应当在职责范围内，按照审批人的批准意见办理相关业务，对于审批人超越授权范围审批的业务，经办人有权拒绝办理，并及时向审批人的上级授权部门报告。

9.3.3 客户订单的控制要点

为了保证销售业务的合法性和有效性，客户订单只有在经过适当授权批准后才能执行。客户订单控制的关键点包括订单审核和订单记录。

对于老客户的订单，信用管理部门主要对本次订单的数量、价格等进行检查。如果客户订单所需要的产品数量突破历史记录，则信用管理部门应要求客户提供近期会计报表，根据客户近期财务状况决定是否接受订单。对于新客户的订单，信用部门必须要求其同时提供能够证明其资信情况的资料和会计报表，通过分析其资信情况和会计报表决定是否接受其购货订单以及允许的信用限额。无论是何种订单，涉及赊销的必须有经过信用部门主管或其他被授权人签字同意的书面文件才能办理；对于现销业务，订单审核较为简单，可以仅对订单数量、质量标准、发运方式等进行审核，但仍需有销售部门负责人的签字认可。

客户订单是销售成立的基础，必须做好订单记录工作。销售部门应设置订单登记簿，对收到的每一份订单必须登记在订单登记簿上，就订单接受时间、数量、价格以及销售成交情况和客户支付情况等做出记录，以积累客户资料，保证从中筛选出信誉优良、成交量大的客户。在业务成交后，对销售执行情况和客户支付情况也应在订单登记簿上做出记录。

9.3.4 客户信用分析与赊销的控制要点

有条件的企业应当设立专门的信用管理部门或岗位，负责制定企业的信用政策，监督各部门信用政策的执行情况。信用政策应当明确规定定期（或至少每年）对客户的资信情况进行评估，并就不同的客户明确信用额度、回款期限、折扣标准以及违约情况下应采取的应对措施等。

企业应当合理采用科学的信用管理技术，不断收集、健全客户信用资料，建立客户信用档案或者数据库。可以运用计算机信息网络技术集成企业分公司、子公司或业务分部的销售发货信息与授信情况，防止向未经信用授权的客户发出货品，并防止客户以较低的信用条件同时与企业两家或两家以上的分公司、子公司进行交易从而损害企业利益。

进行客户资信状况分析很重要。信用管理部门应对客户的资信状况进行分析和评价,在此基础上,为每个客户评定信用等级,并据此拟定信用条件和信用限额。

必须实行客户动态管理,及时追踪客户变化情况。信用管理部门在对客户信用进行充分分析的基础上,由经过授权的审批人员签署是否同意赊销及对具体付款条件的意见。

赊销批准通常是由信用管理部门根据赊销政策,以及每个客户已授权的信用额度实施。信用部门在收到销售部门的销售通知单后,要将销售通知单与该客户已被授权的赊销信用额度以及至今尚欠的余额进行比较。进行赊销信用检查时,还应合理划分工作职责,以切实避免销售人员为增加销量而使单位承担不必要的信用风险。

企业应当建立信用批准控制制度,降低坏账风险。信用管理部门在对客户的信用进行认真分析和研究后,由经过授权的人员在销售部门提供的销售通知单上签署是否同意赊销的意见,然后送回销售部门执行。

9.3.5 销售价格和销售谈判的控制要点

销售价格是销售控制的关键因素。良好的销售价格控制制度有利于保证销售行为的有序和有效,防止销售业务中的舞弊行为。价格控制的关键点包括制定统一的销售价格目录,制定明确的折扣、折让标准和相应的授权批准权限等。其中,销售价格目录的修改必须经审批人审批,修改的项目必须详细记录;给予客户的折扣率的修改必须经审批人审批,修改的项目必须详细记录;有关部门在执行特殊价格时,应有专人审批。

在正式订立销售合同前,应当指定专门人员就合同涉及的销售价格、信用政策、发货及收款方式等内容与客户进行谈判。谈判人员应至少有两人,并与合同订立人员分离。谈判过程应有完整的书面记录。重大销售业务谈判应当吸收财会、法律等专业人员参加,并形成完整的书面记录。

9.3.6 销售合同的控制要点

销售合同是办理销售业务的依据,是确定购销双方权利、义务和责任的重要文件,是确保销售方利益的重要手段,所以,必须重视对销售合同的控制。销售合同控制的关键点主要有以下几个:

第一,负责签订销售合同的销售人员必须得到授权。

第二,销售合同的签订必须符合《中华人民共和国民法典》的规定,特别是对于付款方式与时间、货物交接方式、商品质量要求、对违约行为的处罚等应做出明确规定。金额较大的合同的订立应事先征求法律顾问或专家的意见。

第三,建立健全销售合同审批制度,审批人员应对销售价格、信用政策、发货和收款方式等进行严格的审批。

第四,销售合同应确保条款公平、完整。销售单位应有合理的合同管理制度,包括合同签订、修改补充、取消、保管、传递、编号等。以订单取代销售合同的,应将订单统一管理。

老法师提醒 9.1 │ 仔细审查合同条款并辨明责任相当必要

一份合同总会涉及许多约定事项,如定金、订金、押金、保证金、违约金等,在签订合同时一定要仔细辨析,谨慎签约,绝不能马虎了事。定金是指为担保合同债权的实现,双方当事人通过书面约定,由一方当事人向对方预先支付一定数额资金作为担保的方式,不得超过主合同标的额的20%;当合同不履行时,适用定金罚则。订金是一方当事人为交易需要而向另一方当事人交纳的预付款,其数额在合同总价的5‰以内。在债务人不履行合同债务时,债权人可从押金中优先受偿。保证金具有类似定金的担保合同实现的作用,但其没有双倍返还的功能。违约金是由当事人通过协商,预先确定的在违约发生后做出的独立于履行行为的给付。

9.3.7 销售发票的控制要点

销售发票是销售业务的客观记录,是收取货款的主要依据,必须严加控制,并关注以下几个重点:

第一,授权控制,即发票开具人必须经过授权,任何未经授权的人员不得开出发票。

第二,明确发票管理和领用制度,即指定专人负责发票的保管和领用,发票使用人领用发票必须签章,并注明领用发票的号码,以明确责任。

第三,开票依据控制。销售发票应以客户订单、销售通知单、信用核准单等为开具依据,并依据销售通知单上的连续编号依次开具,以保证所有发出货物都开具了发票。开具过程中还应核对实际发运数量,以保证所有发出商品都已核实销售数量;应核对客户名称,使之与客户订单一致;核对发票价格,包括销售价格是否与经审核批准的销售价目表上的销售价格相符,发票列示的折扣率是否与经审批的折扣表相符等。

第四，复核控制。建立发票复核制度，由独立于发票开具人的其他人员对发票的构成要素进行复核。

第五，应控制发票总额，即对所有发票应定期结出合计金额，以便与应收账款或销货合计数核对。

9.3.8 销售执行的控制要点

销售执行控制的关键点包括销售通知单的编制控制、发货控制、运输控制、收款控制、销售记录的控制等。

(1) 控制销售通知单

销售通知单既是销售执行的起点，又贯穿整个销售业务的执行过程，是仓库、运输、开票、收款等有关部门行使职权的主要依据。销售部门收到客户订单并签订销售合同后，应根据销售合同，编制统一的销售通知单。在编制销售通知单前，销售部门应向发货部门询问客户所订货物是否有货源，是否有库存。如果没有库存，就应向客户做好解释工作，并积极组织货源，尽快满足客户的需要；如果有库存，就应及时编制销售通知单。销售通知单一式多联，以完整和规范的格式记录了不同的客户订单内容，如所订货物的编号、数量、价格、规格等，同时记录了销售过程中所需的各种授权批准手续，为发运业务的执行和有关账册的记录提供了书面依据。销售通知单必须事先连续编号，归档管理并由专人定期检查。

(2) 控制发货

仓库必须根据经过批准的销售通知单发货，不能擅自对客户发货，更不能随意调换货物。实际发货的品种和数量应当与销售通知单上的一致，并将其记录在保管账及销售通知单的副联上，然后将其中的一联交财会部门入账。如果仓库同时负责包装业务，就应同时填制包装情况表，记录其完成情况。

(3) 控制运输

运输部门应在核对销售通知单及销售部门填制的装运单后运输货物，并确保货物运输的安全性和及时性。运输部门在装运货物前必须进行独立验证，以确保从仓库提取的货物都附有经批准的销售通知单，并且确保将要发出的货物与销售通知单上的一致。发运货物后，应填制装运凭证，以证明货物已装运。运输部门出具的装运凭证或提货单应由电脑或人工根据销售部门的销售通知单编制，一式多联并且连续编号。按序归档的装运凭证一般由运输部门保管。装运凭证提供了货物确实已经装运的证据。

需要注意：不论是仓库还是运输部门，其发货和运输行为都必须得到其他独立人员（通常是门卫）的监督,监督内容包括对所发运货物实物的清点以及将其与销售通知单上所列明的品种、数量进行核对。发运货物的清点复核人员应当在有关凭证上签字。

（4）控制收款

财会部门应将销售部门、仓库、运输部门转来的销售发票、合同副本、发运凭证等核对无误后编制收款通知书,并按合同规定向客户收款。企业内部的销售与收款职能应当分开,销售人员应尽量避免接触现款。

销售人员负责对应收账款的催收。对于到期未收回的货款,财会部门必须提出报告,督促销售部门加紧催收。

（5）控制销售记录

企业应当做好销售业务各环节的记录,填制相应的凭证,设置销售台账,实行全过程的销售登记制度。销售台账的参考格式如表9.2所示。销售台账应附有客户订单、销售通知单、客户签收回执等相关客户购货单据。

表9.2　　　　　　　　　　　销售台账　　　　　　　　第　页/共　页

序号	产品名称	生产日期	生产批号	检验结论	销售日期	出货日期	客户名称	地区	承运商	业务员	记录人

应当加强对销售记录的保管。销售通知单、发货凭证、运货凭证、销售发票等文件是企业重要的原始资料,是销售活动的主要证据,必须妥善保管,尤其要加强对空白发票的管理。任何部门或个人都不得擅自篡改、隐匿、销毁销售合同和销售发票等文件或凭证。

9.3.9　应收账款的控制要点

控制应收账款是销售与收款业务的重点,其主要控制点包括应收账款记录的控制、应收账款客户分析的控制、应收账款收款的控制、坏账的控制、计提坏账准备的控制和应收票据的控制。

（1）控制应收账款记录

企业应当设置应收账款总账和应收账款明细账进行核算。应收账款的明细账和总账应分别由不同的人员根据各种原始凭证、记账凭证和汇总记账凭证分别登记,并由独立于记录应收账款的其他人员定期检查、核对应收账款总账和应收账款明细账的余额。应收账款记录必须严格以经销售部门核准的销售发票、发运单等作为依据,防止虚计应收账款。

企业还应当按照客户名称设置应收账款管理台账,及时登记每一位客户应收账款余额的增减变动情况和信用额度的使用情况,定期编制应收账款余额核对表或对账单,每年至少向欠款客户寄发对账单一次。编制该表的人员不能兼任记录和调整应收账款的工作。

(2) 分析应收账款情况

企业应当建立应收账款账龄分析制度和逾期应收账款催收制度。对催收无效的逾期应收账款应及时追加法律保全程序。有的企业实行应收账款终身负责制和第一责任人制,谁经手的业务发生坏账就要追究谁的责任,并作为业绩考核的依据。

(3) 控制坏账

对所发生的各项坏账,必须查明责任,并按规定的审批程序做出正确的会计处理。对于确实收不回来的应收账款,经批准后可以作为坏账损失,冲销计提的坏账准备,注销该项应收账款。已经注销的坏账应当记录在备查登记簿上,做到账销案存。已核销的坏账又收回时应当及时入账,防止形成账外资金。

9.3.10　退货理赔的控制要点

企业应当建立销售退回管理制度。销售退回必须由销售主管审批后方可执行。销售退回的货物应由质检部门检验,经仓储部门清点后方可入库。财会部门应对检验证明、退货接收报告以及退货方出具的退货凭证等进行审核后办理相应退款事宜。

专题讨论 9.1 | 经常核对往来账款很有必要

往来账款是企业在经济业务活动中发生的应收、应付、暂收、暂付款。随着市场经济的发展和竞争的加剧,企业越来越多地运用商业信用进行促销;然而,市场的信用危机又使得企业间相互拖欠的现象越来越严重,造成往来账款增加。加强对往来账款的管控,对减少企业资金占用,创造良好的经营管理环境十分重要。

一要定期对账。有些企业疏于对往来账款的管理,不能做到定期与相关单位核对账目,特别是欠款企业,往往对债权人的对账要求持抵触态度,长此以往,必然造成往来账款账目不清,为今后的催款、清理带来困难。

二要定期清理。有些名存实亡的往来账款长期挂账,如坏账不及时报损、处理,无须支付的债务不及时报批、转账等,均会造成往来账款账目的混乱。

三要妥善管理"账销案存"往来款。例如,个别企业将已作坏账的应收款收回时作为账外"小金库",甚至中饱私囊;无须支付的款项私自付出作为账外资金或被个人贪污;等等。

四要警惕利用往来账款调节损益,尤其是一些没有能力消化的费用挂在往来账上,造成企业财务状况与盈亏核算失真。

五要防止出租或出借账户为他人套取现金。个别企业往来账中有些一进一出的款项无明确经济内容,实际是出借账户为他人转款;有些业务员利用职务之便,多次以备用金名义领取现金,然后通过银行转账还款,实际也是为他人套取现金的违规行为。

六要规范往来款账务处理。个别企业不按业务内容记账,如有些与正常经营业务无关的款项被计入应收账款或应付账款,随意将暂时无法查清的应收应付款余额对冲,私自将不同户名的往来款项轧抵或对冲等,其中的某些行为存在营私舞弊的嫌疑。

9.4 精密监控收入失控危险

9.4.1 收入活动日常监控的主要内容

企业应当建立对销售与收款内部控制的监督检查制度,明确监督检查机构或人员的职责权限,定期或不定期地进行检查。监督检查机构或人员应通过实施符合性测试和实质性测试,检查销售与收款业务内部控制制度是否齐全,各项规定是否得到有效执行。销售与收款监督检查的主要内容包括:① 销售与收款业务相关岗位及人员的设置情况,重点检查是否存在销售与收款业务不相容职务混岗现象;② 销售与收款业务授权批准制度的执行情况,重点检查销售合同订立及授权批准手续是否齐全,是否存在越权审批行为;③ 销售的管理情况,重点检查信用政策和销售政策的执行是否符合规定;④ 收款的管理情况,重点检查销售收入是否及时入账,是否及时催收已过信用期的款项;⑤ 账龄管理情况,重点检查是否定期编制账龄分析表,对账龄较长的款项进行分析,坏账核销和应收票据的管理是否符合规定;⑥ 销售退回的管理情况,重点检查销售退回手续是否齐全,退回货物是否及时入库;等等。

9.4.2 警觉销售失控状况

营业收入持续下跌、非正常的存货积压、应收账款大量增加、经营性现金流量不足以抵偿到期流动性债务等都可能是销售发出的预警信号。其中,产品问题可能是导致营业收入下降的警源,存货积压、应收账款增加、现金流量减少等是最明显的警兆,不能支付是最严重的警情。忽视销售风险将导致经营危机。尤其是发生例外的、突发的事件,如某类销售突然暴跌、某部门业务员突然离职、某项应收账款或存货出现异常波动……这些例外事件可能防不胜防,但对例外事件却不能无动于衷,因为这些情况都可能是销售失控的危机表现。

9.4.3 警惕融资性贸易的内在风险

以融资为目的,以贸易为手段,放大贸易规模的代理贸易实质为融资性贸易。从长期看,企业过多依赖融资性贸易,大量资金信用被各类企业占用,荒废自身主营业务,将不利于提升自身的市场竞争能力。从风险看,特别要警惕违反规定开展融资性贸易业务或"空转""走单"等虚假贸易业务,或者违反规定提供赊销信用、资质、担保或预付款项,利用业务预付或物资交易等方式变相融资或投资的行为。

某国有企业为做大经营规模,陆续投入1亿元以上资金与几家民营企业开展大宗商品贸易:由国有企业先垫付资金向供应商采购商品,按采购价上浮一定比例作为销售价,再以走票形式销售给下游。这些贸易的上游供应商一般是由下游贸易合作方指定,处于中间环节的国有企业主要提供流动资金,再通过进销差价获得一定的收益,最终通过贸易方式达成贸易合作方的融资目的,即融资性贸易。该国有企业对这些贸易采取了信用担保措施,但提供担保的单位与贸易合作方是关联方。受外部经济环境变化的影响,部分贸易合作方经营恶化,资金链断裂,合同到期后未能按时归还货款,该国有企业在多次协商未果后诉诸法律,但受担保人能力的限制,信用担保亦未能发挥作用,近2/3的贸易资金发生损失。

融资性贸易具有自偿性,贸易合作方的还款能力、资金实力和还款意愿对资金风险起着关键性的作用,即贸易合作方的信用直接影响贸易资金风险的大小。虽然国有企业事前也对贸易合作方进行了审查,但很难像金融企业信贷那样有一套较完善的制度体系作为保障,在很大程度上会留下隐患。从贸易模式看,该国有企业没有控制货物,预付的资金却已被对方掌控,资金结算很难在其监管范围内,风险隐患增大。担保措施不到位更是加大了资金风险。

9.4.4 关注收入质量及其风险

企业如果只顾发货、不顾质量，只顾开票、不顾收现，只考核收入业绩、不兼顾现金流量，就会导致收益质量下降。

"收入数字游戏"五花八门，各种舞弊方法错综复杂，但万变不离其宗——收入质量，所以，观察收入与现金流背道而驰的现状，分析研判盈余现金保障倍数等财务指标，对识破收入危机很有帮助。

张曾莲和谢佳卫的《盈余质量、财务绩效与内部控制实证研究》显示，盈余质量、财务绩效与内部控制三者紧密相关。实证结果表明，上市公司内部控制与其盈余质量显著正相关；若以内部控制作为盈余质量和财务绩效的中介变量，财务绩效就与内部控制正相关。而内部控制又是三者的重中之重，因此，应该加大内部控制的力度，建立完善的内部控制制度和严格的监事会规章，有效降低企业的财务和经营风险。政府和社会都该给予内部控制足够的关注。

增量收入或增量资金在源源不断地流入，需要在动态过程中加以管控。对控制全局的管理者来说，重要的是现状所预示的趋势而不是现状本身。例如，当发现销售持续下滑，应收账款持续上升，且上升幅度大于同类产品销售增长幅度时，应当特别警觉销售可能出现了严重的危机信号。一般来说，趋势是多种复杂因素综合作用的结果，是在一段较长的时间内逐渐形成的，并对管理工作成效起着长期的制约作用。趋势往往容易被现象所掩盖，控制趋势的关键在于从现状中揭示倾向，特别是在趋势刚显露苗头时就察觉并给予有效控制。控制变化的趋势比仅仅改变现状重要得多，也困难得多，必须予以高度重视。

9.4.5 防范隐瞒或截留收入

隐瞒、截留收入是指违反国家有关规定，以弄虚作假等手段隐瞒、截留应计收入，不入账或少入账的行为。例如，某项业务实际收入 10 万元，但入账金额小于 10 万元，差额被截留了。

隐瞒或截留收入涉及职务侵占。职务侵占罪是指企业员工利用职务上的便利，将本企业财物非法占为己有，数额较大的行为。

对于是否存在隐瞒、截留收入的情况，监测时可以将某个期间的实际收入、成本、盈利数与相应的本期计划数、上期实际数、本企业历史最好水平数、同行业平均水平数等进行比较，分析产生差异的原因，判断有无隐瞒、截留的可能。特别要注意审查备查账簿，核实账账、账证、账实是否相符，有无为隐瞒、截留收入而造成不相符的情况;审查"待处理财产损溢"账簿,核实有无固定资产或流动资产盘盈长期挂在账上不做处理的情况;审查"应交税费"等项目,核实有无隐瞒、截留应交税费等情况。

实证分析9.2 | 一起截留收入与职务侵占案的警示

某年年底,L物业公司的吴华称X能源公司的能源费太贵,遂联系李某想要一点折扣。李某回复称单价是统一规定的,但可以在用量上打折,而打折部分要支付30%的咨询费给指定单位。之后,吴华与李某重新谈了咨询费的比例,最后确定为26%。双方就此签订了能源使用合同和咨询合同。此后,李某用同样的方式与另外4家用能单位签订能源接入销售合同,并私自承诺对用能单位的能源接入费、使用费进行部分或全部减免。

3年后,李某发现这些以前应该由自己负责的事情,公司都叫其下属去操办了。李某感觉行为可能败露,于是向公司坦白交代,由此案发。李某到案后供述,咨询公司是李某的亲戚所有,与X能源公司无任何业务往来。

经审查,李某在担任营销主管期间,利用职务便利,在向客户收费的过程中私自减免、截留业务收入共计一千四百余万元。另外,李某还利用职务便利非法收受他人钱款,为他人谋取利益,涉及金额一百六十余万元。其上述行为已涉嫌职务侵占罪和非国家工作人员受贿罪,被检察院提起公诉。

9.4.6 警惕销售佣金或回扣的危险

佣金是指代理人或经纪人为委托人介绍生意或代买代卖而收取的报酬。根据佣金是否在价格条款中表明,可分为"明佣"和"暗佣"。"明佣"是指在合同价格条款中明确规定佣金率。"暗佣"是指暗中约定佣金率。若中间商从买卖双方都获得佣金,则被称为"双头佣"。

税法上认为,符合规范的手续费及佣金有三个条件:一是纳税人应当向付款方开具合法有效的票据(发票);二是与具有合法经营资格的中介服务机构或个人签订服务协议或合同;三是通常在确认收入金额5%的计算限额内。

回扣是指卖方从买方支付的商品款项中按一定比例返还给买方的价款。按照是否采取账外暗中支付的方式,回扣分为两种,即"账内明示"的回扣和"账外暗中"的回扣。"账外暗中"的回扣是商业贿赂的典型行为方式。

企业应当审视现行销售业务流程,查找管理漏洞。对于监督检查过程中发现的薄弱环节或失控情况,应当及时采取切实措施予以改正。

经典案例评析

既忽视风险又不会管控的下场

周某系张家港市某大型百货公司家电部的营业员,负责销售彩电。某年下半年,周某谎称自己可以从某电子技术公司采购一批价格较便宜的手机,随后百货公司竟然分两笔向该电子技术公司汇付了采购款211万元。

由于该电子技术公司老板杨某系周某的朋友,在211万元汇款到达杨某公司账户后,周某便把钱取出占为己有,这批手机凭空消失了。之后5年,周某先后多次以向某通讯器材公司采购对讲机等理由诱骗百货公司向其他公司汇款,并将汇款取出占为己有。

周某注册成立了一家名为鼎升的贸易公司,先后6次向百货公司以供货为名骗取汇款118万余元,所有汇款全部被其占为己有。

除了骗取百货公司汇款外,周某还多次编造理由,以其他单位需要向百货公司采购家电产品的名义,从百货公司仓库提走价值共计24万余元的家电产品,将其中大部分家电以低价卖给杭州、常州等地从事"串货"的人员,另有一部分卖给熟人。

案发后,周某以职务侵占罪被法院判处有期徒刑七年零二个月,并处罚金3万元,责令其退赔未能追缴的155万余元。

分析该案例可以看出,该百货公司在采购、销售、资产与财务管理等方面都存在明显缺陷,却迟迟未得到纠正。

第一,虚假采购致使资金付诸东流。正常的采购流程应先提出采购申请,经有关领导审核、确认后才能实施采购。采购环节应由采购人员寻找合适的供应商,随后根据采购数量和价格签订合同,待供应商发出货物后,由采购员、库管员共同验收入库,最后由财务核对完相关单据后付款。在本案中,该流程至少存在以下几点缺陷:

一是从岗位职责角度来说,周某作为营业员,却多次扮演了采购员的角色,部门与岗位职责界定不清。周某可以为公司推荐供应商,但采购申请与执行应由采购部门人员实施,而不能由其他人员实施。

二是从供应商管理角度来说,百货公司在采购这样一批巨额物资的事项上未能及时对供应商的资质进行审查,也未在采购前进行市场比价而直接选定供应商,说明该百货公司在供应商管理方面过于随意,缺乏警觉心。

三是从付款角度来说，面对采购业务，百货公司领导事前未派遣其他人员共同参与谈判，也未与对方签订采购合同，百货公司可能是出于信任周某，也可能是出于贪便宜的想法，采用了先付款的方式。对于首次供货的供应商，百货公司如此草率着实匪夷所思。

第二，如此私自销售却无人问津。除了虚假采购外，身为营业员的周某多次编造其他单位的采购需求，提取公司的家电进行低价销售，侵吞销售款。从流程上来说，经由销售人员进行仓库提货的，须提供与客户签订的合同或下达的订单，并经过必要的审批后，库管员才能根据销售合同和订单开具销售出库单。销售出库单必须载明购货单位名称、日期、付款方式、货物名称、规格和数量等信息。以上信息应当与客户的销售订单相互核对，保证无误后才能办理出库手续。而本案中，周某能够自由行动，在未出具任何合同以及订单的情况下进入仓库提货，可见该百货公司的销售流程控制一片混乱。

第三，财务管控形同虚设。案例显示，5年中周某曾多次采用虚假采购的方式骗取公司采购款，采购的货物都是凭空捏造的，实物并未进行入库处理。而相反的是，财务方面已经先行付款并进行账务处理（借：预付账款；贷：银行存款）。但事后一直没有存货入库冲抵预付账款，财务人员也未予以反映，日后对账、结账时也未发现问题。这家大型百货公司在财务基础管理方面的漏洞可见一斑。

透视该案例还可以发现，该百货公司无视风险，忽视内部控制，不会管控，才有如此失控的下场。人为的失控应当有人负责。假如领导懂内部控制，假如某部门或某人敢于管控，如此"低级"的舞弊就可以被发现、被掌控。

第 10 章 存货风险的控制对策

> 管控风险,没有最好,只有更好。

10.1 精细梳理存货控制流程

10.1.1 存货控制的具体目标

作为生产经营必备的物质资料,存货的作用就在于备销、待销,而不是越多越好。

存货构成流动资产的主要组成部分,其不仅占用大量流动资金,而且会发生储存成本等,如同池中已蓄的水,沉淀存货所占用的资金暂时处于静态,其机会成本很高,还会存在贬值风险,故而需要尽力"去库存"。随着社会进步与科技发展,产品的生命周期越来越短、更新换代很快,控制存货在关注存货数量安全的同时更要关注存货的质量,防止形成无形损耗。

随着生产经营过程的推进,有的存货被耗用后形成在产品或产成品等,有的存货被销售后形成商品销售成本,有的存货被耗用掉形成费用。存货在企业资产中所占的比重较大,其管控现状如何不仅影响资产的价值,而且影响损益。所以,存货管控水平的高低体现风险与收益、占用与成本之间的均衡水平,直接关系着资金占用状况、资产运营效率、产品成本高低和企业经济效益水平。在现代企业制度下,存货业务内部控制已从如何防范被挪用、盗用、非法占用拓展到重点关注存货等资产的营运效能及其对实现企业价值的贡献。

存货控制的具体目标:实行存货管理职责分工、预算和审批,健全存货内部控制制度体系,规范验收入库、仓储保管、盘点清查等管控活动,防范存货活动风险,权衡存货成本与效益并使两者最佳结合,降低存货资金占用率和提高存货周转率,确保存货安全、完整,以及相关信息合规、正确。

10.1.2 存货业务控制基本流程

完成采购存货后,紧接着的业务流程包括存货验收、存货保管、存货发出与处置等环节,一般会涉及仓储等相关部门,其控制点较多,可归纳如图10.1和表10.1所示。

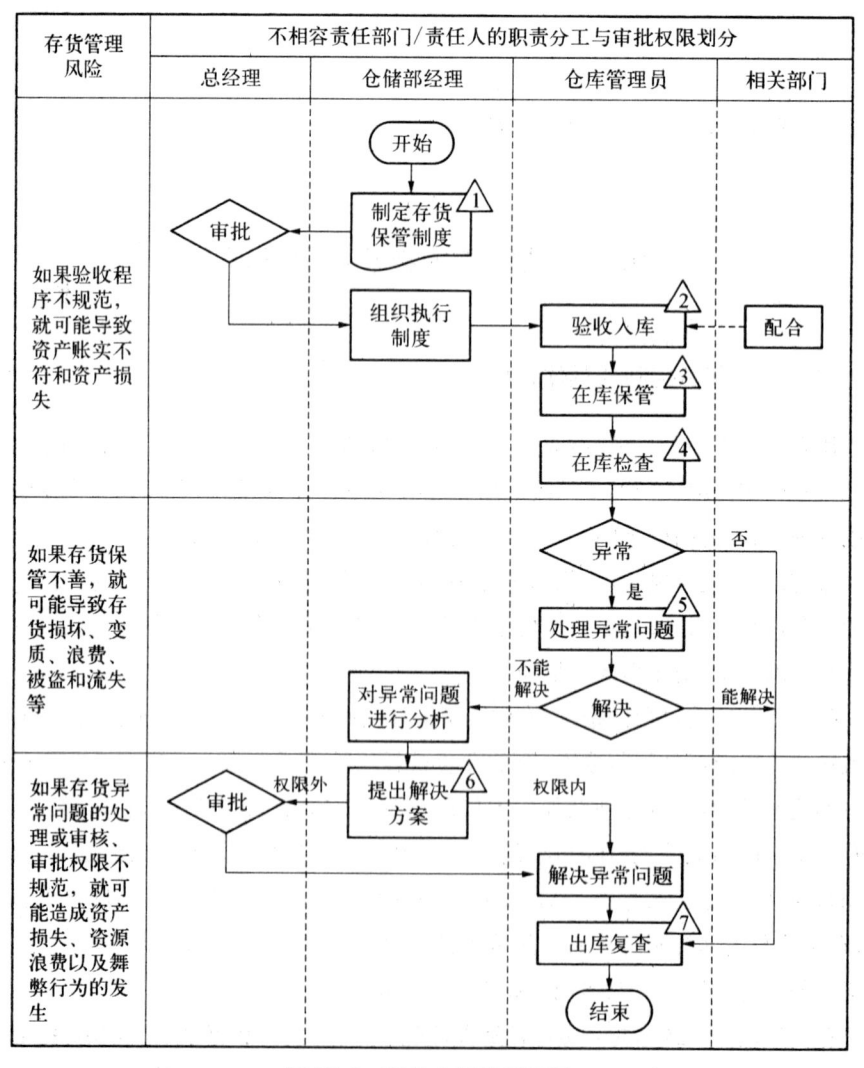

图10.1 存货内部控制流程

表 10.1　　存货内部控制流程中的主要控制点说明

序号	主要控制点描述及说明
1	仓储部经理制定存货保管制度,经过审批程序后执行
2	仓库管理员在质检部的协助下,对存货进行验收入库,根据存货的属性、包装、尺寸等的不同安排存放场所,并对入库的存货建立存货明细账,详细登记存货类别、编号、名称、规格型号、数量、计量单位等内容,定期与财务部门就存货品种、数量、金额等进行核对
3	仓库管理员对存货进行在库保管,具体包括控制仓库温度和湿度、防霉、防腐、防锈、防虫害、安全、卫生管理等内容
4	仓库管理员应定期或不定期做好存货的在库检查工作
5	仓库管理员在存货在库检查中发现异常情况的,应及时处理;对不能解决的问题,应及时报请仓储部经理处理
6	仓储部经理根据分析结果提出解决方案:在权限范围内的,直接交由仓库管理员处理;需总经理审批的方案,经总经理审批后交仓库管理员处理
7	根据分析结果,调整库存盈亏处理,填写"库存调整表"交总经理审批

图 10.1 和表 10.1 分别存货业务风险、职责分工与审批权限等予以反映,表明了 3 个阶段中的 7 个主要控制点,使相关人员明白控制的具体对象与详细操作方法,有较强的针对性,有助于解决现存的问题。

10.2　精准识别存货营运风险

10.2.1　存货失控的主要场景

存货种类庞杂、涉及面广,如果管理粗放马虎,就容易造成盲目采购、仓管混乱、物料浪费、积压或短缺等,不仅会埋下管理隐患,而且会给企业带来经济损失。

存货管理失控主要发生在以下场景中:① 缺乏存货预算,盲目采购,形成存货积压与浪费;② 不进行比价采购,甚至高价采购拿回扣,产生舞弊;③ 存货管理制度不健全,验收、保管、发货、盘点、记账的职责不清;④ 存货超储备、短缺、霉烂、变质、毁损等,不及时处置,导致损失;⑤ 存货不定期盘点,不及时办理盘盈、盘亏手续,甚至操纵存货盘点,虚构存货;⑥ 随意改变存货计价方法,随意调节计划(标准)成本与差异,人为多计、少计、不计存货发出成本;⑦ 存货账实不符、账目不清、管理混乱,存货流失或形成账外资产;⑧ 人为计提秘密准备或人为调节存货跌价准备,致使会计信息失真;⑨ 由于保管不当或管理不善等,出现监守自盗、串通舞弊等问题。

10.2.2 存货风险成因及其后果分析

存货风险是指企业由于缺乏存货管理意识、管理机制导致的存货周转缓慢、存货损失大等现象的风险。存货风险的存在,究其成因,往往不是没有制度,而是制度一大堆、手册到处有,但仅用于应付检查,实际执行是两回事。这种做法是自欺欺人,到头来是企业自身遭受损失。企业由于"实物流"管控不严,容易导致风险事故不断发生:① 存货业务违反国家法律法规,可能遭受外部处罚、经济损失和信誉损失;② 存货业务未经适当审批或超越授权审批,可能因重大差错、舞弊、欺诈而导致资产损失;③ 请购依据不充分,采购批量、采购时点不合理,相关审批程序不规范、不正确,可能导致企业资产损失、资源浪费或发生舞弊;④ 验收程序不规范,可能导致资产账实不符和资产损失;⑤ 存货保管不善,可能导致存货损坏、变质、浪费、被盗和流失等;⑥ 存货盘点工作不规范,可能由于未能及时查清资产状况并做出处理而导致财务信息不准确,资产和利润虚增;⑦ 存货积压或短缺,可能导致流动资金占用过量、存货价值贬损或生产中断。

10.2.3 存货风险的控制重点

(1) 规范出入库管理

存货控制要求企业采用先进的存货管理技术和方法,规范存货管理流程,明确存货取得、验收入库、原料加工、仓储保管、领用发出、盘点处置等环节的管理要求,充分利用信息系统,强化会计核算与出入库等相关记录,确保存货出入库管理的风险得到有效控制。

(2) 确保账、物、卡相符

对货到、发票未到的存货,月末应及时办理暂估入库手续。

(3) 实施精细化管理

例如,采用 ABC 控制法,重要的库存(A类)需要重点管控,一般的库存(B类)可以一般管理,不重要的库存(C类)谨防因为"真空"而失控。一些有经验的管理者将库存分为在用类、闲置类和报废类,并心细地从闲置与报废中发现管理过程中的漏洞。一些"老法师"在识别存货风险时有"四问":物尽其用了吗?人尽其职了吗?管理程序到位了吗?监督检查存在吗?

(4) 确保存货处于最佳状态

例如,利用 ERP 等先进的存货管理模式,使人、财、物、产、供、销全方位科学高效集中管理,最大限度地堵塞漏洞,实现降低库存、减少资金占用,避免物品积压或短缺,保证企业经营活动顺利进行。

10.3 精确落实存货管控措施

10.3.1 存货业务的岗位责任制

企业应当建立存货业务的岗位责任制,明确内部相关部门和岗位的职责、权限,确保办理存货业务的不相容岗位相互分离、制约和监督。

存货业务的不相容岗位至少包括:① 存货的请购、审批与执行;② 存货的采购、验收与付款;③ 存货的保管与相关记录;④ 存货发出的申请、审批与记录;⑤ 存货处置的申请、审批与记录。

存货业务应当实行严格的分离控制,存货的计划、验收、保管、发货、盘点、记账不能由一人包办。企业应当配备合格的人员办理存货业务。除存货管理人员和监管人员外,其他人员接触存货,应当经过相关部门的特别授权。

10.3.2 存货授权批准制度

企业应当对存货业务建立严格的授权批准制度,明确审批人对存货业务的授权批准方式、权限、程序、责任和相关控制措施,规定经办人办理存货业务的职责范围和工作要求。审批人和经办人都应当根据存货授权批准制度的规定行使职权,不得超越权限。

企业内部除存货管理部门及仓储人员外,其余部门和人员接触存货应有相关部门的特别授权。对于属于贵重物品、危险品或需保密的物品,应当规定更严格的接触限制条件,必要时,存货管理部门内部也应当执行授权接触。

企业可以根据业务特点及成本效益原则选用计算机系统和网络技术实现对存货的管理和控制,但应注意计算机系统的有效性、可靠性和安全性,并制定防范意外事项的有效措施。

10.3.3 存货采购申请控制要点

企业应当建立存货采购申请管理制度,明确请购相关部门或人员的职责权限及相应的请购程序。请购通常应当由使用部门书面提出申请,并履行审批程序。

存货的采购计划应当依据仓储计划、资金筹措计划、生产计划、销售计划等,纳入预算管理,合理确定各类存货的比例及存货量,并结合业务管理的特点编制存货年度、季度和月份的采购、生产、存储、销售预算。

企业应当指定专人根据各种材料的采购间隔期和当日材料的库存量,分析确定应采购的日期和数量,或者通过计算机管理系统重新预测材料需要量、安全存货水平和经济采购批量,据此进行再订购,尽可能降低库存或实现"零库存"。

应当关注供应链管理,加强企业之间的交流与合作,对采购环节建立完善的管理制度,确保采购过程透明化。加强供应链管理可以降低采购成本,通过扩展企业边界,随时掌握供应商与存货的信息,企业无须维持较高的存货持有成本,就不会形成存货堆积,从而降低存货持有成本,并有助于减少交易成本和获取信息的成本。

10.3.4 验收、保管、入库控制要点

(1) 存货验收程序

外购存货入库前一般应经过下列验收程序:① 检查订货合同、入库通知单、供货企业提供的材质证明、合格证、运单、提货通知单等原始单据与待检验货物是否相符。② 对拟入库存货的交货期进行检验,确定外购货物的实际交货期与订购单中的交货期是否一致。③ 对货物进行数量复核和质量检验,必要时可聘请外部专家协助进行。④ 验收后数量相符、质量合格的货物,应办理相关入库手续;对经验收不符合要求的货物,应及时办理退货、换货或索赔。⑤ 对不经仓储直接投入生产或使用的存货,应当采取适当的方法进行检验。

(2) 存货保管制度

仓储部门应当定期对存货进行检查,加强存货的日常保管工作:① 因业务需要分设仓库的,应当对不同仓库之间的存货流动办理出入库手续;② 按仓储物资所要求的储存条件储存,并建立健全防火、防潮、防鼠、防盗和防变质等措施;③ 对物品、生产用关键备件、精密仪器和危险品的仓储,应当实行严格审批制度;④ 应当重视生产现场的材料、低值易耗品、半成品等物资的管理控制,防止浪费、被盗和流失。

(3) 存货入库管理

存货入库管理的控制要点:① 存货管理部门对入库的存货应当建立存货明细账,详细登记存货类别、编号、名称、规格、数量、计量单位等内容,并定期与财会部门就存货品种、数量、金额等进行核对。入库记录不得随意修改,如确需修改入库记录的,应当经有效授权批准。② 企业应当根据自身的生产经营特点制订仓储总

体计划,并考虑工厂布局、工艺流程、设备摆放等因素,相应制定人员分工、实物流动、信息传递等具体管理制度。③ 存货的存放和管理应指定专人负责并进行分类编目,严格限制无关人员接触存货,入库存货应及时记入收发存登记簿或存货卡片,并详细标明存放地点等。④ 存货采购应当按照会计准则或会计制度的规定进行初始计量,正确核算存货采购成本。

10.3.5 领用与发出控制要点

企业应当建立严格的存货领用、发出流程及制度。企业各部门领用材料应当填制领料单;超出存货领料限额的,应当经过特别授权。仓库应当根据经审批的销售通知单发出货物,并定期将发货记录与销售部门和财会部门核对。

存货发出的责任人应当及时核对有关票据和凭证,确保存货品名、规格、型号、数量、价格等一致。

企业财会部门应当针对存货种类繁多、存放地点复杂、出入库发生频率高等特点,加强与仓储部门的经常性账实核对,避免出现已入库存货不入账或已发出存货不销账等情形。

10.3.6 盘点与处置控制要点

证实存货数量最有效的途径是对其进行清查盘点。企业应当制订详细的盘点计划,并选择适当的存货盘点制度,明确盘点范围、方法、人员、频率和时间等。

账面盘点就是把每天入库及出库货品的数量及单价记录在计算机或账簿上,而后不断累计算出账面上的库存量及库存金额,又称永续盘点。现货盘点就是实际清点、调查仓库内的库存数,再依货品单价计算出实际库存金额的方法,又称实地盘点。实务上采取账面盘点和现货盘点平行的方法,当账面数与实存数出现差异时,应查明原因。

盘点内容包括数量盘点、重量盘点、账实核对、账表核对与账账核对等,可分为定期盘点和临时盘点等。定期盘点(全面盘点)是指在一段时间内,一般是每季度、每半年或年终财务结算前进行一次全面盘点。临时盘点是指认为有必要盘点对账时(如仓库发生货物损失事故,保管员更换等)组织一次局部性或全面的盘点。

盘点方法有盲盘和明盘之分。盲盘是指在盘点时不看商品库存报表,直接核查实物,抄录编号和数量,抄录完毕后与报表对比的方法。明盘是指拿着报表点实物。

存货盘点应当及时编制盘点表,对于盘盈、盘亏情况要分析原因,提出处理意见，经相关部门批准后，在期末结账前处理完毕。

　　仓储部门应通过盘点、清查、检查等方式全面掌握存货的状况，及时发现存货的残、次、冷、背等情况，并选择有效的处理方式，经相关部门审批后做出处理。

　　单靠监盘并不能发现所有重大舞弊行为，管理人员可执行分析程序等，对存货流程控制的有效性进行客观、冷静的观察等。

　　图 10.2 设计的存货盘点流程图不仅列示了相关职能部门的分工，而且标明了流程要点与关键控制点。

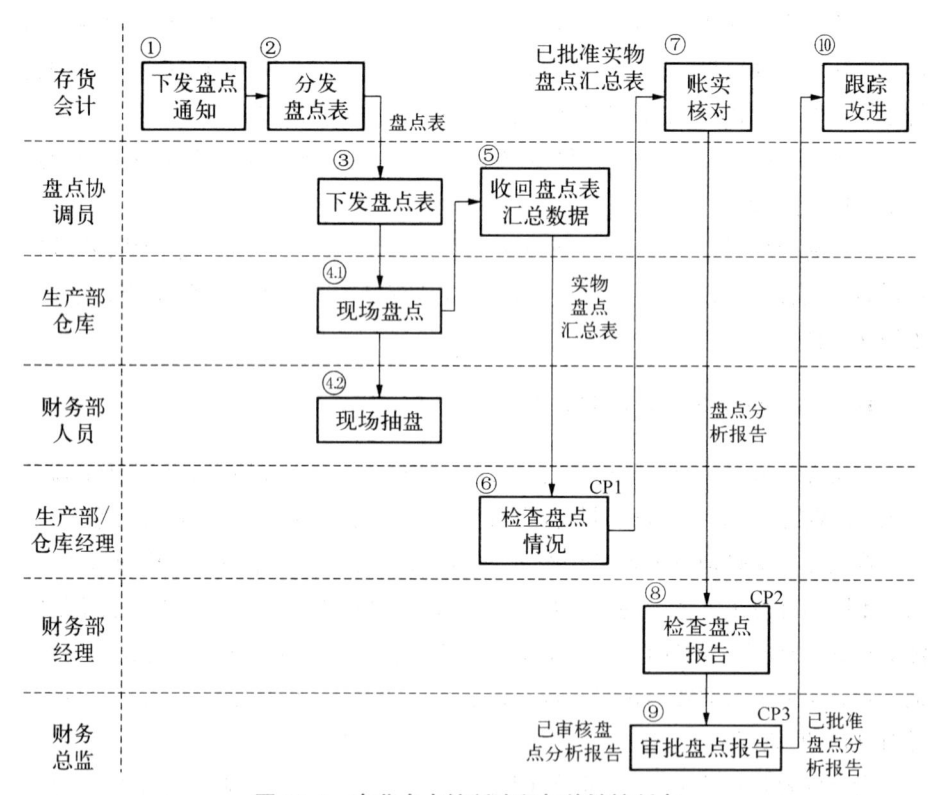

图 10.2　存货盘点控制流程与关键控制点

对图 10.2 中存货盘点流程的要点说明如下：

① 存货会计在盘点前 3 天向生产部、仓库、销售部及财务部下发盘点通知。

② 生产部及仓库的盘点协调人在收到通知的 1 天内去存货会计处签字并领取带序号的盘点表。

③ 生产部及仓库的盘点协调人在盘点前 1 天将盘点表交给生产部及仓库人员并签收。

④ 根据盘点计划规定的时间,所有车间及仓库停止生产及物料领用,开始盘点,将盘存数写在盘点表上并签字确认。盘点完毕后,生产部及仓库的盘点协调人应立即通知财务部进行抽查盘点,抽查范围由存货会计确定;如抽查差错率超过一定的范围,则现场全部重新盘点。

⑤ 生产部及仓库的盘点协调人根据回收的盘点表,在盘点完成后的第二个工作日完成存货盘点汇总表。

⑥ 生产部及仓库经理检查盘点汇总表。

关键控制点1(CP1):如果盘点汇总表中各物料的数量与部门内部物料流水账一致或在允许的误差范围内,或已找出差异原因并制定了解决办法,则签字后将盘点汇总表交存货会计;否则,将盘点汇总表退回盘点协调人。

⑦ 存货会计在盘点结束后的第二个工作日收到盘点表后,做好以下工作:清点盘点表数量,确保发出数与回收数一致;按物料编号汇总盘点表,并与盘点汇总表核对;将实际盘点数与会计系统中的账面数核对;编写盘点分析报告。

⑧ 财务部经理检查盘点分析报告。

关键控制点2(CP2):分析报告若对差异原因进行了正确分析,并提出了跟踪解决方法,则签字后交财务总监;若未达到以上要求,则将分析报告退给存货会计。

⑨ 财务总监批准盘点分析报告。

关键控制点3(CP3):分析报告若对差异原因进行了正确分析,并提出了跟踪解决方法,则签字批准;若未达到以上要求,则将分析报告退给存货会计。

仓储部门与财会部门应结合盘点结果对存货进行库龄分析,确定是否需要计提存货跌价准备。经财务总监审批后,方可进行会计处理,并附有关书面记录材料。

对盘点中出现的问题进行跟踪处理,并在下次报告中说明结果。

上述盘点流程的运用明确了盘点过程中的职责范围,制定了具体实施盘点的方法,规定了盘点差异的处理方法,设立了跟踪反馈环节;同时,分析盘点中可能出现问题的环节,有效保证了盘点的质量。

10.4 精密监控存货失控危险

10.4.1 存货活动日常监控的主要内容

企业应当建立对存货业务的监督检查制度,明确监督检查人员的职责权限,定期和不定期地进行检查。存货监督检查的内容主要有以下几个方面：① 存货业务相关岗位及人员的设置情况，重点检查是否存在存货业务不相容职务混岗现象；② 存货业务授权批准制度的执行情况，重点检查存货业务的授权批准手续是否健全，是否存在越权审批的行为；③ 存货预算制度与管理制度的执行情况，重点检查存货收发的真实性、合理性、合法性和是否超出预算范围；④ 存货核算与盘点制度的执行情况，重点抽查存货记录、盘点报告的真实性、完整性和可靠性等。

10.4.2　存货抽查盘点等检查要点

实物管理的监督检查重在对存货实物形态的安全、完整进行保护，具体包括以下内容：

第一，存货保管部门对入库存货的数量应及时记入收发存登记簿，并标明存放地点、仓号和仓位。收入的存货应分类编目，以便同类物品集中存放和保管。

第二，存货的实物应由专职保管员控制，应设置分离且封闭的仓库区域，只有经授权批准的人才能进入，严格限制接触存货。

第三，验收部门收到货物后，应检查货物的数量和质量，填制验收单，验收完毕后即将货物转运至保管部门，并将验收单分送采购部门、保管部门和财会部门。

第四，存货保管部门应对存放的实物进行检查，查看有无损坏、变质或呆滞等情况，有无记录等。如果发现有损坏、变质的情况，就应及时填制专门的报告单，说明数量、原因，并经有关人员批准后，由保管部门和财会部门分别调整数量和金额记录。

专题讨论10.1　｜　存货抽查应当关注的重点

存货抽查应当关注：一是大额存货的采购是否签订购货合同，有无审批制度；二是存货的入库是否严格履行验收手续，对名称、规格、型号、数量、质量和价格等是否逐项核对并及时处理；三是有无发出手续，是否按规定办理，是否及时登记仓库账并核对相符；四是存货的采购、验收、保管、运输、付款等职责是否严格分离；五是存货的分拣、堆放、仓储条件等是否良好；六是是否建立定期盘点制度，发生的盘盈、盘亏、毁损、报废是否及时按规定审批处理；七是抽取购货合同，对购货合同及请购单的内容——货物名称、规格、型号、请购量，授权批准、批准采购量、采购限价、单价、合计金额进行核对；等等。

10.4.3　存货内部控制制度执行情况的测试要点

存货内部控制制度是企业（尤其是制造业企业和商品流通企业）整个内部控制

制度的重点内容和中心环节。企业制定存货内部控制制度并加以监督检查的根本目的在于保障存货资金的安全,加快存货资金的周转,提高存货资金的使用效益。

对存货的监督检查,首先从评价存货内部控制制度入手,然后根据评价结果,确定存货监督检查的适当程序。存货内部控制一般包括两大系统:一是对存货的实物流转程序的控制,二是对存货的价值流转记录和程序的控制。两大系统互相影响,相辅相成。存货实物流转程序的内部控制主要涉及采购、验收、存储、发货、发运等各项职能。存货价值流转记录主要由会计部门执行。会计部门应根据企业存货的特点,建立健全成本会计控制和永续盘存制度,从原材料采购成本到产成品加工成本进行全过程控制。

调查了解存货内部控制的方式包括调查问卷、现场询问、查阅资料等,可着重把握以下几个步骤:① 索取有关存货资料。② 走访有关管理人员。③ 现场观察存货的流动与控制现状。④ 编制存货内部控制备忘录或绘制流程图。⑤ 记录存货测试情况等,包括测试与存货相关的成本会计控制执行情况,如营业成本计价方法是否符合会计准则的规定,是否发生了重大变更;采用计划成本、定额成本、标准成本核算,其差异处理是否正确,是否还原为实际成本等。⑥ 评价存货内部控制制度是否建立、健全并完善,是否得到认真、有效的执行等。

企业应当对发现的存货内部控制的薄弱环节和问题进行归类整理,深入分析,查找原因,健全和落实相关控制措施,及时改进。

经典案例评析

存货管控松懈造成漏洞百出

某公司的存货集中在一个大仓库内,分设原材料、低值易耗品、产成品三个库房,有简易的隔离设施。每个库房配有一个专职仓管员,专人负责存货的请购、入库、验收、记账、发出、盘点等存货管理工作,但堆放不齐、账情不清。

仓库人手少,管理相当松懈,账实不符和串货情况时常存在,而公司财务科只要求每个仓库每年年末盘点一次,并以各仓库保管员年末编制的盘点表上的实盘数为准,调整财务上有关存货的账面记录。

年报审计时,审计人员发现,盘点表上只有保管员一个人的签字,实际盘点数与财务账面期末数的差异均作为盘盈、盘亏处理后计入当期损益,既没有原因分析,也没有报批手续和领导签字,财务账务处理的依据就是仓库保管员年末编制的盘点表。据说这种做法已成习惯,没有人提出过异议。问题是,该公司每年的盘亏大于盘盈,而且数额较大。询问财务人员,说不清原因;询问仓库保管员,说是有时候生产领用存货没有及时办理手续,具体是什么原因、数额是多少却含糊其辞。

该公司不重视存货管理,其存货管理不符合规范的状况已经持续多年,不排除监守自盗、串通舞弊的可能。尤其是以下漏洞应当引起重视:

第一,仓管员一人负责所辖存货的请购、入库、验收、记账、发出、盘点等日常管理工作,不符合不相容职务应当分离的要求;每年只盘点一次,并且盘点表上只有保管员一个人的签字,不符合定期盘点、内部审核与内部牵制的要求;该公司仓库保管员对每年发生的盘亏大于盘盈而且数额较大的原因说不清楚,是管理人员失职与内部管理失控的具体表现。为什么说不清,疑问很多。

第二,公司财务科只要求每个仓库每年年末盘点一次,并以各仓库保管员年末编制的盘点表上的实盘数为准,调整财务上有关存货的账面记录,实际盘点数与财务账面期末数的差异均作为盘盈、盘亏处理后计入当期损益,既没有原因分析,也没有报批手续和领导签字,账务处理的依据就是仓库保管员年末编制的盘点表,这不仅不符合对盘盈、盘亏账务处理的规范要求,而且是一种越权行为。为什么对如此失控的状态与越权行为不闻不问,纵容至今?

财务科至少应当按照财产清查的规范要求,在抽查核实的基础上,经过分析并报经批准后才能调整财务上有关存货的账面记录,这是对内部会计控制的基本要求,为什么没人发现,无人管控?

第三,该公司每年的盘亏数都大于盘盈数,可能存在不少漏洞,应予以关注而不能转账了事。出现盘亏数大于盘盈数的情况可能有多方面的原因,如仓库的材料物资被盗窃、挪用,少开领料单等,应当查明原因后才能按规定处理。为什么不去阐明原因?

公司应完善存货清查盘点制度、抽查制度和监盘制度。具体盘点时需详细制订盘点计划,合理安排人员,有序摆放存货,保持完整的盘点记录,并按规定程序及时处理盘盈、盘亏;必要时,可安排临时突击盘点,确保存货等财产物资的安全、完整。

第 11 章 固定资产风险的控制对策

> 危机总以突如其来的方式降临,精准防控需要提前做好应对准备。

11.1 精细梳理固定资产控制流程

11.1.1 固定资产控制的具体目标

投资活动导致资本性支出增加,包括长期股权投资、长期债券投资、增添固定资产、形成无形资产等。其中,固定资产是指使用寿命超过一个会计年度的有形资产,是企业生存与发展必备的劳动资料。

固定资产与工程项目内在关联。企业自行或者委托其他单位进行的建造或安装工程分自营和出包两种方式。自营在建工程是指企业自行购买工程用料、自行施工并进行管理的工程。出包在建工程是指企业通过签订合同,由其他工程队或单位承包建造的工程。工程项目竣工验收后形成固定资产。

广义的固定资产业务包括工程项目与固定资产投资规划、资本预算、购建验收、资产计价、计提折旧、盘点清理等环节。狭义的固定资产业务不包括在建工程。

固定资产(含工程项目)控制的具体目标:实行工程项目与固定资产职责分工、预算和审批等流程控制,健全工程项目与固定资产内部控制制度体系,严格工程项目与固定资产立项或采购、可行性研究、审批、实施、验收等环节的管控,防范工程项目与固定资产活动风险,控制建设规模与项目效益,确保工程项目与固定资产安全、完整,以及相关信息合规、正确。

11.1.2 工程项目控制的基本流程

工程项目投入资源多、占用资金多、建设工期长、涉及环节多、多种利益关系错综复杂,尤其是项目决策与招投标活动可能是失控或腐败的高发领域,所以必须强化对工程建设全过程的监控,制定和完善工程项目的各项管理制度,明确相关机构和岗位的职责权限,规范工程立项、招标、造价、建设、验收等环节的工作流程及控制措施,保证工程项目的质量和进度,从而确保固定资产安全、完整。其流程如图11.1所示。

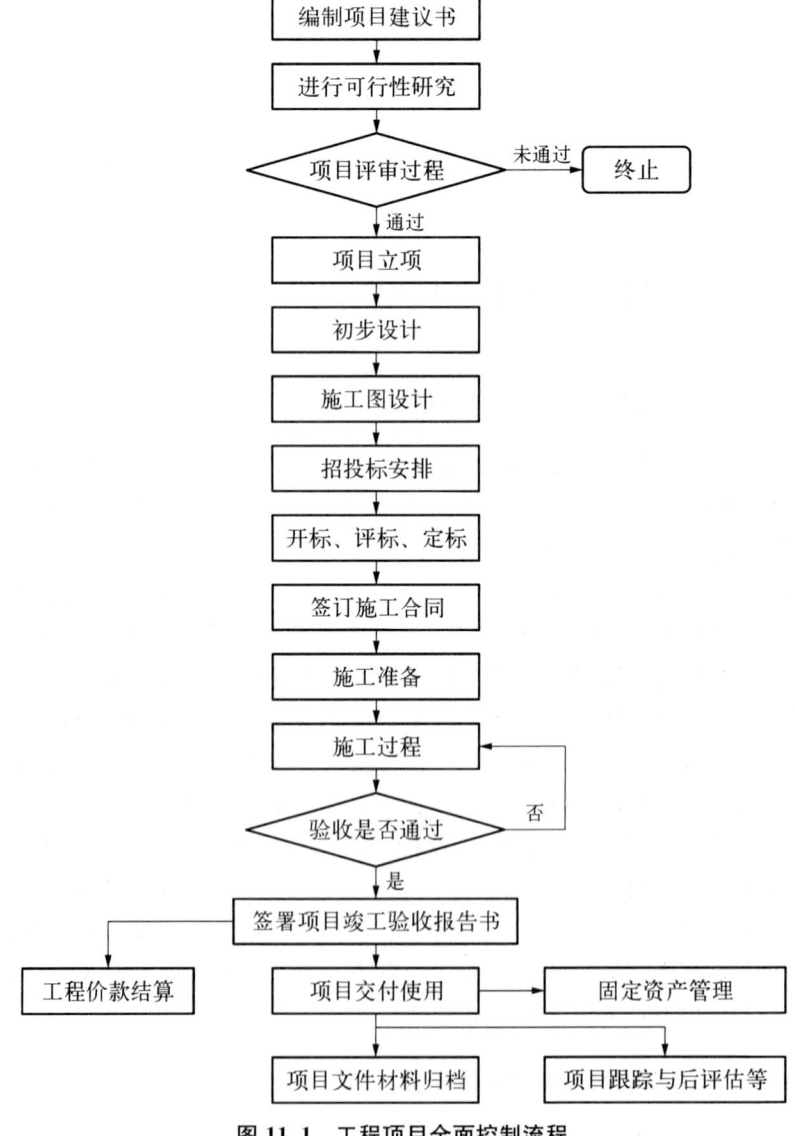

```
          编制项目建议书
               ↓
          进行可行性研究
               ↓
         ◇项目评审过程◇ ──未通过──→ 终止
               ↓通过
            项目立项
               ↓
            初步设计
               ↓
            施工图设计
               ↓
            招投标安排
               ↓
         开标、评标、定标
               ↓
           签订施工合同
               ↓
            施工准备
               ↓
            施工过程 ←──────┐
               ↓           │
         ◇验收是否通过◇──否─┘
               ↓是
        签署项目竣工验收报告书
         ↓          ↓           ↓
   工程价款结算  项目交付使用   固定资产管理
                    ↓              ↓
              项目文件材料归档  项目跟踪与后评估等
```

图 11.1　工程项目全面控制流程

企业在实施工程项目或购置固定资产前,如果缺乏有效的可行性研究,投资定位不科学,主观拍板,购建设备后不能有效利用,或产出品不合格,不仅投资得不到回报,而且使企业背上沉重的包袱。项目立项与可行性研究属于项目决策过程,是对拟建项目的必要性和可行性进行技术经济论证和不同建设方案比较并做出判断与决定的过程,其决策正确与否直接关系到项目建设的成败,属于关键控制节点。

11.1.3 固定资产控制的基本流程

固定资产控制是价值控制和实物控制的统一。固定资产种类繁多,价值较大,周转周期较长,使用地点分散,使用人员较多,涉及各个部门的管理状况以及实物管理的重要内容,具有控制范围广、控制环节多的特点,应当实施多层次、全方位、分环节的控制方法,并力求涵盖固定资产业务的各个方面,做到从上到下全员控制。尤其应当重视事前对固定资产的预算控制与授权审批等。针对固定资产的预算执行与购置审批的控制流程如图11.2所示。

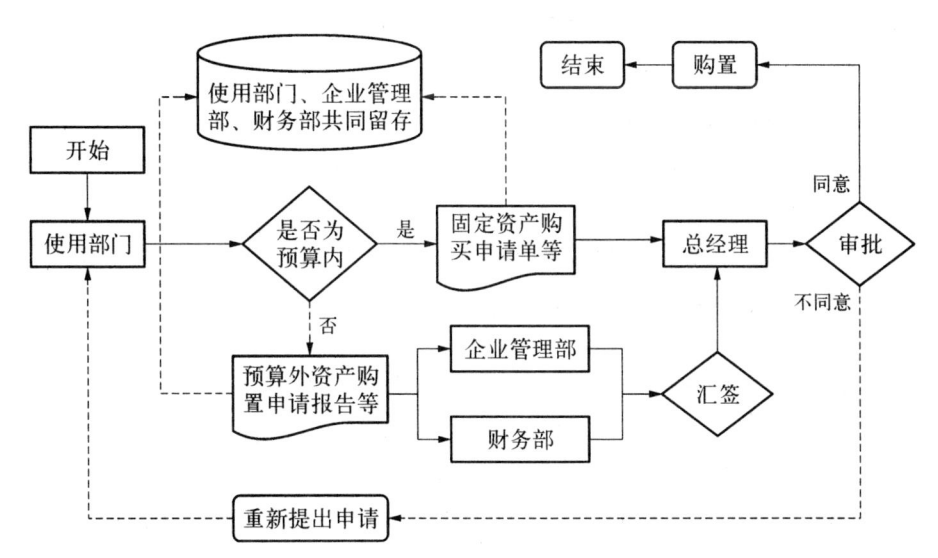

图 11.2 固定资产控制的基本流程

专题讨论 11.1 | 固定资产日常管控可能出现的风险

固定资产合规风险:违反预算或授权批准规定,造成资产损失;不符合国家有关安全、消防、环保等的规定,遭受经济处罚;收购、出售、清理等行为违反法律法规及内部规章制度的规定造成损失;等等。

固定资产经营风险:因管理不妥、验收不严、保管不善、使用不当,发生被盗、毁损等事故，造成固定资产损失；因长期闲置造成资产毁损，失去使用价值；未及时完整办理保险，给企业带来经济损失；固定资产处置不规范，造成资产流失；等等。

固定资产财务风险：分类编码错误，不能如实反映固定资产现状；会计核算不规范，账目记录有误，造成财务数据不正确；核算错误，造成成本费用失真；等等。

11.2 精准识别工程项目建造风险

11.2.1 工程项目失控的主要场景

在行贿受贿案件的重灾区，排名靠前的是工程领域、采购领域和招投标领域。尤其是在工程领域，商人承揽项目而行贿、官员输送利益而受贿的情形古已有之。光绪重臣李岳瑞曾在《春冰室野乘》中举了一个显例："黄河南河岁修经费，每年五六百万金，然实用于工程者不及十分之一，其余多奉官吏，悉供其挥霍，一时衣服、车马、玩好，莫不斗奇逞巧。"所以，凡是利益和资源较为集中的领域，都应当通过关注失控的具体场景，加大监管力度，压缩寻租空间，预防职务犯罪。

(1) 招投标失控风险点

警惕"暗箱"操作，防止招投标过程中的关系标、形式标和陪标等弄虚作假现象发生。要严格审查投标单位的法人资格、资质等级、经营业绩、社会信誉等，杜绝"挂羊头，卖狗肉"现象。严格执行评标专家随机抽取、信息透露公平、评标结果公示制度，接受社会和舆论监督等。

(2) 施工单位失控风险点

按投标文件对中标施工单位的人员资质进行严格检查和核对，确保投标承诺人员真实到场。同时，监督施工单位对材料设备采购、资金使用、机械租赁、工程分包等方面的具体管理情况，加强对这些环节的监督管理。尤其应当关注工程变更签证风险。工程变更设计须由项目业主组织原设计单位及监理、施工单位共同研究方案，在取得一致意见后，按规定程序报批。在对工程土石方、桥涵、隐蔽工程等计量支付时，按照工程进度，严格完备证明材料，施工、监理、跟踪审计和项目负责人签字齐全方有效，以确保资金规范运作。

(3) 监理单位失控风险点

监理单位作为专业的监管机构，在工程施工中有较大的权利，是施工单位拉拢、腐蚀的主要对象。应加强对监理单位人员资质的检查，杜绝监理企业使用钟点工形式的监理人员，从根本上消灭"江湖游监"。对监理权利的监控要从容易诱发腐败的"偷工减料""虚假变更""虚报工程量"等环节入手。对监理签字验收的工序验收单,项目负责人要进行复核,避免监理和施工单位串通造假。严格控制工程计量与工程变更,原则上严格按照投标书数量进行计量,所有变更均要参与复核确认,重大变更要组织专家评审团进行现场确定。

(4) 项目负责人员失控风险点

严格控制与廉政教育相结合,杜绝工作人员"吃、拿、卡、要",不允许推销材料、介绍施工队伍、承揽私活等行为,并实行廉政举报制度,接受社会监督。对项目负责人的权利要进行监督检查,所有签证都要有两人以上共同确认,防止"一言堂"等独断专行。

11.2.2 工程项目风险成因及后果分析

"一个工程上马了,一批官员落马了。"工程领域之所以成为经济犯罪和腐败的高危区,就在于对权力寻租监控不力,导致严重后果:① 项目立项缺乏可行性研究或者可行性研究流于形式、决策不当、盲目上马,可能导致难以达到预期效果或项目失败;或固定资产购买、建造决策失误,可能造成企业资产损失或资源浪费。② 相关业务未经适当审批或超越授权审批,可能因重大差错、舞弊、欺诈而导致资产损失;或申请购置环节审批不严,造成浪费、闲置等现象发生。③ 项目招标暗箱操作,存在商业贿赂,可能导致中标人实质上难以承担工程项目、中标价格失实及相关人员涉案。④ 工程造价信息不对称,技术方案不落实,概预算脱离实际,可能导致项目投资失控。⑤ 工程物资质次价高,工程监理不到位,项目资金不落实,可能导致工程质量低劣,进度延迟或中断。⑥ 竣工验收不规范,最终把关不严,可能导致工程交付使用后存在重大隐患。⑦ 固定资产更新改造不够、使用效能低下、维护不当、产能过剩,可能导致企业缺乏竞争力、资产价值贬损、安全事故频发或资源浪费。⑧ 工程项目或固定资产处置不当,可能造成企业资产损失。⑨ 会计处理和相关信息不合法、不真实、不完整,可能导致企业资产账实不符或资产损失。⑩ 资产管理职责不清,没有明确归口管理部门,没有明确资产的使用和保管责任,可能导致资产使用、保管不当,造成资产丢失或非正常损失。

11.2.3 工程项目风险的控制重点

第一,企业应当根据发展战略和年度投资计划,提出项目建议书,编制可行性研究报告,并组织内部相关机构的专业人员进行充分论证和评审,在此基础上,按照规定的权限和程序进行决策。重大工程项目应当报经董事会或类似决策机构集体审议批准,任何个人不得单独决策或擅自改变集体决策意见。

第二,企业应当采用公开招标的方式,择优选取具有相应资质的承包单位和监理单位,规范工程招标的开标、评标和定标工作,不得将应由一个承包单位完成的工程肢解为若干部分发包给几个承包单位。

第三,企业应当加强对工程造价的管理,明确初步设计概算、施工图预算的编制方法,按照规定的权限和程序进行审核和批准,确保概预算科学、合理。

第四,企业应当加强对工程建设过程的监控,实行严格的概预算管理和工程监理制度,切实做到及时备料、科学施工、保障资金、落实责任,确保工程项目达到设计要求。工程建设过程中涉及项目变更的,应当严格审批;重大项目变更还应当按照项目决策和概预算控制的有关程序和要求重新履行审批手续。

第五,企业收到承包单位的工程竣工报告后,应当及时组织验收,开展竣工决算审计,办理竣工验收手续。企业还应当建立完工项目后评估制度,重点评价工程项目预期目标的实现情况和项目投资效益等,并以此作为绩效考核和责任追究的依据。

11.3 精确落实固定资产管控措施

11.3.1 固定资产的岗位责任

企业应当建立固定资产业务的岗位责任制,明确相关部门和岗位的职责、权限,确保办理固定资产业务的不相容岗位相互分离、制约和监督。同一个部门或个人不得办理固定资产业务的全过程,即从工程项目开始到固定资产投入使用的全部业务过程不能由一个人包办。

固定资产业务不相容岗位至少包括:① 固定资产投资预算的编制与审批;② 固定资产投资预算的审批与执行;③ 固定资产的采购、验收与款项支付;④ 固定资产投保的申请与审批;⑤ 固定资产处置的审批与执行;⑥ 固定资产取得与处置业务的执行与相关会计记录。

为了切实履行固定资产业务的岗位责任制,企业应当配备合格的人员办理固定资产业务。办理固定资产业务的人员应当具备良好的业务素质和职业道德。

11.3.2 固定资产归口分级控制规范

由于固定资产种类复杂、数量较多、涉及企业的各个部门和广大员工,因此,应建立各职能部门、各级单位在固定资产控制方面的责任制,实行固定资产的分级归口控制，明确固定资产管理部门、固定资产使用部门和企业财务部门的职责权限，确保固定资产控制的权责明晰、责任到人，实现归口管理、责任分级。

固定资产实行归口控制的一般做法：整个企业的生产设备归生产部门管理，动力设备由动力部门管理，运输工具由运输部门管理，房屋建筑物、家具及空调设备、办公管理用具由总务部门管理，各种试验、计量、测量、仪表仪器等科研开发设备由技术部门管理。各归口管理部门要对所分管的固定资产实行有效控制，保证固定资产的安全、完整。

固定资产分级控制的一般做法：按照固定资产的使用地点，将各类固定资产交由企业内部各级单位控制，有些固定资产的具体管理责任还要落实到个人，做到层层都负责、物物有人管，使固定资产的安全保管和有效利用得到切实保障。

固定资产归口管理的主线包括实物管理主线和价值管理主线，其中，实物管理主线由归口管理单位与使用单位负责，价值管理主线由财务部负责。两条主线分别由不同的职能部门实施，相互制约，相互监督，做到价实一致，确保资产的安全、完整。

企业生产总监、行政总监的管理责任：① 审查本部门的具体固定资产管理办法和投资计划；② 监督固定资产管理制度和投资计划的执行；③ 会同财务总监审查和批准固定资产的投资、更改、报废等重大决策。

财务总监或财务负责人的管理责任：① 会同生产、行政总监审查和批准固定资产的投资、修建、报废等重大决策；② 审查和批准固定资产折旧计划，并检查其执行情况；③ 组织制定固定资产利用效果考核指标体系和考核办法；④ 组织固定资产(清查)盘点；⑤ 组织固定资产核算，并检查核算结果。

生产、运输、动力等归口部门的管理责任：① 制定本系统固定资产管理的具体办法；② 划分各使用部门(责任人)对固定资产实物管理的责任；③ 登记固定资产实物卡片账；④ 编制固定资产统计台账；⑤ 组织对本系统固定资产日常维修、转移的管理；⑥ 提出固定资产的购置、报废计划；⑦ 编制固定资产目录等。

财务部门的管理责任：① 参与制定固定资产决策；② 制定固定资产盘点清查制度，并参与盘点清查；③ 提供固定资产利用效果考核所需数据，制定固定资产管理和利用效果责任考核制度，并具体考核；④ 参与新增固定资产的验收(资产代号的认定及会计处理)，报废固定资产的鉴定和内部移交；⑤ 预测固定资产投资资金需求量；⑥ 编制固定资产投资立项报告；⑦ 组织重大固定资产投资项目的可行性分析；⑧ 组织评价固定资产投资项目的效果及计划的实现情况；⑨ 汇总审查固定资产的更新改造与修理计划；⑩ 下达固定资产的更新改造计划和大修理计划并检查、落实;⑪ 组织固定资产的核算并定期与各固定资产管理部门的固定资产台账、卡片账核对,保证账实相符;⑫ 编制固定资产折旧计划,正确计提固定资产折旧;⑬ 正确确定固定资产的计量;等等。

11.3.3　固定资产流程控制重点

(1) 资产购置控制点

申请购置部门需提出购置申请,填写"固定资产请购审批单",说明购置资产的用途及资金来源。请购审批单应详细填写拟购买固定资产的名称、规格、型号、性能、预算金额以及购置原因等相关内容。拟购买固定资产的耗费应在预算范围内。

(2) 资产验收控制点

购置的固定资产必须进行验收、登记,办理相关产权证明。参与验收的人员应具备与采购项目相关的专业知识和实践经验。根据合同(协议)、供应商发货单等对所购固定资产的品种、规格、数量、技术要求及其他内容进行验收,出具验收单或验收报告。验收内容包括固定资产的品种、规格、型号、数量与请购单是否相符,运转是否正常,使用状况是否良好,有关技术指标是否达到合同规定的要求等。

固定资产经验收后,财务部门凭验收单或验收报告登记入账,建立固定资产明细卡,做到一物一卡,详细登记规格、型号、数量、单价、使用人、保管人、存放地点、使用年限、折旧率等信息。利用资产管理信息系统生成二维识别码,并张贴在实物资产上。

(3) 资产领用控制点

领用固定资产时需填写"固定资产领用登记表",经相关领导签字后方可领用。领用资产时应检查资产是否完整,有无损坏。离职时应将领用资产交还企业,由资产管理部门检查资产情况并填制"固定资产变更表",财务人员应根据变更表更改资产管理系统信息。

(4) 资产保管控制点

固定资产应由专人保管,保管人或使用人即直接责任人。在使用过程中应做好资产的使用与管理工作,定期巡检、保养,对因使用不当、故意损坏等造成各类损毁的情况,应承担相应的赔偿责任。

(5) 资产处置控制点

固定资产的出售、无偿调出、对外捐赠、投资等应按规定程序审批。一般由财务部向相关审批部门提出申请,经审批后方可处置,未经审批不得擅自处理。尤其应当注意规范固定资产抵押程序和审批权限等,将固定资产用作抵押的,应由相关部门提出申请,经企业授权部门或人员批准后,由资产管理部门办理抵押手续。

(6) 资产报废控制点

保管人要时刻掌握资产使用情况,有下列情形之一的,可以向资产管理部门提出报废申请。资产管理部门派专业技术人员对资产进行检测、评估,确定符合报废条件的,要向财务部提交详细的报废资产清单。财务部通过资产管理信息系统提交资产报废报告,经审批后及时进行账务处理。

符合下列条件之一的固定资产可以申请报废:① 经技术鉴定已丧失使用价值的;② 按照规定强制报废的;③ 盘亏、呆账及非正常损失的;④ 因技术原因不能满足本企业需要的;⑤ 已达到规定使用期限,继续使用不经济的。

(7) 资产盘点控制点

资产管理部门、财务部门和使用部门应每半年对账一次,使账实、账卡、账账保持一致。每年对本部门的固定资产进行一次全面清查盘点,查明固定资产的实有数与账面结存数是否相符,固定资产的保管、使用、维修等情况是否正常。在企业领导或资产管理及使用人员离任时,应做好相关固定资产审计,及时组织清查盘点,严格办理资产移交和监交手续,确保人走账清,保证固定资产安全、完整。对清查盘点中发现的问题,应查明原因,说明情况,编制有关固定资产盘盈盘亏表,按管理权限报经财务部或本部门主管领导批准后,调整固定资产账目。

老法师提醒 11.1 │ **努力构建多部门协调一致的联动管控机制**

固定资产管理工作如何常态化?构建多部门协调一致的联动管控机制很重要。固定资产主管部门负责宏观管理,定期组织清查盘点,对现有固定资产的使用状况进行分析评估,实现资源优化配置;财务部门负责设置专门的固定资产核算岗,设置固定资产账簿及明细账,配合清查盘点,为固定资产分析提供数据资料;使用部门具体负责固定资产的安全运营,设置专门的固定资产管理岗,履行实物资产管理责任并登记管理台账,定期与财务部门核对账物,负责实施清查盘点;信息部门应当积极利用 ERP 系统、条码技术等信息化管理技术,建立健全固定资产管理数据库,不断增强固定资产管理的可视化和智能化;等等。

11.4 精密监控固定资产失控危险

11.4.1 固定资产日常监控的主要内容

企业应当建立健全固定资产监督检查制度,明确监督检查机构或人员的职责权限,定期或不定期地进行检查。

对固定资产进行监督检查的主要内容:① 固定资产业务相关岗位及人员的设置情况,重点检查是否存在不相容职务混岗现象;② 固定资产业务授权批准制度的执行情况,重点检查重要业务的授权批准手续是否健全,是否存在越权审批行为;③ 固定资产决策责任制的建立及执行情况,重点检查责任制度是否健全,奖惩措施是否落实到位;④ 概预算控制制度的执行情况,重点检查概预算编制的依据是否真实,是否按规定对概预算进行审核;⑤ 各类款项支付制度的执行情况,重点检查工程款、材料设备款及其他费用的支付是否符合相关法规、制度和合同的要求;⑥ 竣工决算制度的执行情况,重点检查是否按规定办理竣工决算、实施决算审计;⑦ 固定资产的验收、使用、维修、折旧、清理、报废的管理情况;等等。

11.4.2 监督项目决策与审批制度的执行情况

企业在办理固定资产相关业务时,必须经过相应的授权批准,以便对固定资产实施合理、有效的控制。尤其应当建立工程项目决策环节的控制制度,对项目建议书和可行性研究报告的编制、项目决策程序等做出明确规定,确保项目决策科学、合理。应当组织工程、技术、财会等部门的相关专业人员对项目建议书和可行性研究报告的完整性、客观性进行技术经济分析和评审,出具评审意见。

应当检查是否建立工程项目的集体决策制度,决策过程是否有完整的书面记录。严禁个人独断专行。还应当检查分工归口管理与岗位责任的落实以及"三分开"制度的执行情况,包括审核与审批分开、审批与执行分开、购买与验收分开,以确保不相容岗位相互分离、相互制约和相互监督。

11.4.3 检查实物保全控制的现状

(1) 是否限制接近

限制接近主要是针对某些特定的固定资产实施的控制方式,如精密仪表仪器、专用设备等,应限制非固定资产使用部门等无关人员对此直接接触,只有经过授权批准的部门和人员才能接触这些固定资产。

(2) 是否定期盘点

是否建立固定资产盘点制度,是否实施盘点,对盘点差异是否进行调查并分析原因、查明责任等。

(3) 是否记录保护

首先应关注固定资产审批、固定资产的实物保管和固定资产业务会计记录职务分离的有效性,在会计电算化处理的情况下,特别注意各职责人员各自的密码保护;其次,应妥善保存固定资产的相关会计记录,以防止丢失、损毁或被篡改;最后,对重要资料应留有备份。

(4) 是否有财产保险

企业应当建立固定资产投保制度,防范和控制固定资产的意外风险。企业应当明确应投保固定资产的范围和标准,由固定资产管理部门负责提出投保申请,经审核批准后,由财务部门负责投保手续的办理。

11.4.4 警觉报废清理环节的风险

固定资产的报废清理环节可能存在如下风险:资产的出售、废弃、停用、重新定价或转由个人使用并未得到批准;本可以用于其他方面的资产被出售或废弃;由于资产清理未通知财务部门而造成记录有误;固定资产不入账,存在账外资产;固定资产不清理,账情不清;固定资产变价收入或残值收入不入账;等等。

企业应严格处置固定资产的程序,在未经审批前不得擅自处理。一方面,应编制固定资产报废通知单,内容包括固定资产卡片上记载的所有内容、报废理由、估计清理费用、估计残值回收等;另一方面,固定资产报废通知单须由不同级别的管理人员审核,并按照金额大小或权限高低履行批准手续。

固定资产报废通知单至少一式三联,其中一联由审批人留底备案,一联作为办理报废手续的证明,一联交财务部门。财务部门收到执行完毕的报废通知单,经审核无误后注销固定资产账面记录。

针对工程项目和固定资产内部控制中的薄弱环节与问题,企业应当归类整理,查找原因,采取措施,及时防错纠偏。

—————— 经典案例评析 ——————

"灯下黑"是如何造成的

古人用油灯,灯在碗中,灯碗的下方无法被自身照亮,即"灯下黑",引申为人们对发生在身边的事物和事件没有察觉,或用来指越是"危险"的地方反而越"安全"。

本以为是"清水衙门"的路灯管理部门,由于内部管理失控,贪腐案件频发,案值动辄数百万元。例如,杭州市电力局路灯管理所原会计徐玥明,一个人就贪污路灯电费588万元;湖北荆门市城区路灯管理局原局长沈忠斌、副局长张孝军两人"联手"贪污受贿五百五十余万元。

路灯工程招投标的"灯下黑"是罪魁祸首。杭州市电力局原路灯管理所工程科科长吴水灵在8年间因帮助灯具销售、路灯照明等企业增加产品采购使用,或接受请托,将产品特点融入招标方案而助其顺利中标等,受贿一百多万元,一审被判有期徒刑十年零六个月。其中,向吴水灵行贿90万元的是杭州当地一家装饰照明公司的负责人余某。这家照明公司在投标多项照明工程项目中拉拢多家关联企业参与投标,拥有推荐投标公司入围和资格预审权力的吴水灵成为其重点公关对象。吴水灵供述,他帮余某或相关企业围标,不管最终谁中标,工程都由余某负责施工。

天价路灯、豪华路灯在多地新城区、景观区出现,事出有因。争相购建豪华路灯、频繁更换路灯、路灯价格"注水"乱象严重,其背后除了地方官员政绩心态作祟外,暗藏着巨大的利益输送空间。例如,不同原材料的路灯在安装完毕后,从外观根本看不出差别,但实际质量和价格相差甚大,越豪华的路灯价格水分越大。例如,LED路灯使用功率为1瓦的灯珠单价从3元到20元不等,灯杆铸铁厚度和镀锌层也有不同规格,常用的铜芯和铝芯线缆价格相差两三倍,"一盏成本近万元的路灯,合同价能做到两三万元,其中的差价就会被主管领导、承办人员、承包商层层瓜分"。

路灯系统除了路面的灯具、灯杆、配电箱外,还有埋在地下的线缆、日常使用中高额的电费开支,相关管理人员都能从中找到"做手脚"的空间。云南福贡县原城管局局长普前夺在城市路灯建设中与供货商勾结,实测所需4芯铜芯电缆4 000米,合同采购却达4 600米,靠虚报的600米电缆贪污十多万元。

如何消除"灯下黑"?业内人士指出,遏制路灯行业腐败高发乱象,应从厉行节约和严格控制路灯工程预算入手。对于投资较大的路灯工程,以及涉及工程项目的人员,内部控制、审计监督、纪委监察应提前介入,三管齐下,方能奏效。

阳光、透明有助于"查毒""杀毒"。对于工程方案、投资预算、施工单位、电费使用、维护成本等,应做到信息公开,并强化管控与监督,以有效遏制腐败。通过加强自控、自律、自强,能有效避免"灯下黑"。

第12章 费用风险的控制对策

> 成由勤俭败由奢。取之有度、用之有节,才是正道。

12.1 精细梳理费用控制流程

12.1.1 费用控制的具体目标

消费者期望物美价廉。要想赢得市场的青睐,企业就要通过成本控制,以尽可能少的投入取得尽可能多的产出,在提高或不影响质量的前提下不断降低成本费用。重温毛泽东提出的"节省每一个铜板为着战争和革命事业,为着我们的经济建设,是我们的会计制度的原则"的教导对于加强费用控制具有指导意义。

费用与支出、成本内在关联。支出泛指企业的一切开支与耗费,包括资本性支出、收益性支出、营业外支出等。支出中凡与取得营业收入有关的部分,均可表现或转化为费用,费用属于收益性支出。对象化了的费用就是成本。发生成本费用是为了获取收入。控制费用是控制成本的源头。

缺乏制度建设就难以固化成本控制运行,也难以控制成本质量。制度建设既要从规范的角度出发,又要便于运行,才能使责任人找准位置、从容操作。费用控制需要持续改进、不断优化。制度建设要形成文化认同、上下共识,才不会形同虚设。如果从高层到基层都有费用控制意识,那么费用控制措施就会发挥作用,产生好的效果;否则,即使有好的费用控制措施,也难以达到预期的效果。

费用控制的具体目标:实行费用职责分工、预算和审批等流程控制,健全费用内部控制制度体系,加强成本费用管控,严格费用支出审批手续,合理节约各项支出,防范费用支出风险,确保费用合法、有效,以及相关信息合规、正确。

12.1.2 费用控制的基本流程

费用控制过程也是加强成本控制的过程,是成本管理者根据预定的目标,对费用发生和形成的全过程以及影响成本的各种因素施加主动影响或干预,把实际成本控制在预期目标内的管控活动,又称成本费用控制。

费用控制应当运用系统工程的原理对在生产经营过程中发生的各种耗费进行计算、调节和监控,这也是一个发现薄弱环节、挖掘内部潜力、寻找一切可能降低成本的途径的过程,通常可分为事前、事中、事后三个控制阶段(程序),其流程如图12.1所示。

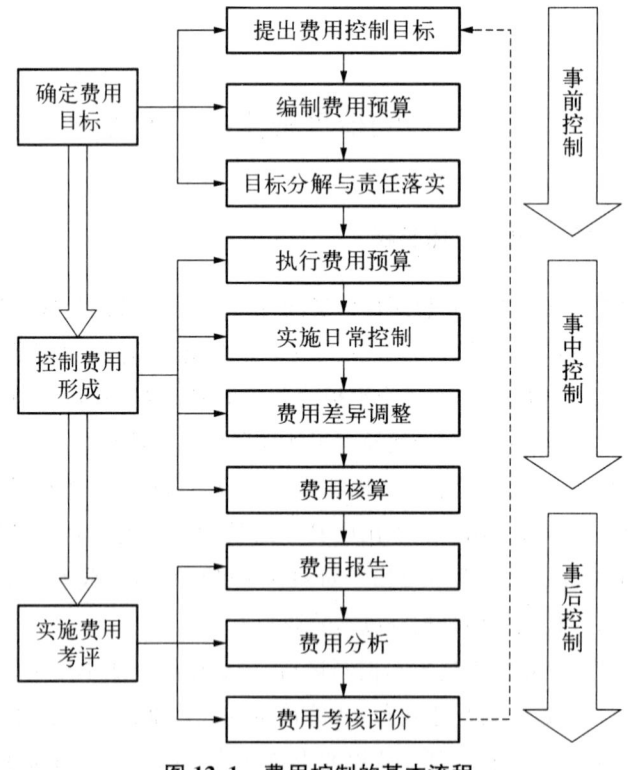

图 12.1 费用控制的基本流程

事前控制阶段,主要是对未来的费用水平及其发展趋势进行预测与规划,一般包括成本费用的预测、决策、预算(计划)及其目标的分解和落实等。

事中控制阶段,主要是对营运过程中发生的费用进行核算和控制,并根据实际情况对成本费用计划(预算)的执行情况实施管控等。

事后控制阶段,主要是费用发生后的报告、分析和考核评价等。

全面成本费用控制是指运用成本管理的基本原理和方法体系,以优化成本投入、改善成本结构、规避成本风险为主要目的,对企业经营管理活动实行全过程、动态性、多维性成本控制的管理模式。全面成本费用控制的关注点:全过程管控、全员参与、全指标考核,从而建立健全全面的成本费用管理体系。例如,中国中铁通过深入分析成本数据,识别和确定影响项目成本的宏观、微观、宏微观交织的33类关键因素,并通过管理责任矩阵,压实各管理层级的成本管控责任,并研发了以工程项目为主体、制度流程为基础、责任预算为核心、过程管控为重点、资金支付为关口的成本管理信息系统,构建起关键成本要素管理和相应的指标考核体系,确保全要素成本管理有效落地。

专题讨论12.1 | 成本费用控制目标的多维思考

成本费用水平的高低直接决定着企业盈利能力的大小和竞争能力的强弱,所以,强化费用管控就成为企业生存和发展的必然选择。对费用实施全过程、全方位、全员化的控制,从合规目标看,符合国家有关法律、法规以及企业内部的规章和制度;从经营目标看,有助于合理组织生产,优化生产流程,充分利用各种资源,降低生产成本;从财务目标看,有助于合理归集、分配、摊提各项成本费用,确保成本费用真实、准确、完整;从战略目标看,可以保证产品生产优质低耗,最大限度地提高企业的竞争力,为社会创造价值。

12.2 精准识别费用错弊风险

12.2.1 费用失控的主要场景

成本控制的观念、方法、手段落后是导致成本费用发生错弊的重要原因之一。

有些企业在成本控制上缺乏全局观念;有些企业仍将成本控制范围局限于企业内部,甚至只包括生产过程而忽视对其他相关企业及相关领域成本行为的管理;有的仅依靠财务人员去控制成本费用,在实施成本费用控制的过程中,只注重成本费用核算,只关注财务成本报表,利用报表中的数据去管理成本费用,这种做法虽然对降低成本起到了一定的作用,但终究是事后控制,对成本没有做到预先控制和发生过程中的控制。企业不应以成本核算来代替成本管控。

有些企业仅局限于降低成本,却较少从效益角度看待成本的效用,降低成本的手段主要是节约,很少运用成本效益原则。站在现代成本管理与控制的角度来看,成本降低是有条件和限度的,在某些情况下,控制成本费用可能会导致产品质量和企业效益的下降。

有些企业轻视费用控制中的风险,不但没有建立相应的费用控制流程和费用核算政策,而且不实施费用预算管理体系,甚至不清楚哪些属于不相容岗位,致使各个岗位没有进行有效的制约和监督。

成本费用业务管理失控的常见情形主要包括:成本费用不预算、不审批,缺乏严格的控制程序与方法;虚列费用,虚计成本,调节存货与利润;提前或延迟费用分摊,与会计期间不配比;成本费用结转不实,任意调节;费用分配方式选用不当,随意改变;成本费用支出失控;有关税金少计、错计、漏计;费用凭证不符合规范;产品退货、退料核算不正确;成本费用与收入不配比;成本费用信息反馈延迟或不畅;资产负债表日后发现成本费用核算有误;费用的核算不符合会计准则以及内部会计核算办法的规定,费用在报表中的列报和披露不符合会计准则的规定;等等。

12.2.2 费用风险成因及其后果分析

费用风险随处可见,稍不留心就会导致企业经济利益受损。导致费用管理失控与风险事故发生的原因及其产生的后果至少包括以下几个方面:① 费用支出违反国家法律法规,可能遭受外部处罚、经济损失和信誉损失;② 费用支出未经适当审批或超越授权审批,可能因重大差错、舞弊、欺诈而导致损失;③ 费用预测不科学、不合理,加上费用控制不力,可能导致费用支出超预算或造成产品生产高耗低效;④ 费用管理松懈,现场管控马虎,容易导致生产损失、消耗加大,增加成本支出,致使产品质量下降,影响企业竞争力,危害企业的生存和发展;⑤ 费用的核算不合法、不真实、不完整,不能合理归集、分配、摊提成本费用,未按要求结转成本,致使财务报表不能真实地反映生产成本,可能导致企业财务报告失真。

12.2.3 费用风险的控制重点

(1) 削减与目标无关的费用支出

在企业目标清晰的情况下,每个项目及任务都是为实现目标服务的。项目立项分析后,应削减目标不明确的项目与任务。

(2) 明确费用降低任务

通常先测算出各项费用的最高限额,然后横向分解落实到各部门,纵向分解落实到小组和个人,并与奖惩挂钩,使责、权、利统一,最终在整个企业内形成纵横交错的目标成本管理体系。

(3) 实施精细化核算

通过标准量化,编制成本费用控制清单,使每个员工形成节约意识,具有成本核算观念。

(4) 力求全过程控制

成本控制应向前延伸到投产前的筹划过程,向后扩展到售后用户的使用过程等一切发生耗费而影响成本的活动过程。从时间控制上看,对筹划中的未来经济活动进行事前预测控制,称为前馈控制;对生产过程中正在发生的经济活动进行事中监督控制,称为实施控制;对产品形成到售后使用过程中已经发生的经济活动进行事后反映分析控制,称为反馈控制。

(5) 做到全员参与

应当建立以财会部门为中心,以车间为纽带,以班组或作业为核心,以岗位和个人为基础的纵向分级责任实体,以财会、供销、生产技术部门为主导的横向平行责任实体,形成纵横交错、上下联动、相互依存的成本控制系统。对成本各层次作业划分责任和分解成本总目标,使具体的作业成本目标值层层细化落实到各职能部门、车间、班组、责任中心、岗位和个人。

(6) 实现全指标控制

成本控制应对资源消耗及其组合进行自控,凸显实物量、劳动量、价值量等直观、有效的指标,以求达到低耗、优质、高产的目的。全指标控制还要求运用现代管理会计的盈亏平衡点、经济订货量、边际分析法等技术方法,对各种数据进行科学测算和加工处理,揭示成本对象之间的关系及一定条件下的临界变量界限,把量的活动控制在合理的范围内,并保持质的相对稳定性,以增强目标控制的应变性。

实证分析12.1 | 深化成本管控,有效满足多样化的信息需求

国家电网搭建起一套由会计科目与管理维度(包括成本监管类维度、业财信息类维度、信息规范类维度)共同构成的多维精益信息反映体系,实现价值信息多维记录、可有效溯源的频道化管理会计报告体系。在加强边界管控的基础上实施精益管理,致力于提高运营效率,深化标准成本管理,努力确保公司在战略方向上、安全边界内实现有效率的发展。

一是深化业财协同,推动价值信息反映从会计语言向业务语言全面转变、财务信息与管理需求有效对接、财务反映规则与业务管理标准逐步统一。在具体操作

层面,将项目类型、作业工单、成本中心等业财信息类管理维度设置为业财信息融合载体,全面规范业务处理规则并在信息系统中予以固化,从而打通业财流程断点,推动业财信息共建共享、自动反映。

二是划小价值信息反映单元,建立业务管理与会计核算的有效衔接机制,实现每一项会计记录都有多维度的支撑和展现,每一项业务活动都有精准的价值反映,每一条价值记录都有鲜活的业务支撑,从而实现会计记录由数字向信息的全面升级。

三是依托多维体系构建一套贯穿业务全过程的价值反映和分析系统,将公司各业务环节的每一笔开支都打上不同维度的标签,按照不同的管理口径进行汇总分析,准确记录每个业务环节的价值信息,有效评估每个最小业务单元(如每一台设备、每一位员工)的价值贡献,为实施精准考核和有效激励提供核算依据。

四是根据使用者的需要,实现会计信息频道化输出,并形成多维度的管理会计报告体系,从而有效满足多样化的信息需求。

12.3 精确落实费用管控措施

12.3.1 费用业务的岗位责任制

企业应当建立成本费用业务的岗位责任制,明确内部相关部门和岗位的职责、权限,确保办理成本费用业务的不相容岗位相互分离、制约和监督。同一岗位的人员应定期做适当调整和更换,避免同一人员长时间负责同一业务。

成本费用业务的不相容岗位至少包括:① 成本费用定额、预算的编制与审批;② 成本费用支出与审批;③ 成本费用支出与相关会计记录。

在制造业中,成本费用的发生与生产加工业务循环有着密切的关系,其具体的职务分离表现在:① 审批发料的人员不能同时担任仓库保管员;② 生产计划的编制者应与其复核和审批人员适当分离;③ 产成品的验收部门应与产品制造部门相互独立,产成品的验收、保管、记账职务应当分离;④ 生产用物资的保管职务应与记账职务相分离,仓储部门的职责主要是记录各种入库材料、商品的种类、数量以及实物的保管,不能同时负责有关账户的会计记录;⑤ 存货盘点不能只由负责保管、使用或记账中的任何一人单独进行,而应由他们共同进行。

12.3.2 费用授权批准控制要点

企业应当对成本费用业务建立严格的授权批准制度,明确审批人对成本费用业务的授权批准方式、权限、程序、责任和相关控制措施,规定经办人办理成本费用业务的职责范围和工作要求。

企业应当规范成本费用开支项目、标准和支付程序,从严控制成本费用支出。对未列入预算的成本费用项目,如确需支出,应当按照规定的程序申请追加预算。对已列入预算但超过开支标准的成本费用项目,应由相关部门提出申请,报上级授权部门审批。

审批人根据成本费用授权批准制度的规定,在授权范围内进行审批,不得超越审批权限。经办人应当在职责范围内,按照审批人的批准意见办理成本费用业务。对于审批人超越授权范围审批的成本费用业务,经办人有权拒绝办理,并及时向审批人的上级授权部门报告。

12.3.3 费用报销(支付)控制要点

企业日常的管理费用、销售费用等费用支出,应当在授权批准的基础上遵循以下操作要点:

(1) 支付申请

有关部门或个人用款时,应当提前向经授权的审批人提交资金支付申请(付款申请单),注明款项的用途、金额、预算、限额、支付方式等内容,并附经济合同或协议、原始单据或相关证明。

(2) 支付审批

审批人根据其职责、权限和相应程序对支付申请进行审批。对不符合规定的资金支付申请,审批人应当拒绝批准;性质或金额重大的,应及时报告有关部门。

(3) 支付复核

复核人应当对批准后的资金支付申请进行复核,复核资金支付申请的批准范围、权限、程序是否正确,手续及相关单证是否齐备,金额计算是否准确,支付方式、支付企业是否妥当等。复核无误后,交由出纳人员等相关负责人员办理支付手续。

(4) 办理支付

出纳人员应当根据复核无误的支付申请,按规定办理资金支付手续,及时登记现金和银行存款日记账。

实证分析12.2 | "大管家"的权利不能过大

昆山一家大型连锁超市的行政专员苏某负责人员招聘、员工薪资核算、工资卡代办、公章管理等,被称为后勤"大管家"。苏某利用负责每月编制工资表的职务便利,在三年多的时间里通过伪造工资表,虚增6名员工,冒领个人工资123笔共计33万余元。所幸公司在核对支出时,发现了该公司离职员工的工资仍然在照常发放,才使得苏某露出马脚!但"大管家"权力过大,为什么没有牵制?授权审批为什么没有到位?经查,该公司并没有实质性的复核监督,领导审批流于形式,从而为苏某舞弊开了"绿灯"!

避免同类问题出现的解决方案可以是职务分离+合理授权+权责对等+跟进考核+持续监督等多管齐下,让员工知道自己的定位,明白自己应该干什么、不应该干什么,以及怎么干和干到什么程度。越是明确的岗位职责描述,越有利于执行者更好地理解自己的任务、责任和权利,从而促使其主动做好相关工作。尤其是领导,应当学会有效识别不相容职务,并予以适当分离。本案中,薪资编制与薪资复核、审批、发放属于不相容职务,员工招聘、信息录入、薪资增减调整及其编制属于不相容职务。授权不等于放权,持续监督与跟进考核很重要。如果暂不具备定期轮岗条件,则有必要对关键岗位实施专项审计等替代性措施。管理层一定要形成一套量化的考核指标,并建立相应的问责机制,明确业务活动"可为"与"不可为"的界限,使岗位职责和规章制度等成为"带电"的"高压线"。

12.3.4 研发费用控制要点

研究与开发费用(简称研发费用)是指企业为获取新产品、新技术、新工艺等所开展的各种研发活动的支出,是企业进行自主创新的重要手段,是企业核心竞争力的本源,是企业加快转变经济发展方式的强大推动力。

研发费用涉及立项、研发过程管理、结题验收、研究成果的开发和保护等。如果企业研究项目未经科学论证或论证不充分,就可能导致创新不足或资源浪费;如果研发人员配备不合理或研发过程管理不善,就可能导致研发成本过高、舞弊或研发失败;如果研发成果转化应用不足、保护措施不力,就可能导致企业利益受损。

企业应当针对研究与开发业务流程的主要风险点和关键环节制定切实有效的控制措施,不断提升研发活动全过程的风险管控效能。其具体控制要点至少包括以下几个方面:

一是要求企业结合研发计划,提出研究项目立项申请,开展可行性研究,编制可行性研究报告。

二是研究项目应当按照规定的权限和程序进行审批,重大研究项目应当报经董事会或类似权力机构集体审议决策。

三是要求加强对研究过程的管理,合理配备专业人员,严格落实岗位责任制,确保研究过程高效、可控。

四是要求企业建立和完善研究成果验收制度,组织专业人员对研究成果进行独立评审和验收。

五是要求企业明确界定核心研究人员的范围并建立名册或清单,签署保密协议,在劳动合同中约定研究成果归属、离职条件、离职移交程序、离职后保密义务、离职后竞业限制年限及违约责任等内容。研发骨干人员的管理应当引起研发型企业的高度重视。

六是要求企业加强研究成果的开发与保护,形成科研、生产、市场一体化的自主创新机制,促进研究成果转化为实际生产力。

12.3.5 成本费用控制的操作步骤(要点)

(1) 确定控制标准

标准是衡量管理绩效的尺度,管理者应以目标、计划、预算、定额等为基础,制定控制工作所需要的标准。为了培养员工的成本费用意识,企业应编制成本费用控制操作手册,具体规范料、工、费等列支渠道、报销流程和控制方法,分解落实到各部门与个人,并与奖惩挂钩,使责、权、利统一,在整个企业内形成纵横交错的目标成本管理体系。

专题讨论 12.2 | 如何实施标准化工作?

一是计量标准化。计量是指用科学的方法和手段,对生产经营活动中的量和质的数值进行测定,为生产经营尤其是成本控制提供准确数据。如果没有统一的计量标准,基础数据不准确,就无法获取准确的成本信息,更无从谈控制。

二是价格标准化。成本控制过程中要制定两个标准价格:一个是内部价格,即内部结算价格,它是企业内部各核算单位之间、各核算单位与企业之间模拟市场进行"商品"交换的价值尺度;另一个是外部价格,即企业在购销活动中与外部企业产生供应及销售的结算价格。标准价格是成本控制运行的基本保证。

三是质量标准化。质量是产品的灵魂,没有质量,再低的成本也是徒劳。成本控制是质量控制下的成本控制,没有质量标准,成本控制就会失去方向,也就谈不上成本控制了。

(2) 衡量工作成效

通过管理信息系统采集实际工作数据(与已制定的控制标准中相对应的要

素），掌握工作的实际情况。在这一过程中，要监督生产费用的实际开支，建立严格的审核制度，包括限额领料和费用开支的审批等；要特别注意获取信息的质量问题，做到信息准确、及时、可靠和适用。

(3) 分析比较结果

将实际工作结果与标准进行对照，找出偏差并分析原因，为进一步采取管理行动做好准备。成本费用控制的重点在于判断各项经济活动是否按照目标、计划、预算或标准正常运行，将各项费用支出限制在规定的标准范围内，以达到降低成本的目标。通过分析比较成本费用差异，为考核成本费用指标完成情况、落实奖罚措施提供依据。

(4) 采取行动纠正偏差

纠正偏差的方法不外乎两种：要么改进工作绩效，要么修订标准。控制就是要有行动；没有行动，再好的控制制度也会流于形式。

成本控制报告将使人们注意到偏离目标的表现，并通过调查研究，找到原因，分清责任，采取纠正行动，收到降低成本的实效。企业发生成本费用偏差的原因概括起来可分为三类：① 执行人的原因，包括过错、没经验、技术水平低、责任心弱、不协作等；② 目标不合理，包括原来制定的目标过高或过低，或者情况变化使目标不再适用等；③ 实际成本核算有问题，包括数据的记录、加工和汇总有误，故意造假等。

纠正偏差很重要，这既是成本控制的目的，也是各责任中心主管人员的主要职责。如果成本控制的标准是健全的并且是适当的，评价和考核也是按这些标准进行的，那么产生偏差的操作环节和责任人已经指明，具有责任心和管理才能的主管人员就能够通过调查研究找出具体原因，并有针对性地采取纠正措施。

纠正偏差的措施包括：① 重新制订计划或修改目标；② 采取组织手段重新委派任务或明确职责；③ 采取人事管理手段增加人员，选拔和培训主管人员或者撤换主管人员；④ 改进指导工作，给下属更具体的指导和实施更有效的领导；等等。

12.4 精密监控费用失控危险

12.4.1 费用活动日常监控的主要内容

对成本费用的监督检查马虎不得。某企业会计张某利用 Excel 软件的隐藏功能，将虚开给自己工资的行为隐藏起来，5 年来虚开的 13 万余元工资涉嫌职务侵占,却在 5 年后才被发现,可见该企业的严格监控没有落地。企业应当加强对成本费用的监督检查,制定制度,明确监督检查人员的职责权限,定期和不定期地开展检查工作。

费用监督检查的主要内容包括成本费用业务相关岗位及人员的设置情况、成本费用授权批准制度的执行情况、成本费用预算制度的执行情况、成本费用核算制度的执行情况等。

12.4.2 警惕各种虚假列支的手段

(1) 虚构支出

虚构支出即虚构本不存在的交易或事项,骗取本企业付款,然后与同谋者私分、自己直接领取或设法冒领,主要包括虚构合同支出、伪造发票报销虚构的费用等。

(2) 虚增支出

虚增支出即存在导致支出发生的交易或事项,但报账时设法加大支出金额,从而侵吞差额支出,主要包括虚增他人存款额从而虚增应付利息、虚增发包工程量、加大材料消耗量并私自销售、虚增合同或发票支出、虚增人员及工资并冒领、重复报销、个人消费公家报销、虚增股权收购成本予以私分等。

(3) 虚增业绩

该类舞弊多发生于奖金与经营业绩挂钩的情况。经营业绩越好,奖金就越多,使当事人产生操纵业绩骗取奖金的动机等。

(4) 虚构损失

虚构损失主要包括谎报资产状况,把优良资产评定为不良资产予以报废,或把实有资产报为盘亏资产予以核销,甚至以公款弥补个人损失等。

12.4.3 警觉各种费用超标或违规报销

任何企业都应当严格开支范围、标准与报销审核,不得报销任何超范围、超标准以及与相关企业无关的费用。例如,出差应事前申请,填写"出差申请审批单",并经过主管领导审批,出差必须严格按照出差申请内容执行;若出差期间员工自行改变行程而事先未获得领导批准,则所发生的费用一律不予报销。住宿费标准按出差天数减一天计算。出差天数按出差的日历天数计算,以火车、飞机、长途汽车或轮船票的实际出发、到达时间为准,按以下标准计算:出发——中午 12 点以前出发为一天,中午 12 点以后至零点以前出发为半天;返回——中午 12 点以前返回为半天,中午12点以后至零点以前返回为一天。

应当重点控制各种会议费报销:严禁各单位借会议名义组织会餐或安排宴请;严禁套取会议费设立"小金库";严禁在会议费中列支公务接待费;各单位应严格执行会议用房标准,不得安排高档套房;会议用餐严格控制菜品种类、数量和分量,安排自助餐严禁提供高档菜肴,不安排宴请,不上烟酒;会议会场一律不摆花草,不制作背景板,不提供水果;不得使用会议费购置电脑、复印机、打印机、传真机等固定资产以及开支与本次会议无关的其他费用;不得组织会议代表旅游和与会议无关的参观;严禁组织高消费娱乐、健身活动;严禁以任何名义发放纪念品;不得额外配发洗漱用品;等等。

12.4.4 监测环境成本与社会责任状况

环境成本是指由于经济活动造成环境污染而使环境服务功能质量下降的代价,包括环境保护支出和环境退化成本。环境保护支出是指为保护环境而实际支付的价值,环境退化成本是指环境污染损失的价值和为保护环境应支付的价值。

企业应实行环境管控目标责任制,杜绝环境污染与破坏事故,坚持环境工作必须责任到位、投入到位、措施到位,做到废水、废气、废渣、噪声达标排放。企业应当承担社会责任,将环境成本纳入各项经济分析和决策过程,改变过去无偿使用环境并将环境成本转嫁给社会的不良习惯。

对监督检查过程中发现的成本费用内部控制中的薄弱环节,企业应当采取有效措施,及时纠正和完善。

经典案例评析

财务总监怎么会侵吞5 800万元

三十多岁的刘某进入某外资银行中国公司财务部担任财务总监。2007年年初,刘某得知财务部主管周某的丈夫李某开了一家软件公司,正在拓展业务,就将某业务交给李某。在支付了十万元软件开发费后,刘某发现银行对这笔费用的支出根本没有任何监控,于是,他就和周某夫妇商议,继续由银行向该软件公司支付费用,由周某填写费用申请单,刘某签字审批,会计制作贷记凭证,刘某、周某二人作为公司指定的授权人分别签字同意,最后由会计将资金支付给软件公司。随后几年内,刘某等人以每月1~2次的频率,每次几万元到数十万元不等的额度侵吞银行资金。这种"蚂蚁搬家"式的舞弊竟然未被发觉。

2009年，刘某更换新的名目——"咨询费"，并授意周某夫妇成立一家咨询公司，按原有的操作模式继续从供职的银行套取资金。直至2012年6月，3人在没有实际业务的情况下，虚设软件维护费、咨询费，将该外资银行4 261万余元资金划至软件公司和咨询公司，其中，刘某分得90%，周某夫妇分得10%。

刘某并不满足于和下属分享收益。2009年，他授意朋友许某开立一家咨询公司，至2012年6月，刘某以虚构咨询费等名义，通过许某名下的公司账户侵占银行资金一千四百余万元。2012年，他再次劝说朋友赵某开设公司"帮忙走账"，以同样的方式侵吞该外资银行资金100万元。

刘某作为该银行中国区财务总监全面负责银行财务，虽然受大中华区CEO和中国公司CEO的双重管理，但前者在境外，实际上无法监管，后者对费用支付又无权监管，再加上中国区收入情况较为复杂，只求盈利，对间接费用的控制相当松懈，也不纳入考核范围，最终导致刘某"一支笔说了算"，对权力的制约形同虚设。由于管理真空，漏洞百出的这家外资银行成了刘某的"提款机"。

刘某和周某分别作为财务总监和主管，串通舞弊构成了"双保险"，这是最危险的。该外资银行中国区的IT费用账户内金额巨大，每次侵占的金额为几十万元，可能并不起眼，内审和外审都未能在浩如烟海的账目中发现异常。

2012年5月，银行检查时发现某账户较可疑，仅2011年就有14笔每笔29.8万元、12笔每笔19.8万元，而该银行中国区近年来没有向任何合理往来的账户定期支付大额资金。进一步监控周某的邮件并调取原始数据发现，其曾要求下属删除多笔可疑资金，遂将目标锁定刘某和周某。

浦东新区检察院指控，2007年至2012年6月，刘某利用担任外资银行中国公司财务总监，全面负责银行财务工作的职务便利，通过其实际控制的相关公司，以虚构业务，支付软件维护费、咨询费等名义侵占银行资金共计五千八百余万元，其中，银行财务部主管周某利用制作财务报表、审批资金支付等职务便利，参与侵占资金438万余元，其丈夫李某亦参与实施。检察机关以涉嫌职务侵占罪对三人提起公诉。法院审理后认定罪名成立，判处刘某有期徒刑九年零六个月，没收财产100万元；判处周某有期徒刑六年，没收财产10万元；判处李某有期徒刑三年，缓刑三年。

第 13 章　财务信息风险的控制对策

> 自觉、自律、自控、自强，才能遇见更好的自己。

13.1　精细梳理财务报告控制流程

13.1.1　财务报告控制的具体目标

财务信息是企业信息的核心，财务报告是财务信息最重要的组成部分。作为反映企业某一特定日期财务状况和某一会计期间经营成果、现金流量情况的财务报告，是企业传递经营活动信息的载体，包括数据化信息和非数据化信息。数据化信息主要来源于会计报表，非数据化信息主要来源于报表附注和财务情况说明书等。

由于受托管理资源的人对资源所有者承担有效管理所托付资源的责任，因此，受托者有责任对资源的所有者解释、说明其活动及结果。财务报告应当反映企业管理层受托责任的履行情况，以有助于评价企业的经营管理责任以及资源使用的有效性。受托责任可以归纳为两大方面：一是资源的受托方接受委托，管理委托方交付的资源，受托方承担有效管理与应用受托资源的责任；二是资源的受托方承担如实向资源的委托方报告受托责任履行过程与结果的义务。

内部控制与受托责任密切相关：一是采取或不采取某种控制行动的责任，二是对控制行为提供解释和报告的责任。由此可将受托人的行为分为"与委托人利益一致行为"和"与委托人利益不一致行为"，将控制行为分为"落实控制行为并如实报告"和"不落实控制行为且不如实报告",从而得出四种组合:一是受托人按照委托人的利益行事,落实控制行为并如实报告;二是受托人按照委托人的利益行事,不落实控制行为且不如实报告;三是受托人没有按照委托人的利益行事,却落实控制行为并如实报告;四是受托人没有按照委托人的利益行事,不落实控制行为且不如实报告(如图 13.1 所示)。财务报告控制应当约束第二、三、四种组合行为,以达到第一种组合目标。

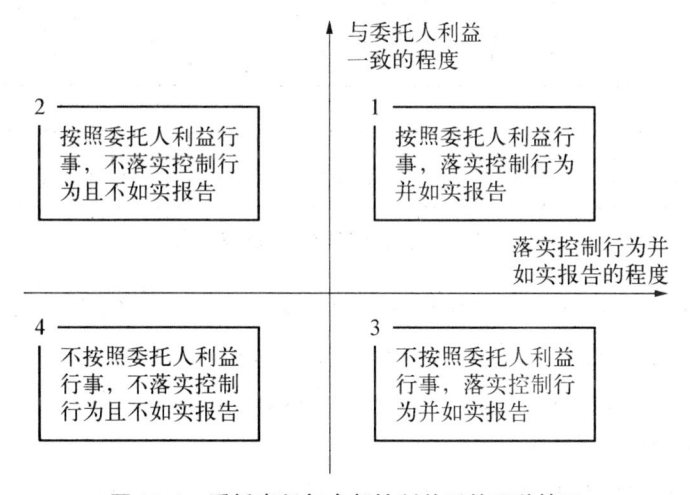

图 13.1 受托责任与内部控制关系的四种情况

财务报告控制的具体目标:实行财务报告职责分工和授权审批等流程控制,健全财务信息内部控制制度体系,提供真实、完整的会计信息,全面反映经营者的受托责任,确保信息披露合法、公允,有效维护投资者、债权人和社会公众的知情权,并通过业财融合、算管结合、算为管用,不断提高信息质量。

13.1.2 财务报告控制的基本流程

财务报告是企业财务信息对外报告的重要形式之一,是企业投资者、债权人做出科学投资和信贷决策等的重要依据。一方面,企业应当制定明确的财务报告编制、报送及分析利用等相关流程,并规范职责分工、权限范围和审批程序等;另一方面,内部控制实施的结果最终通过财务报告的形式体现,以财务报告为中心设计内部控制制度的思路有助于从企业价值链的终端起步,逐步追溯到业务、流程和战略目标,有利于发挥会计在企业管理中的监督职能,强化财务信息对其他管理信息的约束,提高企业资源管理与利用的安全性和有效性。

按照财务报告生成、编制、利用的轨迹,其操作流程及主要控制点如图13.2所示。

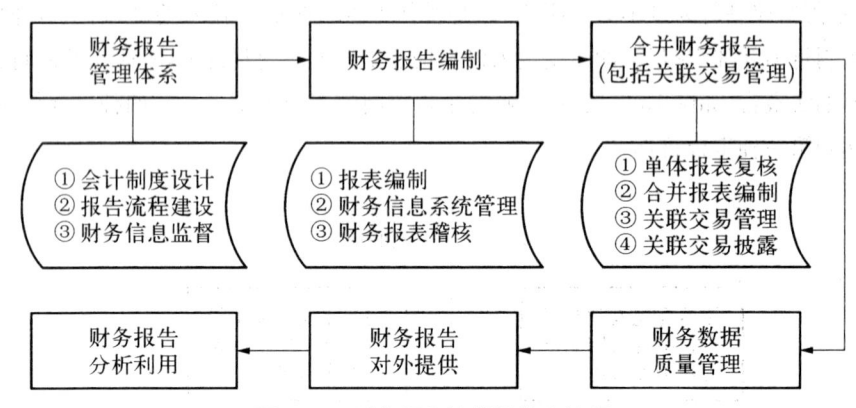

```
┌─────────────┐    ┌─────────────┐    ┌──────────────────┐
│  财务报告   │───▶│  财务报告   │───▶│   合并财务报告   │
│  管理体系   │    │    编制     │    │(包括关联交易管理)│
└─────────────┘    └─────────────┘    └──────────────────┘
       │                  │                    │
       ▼                  ▼                    ▼
┌─────────────┐    ┌─────────────┐    ┌──────────────────┐
│①会计制度设计│    │①报表编制    │    │①单体报表复核    │
│②报告流程建设│    │②财务信息系统│    │②合并报表编制    │
│③财务信息监督│    │  管理        │    │③关联交易管理    │
│             │    │③财务报表稽核│    │④关联交易披露    │
└─────────────┘    └─────────────┘    └──────────────────┘
       ▲                  ▲                    │
       │                  │                    ▼
┌─────────────┐    ┌─────────────┐    ┌──────────────────┐
│  财务报告   │◀───│  财务报告   │◀───│    财务数据      │
│  分析利用   │    │  对外提供   │    │    质量管理      │
└─────────────┘    └─────────────┘    └──────────────────┘
```

图 13.2　财务报告控制的基本流程

企业在实施财务报告内部控制的过程中,应当针对风险评估的结果,确定财务报告风险控制点,尤其应当做好以下几个方面的关键性工作:

一是重点关注会计政策和会计估计及其对财务报告产生的重大影响,并按照规定的权限和程序进行审批。

二是按照会计准则的规定,根据登记完整、核对无误的会计账簿记录和其他有关资料编制财务报告,做到内容完整、数据真实、计算准确,不得漏报或者随意取舍。

三是重视对财务报告的分析工作,定期召开财务分析会议,充分利用财务报告反映的综合信息全面分析企业的经营管理状况和存在的问题,不断提高经营管理水平。总会计师或分管会计工作的负责人应当在财务分析和利用工作中发挥主导作用,财务报告分析结果应当及时传递给内部有关管理层。

13.1.3　财务信息控制责任与职责权限

财务报告等信息资源是企业信息系统最重要的管控领域,加上信息系统本身的复杂性和高风险特征,信息系统应用指引明确规定,企业负责人对信息系统建设工作负责,即信息系统建设是"一把手"工程。只有企业负责人站在战略和全局的高度亲自组织、领导信息系统的建设工作,才能统一思想、提高认识、加强协调配合,从而推动信息系统建设在整合资源的前提下高效、协调推进。

在财务报告控制流程中,应当明确职责分工、权限范围和审批程序等,确保全过程中财务报告的编制、披露和审核等不相容岗位相互分离。

一是企业总会计师或分管会计工作的负责人负责组织、领导财务报告的编制和分析利用工作。

二是企业负责人对财务报告的真实性和完整性承担责任。

三是企业财会部门负责财务报告的编制和分析报告的编写工作。

四是企业内部参与财务报告编制的各部门应当及时向财会部门提供编制财务报告所需的信息,参与财务分析会议的部门应当积极提出意见和建议以促进财务报告的有效利用,企业法律事务部门或外聘律师应当对财务报告对外提供的合法合规性进行审核等。

老法师提醒 13.1 | 单位负责人对财务报告的合法性、真实性负法律责任

《中华人民共和国会计法》第 4 条明确指出:"单位负责人对本单位的会计工作和会计资料的真实性、完整性负责。"第 21 条要求:"单位负责人应当保证财务会计报告真实、完整。"第 28 条规定:"单位负责人应当保证会计机构、会计人员依法履行职责,不得授意、指使、强令会计机构、会计人员违法办理会计事项。"《会计基础工作规范》明确指出:"各单位应当依据有关法律、法规和本规范的规定,加强会计基础工作,严格执行会计法规制度,保证会计工作依法有序地进行。单位领导人对本单位的会计基础工作负有领导责任。"同时强调指出:"单位领导人对财务会计报告的合法性、真实性负法律责任。"《内部会计控制规范——基本规范(试行)》第 5 条也明确规定:"单位负责人对本单位内部会计控制的建立健全及有效实施负责。"

13.2 精准识别信息系统舞弊风险

13.2.1 信息风险特征与财务信息失真

与其他控制对象相比,信息风险具有极强的渗透性和广泛的影响性,且正在深刻地改变着人们的思维方式。信息风险无处不在,特别是信息的不准确、不及时等原因可能导致管理或决策失误,或者说,在共享信息的过程中,信息的不对称和严重的信息污染现象将导致信息失真、滞后和其他一些不良后果。

无数失控导致失败的案件表明,缺乏必要的风险监控机制与信息失真正相关;总经理、财务总监、会计师事务所变更频繁与信息披露缺陷显著相关;内部控制缺陷与信息风险正相关,与会计信息质量负相关。据 COSO1999 年的统计,83%的财务欺诈是 CEO 和 CFO 的"杰作"。安永 2002 年全球反欺诈调查显示,管理层是财务欺诈的主要"发源地"。

财务信息失真是指财务信息的形成与提供违背了客观真实性原则,不能正确反映会计主体真实的财务状况、经营成果与现金流量等,可分为无意失真和故意失真两种类型。

无意失真是在会计核算中存在的非故意的过失,包括原始记录和会计数据的计算、抄写错误,对事实的疏忽和误解,对会计政策的误用等。

故意失真是指有目的、有预谋、有针对性的财务造假和欺诈行为,包括伪造、编造记录或凭证,记录虚假的交易或事项,隐瞒或删除交易或事项,蓄意使用不当的会计政策,侵占资产等。故意失真就是舞弊行为,包括组织舞弊和个人舞弊。组织舞弊是指领导人为了本单位和其成员的利益,授权有关经办人员利用不正当手段损害国家和其他单位利益的故意行为。个人舞弊是指员工为了个人私利采用不正当手段损害国家、组织或他人利益的故意行为。

13.2.2 财务信息舞弊的主要场景

财务舞弊与利益博弈相伴而生。追求经济利益或政绩、偷逃税款、向金融机构套取贷款、谋求上市资格等都可能成为编制虚假财务报告的动因。"天下熙熙,皆为利来;天下攘攘,皆为利往。"在操纵财务信息的过程中,收入舞弊成为舞弊的"重灾区",其次是费用和成本舞弊,近年来货币资金的舞弊案例呈上升趋势。此外,资产减值、投资收益、营业外收支等项目也在成为管理层操纵业绩的对象。

自 2020 年以来,被证监会稽查发现的财务舞弊案例:一是造假周期长,涉案金额大;二是手段隐蔽、复杂;三是系统性造假突出;四是主观恶性明显。例如,康得新复合材料集团股份有限公司于 2015 年至 2018 年编造虚假合同、单据虚增收入和成本费用,累计虚增利润 115 亿元;2016 年至 2018 年康美药业股份有限公司实际控制人、董事长等通过虚开和篡改增值税发票、伪造银行单据,累计虚增货币资金 887 亿元、虚增收入 275 亿元、虚增利润 39 亿元;东方金钰股份有限公司于 2016 年至 2018 年上半年为完成营业收入、利润总额等业绩指标,伪造翡翠原石采购、销售合同,控制 19 个银行账户伪造采购、销售资金往来,累计虚构利润 3.6 亿元;2015 年至 2018 年上半年,金正大生态工程集团股份有限公司及其合并报表范围内的部分子公司通过与其供应商、客户和其他外部单位虚构合同,空转资金,开展无实物流转的虚构贸易业务,累计虚增收入 231 亿元、虚增成本 211 亿元、虚增利润总额 20 亿元……"渔夫老婆"的欲望是填不满的:起初只想要一只新木盆,后来要木房子、要当贵妇人、要当女皇……如此恬不知耻、如蚁嗜血、如蝇逐臭的贪欲酿成了无数悲剧。

财务舞弊手段层出不穷,花样不断翻新。下列行为值得特别关注:

① 违规操作。这主要表现为会计准则应用或会计核算方法不恰当,未能及时识别或有意造成重大会计差错,或报告业绩与实际业绩存在较大差异等。

② 体外循环。某项或部分经济业务的收入或收益不在本企业会计核算体系内,而是转移或沉淀在外单位。

③ 账外设账。账外账是指"大账"之外设"小账",或"内账"之外设"外账",多为"小金库",成为私分、挪用、贪污、挥霍、行贿等腐败行为的经济来源。

④ 无中生有。虽然有关经济业务并未发生,但通过假证据、假合同、假印章,编假凭证,记假账,造假报表等行为,形成"造假一条龙"。

⑤ 改头换面。故意歪曲、掩盖、隐瞒会计信息的真实面貌,随意增减甚至删除经济业务的原始记录,使原有经济业务记录面目全非,如真盈假亏、真亏假盈、大盈改小盈、大亏改小亏等。

实证分析 13.1 | 账面的货币资金为何成了水中月

人们通常认为货币资金是最难造假的,因为到银行获取对账单就知道企业到底有多少钱了,况且还有银行的背书。但 2019 年 1 月康得新手握 150 亿元资金,为什么不还 10 亿元债券?类似的案件接二连三。

2019 年 11 月 19 日,市值 275 亿元的东旭光电确认当期债券违约本息合计约 20 亿元。然而截至 2019 年 9 月 30 日的报表显示,东旭光电总资产为 724.4 亿元,其中 444.89 亿元为流动资产,包括货币资金 183.16 亿元、应收票据和账款 120.56 亿元、存货 51.84 亿元、预付款项 61.49 亿元。为什么还不上 20 亿元的到期债券呢?经查,东旭光电的货币资金中使用受限的资金达 107.48 亿元,其中,79.32 亿元为存放于东旭集团财务有限公司的款项,18.5 亿元为使用受限的定期存款,5.79 亿元为信用证、票据以及保函保证金,3.87 亿元为银行冻结存款。公司实际上没有能够动用的资金,大部分资金被大股东占用,且大股东的财务公司把资金用到了收不回来的地方。采用这种方式造假需要银行的配合,银行给公司的对账单及审计的函证都只提供账户数据,不反映整个资金池的情况,这些子账户资金的使用都是受限的,银行也不做出说明,账面的货币资金就成了"水中月"。

财务信息失真已经成为一些人以权谋私的"保护伞",通过做假账,使某些违法违规行为蒙混过关,由此还助长了行贿受贿、贪污腐败等丑恶现象的蔓延,给经济发展造成严重危害:① 如果财务报告的编制与披露违反国家法律法规,就可能遭受外部处罚、经济损失和信誉损失;② 如果财务报告的编制、审核与披露未经适当审核或超越授权审批,就可能因重大差错、舞弊、欺诈而导致损失;③ 如果财务报告编制的前期准备工作不充分,稽核不准确,就可能导致结账前未能及时发现会计差错;④ 如果纳入合并报表的范围不准确、调整事项或合并调整事项不完整,就可能导致财务报告信息不真实、不完整;⑤ 如果财务报告披露程序不当,就可能因虚假记载、误导性陈述、重大遗漏和未按规定及时披露而导致损失;⑥ 如果信息系统不安全、不可靠,就可能导致财务等商业秘密泄露,致使企业遭受损失;等等。

13.2.3 财务舞弊的风险因子

舞弊是采用欺骗的方式做违法乱纪的事情。其基本特征:一是舞弊的行为人有不良动机和目的;二是事先经过预谋策划,事后设法掩盖罪行;三是舞弊形态呈现多样化、复杂化、隐蔽化,并且危害性很大。

财务舞弊是指企业使用欺骗手段获取不当或非法利益的故意行为,包括突破现有会计规范,蓄意错误呈报、遗漏财务报告中应予披露的内容,或提供虚假会计信息等。

舞弊与错误的性质不同:错误属于非故意的过失行为,舞弊则属于主观原因造成的违法违纪行为;目的不同:错误不以实现错误结果为目的,舞弊是以获得非法利益等为目的;表现形式不同:错误的表现形式一般较明显,舞弊的表现形式则较隐蔽。但需要警惕的是,在一定条件下,两者可能相互转化,作弊者可能会利用他人不小心犯下的错误来实施舞弊行为。

舞弊与欺诈存在相似之处,两者都是故意的,或隐瞒真相或制造假象,且存有因果关系。

对于舞弊现象,应保持高度的职业怀疑精神。冰山理论把舞弊行为形象地比喻为海面上漂浮的冰山,露在海面上的仅是冰山一角,更庞大且更危险的部分隐藏在海面下。暴露在海面上的部分比较容易被发现,而隐藏在海面下的部分往往很难被觉察到,尤其是"高智商性"的串通舞弊更具有隐蔽性。

舞弊"三角理论"认为,诱导舞弊的要素主要有三个:压力、机会和借口。压力是舞弊的行为动机;机会是实施舞弊又能掩盖起来不被发现或逃避惩罚的时机;借口属于自我合理化。例如,账外设账是为了减少税负,隐匿亏损是为了向银行借款,提升业绩是舞弊发生的压力,甚至经济周期的变化对舞弊的影响也会成为一种借口或"自我安慰"。越是处于经济下行周期,越应加大防腐力度。

治理舞弊既要通过加强内部控制消除舞弊机会,又应通过消除"压力"和"借口"来抑制舞弊,包括研究舞弊与犯罪的原因及其规律,从而寻求相应有效的风险应对策略。针对舞弊三要素,控制活动应反其道而行之,尽力降低存在舞弊的可能性:一是拓宽企业内部报告与信息来源的渠道,通过落实奖惩措施等多种有效方式,广泛收集各方建议,舒缓"压力";二是通过建立举报投诉制度和举报人保护制度,设置举报专线,明确举报投诉处理程序、办理时限和办理要求,确保举报、投诉成为有效掌握信息和反舞弊的重要途径,伸张"正义";三是建立内部控制内审团队进行内部控制测试与审计,对发现的问题进行跟踪,消除舞弊"机会";四是推广并践行积极向上的企业文化,对员工的思想意识产生潜移默化的正面影响,使员工从心理上否定舞弊,从主观上清除各种舞弊"借口";等等。

GONE 理论认为,舞弊由 G(Greed,贪婪)、O(Opportunity,机会)、N(Need,需要)、E(Exposure,暴露)4 个风险因素组成,它们相互作用,密不可分,共同决定了企业舞弊风险的程度,即舞弊者有贪婪之心且又十分需要钱财,只要有机会,并认为事后不会被发现,就一定会舞弊。

舞弊既受舞弊动机的驱动,也受内部控制缺乏、法制不严、监管薄弱、社会风气不良等多方面的共同影响。中注协发布的审计技术提示第 1 号列举了 9 类 54 种可能导致企业财务欺诈或表明企业存在财务欺诈风险的因素。这 9 类财务欺诈风险因素包括:① 财务稳定性或盈利能力受到威胁;② 管理当局承受异常压力;③ 管理当局受到个人经济利益驱使;④ 特殊的行业或经营性质;⑤ 特殊的交易或事项;⑥ 公司治理缺陷;⑦ 内部控制缺陷;⑧ 管理当局态度不端或缺乏诚信;⑨ 管理当局与注册会计师的关系异常或紧张。对任何舞弊因素的防范不足均会导致会计舞弊治理的失败,因此,治理会计舞弊是一个长期、综合的过程。

13.2.4 信息系统风险应对策略

信息系统由计算机硬件、软件、人员、信息流和运行规程等要素组成。信息系统内部控制的目标是促进企业有效实施内部控制,提高企业的现代化管理水平,减少人为操纵因素;同时,增强信息系统的安全性、可靠性和合理性以及相关信息的保密性、完整性和可用性,为建立有效的信息与沟通机制提供支持和保障。

如果信息系统缺乏或规划不合理,就可能造成信息孤岛或重复建设,导致企业经营管理效率低下;如果系统开发不符合内部控制的要求,授权管理不当,就可能导致企业无法利用信息技术实施有效控制;如果系统运行与维护的安全措施不到位,就可能导致信息泄漏或毁损,系统无法正常运行。

企业应当结合组织架构、业务范围、地域分布、技术能力等因素,制定信息系统建设整体规划,加大投入力度,有序组织信息系统开发、运行与维护,优化管理流程,防范经营风险。尤其应当做好以下几个方面的基础性控制工作:

一是根据信息系统建设的整体规划明确建设目标、人员配备、职责分工、经费保障和进度安排等相关内容,按照规定的权限和程序审批后实施。

二是开发信息系统应当将生产经营管理的业务流程、关键控制点和处理规则嵌入系统程序,实现手工环境下难以实现的控制功能。

三是加强对信息系统开发全过程的跟踪管理,对配备的硬件设备和系统软件进行检查和验收,组织系统上线运行等,并做好信息系统上线的各项准备工作。

四是加强对信息系统运行与维护的管理,制定信息系统工作程序、信息管理制度以及各模块子系统的具体操作规范,及时跟踪、发现和解决系统运行中存在的问题,确保信息系统按照规定的程序、制度和操作规范持续、稳定运行。

五是重视信息系统运行中的安全保密工作,确定信息系统的安全等级,建立不同等级信息的授权使用制度、用户管理制度和网络安全制度,并定期对数据进行备份,避免损失。对于服务器等关键信息设备,未经授权,任何人不得接触。严格按照国家有关法规、制度和对电子档案的管理规定,妥善保管相关信息档案。

实证分析13.2 | **警惕利用系统漏洞里应外合套取资金**

某汽车零部件有限公司引进一套企业管理系统,通过对采购、销售、库存等流程的整合管理来节省人力,提高效率。对业务流程熟悉的成本核算员韩某很快发现刚上线的系统存在漏洞。他暗中与担任采购科稽核管理的方某密谋,设计出一套套取企业货款的方案。2015年7月至2019年3月,韩某和方某伙同7家供应商,在没有实际供货的情况下,骗取该汽车零部件有限公司资金两千五百余万元,两人各自分得七百四十余万元。2019年3月,公司由于开展内部自查,发现这起内外勾结套取资金案件的线索。同年11月,方某、韩某被立案审查。

13.2.5 信息漏洞与信息安全风险

在信息爆炸、万物互联的大数据时代,漏洞等信息安全问题可能成为一枚枚定时炸弹,不断引爆人们对信息安全的深重忧虑,引发对企业责任感的拷问,也给企业内部控制带来了新的严峻的挑战。

漏洞可能来自应用软件或操作系统设计时的缺陷或编码时产生的错误，也可能来自业务在交互处理过程中的设计缺陷或逻辑流程上的不合理之处。这些缺陷、错误或不合理之处可能被有意或无意地利用，从而造成不利影响，如信息系统被攻击或控制、重要资料被窃取或篡改、系统被作为入侵其他系统的跳板等。

信息安全不容忽视，必须按照要求做到"五性"：一是保密性，即严密控制各个可能泄密的环节，使信息在产生、传输、处理和存储的各个环节不泄露给非授权者；二是完整性，即信息在存储和传输过程中不被非法修改和破坏，以确保信息的真实性；三是可用性，即授权者可以根据需要，及时获得所需的信息；四是可控性，即信息和信息系统时刻处于合法所有者或使用者的有效掌握与控制下；五是不可否认性，即保证所有信息行为人都不可能否认曾经完成的操作。

专题讨论 13.1 | 应当重点关注会计信息技术的安全性与可靠性

一是定期更新和维护会计信息系统，确保取数、计算公式和数据勾稽关系准确无误。

二是建立访问安全制度，对操作权限、信息使用、信息管理应当有明确规定，确保财务报告数据安全、保密，防止对数据的非法修改和删除。

三是对正在使用的会计核算软件进行修改、对通用会计软件进行升级和对计算机硬件设备进行更换时，企业应有规范的审批流程，并采取替代性措施确保财务报告数据的连续性。

四是做好数据源的管理，保证原始数据从录入环节起就真实、准确、完整，并满足财务分析的需要。

五是制定操作规范，保证系统各项技术、业务配置和维护工作均符合会计准则及内部管理的规定。

六是指定专人负责信息化会计档案的管理，定期备份，做好防消磁、防火、防潮和防尘等工作。对于用存储介质保存的会计档案，应当定期检查，防止由于介质损坏而丢失会计档案等。

13.3 精确发出财务危机预警信号

13.3.1 警惕财务指标出现恶化的信号

大部分危险是逐步显现、不断恶化的结果。预警就是提前发出警报。当企业出现包括交易记录恶化、过度依赖负债、频繁关联交易、规模无度扩张、信息公告迟缓等危机征兆时，应当精准发出警示信号，警惕危机导致危险、产生危害。

财务危机是风险预警的重点，包括销售下滑、库存增加、应收账款上升、现金流量不足，不能及时支付到期债务等。各种危机因素将直接或间接地反映在一些敏感性财务指标的变化上。财务危机不断恶化令人关注。企业应当对财务运营过程进行跟踪、监控，预防或避免可能发生的失败。其中，通过设置并观察敏感性财务指标的变化，及时预报危机信号，是财务诊断与危机预警的有效路径。

"红绿灯预警法"是一些企业既有效又形象的预警方法。它通过设置并观察有关指标偏离目标值的异常程度（警度）及其变动趋势，对执行过程进行监测、预报，引起管理当局的警觉并采取相应措施：红色表示高度警戒，黄色表示提请充分关注，绿色表示基本正常。

测算警度首先要判定预警指标为何种类型的变量。指标有三种类型：第一种是"愈大愈好"型指标，如利润额、净资产收益率等；第二种是"愈小愈好"型指标，如负债额、不良资产比率等；第三种是"区间"型指标，如财务杠杆系数、资产负债率等，在某一个区间为最佳值，超过这一区间，无论是大于这一区间还是小于这一区间，均会产生警情。

预警信号的表现形式是多维度的，并且互相影响、互有作用。例如，内部控制存在缺陷将导致风险失控、会计信息失真，从而使财务指标变异，在一定程度上透露报表失真、管理失控、风险增大等现状，而财务报告信号又是各要素危机信号综合影响的结果。如果无视各要素的预警信号，各部分的危机不能被及时发现和有效化解，就会使整个企业陷入生存困境，也会给关联企业及债权人造成损失，引发连锁反应和恶性循环。而经济环境的恶化又会反过来加剧企业危机的恶化。如果能提早发现各种危机征兆，采取相应措施进行防范，就可以增强企业抵御风险的能力。

危机的警告也应当多元：一是财务指标变异程度警告，主要依据为财务预警指标的评价与判断；二是会计信息真实程度警告，主要依据为真实可靠性的评价与判断；三是管理失控程度警告，主要依据为内部控制缺陷严重程度的评价与判断；四是风险可能程度警告，主要依据为风险发生的频率和程度的评价与判断。在这些研判的基础上可以综合分析企业危机的严重程度。

危机预警与财务诊断是一门学思践悟、知行合一、多学科知识综合运用的新学科。通过完善财务诊断方法和健全危机预警机制，一定会有助于企业警示风险、警觉失能、警惕失控、警戒失真，并从亡羊补牢走向防微杜渐，进而达到防患于未然的境界。①

13.3.2 实时监测风险源或危险点

精准的监控来源于对风险源、危险点的实时监测,这是企业内部控制中的"神经末梢",应当渗透在风险管理的各种细节中。在风险监控过程中,亟须对危险源进行辨识和评估,并有针对性地制定管控标准与相应措施,使各类危险源始终处于动态受控状态。如何实时监测风险点或危险点,并实时发出危机预警信号?建立与健全风险预警系统相当重要。

从认识规律分析,风险预警应当是一个了解企业病症、掌握病因、找到病根、防止病变、对症下药、清除病菌、杜绝后患的过程,它应当在危机爆发前,通过排摸与分析警情、警兆,掌握警源、警度,恰当地发出警告或警报,将警情影响控制在最小的范围内。其中,明确警情是前提,是预警管理的基础;寻找警源、分析警兆属于对警情的因素分析;预报警度与实施排警对策则是预警的最终目的。建立健全风险预警机制,精准发出财务指标预警信号,有助于企业化解相关风险。

风险预警系统应当具有以下基本功能:

一是诊断信息。预警系统通过收集企业自身的各类财务和生产经营状况信息,与企业经营相关的产业政策、市场竞争状况信息等,并对这些信息进行归类分析,以判断企业经营状况是否异常。这些信息类别多且量大,经过缜密诊断后,不仅可供预警使用,而且可为经营决策所用。

二是预警危机。预警系统具有对企业财务与经营行为进行监测、识别、诊断并发出警报的功能。经过对所收集信息的分析,当出现可能危害企业财务状况的关键因素时,预警机制能预先发出警告,提醒经营者早做准备,避免潜在风险演变成现实损失,起到未雨绸缪、防患于未然的作用。

三是治理危机。预警系统具有对企业管理失误和管理波动进行控制与纠错的功能。当企业发生潜在危险时,预警机制可以及时通过对各类指标的分解寻找危险的根源,使经营者对症下药,制定有效的应对措施。

四是避免危害。预警系统具有对同类失误行为和管理波动进行预测或迅速识别并有效干预的功能,其不仅能及时预知和控制企业危机,而且能详细记录危机、危险发生的缘由及其演变过程,及时弥补现有经营管理上的缺陷,防止类似危险再

---

① 关于财务诊断与危机预警的具体内容,请进一步阅读李敏. 危机预警与财务诊断——企业医治理论与实践[M]. 上海:上海财经大学出版社,2019.

度发生,有效避免产生危害。

13.3.3 警觉信息化失控带来的挑战

由于会计信息化系统是企业业务处理及管理信息系统的组成部分,其从企业内外其他系统直接获取大量数据,输出也是依靠网络由企业内外的各机构、部门根据授权直接在系统中获取,因此,失控的风险较大。

一是信息化对授权批准控制可能造成冲击。授权批准在手工会计系统中,对于一项经济业务的每个环节都要经过某些具有相应权限人员的签章。但在信息化环境下,这种签章转化为特殊的授权文件和口令。利用管理不善或系统程序中的漏洞,窃取他人口令,引发失控的案件屡见不鲜。例如,业务员被客户收买,非法取得他人口令,绕过批准程序,非法核销客户应收款及相关资料等。

二是内部控制的程序化使系统失控不易被察觉。信息化系统中的许多应用程序本身就带有内部控制的功能,使工作人员对信息化系统的依赖性增强,这样,企业的内部控制实质上就取决于应用程序,如果程序发生差错或不起作用,程序运行的重复性使失控情况长期不易被发现,就会给企业造成很大的损失。

三是信息化系统缺乏交易痕迹。手工会计中严格的凭证制度在信息化系统中逐渐减少或消失,使文件、记录的控制功能大大减弱。万一发生错误,部分交易几乎没有"痕迹",使得对出错源头的追查变得困难。

四是控制范围不断扩大衍生的控制盲区。在信息化系统环境下,不仅要对交易处理进行控制,而且要对网络系统安全进行控制,如对修改程序进行控制、对系统权限进行控制等。从信息技术层面看,需要关注的职务有系统管理、开发(包括系统变更)、配置、测试、传输等。这些职务除了开发人员和配置人员的岗位可以相容外,其他岗位均为不相容岗位。从业务层面看,更需要不断完善不相容岗位分离控制。

五是信息存储电磁化使实物保护控制风险加大。在信息化系统环境下,会计信息以电磁信号的形式存储在磁性介质中,很容易被删除或篡改而不留痕迹,也容易遭到损坏,应当谨防信息资料丢失或毁坏的风险。

六是电子商务的广泛应用带出不少新问题。随着网上采购、网上销售及相应的网上银行、网上支付、网上催账、网上报账、远程报表、远程审计等新功能的出现,需要配备相应的内部控制程序,谨防网络欺诈。公安部通报,2019年全国共破获电信网络诈骗案件20万起,抓获犯罪嫌疑人16.3万人,其中,轻信、轻率是受骗上当的根源。例如,某公司财务在电信诈骗团伙假扮的"老板"诱骗下,分12次向"老板"指定的多个银行账户转账达三千五百余万元。正因为内部控制形同虚设,才使得电信诈骗团伙的阴谋屡屡得逞。

13.4 精密监控财务信息失控危险

13.4.1 财务信息日常监控的主要内容

企业应当建立健全财务信息的监督检查制度,明确监督检查部门和人员的职责权限,定期或不定期地进行检查,其监督检查的内容主要:① 职责分工、权限范围和审批程序是否明确、规范,机构设置和人员配备是否科学、合理,尤其是检查财务报告控制流程及其各岗位职责分工和各环节授权批准的执行情况,对财务报告可能产生重大影响的交易或事项是如何确认判断标准的,对财务报告可能产生重大影响的交易或事项是否及时提交董事会及其审计委员会审议等情况;② 有关对账、调账、差错更正、结账等流程是否明确、规范;③ 财务报告的起草、校验、编制、审核、批准等流程是否科学、严密;④ 财务报告的报送与披露流程是否符合有关规定。

老法师提醒 13.2 | **财务报告需要经过校验性审核程序**

一是运用审阅法检查财务报表报送的时效性和合规性,如报送是否及时(报送日期在规定期限内),有无缺表、缺页的问题,签章是否完备等,尤其应当注意编报的范围与编报的会计期间。在编报范围方面,应当注意合并会计报表或汇总会计报表的编报范围是否有任意变动的情况,是否遵循有关会计主体假设方面的规定、符合一贯性原则等。在编报时期方面,不应当提前结账或延迟结账,任意变动会计期间。

二是对表内有疑点的有关项目运用抽查的方法,验证其数据是否与有关总账、明细账、会计凭证、计算表上的数据一致。

三是审查会计报表之间的勾稽关系是否衔接一致等,如本期会计报表与前期会计报表之间的勾稽关系、同一会计报表中的项目之间的勾稽关系、会计报表主表与附表之间的勾稽关系、会计报表与会计报表附注之间的关系等。

13.4.2 加强审计复核与分析,遏制徇私舞弊

美国会计学家罗伯特·昆·莫茨(Robert Kuhn Mautz)说:"审计在一个先进

经济社会中的角色一直可以用非常简单的一句话来概括,那就是增加财务报表的可信度。"一方面,通过严加管控和严格审计,增强财务信息质量的可信度,向市场传递积极的信号,缓解逆向选择等问题;另一方面,对财务造假、操纵市场、内幕交易等违法违规行为要"零容忍",要综合整治。

一家没有财务欺诈行为的企业,其相关财务指标之间总是存在特定的均衡联系或勾稽关系,其财务指标虽然也会发生波动,但常限于一个特定的范围内。一旦某种既定的勾稽关系或均衡现状被打破,就可能存在某种差错或舞弊。分析性复核通过分析企业重要的比率或趋势,包括调查这些比率或趋势的异常变动及其与预期数额和相关信息的差异,从全局的角度看待企业的财务状况与经营结果,审慎研究企业运行结果的合理性,不仅能起到事半功倍的效果,而且有利于发现会计报表中可能存在的舞弊行为或差错。事实上,相当比例的财务舞弊案例的曝光是从分析性复核程序中发现线索的。

例如,某公司的现金流量长期低于净利润,意味着已确认为利润相对应的资产可能属于不能转化为现金流量的虚拟资产,该反差数额过大或反差时间过长说明有关利润可能存在挂账利润或虚拟利润等怪象。又如,将每股经营活动现金流量与每股收益相比,若前者为负数而后者较高,且多年如此,这样的上市公司就可能存在造假。再者,连续观察毛利率、应收账款周转率、存货周转率等敏感性指标的增减变动趋势具有现实意义。

13.4.3 特别警惕公司治理失控的危险

内部治理体制、机制失效往往为造假、舞弊提供了机会。基于舞弊三角理论,一些企业造假是为了缓解内外部的经济压力,加上内部治理失效、审计委托制度僵化及审计范围受限等原因,给造假者提供了机会,大股东操纵则成了其财务造假的借口。

从证监会披露的大量行政处罚和禁入公告中可以透视一些企业内部治理的恶劣情况:上市公司财务造假的实际策划者、受益者都是实际控制人,而董事会、管理层和监事会往往只能无奈地被操控,由于内部治理体制和机制失效,导致造假和舞弊持续不断……

如果董事会、监事会和管理层之间的制衡流于形式,甚至独立董事和审计委员会都是"花瓶",则对财务报表的监督一定掺杂"水分",甚至会合伙造假。

13.4.4 充分关注信息化条件下的职务分离问题

传统的控制程序将不同的责任分派给不同的人员以期互相牵制。随着信息技术的发展,许多由人来做的工作可以由计算机代替,自动控制处理代替了人的角色。信息化环境也要求职责分离,如某种软件被安装并用于执行某项功能后,其编码、运行和维护职责就必须相互分离。职责分离是形成内部控制的重要程序,所以,信息技术环境下的企业需要分离新的职责,以反映用来设计和运行系统的手段的更新。

会计软件功能的集中导致职责的集中,在手工操作中不易合并的岗位在信息化系统中可以合并,如有的会计人员既从事数据输入处理又负责数据输出报送。如何防止未经批准擅自修改和操作数据库等舞弊行为? 随着信息技术的发展,在信息处理高效率的同时,也给企业内部控制带来了新的问题与挑战。

实施会计信息化应配有相应的规章制度,但管理与监督的不严格使得一些规矩流于形式。例如,计算机替代手工记账必须建立与之相适应的内部管理制度,但有些企业并没有依照执行。按照《会计信息化工作规范》的要求,凭证输入人员和审核记账人员不能是同一个人;除系统维护人员外,其他人员不得直接打开数据库;软件开发人员、专职电算维护人员和档案保管人员不允许进行系统性操作;等等。这些制度在一些企业流于形式,同一个人用不同的姓名、口令进入系统从事两项不相容工作的现象时有发生。当前的问题一方面在于制度完善与否,另一方面在于管理与监督是否到位,以保证制度能够切实贯彻执行。

13.4.5 善于发现信息技术的不安全因素

信息化数据的采集虽然要求有原始单据作为依据,但是缺乏可靠信息的记录或未经确认的数据也有可能被输入。数据采集的不谨慎必然导致处理结果缺乏可信度。会计数据存储在磁性介质上,只有凭借计算机与会计软件才能阅读,程序与数据都保存在计算机中,数据易删改,在监控不力的情况下很容易产生舞弊行为。从会计记录的源头保证财务报告的真实、完整对于防范编造虚假交易、虚构收入、虚列费用等风险相当重要。

信息系统的安全控制是指采用各种方法保护数据和计算机程序,防止数据被泄密、更改或破坏,主要包括实体安全控制、硬件安全控制、软件安全控制、网络安全控制和病毒的防范与控制等。信息系统环境下的内部控制具有人工控制与程序控制相结合的特点,在软件中还包含了内部控制的部分功能,如果程序发生差错或不起作用,那么依赖程序的思想和重复操作就会使错误扩大化,一个部门的差错可能引起整个系统的错误。随着黑客侵袭的日益猖狂,网络舞弊可能愈演愈烈。企业应当将安全性、警惕性和可恢复性设定为网络风险管控的优先目标,尽力防范信息技术带来的特有风险。

13.4.6　多措并举、精准治理虚假财务报告

虚假财务报告是指不符合公认会计准则以及现行法律法规的规定,不能如实对外提供反映企业某一特定日期财务状况和某一会计期间经营成果、现金流量情况的财务报告。提供虚假财务报告是犯罪行为,企业向股东和社会公众提供虚假的或者隐瞒重要事实的财务报告是严重损害股东或者其他人利益的行为。

大部分企业的财务信息失控与内部控制形同虚设相关联。一些企业不仅会计人员配备不达标,而且岗位分工不明确,内部牵制弱化,授权批准得不到履行,经营者胆大妄为,授意、指使甚至强令财务人员做假账,从而使管理失控、报表失真。

2006年,COSO发布了《较小型公众公司财务报告内部控制指南》,就较小型公众公司如何按照成本效益原则使用《内部控制——综合框架》设计和执行财务报告内部控制提供指导。该指南从内部控制的5个要素出发,提供了一整套20项基本规则(原则)及其说明,可以作为实现有效财务报告内部控制的基本遵循,适用于所有企业。

虚假财务报告已不是某一方面、某家企业或某个人的问题,而是一个社会问题。治理虚假财务报告应根据其形成原因,采取综合措施,通过社会各方面的努力逐步实现。在治理虚假财务报告的过程中,积极的做法是从整个社会的诚信抓起,至少可以通过以下几条路径予以实施:一是健全企业内部治理机制与会计管控,加强内部审计与监察;二是全面提高财会人员的职业素质和业务水平;三是完善注册会计师制度,发挥经济警察作用;四是加强法制,强化对虚假财务报告的监管与整治力度……只有多管齐下、综合治理,才能从根本上治愈财务舞弊的顽症。

13.4.7　分类管控,提高动态监控的精准度

据统计,深圳证券交易市场上2271家企业的2019年财务报告中有180家被出具非标准意见的审计报告,有20家2018年财务报告被出具"无法表示意见"的审计报告。这类企业普遍为ST股,大股东质押比例大多在90%以上。深圳证券交易所通过推进分类控制、动态管理、精准监管,不断健全风险防控应对机制。《深圳证券交易所上市公司风险分类管理办法》(深证上〔2020〕785号)按照上市公司风险严重程度和受监管关注程度的不同,将上市公司从高到低依次分为高风险类、次高风险类、关注类、正常类四个等级,从财务舞弊风险、经营风险、治理及运作风险、市场风险、退市风险五个维度对上市公司风险等级进行评估和分类,评级指标

包括基础类指标和触发类指标,并实施差异化监管。例如,对高风险类及次高风险类上市公司重点配置监管资源,对其信息披露、并购重组、再融资等事项予以重点关注。这种分类监管是事先预防、事中监管、事后问责组成的"三合一"机制,既有助于精准监管、靶向监管、智能监管,又有助于集中监管资源优势,在精准监控的同时加大综合整治的力度。

经典案例评析

剖析A股史上最大的造假案

康得新复合材料集团股份有限公司(以下简称康得新)成立于2001年8月,是深圳中小板上市公司、材料高科技企业,曾荣获2017年《福布斯》"全球最具创新力百强企业"第四十七位、入选工信部"全国制造业单项冠军企业名单"、2017年度最具持续投资价值上市公司、2017年度战略型上市公司卓越董事会等。

康得新的全年营业收入从2007年的1.64亿元攀升到2010年的5.24亿元,4年间涨幅近219.51%。2011年上市后,康得新的股价不断攀升,2017年在蓝筹牛市中创下历史新高,涨幅达27倍。

2019年1月,康得新因无法按期兑付15亿元短期融资券,业绩真实性存疑而被证监会立案调查。其2018年第三季度资产负债表显示货币资金150亿元,除了账面现金,康得新账面上还有42亿多元可出售金融资产。实际上,根据康得集团有限公司(以下简称康得集团)与北京银行西单支行签订的"现金管理业务合作协议",康得新及其合并财务报表范围内3家子公司的4个北京银行账户资金被实时全额归集到康得集团北京银行西单支行3258账户,康得新及其各子公司北京银行账户各年的实际余额为0,康得集团早就把钱花了,当然还不起债。

康得新造假的动因包括满足发行股票等融资对财务业绩的"门槛"要求和避免退市等压力,公司管控存在重大缺陷、内外监管不力等为其提供了机会。对康得新来说,通过舞弊获取利益、维持股价、避免退市等借口成为其进行财务信息操纵的主观因素。经查明,康得新存在以下信息披露违法事实:

一是2015年至2018年年度报告存在虚假记载,合计虚增利润115.3亿元。康得新通过虚构销售业务等方式虚增营业收入,并通过虚构采购费用、生产费用、研发费用、产品运输费用等方式虚增营业成本、研发费用和销售费用,导致2015年至2018年年度报告虚增利润总额分别为22.43亿元、29.43亿元、39.08亿元、24.36亿元,分别占各年度报告披露利润总额的136.22%、127.85%、134.19%、

711.29%。大股东康得集团与相关银行签订现金管理协议,经查证,协议涉及的康得新银行账户各年年末实际余额为 0,康得新 2015 年至 2018 年年报披露的银行存款余额虚假。

二是 2016 年至 2018 年未及时披露及未在年度报告中披露康得新子公司为控股股东提供关联担保。

三是未在年度报告中如实披露 2015 年和 2016 年非公开发行募集资金的使用情况。

康得新造假最直接的目的就是虚增利润,必然存在与之对应的造假科目,如康得新 2015 年至 2018 年年度报告中披露的银行存款余额存在虚假记载,但为什么未被揭发?因为这是一起有预谋、有组织、长期系统地实施财务欺诈的大案。时任董事长策划、组织并实施了康得新全部涉案违法事项,为直接负责的主管人员;财务总监在虚增利润行为中负责具体组织和执行,是相关违法行为的重要组织者和参与者,为直接负责的主管人员;财务中心副总经理是相关违法行为的重要组织者和参与者,为直接负责的主管人员;总经理协调业务部门配合虚增利润工作,为直接负责的主管人员……如此糟糕的内部控制环境和高管队伍,不出"怪事"才"怪"!

舞弊造孽,祸企殃民。2020 年 9 月 22 日,证监会对康得新财务造假等违法行为做出正式行政处罚。根据行政处罚决定,康得新对 2015 年至 2018 年的财务报表进行追溯调整,公司 2015 年至 2018 年更正后的净利润分别为 —14.81 亿元、—17.55 亿元、—24.60 亿元、—23.57 亿元,连续 4 年净利润为负。2021 年 3 月 16 日,康得新发布 2020 年年报,净亏损 32 亿元,公司净资产为负数,被出具保留意见的审计报告。康得新股票因重大违法而被强制退市。

第 14 章 评价审计与缺陷整改

> 过程失职,结果失误,就是失控。敷衍塞责,借口推诿,成功无门。

14.1 企业内部控制评价概述

14.1.1 企业内部控制评价指引

不能衡量的,就难以管控;无法评价的,就会迷失方向。《企业内部控制评价指引》(简称《评价指引》)共 5 章 27 条,旨在规范企业内部控制评价工作,及时发现企业内部控制缺陷,提出和实施改进方案,确保内部控制的有效运行,从而为企业开展内部控制自我评价提供共同遵循的标准和自律性要求。

内部控制评价是指企业董事会或类似权力机构对内部控制的有效性进行全面评价,形成评价结论,出具评价报告的过程。理解该定义有三个重点:一是评价主体的权威性高——董事会或类似权力机构;二是评价对象的要求高——内部控制设计与运行情况的有效性;三是评价过程的综合程度高——是一个形成评价结论和出具评价报告的系统工程。评价过程的逻辑关系如图 14.1 所示。

评价活动需要有"三省吾身"的精神[①],通过定期或不定期的反思、反问,发现自身思想行为的偏差或缺陷,并举一反三;更需要通过自查、自责、自纠的路径,达到自我检查、自我问责、自我纠错的目的。

为了有效开展内部控制评价工作,《评价指引》要求企业遵循下列几项评价的

[①] "三省吾身"意思是每日从多个方面多次自觉地检查自身。《论语·学而》中,曾子曰:"吾日三省吾身,为人谋而不忠乎?与朋友交而不信乎?传不习乎?"

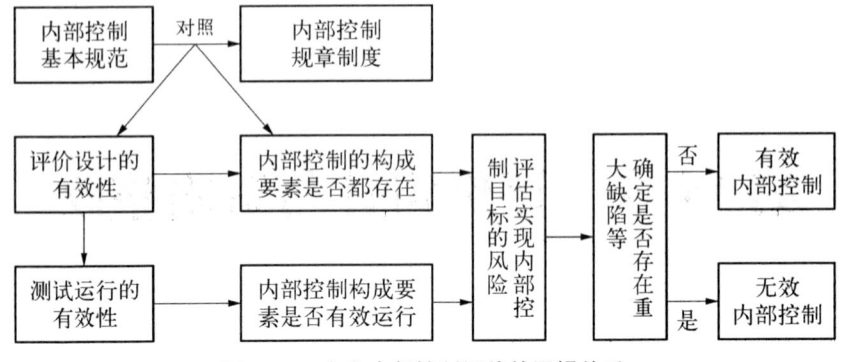

图 14.1　企业内部控制评价的逻辑关系

基本原则：

一是全面性原则。评价工作应当包括内部控制的设计与运行，涵盖企业及其所属单位的各种业务和事项，综合反映企业内部控制现状与控制水平。

二是重要性原则。评价工作应当在全面评价的基础上，关注重要业务单位、重大业务事项和高风险领域，特别是涉及内部权力集中的重点领域和关键岗位，着力防范可能产生的重大风险。在选取评价样本时，应根据企业实际情况，优先选取涉及金额较大、发生频次较高的业务。

三是客观性原则。评价工作应当准确地揭示经营管理的风险状况，如实反映内部控制设计与运行的有效性，包括内部控制评价应立足于企业的实际情况，与企业的业务性质、业务范围、管理架构、经济活动、风险水平及其所处的内外部环境相适应，采用以基本事实作为主要依据的客观性指标进行评价。

内部控制评价与审计还应关注以下两项分离：一是评价工作组成员对本部门的内部控制评价工作应当实行回避制度，二是为企业提供内部控制审计服务的会计师事务所不得同时为同一企业提供内部控制评价服务。注册会计师提供的内部控制评价服务承担了部分企业董事会或类似权力机构的职责，此时再提供审计服务，就会对独立性产生不利影响。

14.1.2　企业内部控制评价的基本程序

内部控制自我评价的对象范围、操作频率、方式方法、工作程序等应当遵循《评价指引》的相关规定，并结合经营业务调整、经营环境变化、业务发展状况、实际风险水平等实际情况予以确定。

从时期（时间）维度看，内部控制评价包括年度评价和日常评价。年度评价为定期评价,在每年年度结束后至年度报告提交董事会审议前应完成定期检查并将内部控制评价报告提交审计委员会审核;日常评价一般为不定期评价,根据需要视具体情况而定,不受检查时间和检查次数的限制。国资委《关于加强中央企业资金内部控制管理有关事项的通知》(国资发监督〔2021〕19号)要求对新兴业务(开展3年内)、高风险业务以及风险事件频发领域至少每半年开展一次内部控制自评,评价重点包括资金管理制度建设、重要岗位权力制衡、大额资金拨付程序、网银U盾管理等内容。集团对全部子企业每三年至少评价一次。

从内容(空间)维度看,企业可以根据自身状况及发展阶段,分别开展制度基础性评价、内部控制有效性评价、内部控制缺陷性评价等。缺陷评价又可分为财务报告内部控制缺陷评价和非财务报告内部控制缺陷评价。

内部控制评价工作不可能一蹴而就,它是一个涵盖计划、实施、编制、报告、信息反馈等多个阶段、多个步骤的动态过程,至少包括制订评价工作方案、组成评价小组、实施现场测试、认定控制缺陷、汇总评价结果、编制评价报告、信息跟踪与反馈等环节,其评价工作的基本流程与主要的评价环节如图14.2所示。

制订评价工作计划	组成评价组准备测试	实施现场测试	汇总评价结果	编制评价报告	跟踪与反馈信息
成立评价领导小组	组成评价工作小组	现场调研收集信息	整理资料认识缺陷	编写评价报告初稿	跟踪具体整改情况
制订评价工作方案	做好测试前期准备	实施评价工作方案	初步讨论缺陷性质	征求相关方面意见	加强相关信息沟通
具体研究评价要求	下发评价工作通知	填写评价测试底稿	缺陷认定有效评价	修改后定稿	完善内部控制

图14.2 内部控制评价的基本工作流程

在评价过程中,有效测试很重要。评价测试应根据评价内容和被评价企业的具体情况,综合运用个别访谈、调查问卷、专题讨论、穿行测试、实地查验、文档查看、重新执行、抽样和比较分析等方法,广泛收集被评价单位内部控制设计和运行是否有效的证据。评价方法的选择应当有利于保证证据的充分性和适当性。证据的充分性是指获取的证据能够为形成内部控制评价结论提供合理保证;证据的适当性是指获取的证据与相关控制的设计和运行有关,并能可靠反映控制的实际状况。

整个测试过程至少应当关注以下几个方面：

在计划阶段，应当全面了解企业内部控制的基本情况，获取一些相关的背景材料和文件，包括组织结构、报告关系、企业相关人员的职责、联系人名单，有关政策及程序文件的副本。

在测试阶段，通过了解企业及其控制环境，评估其风险等情况，对涉及内部控制的相关文件进行实地测试；对测评范围内的内部控制流程及体系进行穿行测试和抽样测试；对测评范围内的内部控制流程关键控制点做出评分，对存在的内部控制缺陷做出描述和评级。尤其是能够通过测试，在"把握全局"中点中关键"穴位"，或关注管控的重点领域，直指问题症结。

在报告初稿阶段，应就本测评中的主要发现、关键控制点评分情况和改进建议与企业负责相关内部控制的管理层进行讨论。讨论的目的在于确认测评过程中发现的内部控制问题的准确性和评分的客观性，并商讨相应的改进措施。

内部控制测评应当立足于防范与化解重大风险。所以，内部控制测评应当重点关注报告期内行业环境变化对企业的影响，管理层是否识别出重大或重要风险并建立重大风险清单，分析产生原因及之后的影响，提出解决方案或采取的控制措施。对于重大风险分析应当充分提示，包括描述内部控制测试发现的涉及金融业务、股权投资平台、业绩盈转亏、连续 3 年亏损、已经（或可能）造成损失或不良影响的事件及重大风险隐患，结合财务风险预警"亮红灯"情况，分析产生资产损失事件和重大风险隐患的原因等。

防御风险贵在自觉，慧在察觉，重在警觉。容忍危险近乎作法自毙，知错改过才能安然无恙。

14.1.3 内部控制的制度基础性评价

推进内部控制活动，制度建设是基础，也是渐进的过程，通常分为准备阶段、初始阶段、提升阶段、管控阶段、发展创新阶段等。以评价预算制度建设为例：准备级的企业，其预算制度可能主要围绕财务预算报表的编制工作进行设计；初始级的企业，其全面预算管理制度包括预算编制、预算执行监控、预算评价和考核等各项内容，对重要环节如资金控制等有详尽的规定；提升级的企业有健全的全面预算管理制度，基本涵盖所有重要环节（采购、生产、销售、投资、资金、费用……）；管控级的企业，其全面预算管理制度涵盖组织体系、目标指标体系、编制、执行、反馈、监控和考评体系各方面及各归口管理专业预算制度，且各专业预算制度（财务预算、资金预算、投资预算、业务经营预算、成本预算、人工预算等制度)有详尽的工作规范(流程、表格、计划、说明等);发展创新级的企业,其制度不仅涵盖周全,而且有创新,能推动管理水平的提升与发展。

内部控制基础性评价是指在开展内部控制建设前,或在内部控制建设初期,对企业内部控制基础情况进行的"摸底"评价。通过开展内部控制基础性评价工作:一方面,明确单位内部控制的基本要求和重点内容,使各单位在内部控制建设过程中做到有的放矢、心中有数,围绕重点工作开展内部控制体系建设;另一方面,旨在发现单位现有内部控制基础的不足之处和薄弱环节,有针对性地建立健全内部控制体系,以评促建,不仅推进内部控制活动的开展,而且有助于提升内部控制质量。

14.1.4 内部控制的有效性评价

从控制目标看,内部控制的有效性是指建立与实施内部控制对实现控制目标提供合理保证的程度。其中,合规目标内部控制的有效性是指相关内部控制能够合理保证企业遵循国家相关法律法规,不进行违法活动或违规交易;资产目标内部控制的有效性是指相关内部控制能够合理保证资产的安全与完整,防止资产流失;报告目标内部控制的有效性是指相关内部控制能够防止、发现并纠正财务报告的重大错报;经营目标内部控制的有效性是指相关内部控制能够合理保证经营活动的效率、效果与效益;战略目标内部控制的有效性是指相关内部控制能够合理保证董事会和经理层及时了解战略定位的合理性、实现程度,并适时进行战略调整。

从控制过程看,内部控制的有效性可分解为内部控制设计的有效性和内部控制运行的有效性。有效是指有成效、有效果、能够实现预期的或既定的目标,其着眼于某种结果。当行为在特定的条件和约束所规定的范围内与实现控制目标相适应时,其行为就是实质理性的,否则就可能是程序理性的。内部控制的有效性应当包含实质理性和程序理性。

内部控制设计的有效性是指为实现控制目标所必需的内部控制要素都存在并且设计恰当,如是否齐全、完整、合理、严密、新颖、实用、有针对性等。如果某项设计好的控制制度由恰当的人员按照规定的要求执行后能够达成目标,就表明该项控制的设计是有效的。或者说,如果内部控制制度没有缺陷,就认为内部控制设计是有成效的;反之,就是无效的。评价内部控制设计的有效性至少包括三个方面:一是内部控制的设计是否符合内部控制的基本原理,以《基本规范》及其配套指引为依据；二是内部控制的设计是否覆盖所有关键的业务与环节，对董事会、监事会、经理层和员工具有普遍的约束力；三是内部控制的设计是否与企业自身的经营特点、业务模式以及风险管理要求相匹配；等等。

内部控制运行（执行）的有效性是指现有内部控制按照规定程序得到了正确执行，主要体现在执行中表现出来的实际效果，如真实、有效、具有可操作性等。如果某项控制正在按照设计运行，执行人员拥有必要授权和专业胜任能力，能够实现控制目标，就表明该项控制的运行是有效的。评价时往往采用符合性测试程序，根据岗位操作行为和制度规范之间的比对来完成。如果岗位操作行为和制度要求一致，就认为内部控制的执行是有效的；反之，就是无效的。评价内部控制运行的有效性至少包括三个方面：一是相关控制在评价期内是如何具体运行的，二是相关控制是否得到持续一致（一贯）的运行，三是实施控制的人员是否具备必要的权限和能力等。

从控制要素看，《评价指引》要求内部控制评价根据《基本规范》、应用指引以及本企业的内部控制制度，围绕内部环境、风险评估、控制活动、信息与沟通、内部监督 5 个要素，确定内部控制评价的具体内容，对内部控制设计与运行的情况进行全面评价，即内部控制评价应当从内部控制五大要素入手，评析内部控制设计的有效性、运行的有效性、内部控制缺陷的认定及整改情况，并得出对内部控制有效程度的评价结论。

具体的评价内容可按照 5 个要素的构成内容，通过设计内部控制评价指标体系来确定。评价指标是对内部控制要素的细化，可分为核心评价指标和具体评价指标等，并可根据实际情况进一步细分。评价工作应形成工作底稿，详细记录执行内容，包括评价要素、主要风险点、评价指标、评价标准、测试方法、测试得分、缺陷情况、原因分析、认定结果、整改建议等。工作底稿可以通过一系列测试表格体现，并对每个要素指标进行解析、评价，最终汇总出评价结果。

某集团公司分别针对设计的有效性和运行的有效性做出评价（如表 14.1 和表 14.2 所示），现列示内部环境中组织架构流程的测评表供参考。

表 14.1　　　　内部环境设计的有效性测评表——组织架构流程

内部控制设计的关键控制点（评价指标）	测试得分	缺陷描述	缺陷评级	原因分析	整改建议	备注
是否明确股东大会、董事会、监事会和经理层的职责权限、任职条件、议事规则和工作程序，确保决策、执行和监督相互分离与制衡						

续表

内部控制设计的关键控制点(评价指标)	测试得分	缺陷描述	缺陷评级	原因分析	整改建议	备注
是否编制组织结构图、业务流程图、岗位说明书和权限指引表等,明确各部门/岗位的职责分配情况以及各自在不同流程中的权限分配情况						
是否制定"三重一大"相关制度,明确重大决策、重大事项、重要人事任免及大额资金支付业务等事项的具体内容、标准、权限和程序,确保符合集体决策审批或者联签的要求						
是否针对下属子公司建立科学的投资管控制度,通过合法有效的形式履行出资人职责,维护出资人权益,重点关注子公司特别是异地、境外子公司的发展战略、年度财务预决算、重大投融资、重大担保、大额资金使用、主要资产处置、重要人事任免、内部控制体系建设等重要事项						

表 14.2　　内部环境运行的有效性测评表——组织架构流程

内部控制运行的关键控制点（评价指标）	控制点属性	信息化控制程度	测试得分	缺陷描述	缺陷评级	原因分析	整改建议	备注
董事会是否按议事规则和工作程序依法行使企业的经营决策权								
监事会是否按议事规则和工作程序监督企业董事、高管人员依法履行职责								
经理层是否按议事规则和工作程序组织实施股东会、董事会决议事项,主持企业的生产经营管理活动								
决策层是否按"三重一大"相关制度履行重大决策、重大事项、重要人事任免及大额资金支付业务等事项的集体决策审批或者联签职责								
发生重组、收购、兼并时,公司是否及时对职能机构、岗位、人员、资产等事务做出有效整合和安排								

续表

内部控制运行的关键控制点（评价指标）	控制点属性	信息化控制程度	测试得分	缺陷描述	缺陷评级	原因分析	整改建议	备注
对下属子公司,特别是异地、境外子公司的发展战略、年度财务预决算、重大投融资、重大担保、大额资金使用、主要资产处置、重要人事任免、内部控制体系建设等重要事项是否有效监控								
针对新增业务,公司是否明确分公司、子公司经营管理层的职责,确保新增业务得到适当授权审批								
对非全资子公司是否按照章程或投资协议履行出资人职责,如通过人员委派、"三会"机制实现管控等								

表14.1和表14.2中有关项目的填写要求说明如下：

关键控制点：对各流程中的主要控制措施的描述，构成内部控制评价的核心指标。

控制点属性：判断该控制点在测评企业内部控制中的重要程度，分为全局性、重要性和一般性。

信息化控制程度：判断该控制点信息化实现程度，分为全部实现信息化控制、部分实现信息化控制、未实现信息化控制和不适用。

测试得分：分为0、3、6、8、10、N/A共6档。表14.3和表14.4从设计有效和执行有效两个维度对这6档得分标准予以解释。

表14.3　　　　　　　　　设计有效性评分说明表

分数	0	3	6	8	10	N/A
得分标准	该企业未制定相关制度或规定	该企业只制定部分制度或规定,制度缺失较多或内容中描述的关键点较少,或虽有提及但规定简单无可操作性	该企业尚有部分制度和规定缺失,已经制定的制度相对完善	该企业制定了较完善的相关制度或规定,但仍存在少部分关键点缺失	该企业制定了完善的相关制度或规定	该关键控制点不适用于测试企业

表 14.4　　　　　　　　　　执行有效性评分说明表

分数	0	3	6	8	10	N/A
得分标准一	样本合格率为70%以下且无重要金额样本差错	样本合格率为70%~80%（含70%）且无重要金额样本差错	样本合格率为80%~90%（含80%）且无重要金额样本差错	样本合格率为90%~100%（含90%）且无重要金额样本差错	100%样本合格率	该关键控制点不适用于测试企业
得分标准二	发现重大缺陷	发现2个重要缺陷或连续2年发现重要缺陷	发现1个重要缺陷	无	无	无

缺陷描述：是评价人员针对每一条关键控制点进行测试过程中发现的具体问题的描述，可能是一个问题，也可能是多个问题，如为多个问题，在表格内按1、2、3…依次列示。

缺陷评级：是评价人员根据发现问题的重要性程度分为"重大""重要""一般"3个级别。缺陷是有效性的反面，具体评价缺陷的方法与要点详见本章14.3和14.4的具体内容。

评价有效程度的标准、方法、流程还在摸索中，目前，如何确切地评价内部控制制度设计有效、运行有效以及两者之间的协调程度，并被完全观察清楚，还是一道难题。理论上，两者之间可能出现以下几种组合：一是设计和运行的有效性都低，二是设计和运行的有效性都高，三是设计有效而运行无效（或一高一低），四是设计无效而运行有效（或一低一高）。在这四种组合中，对第一种和第二种比较容易做出合理的解释。对第三种情况来说，执行效率低或者说控制制度根本没有得到贯彻执行，那么，在这种情况下能够得出控制制度完善和具有可行性的评价结论吗？同样的困局也会发生在第四种情况中，既然设计无效或者说内部控制制度本身不完整、不具有可行性，那么，怎么可能执行有效呢？具体情况错综复杂，需要深入实际，在实践中探索完善。

目前，评价实务大多以结果导向为主，以下几条有效的操作路径可供参考：

一是从内部控制五大要素入手，针对企业内部控制实际，细化表14.1和表14.2的内容，并实施测试、打分与评价，对风险控制的整体结论分三种情况亮灯：没有控制亮红灯，部分控制亮黄灯，基本控制亮绿灯。其评分与预警的含义如表14.5所示。

表 14.5　　　　　　　　　　风险管理评判标准及结论

风险控制评估结果	判　断　标　准
红灯（风险尚未控制）	流程中采取防范措施的风险环节占比低于30%,发生了重大风险事件
黄灯（风险部分控制）	流程中采取防范措施的风险环节占比为30%～80%,没有发生重大风险事件
绿灯（风险基本控制）	流程中采取防范措施的风险环节占比在80%以上,没有发生重大风险事件

二是按照内部控制指数法进行评定。例如,"中国上市公司内部控制指数"将内部控制五大目标设定为一级指标,即合法合规目标、资产安全目标、财务报告目标、经营效率效果目标和战略管理目标。一级指标细分为三个二级指标,即内部控制实施效果、内部控制设计情况与内部控制修正因素,以全面反映上市公司内部控制情况。其中,采用内部控制自我评价报告与内部控制审计报告作为内部控制修正因素。三级与四级指标逐层细分内部控制要素。具体而言,"中国上市公司内部控制指数"包含5个一级指标,15个二级指标,54个三级指标,130个四级指标。"中国上市公司内部控制指数"采用变异系数法和专家打分法确定变量的权重,最终构建了主客观赋权相结合的评价方法体系。

三是实施有重点的内容评价。内部控制评价的主要内容包括但不限于以下几个方面,评价对象与内容明确后,评价工作就有了具体的工作目标与方向:① 组织结构中的职责分工与健全状况;② 各项内部控制制度及相关措施是否健全、规范,是否与内部的组织管理相吻合;③ 各项工作中的业务处理与记录程序是否规范、经济,执行是否有效;④ 各项业务工作中的授权、批准、执行、记录、核对、报告等手续是否完备;⑤ 各岗位的职权划分是否符合不相容岗位相互分离的原则,其职权履行是否得到有效控制;⑥ 是否有严格的岗位责任制度和奖惩制度;⑦ 关键控制点是否均有必要的控制措施,其措施是否有效执行;⑧ 内部控制制度在执行中受管理层影响的程度;⑨ 其他应当做出评价的内容。

四是关注管理层执行内部控制的情况。内部控制的有效性与测评管理层执行内部控制的有效程度休戚相关。内部控制因企业管理当局的管理需要而存在,如果是管理人员舞弊,就较难在正常的评价程序中查找出舞弊问题,所以,内部控制是否有效的测试相当重要,其具体内容至少包括:① 组织目标是否符合企业的实际情况,如制定了适当的盈利目标以及基于这些盈利目标的激励机制;② 是否建立和保持了恰当的授权控制，与良好的内部控制相比，有无不相称的权力空隙；③ 在会计制度的控制链条中，哪里是最薄弱的环节，哪些人有机会利用这些薄弱环节；④ 致使会计制度遭受损害的方式有哪些；⑤ 高层管理者可能超越会计制度的哪些控制环节；⑥ 对资产接触、记录与使用是否建立严格的防护控制；⑦ 企业是否具有良好的沟通渠道，能否及时提供足够、可靠的信息。

中国宝武钢铁集团从战略牵引、转型发展、国资监管、问题导向和自我评估5个视角系统梳理了各类制度文件，全面审视了现有制度文件的设计有效性和执行有效性，重点检查"文件全不全、流程顺不顺、要求准不准、效果好不好"，形成"立、改、废、转"制度文件清单和内部控制合规清单，建立起项目化运作、检查评估、培训研修、专项平台、绩效评价等工作机制，有序推进对标提升行动的组织实施。

内部控制评价以"有效性"为主线具有不少优点。首先，评价内部控制有效性多是基于结果的评价，关注某一时点的情况，相比评价整个内部控制过程而言，其简单易行，评价成本低，评价效率高。其次，由于企业目标的实现程度大多可以用量化指标来衡量，因此指标的数据容易获得；最后，评价过程及结果较客观。基于此，评价内部控制有效性得到了国内外众多专家学者的认可，并在实务及理论研究中得到了广泛应用。

老法师提醒 14.1 │ **关注内部控制质量与评价质量**

存在内部控制缺陷的企业，其内部控制的质量肯定有问题。评价内部控制不仅要看能否实现目标，而且要评价内部控制各阶段的质量。内部控制质量的内涵至少包括以下几个方面：① 内部控制组织工作（活动）的质量；② 内部控制设计的质量（先进性、经济性、充分性、适应性等）；③ 内部控制按照设计要求实施运行的质量（针对性、精益性、有效性）；④ 内部控制措施是否为企业所需要（必要性、重要性、可靠性）；⑤ 企业能否持续完善内部控制活动的条件保障及其相关质量（保障性、持续性）。

此外，不应忽视内部控制评价质量，所以内部控制评价工作组应当建立评价质量交叉复核制度，评价工作的负责人应当对评价工作底稿进行严格审核，并对所认定的评价结果签字确认后，提交企业内部控制评价部门。

14.1.5　评价资源整合与评价报告

按照《评价指引》的要求，企业应当结合内部监督情况，定期对内部控制的有效性或存在的缺陷进行自我评价，出具内部控制自我评价报告。内部控制自我评价报告应分别内部环境、风险评估、控制活动、信息与沟通、内部监督等要素进行撰写，对内部控制评价过程、内部控制缺陷认定及整改情况、内部控制有效性结论等相关内容进行披露。企业董事会应当对内部控制评价报告的真实性负责。

企业可以使用内部控制评价表作为对内部控制评价报告的补充。内部控制评价表是对评价过程中所形成的评价工作底稿的全面整理和汇总，是企业对内部控制各构成要素的结论性评估，一般由评价内容、业务描述、有效性/缺陷、评价记录等栏目组成。恰当运用内部控制评价表可以使不同企业的内部控制评价报告更具可比性，同时有利于报告使用者阅读和理解。

随着内部控制向纵深发展，评价工作力求整合资源、与时俱进。某市国资委提出年度审计、专项复核、内部控制测评、财务评价书"四个结合"的做法值得借鉴。

内部控制测评应当立足于企业高质量发展，聚焦企业财务指标、主责主业、质量效益、风险管控和管理提升五个重点事项，剖析企业在促进国民经济发展和改善民生方面、在贯彻国家重大战略和区域发展战略方面的作用；分析企业核心竞争力、创新能力、发展质量、质量效益情况；分析企业面临的风险或潜在的风险点，以及应对风险情况；分析企业"五位一体"财务管理在企业发展中的作用。为此，可以选取主业行业中市值前十企业相关指标的平均值作为标准值进行对比，从质量、效益、规模、融合和趋势等维度进行分析，运用多种方式和分析方法分析企业重点业务板块与国内、国际行业顶尖水平的差距或优势，并做出评价与建议。

14.1.6 内部控制评价与内部审计之间的关系

（1）内部控制评价与内部审计的主要区别

一是评价主体不同。内部控制评价是由独立的内部控制部门或负责内部控制工作的部门组成，一般包括财务部、审计部、监察部、纪检部、法务部、业务部等在内的各部门，成立内部控制评价工作组以开展相关评价并形成内部控制评价报告。内部审计是由独立的内审部门或者履行内部审计职责的内设机构独立开展的审计工作，一般不需协同企业其他部门共同开展审计工作。

二是检查范围不同。内部控制评价主要围绕内部控制五要素进行认定和评价，评价重点是企业对相关制度规定的遵从性、业务开展的合规性和合法性等。内部审计不仅检查企业经营管理的合法性、合规性，而且审查经营决策的合理性、绩效性，其范围较内部控制评价更广泛。

三是工作程序不同。内部控制评价有自身既定的工作程序，无须单独审批立项。内部审计则需审计立项或授权后才能开展，工作流程相对复杂。

四是对问题的定性不同。内部控制评价发现的问题称为内部控制缺陷,按照其对企业的影响程度分别认定为重大缺陷、重要缺陷或一般缺陷。其评判标准主要是基于某项内部控制缺陷对企业整体经营管理预计将产生或已经产生的影响程度的认定。内部审计发现的问题可以按管理循环分类,也可以按风险程度分类,还可以按问题性质分类等。

五是整改措施不同。内部控制评价发现的问题一般通过完善法人治理结构、建立健全内部控制制度、优化调整内部控制流程、加强执行与考评等措施进行整改。审计发现问题除以上整改措施外,有时还包括决策无效、追究责任、奖惩干部、移送纪检监察机关或司法机关等,整改措施更加丰富多样。

六是报告使用者不同。内部控制评价报告经董事会或类似权力机构批准后对外披露或报送,主要作用是便于监督部门或外部机构、个人了解企业内部控制体系的建设及运行情况、企业风险管理情况、经营管理情况及财务信息质量情况等。内部审计无须向监管部门以外的单位或个人公布,属于内部资料,使用者主要是企业内部高层。

(2) 内部控制评价与内部审计的内在联系

一是目标一致。无论是内部控制评价还是内部审计,目的都是通过企业内部自我监督检查,发现经营管理中存在的风险、问题或漏洞,找出解决问题的方法并整改、落实,促进企业经营管理水平的提升,进一步确保企业各项经营管理活动依法合规,提高经济活动效益,促进企业可持续健康发展。

二是部分内容相互交叉。例如,对会计资料进行内部审计既是内部控制的组成部分,也是内部审计的主要对象。内部审计对会计资料进行监督与审查,不仅是内部控制的有效手段,而且是保证会计资料真实、完整的重要措施。又如,对风险进行评估、对控制要素进行评价,在反舞弊等方面有部分内容重叠,其检查对象相互交叉又协调一致。

三是两者互为补充、互相促进。内部控制评价为内部审计提供良好的内部环境。缺乏定期的内部控制评价,企业的规章制度可能杂乱无章或得不到落实,相关的财务报表、业务数据、资料档案可能严重失真,不仅增加内部审计的风险,而且可能阻碍内部审计工作的有序开展。内部审计促进内部控制体系的健全和完善,通过有针对性地发现内部控制体系建设或执行中存在的问题与不足,有助于企业不断优化和完善内部控制体系。

总之,内部控制评价与内部审计作为内部监督的重要手段,两者有机结合、优势互补、统筹兼顾,可以进一步帮助企业发现经营管理中存在的问题,及时堵塞漏洞、补齐短板，有效防范和化解各类风险，共同推进企业的可持续健康发展。

14.2 企业内部控制审计概述

14.2.1 企业内部控制审计指引

内部控制的自我评价和外部审计是我国企业内部控制规范体系建设的两大制度层面的安排。企业应当对内部控制的有效性进行自我评价，出具自我评价报告，并聘请会计师事务所对内部控制的有效性进行审计。内部控制审计是由会计师事务所对特定基准日企业内部控制设计与运行的有效性实施的鉴证业务。通过实施该项审计，既有利于促进企业健全内部控制体系，又能增强企业财务报告的可靠性。内部控制评价与内部控制审计之间有着明显的区别：

首先，两者的责任主体不同。建立健全和有效实施内部控制，评价内部控制的有效性是企业董事会的责任；在实施审计工作的基础上对内部控制的有效性发表审计意见是注册会计师的责任。如果说内部控制评价是"自我体检"的话，那么内部控制审计就是"外部体检"。

其次，两者的评价目标不同。内部控制评价是企业董事会对各类内部控制目标实施的全面评价，属于自我评价；内部控制审计是注册会计师侧重于对财务报告内部控制目标实施的审计评价，属于外部评价。

最后，两者的评价结论不同。企业董事会对内部控制的整体有效性发表意见，并在内部控制评价报告中出具内部控制有效性结论；注册会计师仅对财务报告内部控制的有效性发表意见，对内部控制审计过程中注意到的非财务报告内部控制的重大缺陷，在内部控制审计报告中增加"非财务报告内部控制重大缺陷描述段"予以披露。

虽然内部控制审计与内部控制评价具有上述区别，但两者往往依赖同样的证据，遵循类似的测试方法，使用同一基准日，因而必然存在内在联系。在内部控制审计过程中，注册会计师可以根据实际情况对企业内部控制评价工作进行评估，判断是否利用企业内部审计人员、内部控制评价人员和其他相关人员的工作以及可利用程度，从而相应减少本应由注册会计师执行的工作。

为了规范注册会计师内部控制审计业务、明确工作要求、保证执业质量，财政部等五部委制定了《企业内部控制审计指引》（简称《审计指引》），共7章35条。《基本规范》和《应用指引》是注册会计师衡量企业内部控制是否有效的基础标准。注册会计师在执行内部控制审计时，除遵守《审计指引》外，还应当遵守中国注册会计师的相关执业准则。

《审计指引》认为，注册会计师可以单独进行内部控制审计，也可以将内部控制审计与财务报表审计整合（简称整合审计）。在整合审计中，注册会计师应当对内部控制设计与运行的有效性进行测试，同时获取充分、适当的证据，支持其在内部控制审计中对内部控制有效性发表的意见，并支持其在财务报表审计中对控制风险的评估结果。

内部控制审计与财务报表审计并不矛盾，因为两者存在多方面的共同点。例如，两者虽然各有侧重，但终极目的都是提高财务报表预期使用者对财务报表的信赖程度；两者都需要采用风险导向审计方法，都要运用重要性水平；等等。整合审计还可以提升效率，这也是国际上普遍采用的方法。

为了隔离风险，"整合审计"不包括注册会计师对同一家企业既做咨询又做审计的情形。《基本规范》对此已有明确规定，"为企业内部控制提供咨询的会计师事务所，不得同时为同一企业提供内部控制审计服务"。

专题讨论 14.1 ｜ 内部控制审计与财务报表审计的区别

内部控制审计是对内部控制的有效性发表审计意见，并对内部控制审计过程中注意到的非财务报告内部控制重大缺陷进行披露；财务报表审计是对财务报表是否在所有重大方面按照适用的财务报告编制基础进行编制发表审计意见。虽然内部控制审计和财务报表审计存在多方面的共同点，但财务报表审计是对财务报表进行审计，重在审计"结果"，而内部控制审计是对保证财务报表质量的内部控制的有效性进行审计，重在审计"过程"。发表审计意见的对象不同使得两者在对内部控制测试目的、测试范围、测试期间的要求等方面存在区别，报告的形式、内容及意见类型存在差异。

例如，同样是运用重要性水平，在财务报表审计中，旨在计划和执行审计工作，评价识别出的错报对审计的影响以及未更正错报对财务报表和审计意见的影响，以对财务报表整体是否不存在重大错报获取合理保证；而在内部控制审计中运用重要性水平，旨在计划和执行内部控制审计工作，评价识别出的内部控制缺陷单独或组合起来是否构成内部控制重大缺陷，以对被审计企业是否在所有重大方面保持了有效的内部控制获取合理保证。

14.2.2 内部控制审计的操作流程

注册会计师在了解内部控制时，应当评价控制的设计，并确定其是否得到执行。在评价时,应考虑该控制单独或连同其他控制是否能够有效防止或发现并纠正重大错报。控制得到执行是指某项控制存在且正在被企业使用,其基本流程如图 14.3 所示。

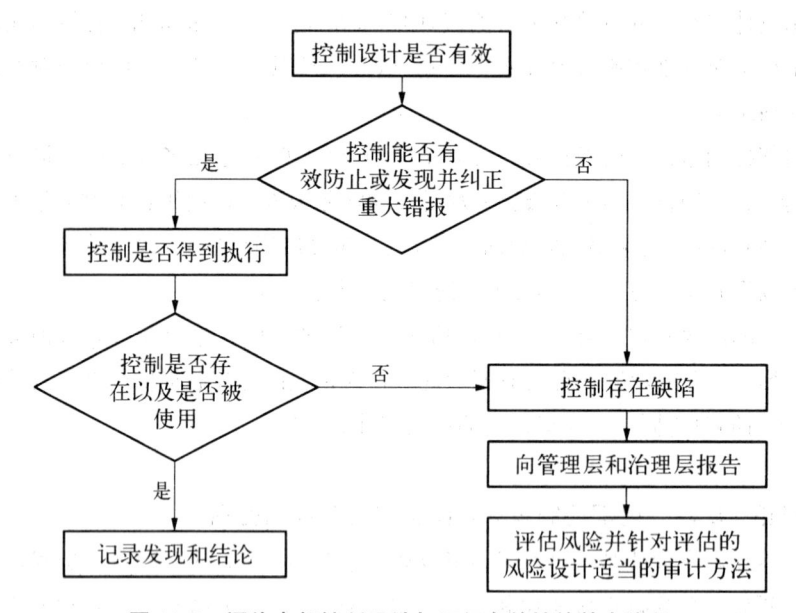

图 14.3　评价内部控制设计与运行有效性的基本流程

注册会计师可以按照自上而下的方法实施审计。自上而下的方法是注册会计师识别风险、选择拟测试控制的基本思路,并应将企业层面控制和业务层面控制的测试结合进行。

测试企业层面控制时至少应当关注:与内部环境相关的控制;针对董事会、经理层凌驾于控制之上的风险而设计的控制;企业的风险评估过程;对内部信息传递和财务报告流程的控制;对控制有效性的内部监督和自我评价。

测试业务层面控制应当把握重要性原则,结合企业实际、企业内部控制各项应用指引的要求和企业层面控制的测试情况,重点对企业生产经营活动中的重要业务与事项的控制进行测试,并关注信息系统对内部控制及风险评估的影响等。

注册会计师执行内部控制审计工作,应当获取充分、适当的证据,为发表内部控制审计意见提供合理保证。获取有关控制设计和执行的审计证据包括:① 询问被审计企业人员;② 观察特定控制的运用;③ 检查文件和报告;④ 追踪交易在财务报告信息系统中的处理过程(穿行测试);等等。

注册会计师应当编制内部控制审计工作底稿,完整记录审计的工作情况,包括：① 内部控制审计计划及重大修改情况；② 相关风险评估和选择拟测试内部控制的主要过程及结果；③ 测试内部控制设计与运行有效性的程序及结果；④ 对识别的控制缺陷的评价；⑤ 形成的审计结论和意见；⑥ 其他重要事项。

14.2.3　企业内部控制审计报告

独立地评价和监督企业内部控制的健全性和有效性很重要。独立性是现代审计制度的基石，既是影响审计质量的关键因素，也是确保审计可信性和合法性的重要前提。独立性和客观性在任何时候都不能弱化而只能加强。

注册会计师通过实施必要的审计程序，应当对财务报告内部控制的有效性发表审计意见，并对内部控制审计过程中注意到的非财务报告内部控制的重大缺陷，在内部控制审计报告中增加"非财务报告内部控制重大缺陷描述段"予以披露。

《审计指引》提供了四种内部控制审计报告的参考格式，分别是标准内部控制审计报告、带强调事项段的无保留意见内部控制审计报告、否定意见内部控制审计报告和无法表示意见内部控制审计报告。

14.3　缺陷解析与实质性漏洞

14.3.1　内部控制缺陷概述

评估缺陷需要发现缺陷。内部控制缺陷是指内部控制制度的设计存在漏洞，不能有效防范错误与舞弊，或者内部控制制度的运行存在弱点和偏差，不能及时发现并纠正错误与舞弊的情形。如果发现不了缺陷，就不知道问题（风险）在哪里，也就不明白进一步控制的具体方向。达不到目标的原因之一就在于不知道目标在哪里。所以，内部控制缺陷的评估工作不是可有可无的，它与风险评估前后呼应，两者都非常重要。安全健康你管、我管、大家管，企业才平安；内部控制缺陷你查、我查、大家查，隐患才能消除。

实证分析 14.1 ｜ **为什么监控措施形同虚设**

2018年12月至2020年4月，李某利用担任某公司济南大区出纳的职务便利，利用所持有的多家银行账户的制单和复核的U盾，采取虚假申请资金下拨、篡改资金下拨单、私自划转资金等方式，将××公司账户资金共计48 264 303元转至其个人账户，用于打赏主播、游戏充值、娱乐消费、偿还个人借款等。至案发已将涉案资金全部挥霍。2020年5月9日,李某到公安机关投案自首。李某因犯职务侵占罪,被判处有期徒刑12年。

李某接受出纳工作时,移交人竟然把两个网银的所有U盾都交给了他却没人制止。向集团资金池申请资金是系统自动审批的,并没有金额限制,也不需要领导审批,谁来负责监控？李某以支付监管资金的名义划转钱款为什么无人生疑,也无人制止？在长达两年半的时间内,挪用如此巨额资金,为什么财务复核、稽核、主管、审计都毫无察觉？如果李某不去投案自首,案值一定会再扩大,那么,所有监控都在干什么呢？真是匪夷所思！

内部控制缺陷按成因分为设计缺陷和运行缺陷。内部控制设计缺陷是指缺少为实现控制目标所必需的控制,或者现有控制设计不适当,即使正常运行也难以实现控制目标,即设计时没想到或没想好,由此产生的盲点或真空点等。内部控制运行缺陷是指设计适当的控制没有按设计意图运行,或者执行人员缺乏必要授权、时间、精力或专业胜任能力,无法有效实施控制,即执行时没做到、没做好而产生了失察、失衡、失真、失效等失控点。

内部控制缺陷按其影响程度分为重大缺陷、重要缺陷和一般缺陷。重大缺陷是指一个或多个控制缺陷的组合,可能导致企业严重偏离控制目标。重要缺陷是指一个或多个控制缺陷的组合,其严重程度和经济后果弱于重大缺陷,但仍有可能导致企业偏离控制目标。一般缺陷是指除重大缺陷、重要缺陷之外的其他缺陷。

内部控制评价应当在发现和整理一般缺陷的基础上,分析提炼重要缺陷,并特别关注重大缺陷。重大缺陷极易导致实质性漏洞,这是不可容忍的。

企业应将内部控制缺陷分为财务报告内部控制缺陷和非财务报告内部控制缺陷,并根据《评价指引》,结合自身情况和关注重点,自行确定内部控制重大缺陷、重要缺陷和一般缺陷的具体认定标准。缺陷的认定应当根据现场测试获取的证据,并来源于企业日常监督、专项监督和年度评价工作所获取的信息。企业在确定内部控制缺陷的认定标准时,应当充分考虑内部控制缺陷的重要性及其影响程度。

实证研究发现,内部控制存在缺陷的企业往往财务信息质量较差,因而可以将内部控制缺陷的存在视为风险较高的标志,或内部控制效率较低的标志,即内部控制缺陷具有较高的风险、较强的腐蚀力,很容易诱发舞弊,其内部控制的设计或运行可能无法合理保证内部控制目标的实现。所以,大多数企业的内部控制评价工作会特别重视内部控制存在的缺陷,并促进问题整改,这对企业合规经营、科学决策和防控风险会起到很好的作用。

专题讨论 14.2 | ST 类上市公司与内部控制缺陷程度高度相关

从公司治理角度看：一是治理问题突出。在内部控制存在重大缺陷、重要缺陷的 ST 类上市公司中，较多涉及资金活动、财务报告、关联交易、权限与重大决策方面的问题，背后暴露出公司治理混乱、对公司的内部控制要求或管理制度执行不力、董事会及监事履职缺位等深层次问题。二是公司治理层变动大。因经营及盈利方面的持续压力或公司重组安排等，ST 类上市公司治理层人员常常出现较明显的变动，带来相应的公司治理问题。三是管理层、财务及业务等关键岗位人员流动性大，导致管理层履职不佳，关键岗位人员出现缺位，严重影响公司的正常经营及财务管理。

从业务角度看：一是 ST 类上市公司财务状况较差，资金管理、成本管理、财务报告等领域成为内部控制的"重灾区"，暴露较多财务报告相关的内部控制重大或重要缺陷。二是关联交易问题多。由于公司管理不规范，公司治理形同虚设，关联交易出现问题的比例较高，大股东占用上市公司资金或向关联公司提供违规担保的问题尤为突出。三是信息披露问题十分突出。

从内部控制自评工作和审计工作角度看：一是在提出意见及披露问题上与审计机构有较多分歧，二是频繁更换审计机构。

14.3.2 评价内部控制缺陷的主要环节

评价缺陷针对企业内部管理的薄弱环节和风险隐患，特别是已经发生的风险事件及其处理和整改情况，按照以下五个环节进行操作：

（1）缺陷识别

内部控制评价人员可以采用内部控制测试的各种方法获取相关信息资料，识别内部控制的设计缺陷和运行缺陷。

（2）评估严重程度

在评估缺陷对控制目标偏离的影响程度时，通常需要考虑以下因素：

一是与财务的关联程度。这是指内部控制缺陷与财务报告、主要会计科目、附注的关联性。如果缺陷不直接影响财务报告，除非是极可能导致企业严重偏离控制目标，否则就不应当认定为重大缺陷。

二是缺陷的重要性程度。内部控制缺陷与财务报告直接相关时，应考虑风险发生的可能性以及对偏离目标的影响程度（如收入、成本、资产等重要性水平）。若超过重要性水平,则为重大缺陷;否则,不应当被认定为重大缺陷。

三是缺陷的组合情况及其效果。评价人员应当评价其识别的各项内部控制缺陷的严重程度,以确定这些缺陷组合起来的影响是否构成重大缺陷或重要缺陷。

四是考虑补偿性措施的作用与效果。补偿性措施是针对某些控制环节的不足或缺陷而采取的补救性控制手段,目的在于排除损失、错误和舞弊,把风险水平限制在一定的范围内,如岗位轮换、不定期盘点、突击检查、诫勉谈话等。一项补偿性控制可以包含多项控制措施,也可以将多重控制措施作为一项控制程序来看待。评价各种缺陷时考虑补偿性措施的作用与影响,意图在于评估是否存在补偿性控制,以及该补偿性控制是否按照一定的精确度有效执行,从而降低该缺陷或缺陷汇总导致财务报表错报的可能性或重要程度。为了得出补偿性控制有效执行的结论,应分析该补偿性控制措施是否存在,且有一定的针对性与精确性。同时,应对补偿性控制开展必要的测试与验证工作,获取并记录补偿性控制执行有效的证据。

(3) 初步沟通

通过编制内部控制缺陷认定汇总表,结合日常监督和专项监督发现的内部控制缺陷及其持续改进情况,对内部控制缺陷及其成因、表现形式和影响程度进行综合分析和全面复核,提出认定意见(针对财务报告内部控制的缺陷,一般还应当反映缺陷对财务报告的具体影响),并以适当的形式与企业管理层进行初步沟通。

(4) 最终认定

对内部控制缺陷的认定是内部控制评价工作的一个核心问题。通常应以日常监督和专项监督为基础,结合年度内部控制评价,由内部控制评价部门进行综合分析后提出认定意见,并以适当的形式向董事会、监事会或者经理层报告。重大缺陷应当由董事会最终认定。

注册会计师应当将审计过程中发现的所有控制缺陷与企业进行沟通,对其中的重大缺陷和重要缺陷应以书面形式与董事会和经理层沟通。注册会计师认为审计委员会和内部审计机构对内部控制的监督无效的,还应当就此以书面形式直接与董事会和经理层沟通。所有这些书面沟通都应当在注册会计师出具内部控制审计报告前进行。

(5) 出具报告

内部控制缺陷报告应当采取书面形式,可以单独报告,也可以作为内部控制评价报告的一个重要组成部分。通常,内部控制的一般缺陷和重要缺陷应定期(至少

第 14 章
评价审计与缺陷整改

每年)报告,重大缺陷应立即报告。对于重大缺陷和重要缺陷及整改方案,应向董事会(审计委员会)或经理层报告并审定。如果出现不适合向经理层报告的情形,如存在与管理层舞弊相关的内部控制缺陷或存在管理层凌驾于内部控制之上的情形,应当直接向董事会(审计委员会)报告。对于一般缺陷,可以向企业经理层报告,并视情况考虑是否需要向董事会(审计委员会)报告。

在上述环节中,如何评价与确认内部控制的各种缺陷及其影响程度最为重要,其基本流程如图 14.4 所示。

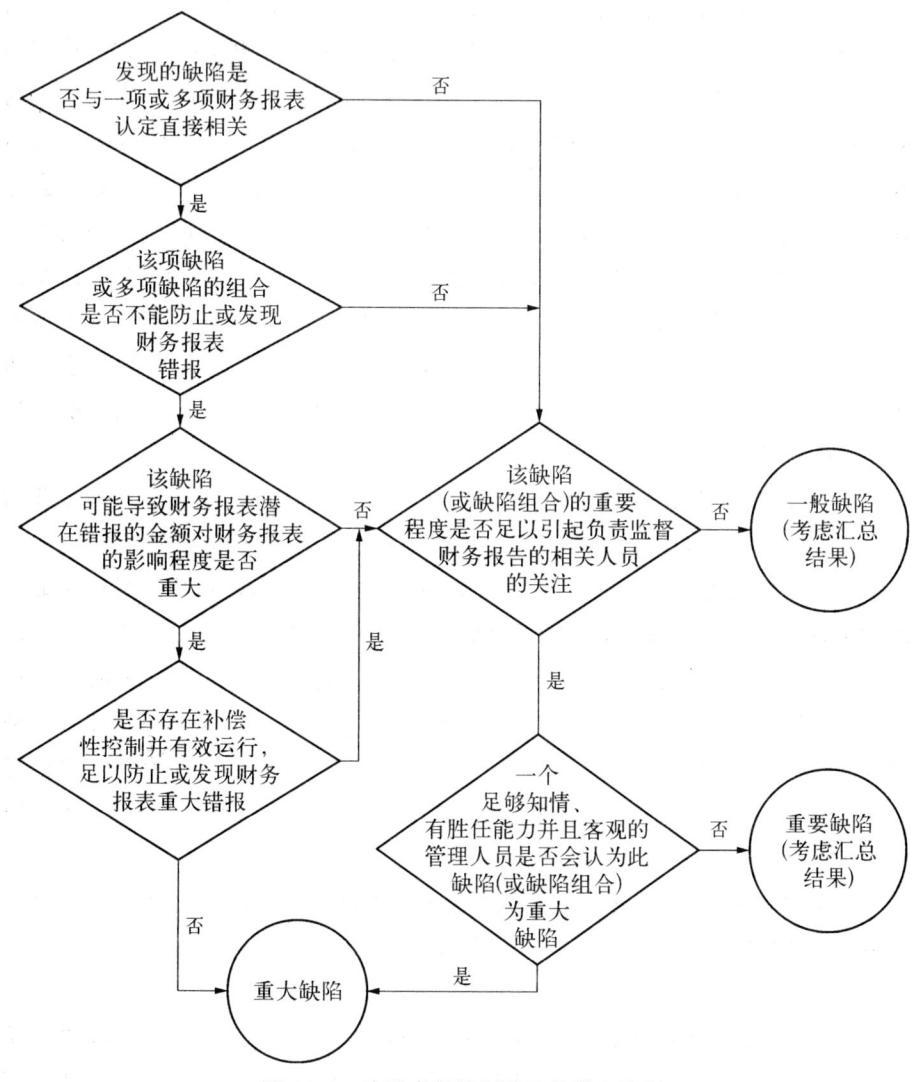

图 14.4 确认内部控制缺陷的基本流程

14.3.3 财务报告内部控制缺陷

财务报告内部控制缺陷是指在会计确认、计量、记录和报告过程中出现的,对财务报告的真实性和完整性产生直接影响的控制缺陷,一般可分为财务报表缺陷、会计基础工作缺陷和与财务报告密切关联的信息系统控制缺陷等。

例如,某企业每月处理大量企业间的常规交易,单项交易并不重大。企业制度要求逐月进行企业间对账,并函证余额。注册会计师了解到该企业没有按时开展对账工作,但企业管理层每月执行相应的程序对挑选出的大额企业间账目进行调查,并编制详细的费用差异分析表来评估其合理性。针对上述情况,注册会计师确认此重要控制缺陷,因为企业间单项交易并不重大,而且每月执行的补偿性控制能够发现重大错报。但如果上述企业每月处理的大量企业间交易涉及企业间利润或存货的转移,研究开发成本向业务单元分摊且单项交易常常是重大的,注册会计师就认为企业没有按时开展对账工作,导致账目经常出现重大差异,且企业管理层没有执行任何补偿性控制来调查重大的企业间账目差异。针对这种情况,注册会计师可以确定此控制缺陷为重大缺陷。因为,一方面该控制缺陷引起的财务报表错报被合理地预计为重大的,另一方面企业间单项交易常常也是重大的,且企业间账目尚未对账的差异是重要的,这种错报常常发生,财务报表错报可能出现,而且补偿性控制无效。

评价缺陷需要制定缺陷的认定标准,这是一件很困难的事。由于不同企业的职责、规模、风险偏好等存在差异,因此内部控制缺陷的重要性标准也有差异。

财务报告内部控制是针对财务报告目标而设计和实施的,其控制目标集中体现为财务报告的可靠性,因而财务报告内部控制的缺陷主要是指不能合理保证财务报告可靠性的内部控制设计和运行缺陷。这类缺陷主要由可能导致财务报表错报的重要程度来确定,这种重要程度主要取决于两方面的因素:一是该缺陷是否具备合理可能性,从而导致内部控制不能及时防止、发现并纠正财务报表错报;二是该缺陷单独或连同其他缺陷可能导致的潜在错报金额的大小。

根据缺陷可能导致的财务报告错报的重要程度,可以采用定性和定量相结合的方法将缺陷划分为重大缺陷、重要缺陷和一般缺陷。

(1) 重大缺陷

如果一项内部控制缺陷单独或连同其他缺陷具备合理可能性导致不能及时防止、发现并纠正财务报表中的重大错报,就应将该缺陷认定为重大缺陷。合理可能性是指大于微小可能性(几乎不可能发生)的可能性。对合理可能性的理解涉及评价人员的职业判断,且这种判断在不同评价期间应保持一致。重大错报中的"重大"涉及企业确定的财务报表的重要性水平。一般而言,企业可以采用绝对金额法(如规定金额超过 10 000 元的错报应当认定为重大错报)或相对比例法(如规定超过净利润 5%的错报被认定为重大错报)来确定重要性水平。如果企业的财务报告内部控制存在一项或多项重大缺陷,就不能得出该企业的财务报告内部控制有效的结论。

下列情况通常表明财务报告内部控制可能存在重大缺陷:董事、监事和高级管理人员舞弊;控制环境无效;已公布的财务报告发生重大调整;注册会计师发现当期财务报表存在重大错报而内部控制在运行过程中未能发现该错报;审计委员会和内审机构对内部控制监督无效;等等。

(2) 重要缺陷

如果一项内部控制缺陷单独或连同其他缺陷具备导致企业偏离控制目标,不能及时防止、发现并纠正财务报表中虽未达到重要性水平但仍应引起董事会和经理层重视的错报,就应将该缺陷认定为重要缺陷。重要缺陷并不影响企业财务报告内部控制的整体有效性,但是应当引起董事会和经理层的重视。对于这类缺陷,应当及时向董事会和经理层报告,因此也称"应报告情形"。

下列情况通常表明财务报告内部控制可能存在重要缺陷:未依照公认的会计准则选择和应用会计政策;未建立反舞弊程序和控制措施;纠正财务报表中的错报虽然未达到和超过重大缺陷的重要性水平,但仍应引起管理层或股东重视的错报;以往已出现并报告给管理层的内部控制缺陷无合理理由未按计划整改。

(3) 一般缺陷

不构成重大缺陷和重要缺陷的财务报告内部控制缺陷应认定为一般缺陷。

关于重大缺陷、重要缺陷和一般缺陷的具体认定标准通常由行业或企业根据上述要求自行确定。某行业缺陷认定的定量参考标准如表 14.6 所示。

表 14.6 缺陷认定的定量参考标准

项 目	重大缺陷影响	重要缺陷影响	一般缺陷影响
利润总额潜在错报	错报≥利润总额的 5%	利润总额的 3%或 0.6 亿元≤错报<利润总额的 5%	错报<利润总额的 3%
资产总额潜在错报	错报≥资产总额的 1%	资产总额的 0.5%或 2.5 亿元≤错报<资产总额的 1%	错报<资产总额的 0.5%

续表

项　目	重大缺陷影响	重要缺陷影响	一般缺陷影响
经营收入潜在错报	错报≥经营收入总额的1%	经营收入总额的0.5%或0.75亿元≤错报<经营收入总额的1%	错报<经营收入总额的0.5%
所有者权益潜在错报	错报≥所有者权益总额的1%	所有者权益总额的0.5%或1亿元≤错报<所有者权益总额的1%	错报<所有者权益总额的0.5%
直接财产损失	金额1 000万元及以上	金额500万元（含500万元）～1 000万元	金额500万元以下

14.3.4　非财务报告内部控制缺陷

非财务报告内部控制缺陷是指虽不直接影响财务报告的真实性和完整性，但对企业经营管理的合法合规、资产安全、营运的效率效果、战略等控制目标的实现具有不利影响的其他控制缺陷。非财务报告内部控制缺陷认定标准一经确定，就必须在不同评价期间保持一致，不得随意变更。

企业可以根据自身的实际情况，参照财务报告内部控制缺陷的认定标准，合理确定非财务报告内部控制缺陷的定量和定性认定标准。

(1) 非财务报告内部控制缺陷评价的定量标准

非财务报告内部控制缺陷评价的定量标准既可以根据缺陷造成直接财产损失的绝对金额制定，也可以根据缺陷的直接损失占本企业资产、销售收入或利润等的比率确定。例如：

重大缺陷：该缺陷造成财产损失大于或等于合并财务报表资产总额的1%。

重要缺陷：该缺陷造成财产损失大于或等于合并财务报表资产总额的0.5%，但小于1%。

一般缺陷：该缺陷造成财产损失小于合并财务报表资产总额的0.5%。

(2) 非财务报告内部控制缺陷评价的定性标准

非财务报告内部控制缺陷评价的定性标准可以根据缺陷潜在负面影响的性质、范围等因素确定。例如：

重大缺陷：包括企业决策程序不科学，导致重大决策失误，给企业造成重大财产损失；违反相关法规、企业规程或标准操作程序，且对企业定期报告披露造成重大负面影响；出现重大安全生产、环保、产品质量或服务事故；重要业务缺乏制度控制或制度系统性失效,造成按上述定量标准认定的重大损失;其他对企业负面影响重大的情形。

重要缺陷:企业决策程序不科学,导致出现一般失误;违反企业规程或标准操作程序,形成损失;出现较大安全生产、环保、产品质量或服务事故;重要业务制度或系统存在缺陷;内部控制重要或一般缺陷未得到整改。

一般缺陷:不构成重大缺陷或重要缺陷的其他内部控制缺陷。

某企业对非财务报告内部控制缺陷的认定等级参照表14.7的设计。

表14.7　　　　　　　　非财务报告内部控制缺陷的认定等级

缺陷等级	直接财产损失金额	重大负面影响
一般缺陷	10万(含10万)～500万元	受到省级(含省级)以下政府部门处罚但未对本企业定期报告披露造成负面影响
重要缺陷	500万(含500万)～1 000万元	受到政府部门处罚但未对本企业定期报告披露造成负面影响
重大缺陷	1 000万元及以上	已经对外披露并对本企业定期报告披露造成负面影响

上述标准按照每起事件进行认定。如果出现多起事件,就按照各自造成的直接损失及其影响程度分别认定缺陷等级。

评价非财务报告内部控制实现程度需要多方考量,如战略和经营目标的实现往往受企业不可控的诸多外部因素的影响,企业内部控制只能合理保证董事会和管理层了解这些目标的实现程度。因而,在认定针对这些控制目标的内部控制缺陷时,不能只考虑最终结果,主要应该考虑企业制定战略、开展经营活动的机制和程序是否符合内部控制的要求,以及不适当的机制和程序对企业战略及经营目标实现可能造成的影响。

14.3.5　剖析重大缺陷与实质性漏洞的关系

识别第3章中风险构成的三因素,其中的实质性风险极有可能产生实质性漏洞,并导致内部控制存在重大缺陷;或者说,重大缺陷又称实质性漏洞或容易导致产生实质性漏洞。为此,对于企业发现的实质性风险并认定为重大缺陷的,应及时采取应对策略,切实将风险控制在可承受范围内,并追究有关部门或相关人员的责任。

美国公众公司会计监管委员会(PCAOB)发布的审计准则将实质性漏洞定义为"如果一项或若干项缺陷有能致使年度或中期财务报表存在重大错报而不能有

效预防或及时察觉的合理可能时,该缺陷就构成实质性漏洞"。解析本书第 12 章"财务总监怎么会侵吞 5 800 万元"的案例,刘某一开始支付给李某的十余万元软件开发费,银行根本没有任何监控,这一严重的失控点就是实质性存在的风险;又由于大中华区 CEO 和中国公司 CEO 实际上没有监管刘某,因此产生的管理真空正是实质性风险因素的所在;再加上财务总监和财务主管串通舞弊的危险一直未被发现……这些失控点、真空点、串通舞弊共同造成了一个个实质性漏洞,造就了"蚂蚁搬家"式的荒唐大案,教训深刻!

进一步剖析本书第 1 章中披露的中外银行等金融机构严重失控与失败的案件,结合内部控制评价与合规性检查加以验证,从中可以发现这些机构早已存在诸多实质性风险未被发现,且一批实质性漏洞被发现后才凸显问题的严重性。瞿旭、瞿彦卿、杨丹的《上市银行内部控制实质性漏洞问卷调查与分析》表明:上市银行的控制活动与职责划分是最重要的内部控制组成部分,是实质性漏洞影响最严重的区域,其次是风险评估、管理监督、控制文化、监督评审与纠正措施,信息与沟通的实质性漏洞影响较小。

林斌、周美华的《内部控制缺陷带来的经济后果——基于公司诉讼的视角》的研究结果显示:① 企业内部控制存在重大缺陷、企业绩效越差、财务杠杆越高和规模越小的企业被诉的概率越大;② 相比其他企业,内部控制存在重大缺陷的企业的价值更低;③ 与其他企业相比,由于高额的诉讼成本,因此,陷入诉讼纠纷的企业的价值更低。

善于发现内部控制环境、风险评估、控制活动、信息沟通、内部监督等要素中的实质性风险,寻找实质性漏洞,对于识别与认定重大缺陷很有帮助。尤其应当通过建立完善的实质性漏洞信息披露机制,明确实质性漏洞信息披露相关主体的职责,加强内部控制实质性漏洞信息披露的监管等措施,提高和改善实质性漏洞信息披露的质量。

本书在实证分析 2.1 中警示中航油(新加坡)冲破三道风控防线的教训,其根本缘由在于"一人天下"的实质性风险。总经理在位期间,股东会、董事会、监事会、经理层四种身份竟然由他"一肩挑",缺乏制衡与监管,其个人意志"一统天下"。结果表明,正是企业法人治理结构方面存在严重缺陷、内部控制环境恶劣,致使内部控制制度实施无效。实质性风险的存在早晚将导致实质性漏洞。中航油(新加坡)的管理层未对从事期权业务的风险进行评估,听任总经理贸然开展期权业务,不向董事会、董事长、国资委请示汇报,无人揭发,也未被发觉,最终酿成 5.54 亿美元损失。实质性漏洞由此被称为导致企业出现重大错报的风险,且这个风险难以被发觉及有效预防。如果存在实质性漏洞且未被发觉，企业治理与外部监管的有效性就难以保证。

14.4 缺陷整改与监督管理机制

14.4.1 缺陷管理与监督管理机制

内部控制的执行力与执行效果将影响甚至决定企业的兴衰成败。科学、完善的规章制度是企业高效运行的基础，加强监督管理是确保执行到位的重要手段。也就是说，对于内部控制执行情况要实施监督与管理，监管缺陷整改过程尤其重要。常见的问题：局限于发现的问题，就事论事，未能举一反三、由点及面敲响警钟，结果可能是今日整改异日复发、原地整改异地复发。所以，要切实加强缺陷管理：一方面，通过评价与审计，充分揭示内部控制的设计缺陷和运行缺陷，提出改进建议，及时报告董事会和管理层；另一方面，跟踪落实缺陷整改，实现内部控制闭环管理，促进内部控制活动不断优化。

监督缺陷整改的目的在于知错能改、堵塞漏洞、化解风险，避免问题屡查屡犯。通过监督检查，评判整改工作是否具有针对性、整改措施能否针对风险点、能否堵塞漏洞等，对完善与落实整改措施、持续优化内部控制活动起到积极的促进作用，其过程如图14.5所示。

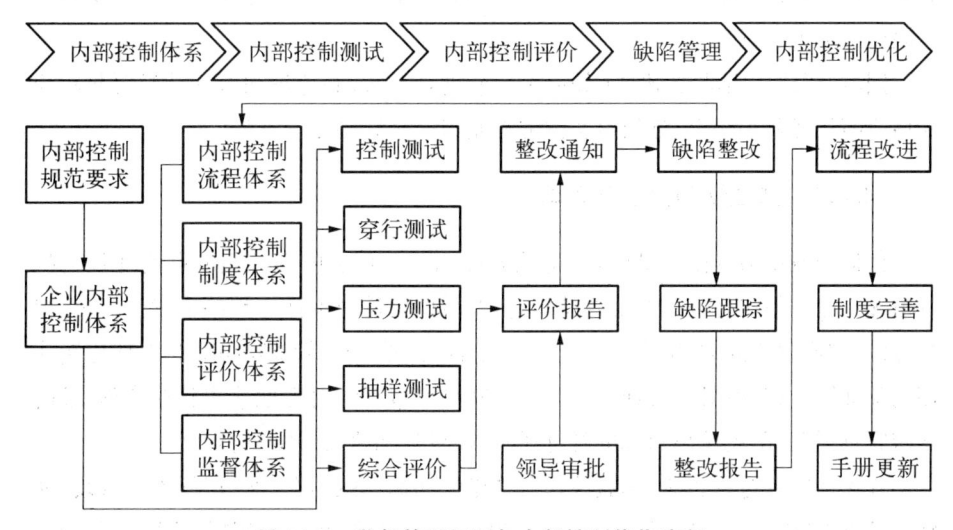

图14.5 监督管理机制与内部控制优化流程

完善监控机制至少包括以下内容：监督管理原则、程序、范围、内容、形式、方法，监督检查人员及职责分工，监督检查的依据、频次，监督检查结果的处理标准及问责机制，监督检查异议投诉机制等。通过有效的监督与追责，可以发挥"治已病、防未病"的作用。但一些企业的监督机制与责任追究工作还不完善，"不愿监督、不会问责、不敢追责"的现象具有一定的普遍性。

监管机制应当常态化、长效化，成为企业自觉运行的自律机制，其路径至少包括以下几个方面：

一是自我监管。这是指行为者个人自觉地调整自身的动机和行为，使之符合行为规范的要求。自我监管的要义在于解决好自律、自控等相关问题。"打铁还需自身硬，无须扬鞭自奋蹄"是一种理想的自觉状态。但由于人们的自觉程度、文化水平、社会地位、从事职业以及道德修养的不同，自我监管的程度会有很大的差别，因此还需要互相监督。

二是在线监管。企业应当搭建在线监管系统，一方面及时发布政策文件，推介并展示好的做法和经验；另一方面运用信息化手段，加强实时监督与跟踪，促进内部控制活动向纵深发展。尤其要建立违规问题线索督办制度，对违规情形重大、社会关注度高的问题线索实行挂牌督办。

三是监管监督者（执纪者）。监督别人的人首先要监管好自己，执纪者要做遵守纪律的标杆。"治人者必先自治，责人者必先自责，成人者必先自成。"如果监督者不被监督，就可能出现"灯下黑"的情况；领导发生以权谋私、串通包庇等问题，对事业的伤害将比普通员工更甚。"执纪者必先守纪，律人者必先律己"，一定要做到"其身正，不令而行"。

同时，要建立内部控制重大缺陷追究制度，内部控制评价和审计结果要与履职评估或绩效考核相结合，逐级落实内部控制组织领导的相关责任。

14.4.2 加强缺陷分析与管理

任何企业都有局限或缺陷，内部控制亦如此。企业内部控制的制度建设与执行情况究竟如何、是否有效、能否持续，需要借助评价与审计等程序去发现问题、追根寻源，进而解决问题、防患于未然。一方面，需要减少或降低局限对内部控制作用的负面影响程度；另一方面，通过加强缺陷管理，有针对性地落实整改措施，及时堵塞管理漏洞，防范偏离目标的各种风险，使设计和执行日臻完善。

评价与审计过程也是"自我体检"或"坐堂问诊"的过程。通过"问诊"，发现"病症"，精准"把脉"，找寻"病因"。尤其要善于用好"显微镜"，挖掘"线索"，打开检查的"探照灯",巡察"盲区",有助于确切知晓企业的内部控制现状。

例如,制度是否有效执行已经老生常谈,但又不得不谈,因为很多事故的爆发往往不是缺乏制度规定,而是有规定却不执行。以中航油(新加坡)为例,安永会计师事务所为其制定过风险管理制度,风险管理委员会设置和风险控制流程较完备,从交易员到风险管理委员会、内审部、首席执行官,再到董事会都有层层上报的权限规定;每名交易员亏损 20 万美元时要向风险管理委员会报告,亏损达 37.5 万美元时要向首席执行官汇报,亏损 50 万美元时必须斩仓。但遗憾的是,这些制度并未得到有效执行,内部风险管理和内部控制系统形同虚设,最终酿成 5.54 亿美元的灾难性损失。

内部控制制度不能有效执行的原因很多,归纳起来主要有两大原因:一是制度本身制定得不合理,或过于理想化,或随着新情况的出现,原有制度已不能适应却没有及时修改,使得制度不具有可操作性,也就不会被执行;二是缺乏保证制度执行的机制,一些企业对内部控制执行情况既没有评价与检查监督,又没有相应的奖惩措施,内部控制制度成为一纸空文也就不奇怪了。

为了全面、深入地了解我国上市公司执行企业内部控制规范体系的情况,2021年 2 月财政部与证监会以专家组名义发布的《上市公司 2019 年执行企业内部控制规范体系情况蓝皮书》(简称《蓝皮书》)指出,2019 年度共有 3 642 家上市公司披露了内部控制评价报告,总体披露占比为 95.99%,其中,3 513 家的内部控制评价结论为"整体有效",占比为 96.46%;共有 2 827 家上市公司披露了内部控制审计报告,占比为 74.51%,其中,2 677 家的审计意见为"标准无保留意见",占比为94.69%。企业内部控制规范体系在上市公司范围内实施情况良好。

《蓝皮书》通过分析财务报告内部控制重大、重要缺陷的内容,发现 2019 年出现频次最高的前五位财务报告内部控制重大、重要缺陷依次为资金活动、财务报告、对外担保、关联交易和资产管理;非财务报告内部控制重大、重要缺陷出现频次最高的前五位依次为资金活动、信息披露、对外担保、组织架构和人力资源管理。近 5 年来,资金活动、财务报告和关联交易一直是上市公司财务报告内部控制缺陷的高发领域,对外担保、资产管理及销售业务领域的缺陷也比较突出。部分上市公司仍存在披露内容要素不完整、披露信息不一致、内部控制缺陷整改不到位、内部控制缺陷标准缺失或不恰当等问题。

14.4.3 缺陷整改措施及其建议

《蓝皮书》显示,在同时披露 2019 年内部控制评价报告和内部控制审计报告的上市公司中,内部控制审计意见类型为非标意见的比例为4.97%;内部控制评价报告结论为非整体有效的比例为3.59%,存在内部控制重大或重要缺陷的比例为3.88%。我国上市公司的内部控制体系建设与执行亟待加强,存在的缺陷问题亟待整改。

一是事前标准设计不健全、不合理。在上市公司披露的内部控制缺陷中,事前内部控制标准设计不健全、不合理的内部控制缺陷占全部披露缺陷的比例为31.29%,主要表现为制度设计不够完善、缺失或修订不及时。

二是事中措施执行不到位。在上市公司披露的内部控制缺陷中,未按制度执行或执行不到位的内部控制缺陷占全部披露缺陷的比例为68.71%。

三是事后评估实施不主动。在披露存在内部控制重大或重要缺陷的上市公司中,21家公司直到被证监会或地方证监局、交易所、安监环保部门等监管机构查处后,才披露值得关注的31项内部控制重大或重要缺陷。

四是缺陷整改不到位。截至报告基准日,上市公司在内部控制评价报告中披露的内部控制缺陷仅27%得到有效整改,仍然有73%的内部控制缺陷未得到有效改进。部分上市公司对内部控制审计发现的内部控制缺陷熟视无睹,甚至同一内部控制缺陷多年重复出现,缺乏及时有效的整改。

《蓝皮书》建议,要盯紧上市公司董事、监事和高级管理层等"关键少数",压实内部控制主体责任。要按照事前规范制度、事中加强监控、事后强化问责的原则,全程跟踪监督评价,通过梳理整合、外规内化、融合嵌入等措施形成规范、完备的内部控制制度体系;要围绕重点业务、关键环节和重要岗位,以规范流程、消除盲区、有效运行为重点,对内部控制体系的有效性进行全面评价,加强缺陷评估标准建设和实施,客观、真实、准确地揭示经营管理中存在的内部控制缺陷和问题,并充分运用监督评价结果督促整改,落实整改责任,对整改效果进行检查和评价,对整改执行不力的单位或个人进行责任追究,确保内部控制体系完整、执行有效。

14.4.4　弥补内部控制固有的局限

内部控制并非完美无缺,更不是万能的。无论如何设计和运行,内部控制也难以全面消除其固有的局限。

一是有限理性的客观局限。从理论上讲,如果人们具有充分的理性,就可以设计出完备的内部控制体系及相应的评价指标,控制目标上的所有变化也就都可以通过控制效率(指标)做出准确的衡量。然而,由于受到现实的"有限理性"的局限,人们不可能设计出足够多和足够精确的控制措施及其评价指标,这使得人们难以观察到发生在控制目标上的所有变化,因此,各种控制措施的有效性必然不可能处于理想状态,而存在着一定程度的遗漏或偏差。

二是受到成本效益的影响。管理层通常要求实施内部控制手段所付出的成本不高于相应的预期收益,如果得不偿失,管理层就缺乏积极性,甚至会舍弃某项控制措施。然而,过于简单的控制活动容易出现纰漏,从而达不到应有的效果。

事实上,内部控制也不具有"绝对保证"功能。不论其设计及执行多么完善,内部控制都只能为达成企业目标提供合理保证——由于环境的不断变化,内部控制具有时效性,今天有效的内部控制,明天不一定有效,再加上内部控制本身固有的局限以及出于成本效益的考虑,内部控制只能合理保证有关目标的实现而不能完全杜绝财务欺诈、串通舞弊、违法违纪等现象的发生。尽管内部控制不是万能的,但缺少内部控制是万万不能的。

三是对例外业务失去作用。日常的控制活动往往倾向于对常规业务的控制而忽视对非常规业务的控制。尤其是新情况、新问题的出现,如新业务拓展、意外事故、突发事件等,导致原有的控制程序对新增加的经济业务不完全有效,而未能及时完善的制度规定有可能产生差错或失去机会。但例外原理要求把注意力集中在例外的关键点的控制方面,要善于把控制的主要注意力集中在那些超出一般的特别好或特别坏的情况,从而实现高效率的控制。

四是存在越权管理。企业内部控制制度会因管理人员滥用职权或故意超越某些特定的内部控制措施而失效,特别是高层管理人员滥用职权造成的局限,包括对经济活动进行越权干预等,会导致一些控制程序失效。

五是人员素质局限。工作人员因疏忽大意、判断失误或误解上级发出的指令可能造成人为错误。

六是串通舞弊限制。负责内部控制环节的人员滥用权利,或工作人员合伙舞弊,或里应外合串通共谋等,会使内部控制制度无能为力。

《孙子兵法》曰:"知己知彼,百战不殆;不知彼而知己,一胜一负;不知彼,不知己,每战必殆。"通过不断完善内部控制的执行机制与监管机制,不仅可以有效弥补内部控制的固有局限,而且可以尽量减少或消除存在的缺陷。

经典案例评析

内部控制缺陷分析与管控建议

某企业供应科的墙上贴着采购员各自的岗位责任要求,明文规定采购员按线条分工负责某一采购线上的全部采购业务,包括货物的请购、询价、比价、确定供应商、采购、指示仓库储存入库、填单报销等全过程的工作。但实际情况是包干到人,由采购员办理某一采购线上的全部采购业务,且多年如此。调查还发现,该做法曾得到主要领导的夸奖,一些领导和供应科成员并没有系统学过内部控制文件,分辨不清什么才是不相容职务以及如何进行授权批准管理等要求,亟须内部控制"扫盲"。

该供应科科长骄横跋扈,在未经授权批准的情况下对采购员说:"你们的采购发票由我来复核签字,我的采购发票由你们来签字。"采购员之间相互签字的现象长达数年之久却听之任之,可谓"无知无畏"。

采购员到财务科办理报销手续,按照惯例只要递交发票和至少有两人签字的单据(付款凭证)就可以了。财务审核报销业务没有核对预算、合同的习惯,财务科认为这是归供应科管的事,既然供应科签字,就应当全权负责到底。

该供应科科长多年来利用职务之便,采用少购货、多报销,多采购、少入库,提高单价拿回扣等非法手段侵吞不少资金,因被外部举报而案发后锒铛入狱。

母公司的内审科专为此事实施审计,在全面分析失控事实后,根据企业内部控制的规范要求,认为该企业内部控制现状至少存在以下缺陷,并提出为什么会如此失控、该如何评价、如何完善等问题。

一是不相容职务没有分离。采购员不能包办请购、询价、比价、确定供应商、采购、指示仓库储存入库、填单报销等业务,尤其是不能选择与确定供应商,而应当确保相互分离、互相制约。这是为什么?

二是违反授权批准管理规定。供应科科长对采购员说的那段话既没有得到授权,也没有经过批准,应当是无效的。为什么采购员之间仍在互相签字?

三是采购报销行为不合规。会计部门应同时核对验收单、订购单、预算规定等必要的文件资料,经过支付申请、支付审批、支付复核程序后,方可办理支付手续。该企业的会计核算与监督工作为什么迟迟没有发现供应科科长的舞弊行为?

四是企业缺乏信息传递及监督检查机制。例如,缺乏必要的审核与审批程序、授权批准检查机制和监督检查机制,造成供应科科长利用职务之便的舞弊行为一直未被察觉,说明该企业的内部控制形同虚设。这样的判断正确吗?

五是对照内部控制五要素,在上述案例中,哪些问题属于内部控制设计缺陷?哪些问题属于内部控制运行缺陷?其重大缺陷(实质性漏洞)表现在哪些方面?你对此有何针对性的管控建议?

说明:本案例引导读者研习内部控制相关规定,请结合内部控制规范要求和本书各章节的相关内容,理论联系实际,一步一步做出解答。

第15章 总　结

> 规律如灯塔,规则似航道,规范运行的船才能乘风破浪、行稳致远。

15.1　精心培育内部控制人才

15.1.1　夯实基础,完善内部控制学科建设

当前,企业正处于不稳定、不确定、复杂的和模糊的 VUCA 环境中。V: Volatility(易变性)是事物变化的本质和动力,也是由变化驱使和催化产生的;U: Uncertainty(不确定性)是指缺少预见性,缺乏对意外的预期和对事情的理解和意识;C:Complexity(复杂性)是指企业为各种力量、因素、事情所困扰;A:Ambiguity(模糊性)是指对现实的模糊,这是误解的根源,是各种条件和因果关系的混杂。在 VUCA 环境中,能够获得成功的原因就是拥有学习的能力以及保持学习的能力,包括预期改变条件的事情、明白事情和行为的结果、鉴别各个变量之间的内在关联、为现实的各种情况和改变做好准备以及明白各种相关的机会等。

实证表明,学习不够、能力不强、经验不足、专业不精,将阻碍或制约内部控制职能的充分发挥。只有准确诠释并有效运行内部控制的企业才能行稳致远。完善学科与专研探求的作用就在于使学习者不仅"知其然",而且"知其所以然。"讲清道理、说透学理、辨析哲理、懂事明理,有助于知行一致,这既是有效管控的基础,也是培育人才的关键。致天下之治者在人才,成天下之才者在教化。

企业内部控制具有相对独立的知识结构、理论体系和规则内容,并具有自身的要素体系、运行逻辑与发展规律,凝结着人类关于内部控制与风险管理的实践经验

与理性认知,是一门实证科学与规范科学融合应用的管理学科。实证科学侧重探讨"是什么""如何达成既定目标"的知识体系,实证方法通过提出假说来解释现象,根据具体的实例或实验来观察和检验假说,当实验和观察结果与假说吻合时可以成就某个理论或规则。规范科学(或称规则科学)侧重探究"应该是什么"及其相关标准的知识体系,其中,机制研究可能更为重要,因为所有风险、问题现象的背后都有相应的机制,只有从机制(机理)上把产生现象的原因搞清楚,才有可能确切地知道相应的理论是否符合运行规律。任何制度、政策、规则的出台与实施都需要从理论与实践多方面寻求支撑。理论研究是探求规则的前提和向导,缺少理论研究就缺乏高度与指导性。经验探求又是对理论研究的补充和检验。丰富、生动的实践活动为理论研究提供新鲜、适时的研究对象,使业已形成的理论得到检验、修正与不断深化。2020年11月7日中国会计学会内部控制专业委员会召开2020年内部控制专题研讨会,发出关于"深化内部控制理论研究和实践探索、服务中国经济发展和国家治理提升"的倡议书,提出了"协同攻关,形成共识;面对现实,强化机制;弘扬传统,赢得自我;分层分类,有机嵌入;搭建平台,知识共享"等具体发展路径。

基础理论是内部控制学科建设的基石。要砌墙,先打夯;根基有多深,楼层就有多高。内部控制基础理论旨在揭示内部控制的本质、目标、内涵、外延及其运行规则与规律,包括内部控制的运行基础、核心地位、关键作用及其与风险管理、公司治理的关系等(如图15.1所示),从而构成内部控制的结构层次,成为内部控制学科的研究对象范围。

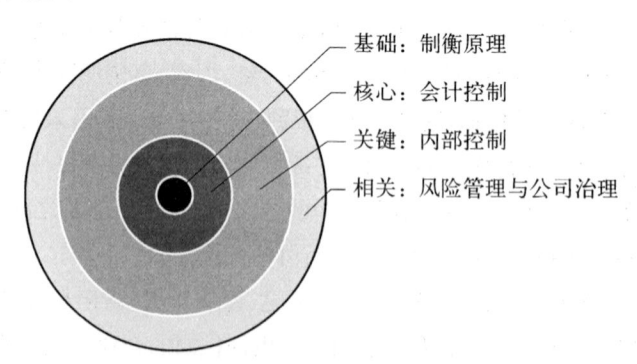

基础:制衡原理
核心:会计控制
关键:内部控制
相关:风险管理与公司治理

图15.1 内部控制学科的研究对象范围与层次关系

参天之木,必有其根;怀山之水,必有其源。作为复合型的边缘学科,企业内部控制涉及多学科知识的融合与应用,包括管理学、心理学、行为学、舞弊学、哲学、法学、信息技术等,并与企业治理理论、委托代理理论、人性假设理论、风险管理理论、信号传递理论、系统控制理论等密切相关。所以,需要提高站位、兼收并蓄、夯基垒台、立柱架梁,在拓宽研究领域和拓展实践路径的基础上,提供有益的经验借鉴。

从管理学看,内部控制与管理理论及其实践相向而行。内部控制需要探寻管理的现实需求与未来的发展态势,在渗透各管理职能与相关领域的基础上,通过打通管控融合等路径,打造开放式控制平台,确保企业合规、有序、履职尽责,防范各种风险隐患,维护经营管理正常运转。

从心理学看,心理现象是一个动态过程,包括认识过程、情感过程、意志过程,其外在表现为个性倾向、个性特征和个性调控,内含需要、动机、兴趣、理想、信念、价值观和世界观等。腐败往往从"小错无伤大雅"的心理活动开始,起初对吃几顿饭、收几张卡、拿几个红包以为"没人知道",进而将权力作为寻租的资本,不把"吃拿卡要、雁过拔毛"当回事,最后走上违法犯罪的道路,落入"温水煮青蛙"的可悲下场。

从行为学看,人和组织在活动过程中应当正确处理各种关系,必须学会自控、互控以适应生存环境,并与环境和谐共处。行动源于理念,自觉源于警醒。任何行为的后果都与行为者的主观愿望和客观举止相关。绝大多数舞弊会留下蛛丝马迹,所以,通过识别舞弊的行为线索可以有效检测舞弊行为并减少损失。尤其要善于识别权力运作和以权谋私行为,善于"把权力关进制度的笼子",或"让权力在阳光下运行",以科学有效地预防腐败。

从舞弊学(腐败学)看,不论舞弊(腐败)形态如何多样、复杂、隐蔽,其总是有因可查、有迹可循的。分析舞弊行为本身、舞弊利益转化、舞弊行为掩盖等,期望能够通过对蛛丝马迹的敏锐嗅觉,追踪舞弊者及其舞弊行为。考虑到"失败是成功之母",研究内部控制可以从他人的错弊或失误中吸取经验教训;同样,防范舞弊,可以从研究舞弊原因及其运行特征入手,寻求风险应对策略。例如,在上市公司中,资本运作和关联交易频繁、业绩和股价波动剧烈、IPO及没有"三独立"和"五分开"[①]、全行业亏损或行业过度竞争的上市公司,其发生舞弊的概率较高;并且,企业高层参与的舞弊通常事前精心设计,事后极力隐瞒。舞弊者的层次越高,有效预防与检查的难度越大。舞弊审计就是运用会计记录和其他信息进行分析性复核,识别舞弊行为及其隐瞒的方法。

内部控制是帮助企业防御风险、健全秩序、健康运营的学问,应当注重案例解析与经验积累,通过以案示警,以案为训,举一反三,触类旁通。通过以成功为榜

[①] "三独立"是指上市公司要具有独立的生产、供应、销售系统,具有直接面向市场的独立经营能力。"五分开"是指上市公司与大股东应实行人员、资产、财务分开,机构、业务独立,各自独立核算,独立承担责任和风险。

样,以失控为戒律,知得失、明教训、有经验。轻视风险将导致危险,无视危害会引发灾难。病痛始觉健康的重要,死亡方晓时间的重要,失控导致失败的教训振聋发聩,催人更懂得控制的重要性。无知+大意→危险重重,理性+防护→平安健康。所以,内部控制学科应当探究诱发失控的成因(熵增的缘由)与表现(熵增的现象),包括可能接踵而至的危险、危害乃至失败等,并规划相应的控制策略与应对措施(熵减的路径)。尤其需要健全风险防控机制,提高风险管控能力,有针对性地应对各种风险,包括通过风险管控过程优化对潜在机会的有效利用等。

15.1.2 知行联动,构筑有效的控制方法体系

大千世界,无不是象。人象、病象、药象,气相感,类相应,关联效应客观存在。内部控制活动应当善于察言观色,感知真相。凡是可以看到的、感知到的、听到的、闻到的,都是"象"所呈现的,透过这些"象",要善于看到一个个动态的整体。例如,人体是一个整体,包括外形、身高、体重、肤色等一系列"象";人与环境休戚相关,如时间、地域、气候、文化等,都是"象"与"象"之间的相互影响。失控、舞弊、失败都是一个个动态变化的过程,只有感知真相,弄清病理,掌握病因、病位、病性、病势等,才能决定医治措施(方法或手段)。所谓"透过现象看本质",就是要抓住现象背后"根本性"的运作逻辑,理解其前因后果,而不是被某些表象、无关要素、感性偏见等影响判断。

控制是兼具社会性和技术性双重属性的综合体。社会性是一种无形的组织性的行为,涉及社会秩序、管理治理、心理道德、法律规范等多种因素。技术性是有形的专门化的技能,涉及控制策略、措施、方法、程序等一系列工具方法。

毛泽东认为:"我们的任务是过河,但是没有桥或没有船就不能过。不解决桥或船的问题,过河就是一句空话。"加强控制方法体系的建设,对提升控制效能、有效实现控制目标很重要。控制策略应当恰到好处,控制措施应当拿捏妥当,控制方法应当切实有效。有开放的控制,有控制的开放,关键在于控制的尺度、分寸、节奏,考验的是控制者的控制效能与平衡能力等。所以,需要认真总结、不断提炼、重点推介内部控制的经验教训与工作方法,为企业了解和应用各种控制工具提供具体指引和技术支持。

控制方法体系应当具有中国特色、行业特征和企业特点。尤其是企业自身,应当对内部控制的概念、框架、工具和方法等进行理论联系实际的提炼与总结,为形成、丰富和完善实践提供借鉴,为培育控制人才提供知识储备,为设计控制方案提供系统的方法体系和理论支撑,也让更多的人学内部控制、懂内部控制,这对于持续推进企业内部控制体系建设意义重大。

"工欲善其事,必先利其器"。控制方法随着现代化手段的不断应用而发展,其可以汲取的养分也越来越多,可以将目标控制方法、组织控制方法、授权控制方法、程序控制方法、措施控制方法和检查控制方法等结合使用,综合考量各种控制方法的实用性、先进性与有效性。

控制自动化要求将人、流程、数据和控制对象结合起来进行考量,以信息化手段为支撑,实现业务活动、信息活动与控制活动的有机融合,并将信息转化为各种控制信号,赋予系统控制更多自动与智能,带来更加丰富的体验。

拓宽控制视野需要寻求"外脑"的支持。信息化建设与咨询服务是现代服务市场体系的重要组成部分,是控制人才"长袖善舞"的重要平台。会计师事务所、财务咨询公司和软件服务公司等机构应当通过加大研发投入,拓展服务领域,提升服务层次,以满足市场对多维信息或定制服务的需求。

15.1.3 治企兴业,培养更多专业控制人才

企以才治,业以才兴。尤其是复合型的控制人才,将得到董事会、监事会和审计委员会的高度重视、快速晋升和广泛认同。内部控制师属于新兴人才,是时代的呼唤和企业发展的需要。人才越进步,发展越稳健。所以,应当积极倡导经济管理类专业开设内部控制或风险管控等相关课程,培养控制专业师资,开展内部控制学科的探索与研究。一年之计,莫如树谷;十年之计,莫如树木;终身之计,莫如树人。

企业生病需要医治。一种病可能有多种表征,不同的病可能有相通的表征,同一家企业可能患一种以上的病,要从表征上准确判断病症、从现象看到本质。从内部控制学分析,查处问题和防范风险需要齐头并进,既要解决问题的表象,又要从根本上杜绝问题的产生,这才是实施内部控制的积极意义。如何化繁为简打造企业内部控制流程?如何一针见血直指企业风险、切中要害揭示企业内部控制缺陷?如何标本兼治,不但消除表面病征,而且根除引发疾病的原因……企业确实迫切需要有实战经验的专业"医师"。

劳伦斯·J. 彼得(Laurence J. Peter)通过对千百个组织中不胜任的失败实例进行分析归纳后发现,员工只有在原有职位上工作表现好(胜任)才将被提升到更高一级职位,如果继续胜任则将进一步被提升,直至其所不能胜任的职位。由此,彼得推论:"每一个职位最终都将被一个不能胜任其工作的职工所占据。"特别是每个级别的主管,如果力所不及,失控后果不堪设想。所以,需要针对内部控制的知识空白、经验盲区、能力弱项开展精准化的理论教育、政策培训,突出专业性和实效性就显得十分必要。

控制人才的理性认知、实务经验、效能高低与创新意识关乎内部控制活动能否持续有效运行。理性基于科学的逻辑与认知,依赖事实、演绎与规律;经验源自亲身经历与内心感悟,倾向于实在、有用的技能技巧;效能是作用于行动或过程的能力与贡献,表现一定程度的效率、效益或效果;创新源自对现状的不满足,因而有所发现、有所想象、有所突破。培养控制人才并不容易,应当通过优化多元途径的培养模式,增进理性、积累经验、提升效能、创新突破,打造更多符合企业发展需求的新颖、实用的管控人才,并为控制不断发展建立人才储备。

弯尺难画直线。学问不到,事理不明,思路不清,各种片面认识或错误看法有碍内部控制活动的推进与控制文化的培育。认知缺陷就是指缺乏对内部控制的正确认识,或者对实施内部控制不重视,或者对内部控制认识不全面、不清楚、不适当,从而造成控制行为的偏差。

当前,不断提高理性认知对有效推进内部控制活动相当重要。特别是一些中小企业,由于规模小、流程简单、人员关系紧密,再加上对内部控制的误解,很容易对内部控制形成认识上的抵触,将内部控制置于经营盈利与业务增长的对立面。对内部控制认识不到位的情况会直接影响企业开展内部控制的效果,包括直接导致内部控制活动流于形式,造成企业资源浪费等。尤其应当为包括经营管理者在内的管理人员提供更多内部控制实务培训,切实提高他们的内部控制技能素质,提升内部控制活动的效率和效果。还可以组织经验交流研讨会,介绍实践成果,探讨存在的问题,研究成功的模式,分享经验教训,加快推广与普及内部控制知识。

15.2 全面深耕内部控制文化

15.2.1 治本之道在于不断培育内部控制文化

文化由人创造、为人所特有,是有历史、有内容、有故事的人文活动。文化的力量在于"人化"或"化人"。"人化"是按人的方式去改造世界,使事物带有人文的性质;"化人"就是用改造世界的成果来教育和培养人,使人的发展更全面。文化具有多样性和复杂性。人既创造文化,也享受文化,同时受制于文化,还要不断改造文化。

广义的内部控制文化是根植于内心的自觉、自控精神和修养(精神文明层面的),是以制衡、防控为前提的行为举动与制度安排(制度文明层面的),是注重安全健康、治病救人的善心与可持续发展的善举(物质文明层面的)。狭义的内部控制文化专指内部控制的意识形态以及与之相适应的制度规范的总和,是某个社会团体共同的管控哲学与思维特征。

内部控制文化具有以下几个显著特征:

一是非直接强制性。控制文化不是以强制力推行的,而是以社会评价、内心反省、自律自强等非直接强制性力量实施的。建立良好的控制文化是企业可持续发展的重要基础,而可持续发展本身就蕴含着内部控制的约束。一家具有先进管理理念、明确业务发展方向、良好工作氛围、公平分配机制,高度重视员工诚信观念,充满创新活力的企业,就是拥有良好文化的企业,就是吸引全体员工长期共同工作的大家庭,在这样的企业中,决策者与管理层高度负责,广大员工也对企业的命运高度关注。

二是自觉自控性。人们在长期的社会化过程中逐渐接受甚至内化了控制文化的价值标准和行为准则,从而形成一种自觉行为,包括自我净化、自我完善、自我革新、自我提高。内部控制文化就是要学以致用,知行合一,内化于心,外化于行。"志之难也,不在胜人,在自胜。""胜非其难也,持之者其难也。"内部控制体系建设的过程就是内部控制文化不断培育与不断深耕的过程。

三是广泛认同性。对内部控制内涵的认识与理解,对内部控制精神的认同与追求,是内部控制文化的典型表现。车同轨,书同文,行同伦。当大多数人在大多数情况下遵从控制文化的指引行事时,企业自身独特而良好的内部控制文化就会逐步形成,从而促使员工自觉遵守、共同维护。共识与凝聚是文化的精华,可以促使人们形成共同的价值观念,增强管控的认同感,为强化控制活动提供强大的精神动力。

不科学的内部控制是愚昧的,缺乏人文的内部控制是冰冷的。内部控制不是"千人一面",更不是冷酷无情。内部控制文化建设应当不拘泥于模型式的局限,不沉湎于标准流程的设计,不能像计算机一样机械运作。控制认知和行为都需要建立在"科学+人文"的基础上,使人们感受到"文化"的温暖与"滋润"的力量。文化"软控制"的作用就在于管理者及其执行者对内部控制的理性态度、经营风格、管理哲学、内部控制意识及其行为的温度等。

市场经济越发展,社会专业分工越精细,对诚信与文明的要求就会越高。培育控制文化是企业行稳致远的头等大事,因为文化建设对于固本强基作用非凡。扬优势、补短板、强弱项,要靠人去推动;优化内部控制活动,推动内部控制机制成熟、定型,是文化在起作用。体制合理,制度健全,但执行的人不行,机制还是到不了位,因为人才是控制主体,控制目标是由人制定的,也是由人来完成的。治本之道在于人以及以人为本的控制文化。"求木之长者,必固其根本;欲流之远者,必浚其泉源;思国之安者,必积其德义。"(魏征《谏太宗十思疏》)基因好,自制力强,纠错能力强,自愈机制就强。

15.2.2　内部控制文化是日积月累的共同感知与理性升华

内部控制活动肯定有行为标准,但不必千篇一律,更不是抄袭就能成功的。起初,企业可以在适当模仿的基础上进入流程化、标准化的"学徒"阶段。经过一段时间的锤炼,应当培育起能够适合自身发展特定需求的内部控制文化,体现一个特定组织的特定人群集合在一起形成的对控制标准和行为方式的既定认同,代表特定组织的行为目标、行为准则、行为方式和行为习惯等,从而对特定对象的执行起支持与维护作用,这是内部控制精神中最个性、最核心、最本质的部分。控制文化应当实事求是、恰如其分,即控制程度恰到好处。

内部控制文化需要日积月累、潜移默化、不断升华。本书第1章论述的内部控制运行规律、第2章阐述的中国特色的内部控制体系、第3章中对五大要素的认知体会、第4章中对七大控制措施的操作心得,以及其他各章探究的内部控制路径、方法、经验等,都内含控制文化的许多理念。内部控制文化需要被理解、被普及,且能够被大多数人接受。下列是一些应普及到位的最基础的内部控制文化认知:

(1) 守正驱邪,管控自强,这是内部控制文化的基础认知

被控制是指处于一种受控状态或自控、自律的状态;不被控制是指处于一种失控的、游离于约束之外的状态,这无疑是管理者最不放心的事。内部控制强调自律、重在自觉,是一种有规范、有目的、有约束的管理行为。有经验的管理人员深知"麻痹是最大的隐患,违规是最大的祸根""只有自控、互控、他控,才不会失控",这些认知是理性的,是控制文化不断积累的体现。得控就强、失控就乱,所以要坚守防范风险的初心,牢记安全健康的使命,这是对内部控制规律的深刻认知。

(2) 有舍有得,成就自身,这是权衡利弊得失的文化价值

舍弃错的、被诱惑的,得到对的、正能量的。君子有所为,有所不为;知其可为而为之,知其不可为而不为,是谓君子为与不为之道也! 不懂得取舍,可能会犯错。《孟子》曰:"不知不可为而为之,愚人也;知其可为而不为,贤人也;知其不可为而为之,圣人也。"不知道这事不该做而做了是愚蠢,知道不该做的事不去做是贤达,明知不容易做成的事偏去做就是圣人了。在"为与不为"面前做出选择,不仅受环境与潮流等的影响,而且取决于眼光、智慧与境界。

(3) 没有规矩,不成方圆,这不仅是管控的经验,而且是内部控制文化的真谛

规则、规矩无处不在。遵守规则、规矩,心中就有一杆秤,行为举动才有秩序,否则就会混乱。控制是让自由在规则、规矩中有序、有度、自在地活动。自由的风

筝飞得再高,也有一根线牵着,线断了,风筝就一头栽落;车辆行驶在路上受到交通规则的约束,横冲直撞,事故频发,就会车毁人亡;企业奔波在市场中,定有运行规律制约,违规了,惹祸上身,危及生存。万物皆有规矩。矩不正,不可为方;规不正,不可为圆。懂得原则,遵守规矩,才能守住底线。心中有尺,行事有度。规则虽然相对确定,但执行规则并不是确定的。控制的显著作用就在于使执行规则尽量确定起来。在遵守规则、规矩等问题上,应当"有所为,有所不为",这既是一种能力,也是一种定力。

(4) 有组织就要有纪律,古今中外概莫能外

纪律就是要求人们遵守业已确定的秩序、执行命令和履行职责的一种行为规范,是用来约束人们行为的规章、制度和守则的总称。但初识内部控制的人往往会将纪律与自由对立,以为控制就是不自由,对控制有抵触情绪。然而控制不是阻止风筝飞翔,也不是给交通添堵,而是在规则的范围内给自由更广阔的空间。控制不是不做事,而是做对事。控制风筝的线是"动"的,红绿灯也要"切换"。企业管理的方方面面就像一个不断起伏的跷跷板,在动态中让规则与自由有序有度地平衡。所以,控制不是控"死"或"死"控,而是控"活"或"活"控。

(5) 要自由就要能自律,越自律越会成功

谁都向往自由,但自由不是不受约束。真正的自由不是想做什么就做什么,而是不想做什么就可以不做什么。在经济社会中,人的自由可能以有钱为基础,故一些人为了所谓的"财务自由"而不惜"赴汤蹈火"。一有适当的利润,资本就胆大起来:如果有10%的利润,它就保证到处被使用;有20%的利润,它就活跃起来;有50%的利润,它就铤而走险;有100%的利润,它就敢践踏一切人间法律;有300%的利润,它就敢犯任何罪行,甚至冒绞首的危险。但教训告诫人们,不能有越轨的自由,越轨的自由就是违背自由的自由,就是危害自由的自由,就是结束自由的自由,那不是自由,而是自杀。所以,要想自由,还得自律;在自律的前提下才能更好地自由,在自由中加强自律才能在市场经济中游刃有余,在理财活动中心安理得。

(6) 控制活动重在制衡,讲求平衡

控制过紧会丧失活力、削弱竞争力,控制过松会导致失控、酿成后患。内部控制不是内卷。内卷就是内部卷起来,导致无实质意义的消耗或进入互相倾轧、内耗的状态,如低水平的模仿和复制、被动式应付各项工作、将简单问题复杂化、追求表面的精致与高档、在同一个问题上无休止地挖掘、自欺欺人的蛊惑与吹嘘……这是身处囚徒困境而无法自拔的种种表现。内卷是无声的悲哀,它在消耗人们的才智、磨平人们的锐气的同时,使人们陷入大量的无用功中,浪费资源,降低效率,削弱效果。

(7) 内部控制措施需要软硬兼施,疏堵结合,适度为上

如果只是以"堵"为出发点或为主,往往会事倍功半,甚至导致"道高一尺,魔高一丈";倘若在内部控制中辩证地利用"疏"与"堵"的关系,以"疏"为先导,以"堵"为保障,就可能实现事半功倍的效果。管控需要"疏""堵"结合,软硬兼施,这是一种哲学智慧。凡事有因果,"堵"的是"果","疏"的是"因"。管控要适度、能持续,如此方好。持续督导需要内外合力,共同发力。"持续督导+控制文化"可以不断增强内部控制的内生动力。

……

总之,控制文化是一种具有认知深度和普遍规律的理性认识。经验有待深化并上升到理论,不断总结控制经验和普及控制文化对于完善控制活动十分重要。

15.2.3 内部控制文化具有能动作用,可以弥补内部控制不足

内部控制文化对于正式的组织控制、分散的群体控制、个别的自我控制具有"完善性的贡献"和"补充性的作用",可以弥补内部控制的某些局限。例如,控制措施是基于已有风险评估结果制定的,由于事态的变化,某项控制措施的重要性及有效性可能发生改变;任何内部控制系统都会因实践经验和认知水平的限制而存在缺陷;如果履职人员的素质不适应岗位要求,或对内部控制措施的理解出现偏差等,就会影响内部控制功能的正常发挥;执行人员的粗心大意、精力分散、判断失误以及对指令的误解等,可能使内部控制无效,或因串通舞弊、管理当局凌驾于内部控制体系之上以及成本效益限制等原因导致内部控制失效。也就是说,内部控制仅能提供合理保证而非绝对保证,需要有控制文化予以"支撑"或"兜底"。

企业内部控制的效率和效果也不完全取决于内部控制制度设计得多么精巧或齐全,而在于企业是否有一个优良的适应内部控制建设和运转的环境。控制环境的失效必然直接导致内部控制的失效。例如,有的企业管理层的关键人员凌驾于规章制度之上、内审部门无法肩负起监督职责等,对管理层的监控并没有形成对某种控制文化的认同。所以,对企业文化进行评估应重点关注董事、监事、经理和其他高级管理人员在企业文化建设中的责任履行情况、全体员工对企业核心价值观的认同感、企业经营管理行为与企业文化的一致性、企业品牌的社会影响力、参与企业并购重组各方文化的融合度,以及员工对企业未来发展的信心等。

没有执行或执行力度不够,再多的制度文本也起不了作用。制度的关键在于执行,执行的关键在于人。控制对象不限于受控方,施控方也是内部控制的对象。影响内部控制和风险管理执行力度的因素很多,包括企业文化、执行人员素质、控

制意识等。内部控制影响着人的行为,人也影响着内部控制的作为。只重视制度文本而忽视人的作用肯定是错的。如同招聘人员时仅注重学历和笔试成绩而忽视背景调查等,一旦用错了人,有些风险就是难以防范的。制度确实是可以管人的,但不一定都能管住人。人还得靠人去管。

内部控制文化是控制过程中的"软实力"和"精神意志",其不仅是控制与文化的有机融合,而且应当嵌入企业文化中,具有辐射作用。内部控制文化建设不能仅停留在企业最高层或文本的宣传上,更不能脱离生产经营过程和背离发展战略,而应融入企业的"肌体"、汇入企业的"血脉"、贯彻于内部控制的行为过程中,做到心口如一、知行合一。现实中,之所以有些企业的内部控制活动形同虚设、内部控制措施软弱无力,往往是因为在文化建设方面存在严重问题。如果企业缺乏积极向上的内部控制文化,员工就会丧失对内部控制的信心和认同感,从而缺乏凝聚力;如果企业缺乏团队协作和风险意识,内部控制目标就难以实现;如果企业缺乏各项内部控制活动,差错与舞弊事件就会发生,造成企业损失,影响企业信誉;等等。

内部控制文化是内部控制的"能量场",是推动内部控制发展的不竭动力。有控制就有反控制。增强内部控制的作用力,弱化其反作用力,正是控制文化的功能所在。控制文化的培育过程也是不断克服"反控制作用"的过程。不少有经验的管理者深有体会地认为,文化如果深入人心,内部交易成本就会大大降低;如果每个岗位上的员工都被激发出自控的内动力,不少控制动作就可以省略。

15.2.4 企业内部控制文化建设的主要路径

(1) 通过导向作用实现控制

内部控制文化作为一种共同意识和价值观念,对员工有一种导向作用,可以把员工的个人目标引导到企业所确定的目标上来,使员工在潜移默化中接受共同的价值理念,形成一种力量,向着既定的方向努力。

(2) 通过凝聚作用实现控制

控制与失控是一对矛盾,两者之间充满斗争。控制与反控制也是一对矛盾,有控制就会有反控制。控制文化作为一种共同的价值观,对员工有一种凝聚作用,能够聚集一批具有共同理想的员工,在相互认同的工作方式和控制氛围中为共同的控制目标努力,从而增强凝聚力,减少控制活动中的阻力,弱化组织内耗中的摩擦力。

(3) 通过约束作用实现控制

控制文化作为一种规范和准则,使有形的制度约束转变为无形的自我约束,对员工而言是一种"软"的约束机制。横向有明晰易懂的管控流程,纵向有合理明白的授权审批,纵横交错靠内部控制文化的不断渗透,或制度、规则难以企及(覆盖)的地方靠文化(精神)来渗透。这种约束机制可以使员工认识到什么是正确的、什么是错误的、应当怎么做,从而在理智的权衡中放弃各种"不理智"的行为和"找借口"的舞弊等。有的企业"以法制为核心"建立内部控制文化,因而特别重视制度建设与执行,实现由"人治"向"法治"的转变。

(4) 通过激励作用实现控制

内部控制文化是一种"以人为本"的控制,它尊重员工在企业中的地位和作用,激发员工内在的积极性和创造性,使员工朝着组织的既定目标努力。它可以把战略、技能、结构、制度等黏合在一起,当控制取得成效时,会使员工对企业有归属感,产生荣誉感和自豪感。有的企业善于开展"以人为本"企业精神的宣导,注重确立正确的价值观与是非观,重视文化修身和管控强身,并得到共同认可,从而筑牢内部控制的根基。

总之,内部控制要求将日常管理工作中具有控制作用的思想和行为逐步整合成一种管理流程,养成一种工作习惯,培育一种企业文化。习惯成自然并造就文化。内部控制文化的培育是一个从上到下、循序渐进、持之以恒的长期过程(如图15.2所示)。只有控制文化入耳、入脑、入心,控制行为才会自觉、自律、有效。塑造内部控制文化有多条路径,经过总结和提炼后各显特色。

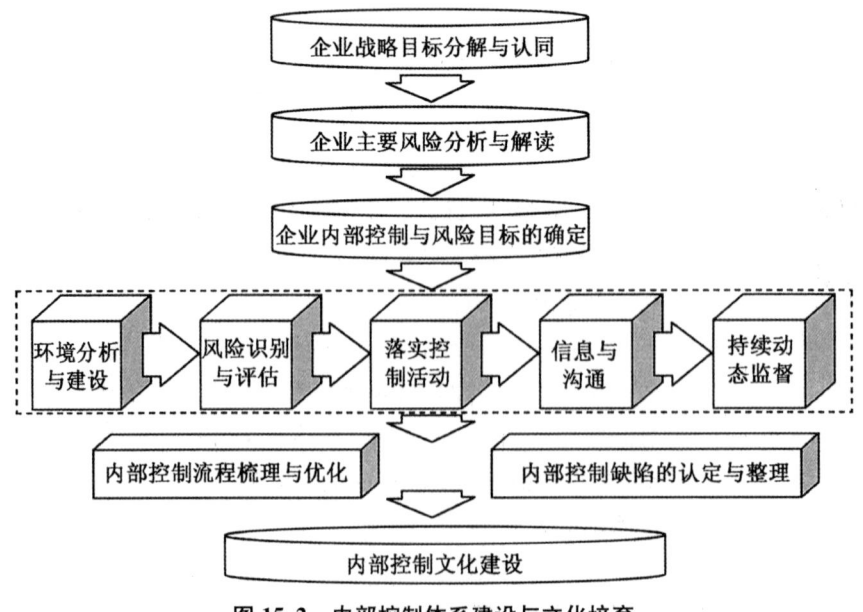

图 15.2　内部控制体系建设与文化培育

15.2.5 完善内部控制文化,提升内部控制境界

回顾全书,回味内部控制品质,联想内部控制目标、内部控制责任与内部控制运行规律等,笔者深感内部控制活动既是根源于企业自我约束、自我发展内在要求的自觉行为,也是控制主体的受托责任和神圣使命。

内部控制文化是一面镜子,可以帮助企业看清自身的控制现状与所处境地。文化认同具有自我确证的功能。

内部控制存在境界高低之别。境界是指人的思想觉悟和精神修养。从"要我控"到"我要控",从"他控""互控"发展为"自控",控制能力在增强,控制境界在提升。通过有效管控,可以将人从自私、自利、自我引向自知、自觉和自治。通过逐步认知自身所具有的精神境界层次,不断提升文明进步程度。

内部控制的最初境界可能是亡羊补牢——出了问题后想办法补救,以防止损失扩大。事后监控等活动重在追寻失去的"羊群"、追究失控的原因与后果、追补出现的漏洞或弥补存在的缺陷,通过惩前毖后、追责问责,具有纠偏补正的作用。

内部控制最常见的境界是防微杜渐。患生于所忽,祸起于细微,故而小心无大错,粗心闯大祸。当错误的思想和行为刚有苗头或征兆时,就予以预防与制止,坚决不让它蔓延。要重视苗头性、倾向性问题,抓早、抓小、抓准,及时防微杜渐;否则,小洞不补,大洞吃苦。事中管控就是要慎终、慎独、慎微,守纪、守法、守规,在减少失误、制止失控、防范失败方面发挥敢于作为的能动作用。

内部控制的最高境界在于防患于未然。"君子以思患而豫防之。"与其在事故发生后采取措施弥补,不如在之前就对可能发生的危机进行防范。如果养羊人在狼来之前先把羊圈的漏洞补好,怎会给狼可乘之机?在风暴来临之前修补屋顶,在洪水来临之前修筑堤坝,在荒年来临之前储备粮食,比起在风暴之后重建吹倒的房屋,在洪水之后抗洪救灾,在荒年之后发粮赈济,防患于未然是更优的选择。事前防控的要义在于慎初,通过提高警惕、提前防范、提升效能等主动作为,不断减少可能发生的损失。企业应当把握好防患于未然这把"金钥匙",打开通向安全健康的大门,把灾难挡在门外。

当前,管理企业无法回避的挑战是如何在防御风险的过程中维持或创造企业价值。管理企业是"管""理""控""制(治)"各项活动的总称,应当以风险为导向,以持续发展为宗旨,将风险控制嵌入(融入)管理活动中,并作为解难消灾的"制胜法宝"和安全健康的"金盾守护"。

内部控制也是机会管理,意在以业绩的确定性来对抗所处环境的不确定性,既

是治病救人的"医生",也是尽职守责的"门卫",更是经营管理的"助推器",而不是给经营管理带上"手铐"和"脚链"。或者说,企业为了实现控制目标,通过制定制度、实施措施和执行程序,对经济活动的风险进行防范和管控,是最现实、最有效的路径。通过这条路径,有助于或有利于打造百年名企,成就千秋伟业。

老法师提醒 15.1 | 聪明者以防控为先,高明者以自控为主

内部控制的要义在于以自控为主,事前、事中、事后多方配合和协调运作。但事后控制不如事中控制,事中控制不如事前控制。如果不能认知这一点,等到差错酿成损失才寻求弥补,为时已晚。

突出自觉,强调自控,努力达到不控而控的境界。巴菲特曾说:"当有人逼迫你去突破自己时,你要感恩他。他是你生命中的贵人,也许你会因此而改变和蜕变。当没有人逼迫你时,请自己逼迫自己,因为真正的改变是自己想改变。蜕变的过程是很痛苦的,但每一次蜕变都会有成长的惊喜。"彼得·德鲁克认为:"管理本身并非目的,管理只是企业的器官……管理管理者的第一个要求是目标管理与自我控制。"知人者智,自知者明,自胜者强。懂得居安思危,方能立于不败之地。自控高明,防控英明,居安思危很精明,防患于未然更聪明。应对风险的"金钟罩"和"铁布衫"[①]都是通过自控、自律、自强练成的。

15.3 不断完善控制动力机制

15.3.1 内生动力与外在动力

动力机制是指管理系统动力的产生与运作机理,是内部控制实现自我优化的本源。没有动力,何来行动?故而完善动力机制很重要。在本书前言,笔者提出过一个值得不断深究的问题:企业内部控制如何从被动走向主动,从消极变为积极,从低附加值转至高附加值……归根结底,就是靠不断完善的动力机制和不断增强的自控能力,这是根本之策。

动力机制受多方面的影响:一是利益驱动,这是社会组织动力机制中最基本的力量,由经济规律决定,如多劳多得的规定对员工"多劳"具有动力作用;二是政

[①] "金钟罩""铁布衫"是中国功夫中有名的护体硬气功,传说不但可以承受拳打脚踢而丝毫无损,甚至刀剑不伤,更甚者可达到罡气护体的程度。

令推动,这是由社会规律、制度政策所决定的,管理者可以通过下达命令等方式要求员工完成工作;三是社会心理推动,这是由社会与心理规律决定的,如对员工进行价值观等文化教育,可以调动员工的积极性等。

作为内部控制活动的推进力量,内部控制动力可分为内生动力(内驱力)和外在动力(外驱力)两大类。

内生动力是基于企业本身的变化、自身利益的诉求或生存发展所需而产生的一种内在的动机、情感或心理因素,是一种内在意识驱动的自发动力。例如,对风险担心、对现状不满、对失控担忧,或想要增强企业的信用等级或提供增值性服务,都是企业根源于自身内在要求而推动内部控制不断前行的内动力,更能直观地体现内部控制的价值。百年前,泰罗制的科学管理原理推进了内部牵制步入内部控制,并尝试企业在组织结构、职务分立、业务程序、处理手续等方面实施控制措施。进入20世纪80年代,随着企业规模的扩大,管理变得更加复杂,不仅要厘清内外部各种经济责任关系,而且要防范舞弊增多或危险增大,由此,提升防范风险的能力成为企业的"自然选择",内部控制正在与风险管理、公司治理融合起来,共同应对可能出现的风险问题。内部控制是一段自主、自律、自控、自强的艰难旅程,一旦认清方向,就可以从内心激发无穷的动力去努力实现目标。

外生动力是应外部相关部门的要求而促进内部控制制度的设计及实现的举动,如同面对疫情需要打防疫针一样是必不可少的。特别是随着会计造假等经济犯罪现象日趋严重,从政策上不断加强对内部控制的硬约束,在过程中加强对内部控制的责任落实与监督评价,在结果上加强监管以及对违法违规行为的有效惩处与责任追究。这种外生动力的主要表现形式就是由政府监管强力推动的法规建设等制度性安排。例如,目前我国证券市场上的信息披露基本属于制度驱动下的强制性要求,上市公司的信息披露普遍以满足中国证监会和证券交易所等监管部门的要求为己任,自愿进行信息披露的积极性不高。就推动力而言,法规的制约确实更具有权威性和强制性。通过压力传导机制,有助于层层压实责任。

专题讨论15.1 | **是强制性披露,还是自愿性披露**

目前,我国的信息披露机制以强制性为主,自愿性为辅。大部分上市公司愿意按照证券法规的最低要求披露信息,聘请审计机构对财务报告内部控制(ICFR)进行审计的积极性不高,自愿性信息披露动机不强。但有研究结果表明,强制进行ICFR审计的主板上市公司内部控制质量要显著优于自愿性ICFR审计的公司;强制性ICFR审计能够提高以往未进行ICFR审计的主板上市公司的内部控制质量;

强制性 ICFR 审计提高上市公司内部控制质量的机制主要是更多的审计努力促使上市公司整改内部控制缺陷。（张国清、马威伟《强制性、自愿性财务报告内部控制审计提高了公司内部控制质量吗?》）

强制性披露和自愿性披露各有利弊。信息披露具有信号传递作用。当披露能够增加利益时，实际控制人和高管层会更愿意披露。但当披露内部控制审计报告无法满足实现自身利益的动机时，往往会出现逆向选择。对此，政府部门及其监管机构只能做出相应的规范性安排，如 2020 年 3 月 1 日起施行的《中华人民共和国证券法》第八十四条规定，除依法需要披露的信息外，信息披露义务人可以自愿披露与投资者做出价值判断和投资决策有关的信息，但不得与依法披露的信息相冲突，不得误导投资者。

15.3.2　外力驱动与内生驱动可以互动

内部控制变迁总有动因，也总有结果。在萌芽阶段，出现的内部牵制思想以自发、自觉为主。进入现代企业，针对风险的控制既有企业强烈的内在动因，也有政府外部驱动的压力，内部控制制度变迁是内生驱动和外力驱动的结合。近年来，随着反假账、反舞弊的呼声不断高涨，政府部门、监管机构、法律、审计等利益相关者综合作用的外部监管越来越显著，与加强企业内部控制一起影响并推动着内部控制艰难前行。

舞弊者在投机钻营，反控制在伺机而动。舞弊与反舞弊的较量、控制与反控制的对弈一刻也没有停止。愈进愈阻，愈阻愈进，加强内部控制与风险管理永远在路上。黄世忠等在《2010—2019 年中国上市公司财务舞弊分析》中指出，2019 年康得新和康美药业等臭名昭著的财务舞弊案余波未了，2020 年初又惊爆震惊中外的瑞幸财务造假案。财务舞弊与利益博弈相伴而生，形影相随。只要财务舞弊的预期收益（虚假利润与市盈率的乘积）大于预期成本（舞弊惩处成本与舞弊被发现概率的乘积），舞弊与反舞弊的博弈就不会停止，因而内部控制与外部监管永远是重要的。

放眼世界，反舞弊因为舞弊严重而更显重要，这既是内因驱使，也是外因使然。为了遏制财务舞弊等行为，各国政府都在着手研究和制定相关法律法规，强化对本国企业经营行为的监管，促进企业建立完善的内部控制体系，以防范舞弊行为的发生。不管是政府，还是企业，对内部控制的认知程度正随着反舞弊与防风险要求的不断加强而不断提升。

内外因辩证原理认为，事物的内部矛盾（即内因）是事物自身运动的源泉和动力,是事物发展的根本原因。外部矛盾(即外因)是事物发展、变化的第二位原因。内因是变化的根据,外因是变化的条件,外因通过内因起作用。在观察事物、分析问题时,既要看到内因,又要看到外因,坚持内外因相结合的辩证关系,不能忽视内因在事物变化过程中的根本作用而一味强调外因的重要性,也不能单纯强调内因的决定性作用而忽视外部条件在事物变化过程中的重要性。

近年来,内部控制体现自我需求和外部推动的双向作用。一方面,以企业内生需求为基础,鼓励企业实施内部控制的积极性和主动性;另一方面,通过外部监管,将外部控制目标演变并内化为企业的内在控制活动,从而共同推进内部控制制度的建立与实施。例如,在信息披露方面,主张适度管制,即自愿性信息披露与强制性信息披露的有机结合,通过处理好会计信息供求关系、效率与公平的"度",实现资本市场的均衡。

推进内部控制活动需要外力驱动与内生驱动的有机结合。内生驱动是内部控制制度变迁的原动力,由内生驱动形成的内部控制规范可以将企业所有参与主体的控制活动置于企业目标的实现过程中,也为外部监控企业提供了内部控制基础。外力驱动通过内部控制法规政策的外部环境变化来推动内部控制制度的变迁和发展,是内部控制制度演化的外动力。内生驱动是外力驱动的基础,是自觉能动的体现;外力驱动是实现内生驱动的手段,并指导内生驱动。

外力驱动的内部控制制度侧重权力调节,实施时通过政府权力,以强制性方式对控制主体实施强制保障;内生驱动的内部控制制度侧重权利调节,实施时通过企业责任,以引导性方式实行对控制主体的自觉保障。从价值取向看,外力驱动的内部控制制度侧重普遍性的控制秩序,体现对共性秩序控制的价值;内力驱动的内部控制制度侧重特殊性的控制秩序,体现对个性秩序控制的价值。从作用范围看,外力驱动的内部控制制度直接作用于政府及监管部门的监管目标,内力驱动的内部控制制度直接作用于企业的营利目标。也就是说,外力驱动与内生驱动以不同的角色特征推进内部控制制度对秩序关系的调整。当然,外力驱动与内生驱动形成的内部控制制度特征不是绝对的,如外力驱动的内部控制制度不排斥企业主体对它的自觉应用等。

当人们觉悟不高时,在短期内,内部控制可以外力驱动为主,内生动力为辅;从中期看,内生动力与外力驱动应当相辅相成、共同推进;从长期看,应以内生动力为主、外力驱动为辅,使内部控制建设更加顺利地达到理想的效果。有效的内部控制应当以企业内生需求为主,以外部监管规范为基础;充分发挥内生驱动与外力驱动的共同作用,推进并追求可持续发展的不断运行。

15.3.3　压实受托责任与增进动力机制

是"要我控"还是"我要控"？是"外力驱动"还是"内生驱动"？这是推进内部控制活动必须解决好的问题。

一些企业内生动力不足：或上热下冷，员工参与度低；或形式应对，控制活动只是场面功夫；或害怕问题，推诿躲避风险；或有心无力、缩手缩脚，不敢碰硬……将外部要求（监管压力）转化为内在主动（自觉动力）需要通过压实责任来启动动力机制。

责任是指一家企业或一个人不得不做的事或必须担当的事，包含分内应该做好的事和如果没有做好而应承担的后果等。责任伴随着人类社会的出现而出现，有社会关系就有责任。社会在发展，责任的内涵和外延也在不断发展。控制责任的落实程度与认知受托责任的前提条件相关。有怎样的认知前提就会配套出现怎样的内部控制状况。

翻阅历史，在内部控制萌芽期，突出的是受托会计责任，最早的牵制制度着眼于保护财产物资的安全、完整，会计信息资料的正确、可靠，侧重从钱物分管、严格手续、加强复核等方面进行管控。随着工业革命的完成，以公司制为代表的企业形式开始出现并广泛流行，随之而来的便是企业所有权与经营权分离，委托代理关系也得到了进一步发展，从而形成以受托控制责任为目标取向的受托责任观，并逐步发展成现代的内部控制系统。现代的委托人可以是投资人、债权人、股东、纳税人、消费者，也可以是政府和管理当局；受托人可以是企业的董事会、总经理、部门经理等。于是，受托责任就有外部受托责任和内部受托责任的问题。外部审计主要是以企业管理之外的受托责任为基础，而内部审计则是以企业内部管理所需的受托责任为基础。管理当局可能身兼两职：对内，其是委托人，需要将总体受托责任按责任归属分配给下属各级部门，下属各级部门作为受托人应定期向管理当局报告对所承担责任的履行情况，这也是向企业外部委托人报告总体受托责任完成情况的基础；对外，其也是受托人，因为其接受了委托人托付的资源，需要定期向外部委托人报告所承担责任的履行情况。管理当局只有成为内部受托责任的称职委托人，才能成为外部受托责任的称职受托人。

综上所述，内部控制本质上是委托人对受托人是否履职及其如何履职的一种责任制约机制，其通过对受托责任的制约、制衡等措施，确保受托人如期完成应当承担的责任，以确保委托人的利益等。

从防范风险角度出发，内部控制的目标责任指向受托责任履职中的风险状况。

只是因不同发展阶段及其风险的表现形式差异,内部控制的具体目标在不同的阶段有所不同,并呈现不断渐进与不断完善的过程,由此建立起基于受托责任的风险控制框架。

从公司治理角度出发,治理企业本身就是受托责任系统中的一种控制机制,其最终目的是确保受托责任系统的正常运行。企业作为市场经济的主体,要求获得长期生存和持续发展,关键在于制定并有效实施适应外部环境变化和自身实际情况的发展战略。发展战略可以为企业找准市场定位,是企业执行层行动的指南,为内部控制设定了最高目标。如果企业缺乏明确的发展战略或发展战略实施不到位,就可能导致企业盲目发展,难以形成竞争优势,丧失发展机遇和动力。但如果发展战略过于激进,脱离企业的实际能力或偏离主业,则可能导致企业过度扩张甚至经营失败;有些企业发展战略频繁变动,导致资源严重浪费,最后危及企业的生存和持续发展。战略的失败是最彻底的失败。现代内部控制已经突破"企业内部"的范畴,成为内外兼控的"受托治理责任"。

从企业运行机制出发,受托责任视角下的企业内部控制实质上是一种保证企业受托责任得到有效履行的控制机制,是一种受托控制责任,从而满足利益相关者对于预算责任、会计责任、经济责任、审计责任的受托期望。例如,在管理控制中使用最广泛的就是预算控制。预算不仅促使委托人的规划与受托人的做法、实施的计划与控制的活动紧密相连,而且可以成为企业的奋斗目标与控制标准,日常经营管理活动的协调工具和考核依据。由此,预算也就成为内部控制活动中最常见的工具之一。又如,编制财务报告是一种受托会计责任,进行业绩评价是一种受托经济责任,实施内部审核是一种受托审计责任等。

从履行社会责任出发,受托责任视角下的企业内部控制要求企业在经营发展过程中履行社会职责和义务,包括安全生产、产品质量、环境保护、资源节约、促进就业、员工权益保护等,这也是一种"受托社会责任",从而满足社会公众的合理期望。如果安全生产措施不到位、责任不落实,就可能导致企业发生安全事故;如果产品质量低劣,侵害消费者利益,就可能导致企业巨额赔偿、形象受损甚至破产;如果环境保护投入不足,资源耗费大,造成环境污染或资源枯竭,就可能导致企业巨额赔偿、缺乏发展后劲甚至停业;如果促进就业和员工权益保护不力,就可能导致员工积极性受挫,影响企业发展和社会稳定等。

内部控制侧重如何完成企业内部经济管理方面的受托责任,包括一系列围绕如何履职的要素,如图 15.3 所示。

在图 15.3 中,受托责任环境(社会与组织场景)是与委托代理关系相关联的环

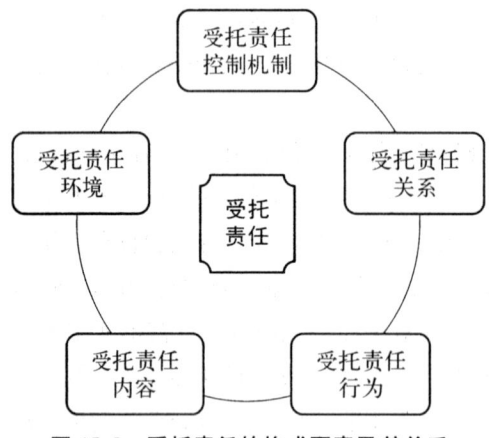

图 15.3　受托责任的构成要素及其关系

境,它影响着委托代理关系的各个方面,同时委托代理关系也会对场景产生作用。受托责任关系中的委托人和受托人(或代理人)身份不固定,会随着角色的变化而转化,具有多样性,并存在利益冲突与协调。受托责任的内容可通过各种形式的契约来确定,包括行为责任、报告责任、评价受托人行为的目标和规范等,从而体现委托人对受托人行为、活动、绩效的期望。受托责任行为包括委托人行为和受托人行为。受托责任控制机制是确保受托责任有效履行的各种管控机制与相应的措施等。

虽然受托责任因委托代理关系的建立而发生,但如何"委托代理"却一直是公司治理的核心问题,包括如何消除信息不对称和平衡各方利益等问题。当委托人将资财的经营管理权授予受托人,受托人接受委托后即承担所托付的责任,这种责任就是受托责任。受托责任分类众多,如宏观受托责任和微观受托责任,外部受托责任和内部受托责任,企业层面的受托责任和业务层面的受托责任,受托管理责任和受托治理责任,受托会计责任、受托经营责任、受托财产责任和受托法律责任等。受托责任要求严格按照委托人的意图,最大善意地完成受托任务,用最经济、有效、严密的方法保管和使用因完成托付的任务而获得的资源。现代经济的发展在很大程度上反映了受托责任越来越充实的内容和对受托责任完成情况越来越严密的监管等。

也许有人以为,独资企业的所有权和经营权合二为一,没有受托责任的问题,因而不需要内部控制。这种想法是错的,原因就在于没有知晓受托责任的内涵以及与内部控制的内在关联。

放大一点说,设立在一国境内的企业必须遵循该国的法律法规,这既是国家、法律、公众、良知对企业的受托责任,也是企业在依法履职。中国政府发布的包括内部控制在内的规范要求是必须遵循的行为规范,尊重与遵循内部控制规范涉及社会的、公共的、生态的责任,也属于宏观的外部受托责任。

缩小一些看,企业内部员工对管理当局、管理当局对董事会、董事对股东所承担的责任就是典型的受托责任。在现代企业管理过程中,各种受托责任关系无处不在,渗透在经济活动中。例如,决策者委托管理者签订合同,经营者委托采购员采购物品,各种库存物资保证账实相符,员工按质按量按时完成生产任务等,这种会计的、管理的、治理的责任属于微观的内部受托责任。

不断完善内部控制动力机制就是使企业和员工都有应获利益和应负责任,从而调动内部控制的自觉性、积极性和创造性。控制责任既出自内生动力,也源于受托责任的外部驱动(相对自控的内生动力,受托责任是委托人要求的),或者说,受托责任是实施内部控制的前提条件之一。随着财产所有权对经营管理权的制约,受托责任更加重要,更应把外在推力转化为内生动力,增强企业内生动力和外界助力的联动与辐射效应。

综上所述,内部控制需要内外兼修,既要不断增强内在的免疫功能,又要善于接受外来必要的免疫针剂,增进自我防护与自愈修复能力。内部控制目标和受托责任目标具有一致性或趋同性。通过受托责任、内部控制机理探讨与利益相关的研究,可以构建受托责任管理框架与分析评价体系,推进控制机制的完善与受托责任的落实。控制的内在自觉责任与受托的驱动责任不仅应当合二为一,而且必须压实与确保,形成持之以恒的内部控制规范与控制文化。

归根结底,对内部控制具有使命感和责任感,让内部控制活动具有自驱力,这是"我要控"的自觉能动性,是确保控制活动持续有效运行和提高控制质量的本源。

15.4 持续推进内部控制运行

15.4.1 持续遏制熵增态势

对于熵增态势必须医治,持续遏制,内部控制对此具有得天独厚的优势。

19世纪,物理学家在观察能量守恒时,发现能量无法百分百地转换。例如,蒸汽机在将热能转换为推动机器的机械能的过程中,总有一些热能损耗掉,无法完全转变为机械能。一开始,物理学家以为这是技术水平不高导致的,但后来发现,技术再进步也无法将能量损耗降到零。于是,科学家就将那些在能量转换过程中浪费掉的、无法再利用的能量称为熵。能量转换总会产生熵,如果是封闭系统,所有能量最终都会变成熵。除非外部注入新的能量来专门处理熵。状态越多,可能性越多,就越混乱。能量转换会让系统的混乱度增加,熵就是系统的混乱度。

每一次危机或灾难的爆发都不是偶然的。熵的理论促使人们思考:不施加外力影响,事物将向着更混乱的状态发展,不断增加的熵将从各方面爆发出来——垃圾污染、地球变暖、土地沙化、物种灭绝等,心理疾病、孤独感和忧郁症暴增——人们能够找到足够的能量来解决"熵"的混乱吗?如果能量不足以解决"熵",微小的病毒就会演变成巨大的灾难,所有人都不愿意看到这种结果,就像不愿再遭遇"新冠"疫情。

按照熵的理论,每一个人、每一家企业、每一个国家都无时无刻不在对抗熵增。熵增过程是一个自发的由有序向无序发展的过程。对企业而言,就是创立、发展、衰落、消亡的过程。一些创新型的小企业为什么会崛起?小企业里没有那么多阻碍因素,却有更多活性动因。而有些大企业患上变革无力症,一方面缺乏自觉、自纠、自救机制,另一方面在不断内耗、犹豫与争执,导致被超越。受控与失控的变动如图 15.4 所示,有熵增就要熵减,只有努力开放系统,让各种有效资源随着管控介入、主动做功,才能熵减,否则熵增就会泛滥,混乱无度的失控必将导致失败。熵增和熵减在一个系统中将长期对抗和消长,一旦减少了能量的投入,熵增就立马出现。所以,持续遏制熵增和持续熵减对治愈企业很重要。

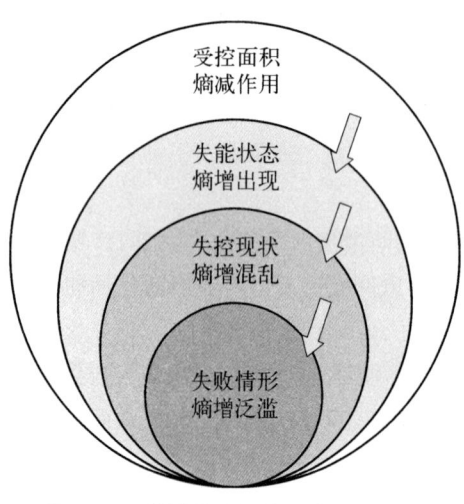

图 15.4 熵增熵减与失控管控的关系

面对熵增现象,不能怀有"鸵鸟心态"。逃避现实解决不了问题,不敢面对问题更是弱者所为。因为回避结果只会使问题更趋复杂、更难处理,就像鸵鸟被逼得走投无路时把头钻进沙子里一样,但问题还在哪儿。"鸵鸟心态"类似于掩耳盗铃,是自欺欺人罢了。

15.4.2 持续增进自愈功能

面对风险的不断侵袭,内部控制不仅应当具有治愈机制,从而制止危机转向危险演变成危害的可能,而且要不断增强自愈功能,增强企业机体自我修复、自我整合、自我完善的能力。

自愈是一种稳定和平衡的自我恢复调节功能。大部分疾病是可以自愈的,人类在漫长的进化过程中,主要是靠着身体的治愈能力生存下来的。例如,发热是人体的保护性反应,当细菌、病毒入侵人体后导致体温调节失去平衡,机体就会通过发热来使体内的抗体增多,白细胞的吞噬作用和肝脏的解毒功能增强,从而协助人体消灭病原体。当体温在38℃左右时,多喝水,多摄入营养物质,运用物理退烧法即可;若体温高达39℃以上时,就要及时就医,进行治疗干预了。

自愈力就是指依靠自身的内在生命力,修复缺损和摆脱疾病(或亚健康状态)的一种维持生命健康的能力。医学是为了辅助机体自愈而存在的。但研究人体自愈机制恐怕比研究用药难得多。提升内部控制自愈机制亦如此。

内部控制自愈力是相对他愈力而言的,至少体现在以下几个方面:

一是传承性,即企业文化继承(遗传)性。企业文化是"根",是"魂",自愈力的强弱首先体现在传承的文化基因中,应当通过文化熏陶与不断培育来获得提升。自愈力越强,内部控制就越有效。中医称自愈力为"元气""正气"等,称致病力为"邪气""阴气"等,并认为"邪不压正""正气充盈,百病不侵",说的就是这个理。

二是自律性,即非依赖性。除维持生命的起码要素外,自愈力可以不依赖外在条件而发挥作用。自愈力就是自我有意识地按照某种规律有规则地活动,在没有"他人"干预或参与的情况下具有自我防护、自我修复和自觉完善的能力,是内部控制行为的主动要求与自觉表现,处于有"约束感"的状态,由此需要不断增进自觉、自律的动力机制。

三是动态性,即自我完善性。自愈力的强弱受自身生命指征强弱的直接影响,同时受外在环境以及生命体与环境物质交换状况的影响,可以向正反两个方向变化。自愈力是可变的,需要新陈代谢、加强学习、增强运动,与时俱进很重要。

15.4.3　持续优化内部控制机制

有研究发现,生活中的10%是由发生在我们身上的事情组成的,而另外的90%则是由我们对所发生的事情如何反应决定的。换言之,生活中有10%的事情是我们无法掌控的,而另外的90%却是能够掌控的。[①] 只要有突破困境的愿望,改变抱怨的态度,积极地去做当下应该做的事情,就一定能克服困难,继续向着目标迈进。

实证研究还表明,内部控制与健康安全、提升价值、履行社会责任和义务之间存在着显著的正向调节效应,具有重要的推进作用。追风赶月莫停留,平芜尽处是春山。企业应当通过健全和完善内部控制运行机制来不断提升自身的掌控能力。

---

① 费斯汀格法则由美国社会心理学家利昂·费斯汀格(Leon Festinger)提出,他主要研究人的期望、抱负和决策,并用实验方法研究偏见、社会影响等社会心理学问题。

面临百年未有之大变局,不确定因素明显增多。企业要勇于正视风险,而不是无视、忽视、轻视、漠视风险,与其被动接受风险,不如积极应对风险,包括主动学习、主动应用、主动探索内部控制运行规律与运行机制等;要准确识变、科学应变、主动求变,将完善企业内部控制放在构建有效防范风险的治理体系中予以通盘考量和科学谋划,尤其是如何进一步规范企业的内部控制行为,如何有效提高防范风险、整治危险的能力并促进企业可持续发展,应当始终成为内部控制孜孜以求的方向。

优化就是采取一定的措施使其变得更优秀,包括确定优化目标、寻找可能的解决方法、测定实施结果、正式实施优化方案等。持续优化可以从五要素入手,五管齐下。在科学的内部控制环境下进行全面风险评估,有效开展控制活动,并加强信息交流和全方位监督检查,从而降低和避免风险的发生,促进企业可持续发展。

持续优化的内部控制活动需要营造一个全员参与、主动实施、不断改进的环境氛围,以确保优化过程的有效实施、行稳致远,所以,需要齐心协力、同心合力、凝心聚力,因为内部控制不是某一个部门、某一段时间的事,而是整个企业、长期运行的事,从企业的CEO到每一名普通员工,从财务部门到生产部门,纵向到底、横向到边,全员、全过程齐抓共管,形成一种良好的内部控制生态和长效机制。

专题讨论15.2 | 如何持续优化企业的内部控制活动

一是种好"责任田",层层形成内部控制责任体系和各类工作规则的"准绳",到岗到人、可追可查,调动内部控制的自我遵从性。

二是牵住"牛鼻子",着重规范各种权力的运行,将内部控制措施嵌入业务流程中。

三是用好"撒手锏",通过部门逐项自评、检查组认真复评、领导班子全面终评、问题通报、落实整改等环节,倒逼提升制度执行力与自觉程度。

综上所述,作为过程管理的内部控制只有起点,没有终点,需要持续运行、不断优化。一部内部控制发展史就是直面风险、寻求对策、防微杜渐、追求安全健康稳定发展的历史。失控与自控的差别不在于制度文本的多少,而在于慎终如始、持续运行、驰而不息、久久为功。内部控制将始终与各种风险抗争。经济越发展,内部控制越重要,治理危险与消除危害更加必要。这条征途充满艰难险阻,但我们不能停止,行动才是成功的开始。

经典案例评析

华为居安思危的内部控制文化

创立于1987年的华为技术有限公司(简称华为)只是一家拥有6名员工和21 000元资本的小企业。到了2021年,华为已蝉联"中国民企500强"榜首第六年。

一家致力于持续稳定发展的企业势必重视内部控制。三十多年来,华为之所以越活越强,与其居安思危、慎终如始的理念相关,与其主动管控、积极应对的行为相连。华为的管控方针就是通过建立健全管理控制系统和必要的制度,确保公司战略、政策和文化的统一性,造成一种既有目标牵引和利益驱动,又有程序可依和制度保证的活跃、高效和稳定的局面。

华为在内部控制推行之初,其财经工作曾被视为业务的对立面,内部控制目的似乎会阻止业务快速通过。在混沌和迷茫中,华为渐渐找准了自身的定位,提出"内部控制价值要体现在经营结果改善上"的管理目标,并沿着这个目标把内部控制工作揉细了、掰碎了,一个一个区域、一个一个组织逐个讲解,逐个沟通,逐个松土,逐个确定本领域、本组织的内部控制工作目标。有了目标,就要承诺;有了承诺,就要实现。内部控制管理在经营活动中渐渐扎了根、发出了芽,一线团队也渐渐接受了内部控制概念,愿意沿着内部控制的管理要求作业。

华为坚决主张强化管理控制,同时认识到,偏离预算(或标准)的行动未必是错误的;单纯奖励节约开支的办法不一定是好办法。公司鼓励员工和部门主管在管理控制系统不完善的地方,在环境和条件发生变化的时候,按公司宗旨和目标的要求,主动采取积极负责的行动。经过周密策划、共同研究,在实施过程中遭受挫折应得到鼓励,发生的失败不应受到指责。

华为创立10年之际已是通信业的一家主流设备供应商,创始人任正非在总结10年发展历程时深有感触地说:"10年来,我天天思考的都是失败,对成功视而不见,也没有什么荣誉感、自豪感,而是危机感。也许是这样,才存活了10年。"2001年任正非在其散文《北国之春》中写道:"华为经历了十年高速发展,能不能长期持续发展?会不会遭遇低增长,甚至是长时间的低增长?企业的结构与管理上存在什么问题?员工在和平时期快速晋升,能否经受得起冬天的严寒?快速发展中的现金流会不会中断,如在江河凝固时,有涓涓细流,不致使企业处于完全停滞……"这些都是企业领导人应预先研究的。华为是没有稀缺资源作为生存依靠的公司,一直充满危机感。

历史老人总在告诫后生,在倒下的企业中从来不缺乏洞察与新知,可惜没有形成决策与行动,没能自纠自救。华为有自知之明,虽然在通信基础设施产业奋斗了三十多年,但这个高速成长期的空间已经发生变化,这是面临熵增的产业大背景,而公司原有的整套管理体系都是适用于高速成长型市场的,一旦市场上升空间遭遇"天花板",那种偏激进的导向机制就可能引发动作变形,所以,应当强调"有利润的收入,有现金流的利润"。高毛利、快速发展的业务阶段会掩盖管理的粗糙,当期经营好会掩盖对未来的投入不足……一旦增长减速,水落石出,一些战略和运营上的问题就会暴露出来,如战略洞察存在盲点、决断力不足、流程冗长、组织碎片化、过度制衡降低效率等。

华为通过"四个三"的运作机制来监管整个公司的风险。三类风险:战略风险、运营风险、财务风险。三角联动:伦敦、纽约、东京三个风险控制中心。三道防线:针对每项业务活动建立起包括行政长官、内部控制和稽查、审计的三道防线。三层审结:通过CFO组织、账务组织和资金组织三个独立组织来实现。

历史给予华为机会,华为只有防微杜渐才能长治久安。如果为当前的繁荣发展所迷惑,看不见各种潜伏着的危机,就会像在冷水中不知大难将至的青蛙一样,最后在水深火热中魂归九天。华为相当重视风险管理。各业务主管是所负责业务领域风险管理的第一责任人,主动识别和管理风险,将风险控制在可接受的范围内。华为在战略规划和业务计划的制订流程中嵌入风险管理要素——通过战略规划,各领域与区域系统识别、评估各自风险;在年度业务计划中各领域与区域制订风险应对方案,并以管理重点工作的方式实现日常运营中的风险监控和报告。在战略决策与规划中明确重大风险要素、在业务计划与执行中控制风险,为华为的持续经营和不断提升发展能力提供了有效保障。

企业能否活下去,取决于自己,而不是别人。活不下去,也不是因为别人不让活,而是自己没法活。活下去,不是苟且偷生,而是要健康安全。活下去并非容易之事,要始终健康地活下去则更难,因为它每时每刻都面对着外部变幻莫测的环境和激烈的市场竞争,以及内部复杂的人际关系与失控状态等。企业只有在不断的自立、自控、自强的过程中才能活下去。华为对自身的发展始终充满信心。不仅坚信未来30年人类社会必然会走进智能社会,而且坚信困难从来都是更大胜利的前奏,挑战更是坚强队伍的磨刀石,即使遭遇美国遏制,狭路相逢也是勇者胜。

华为的内部控制有文化内涵。倡导居安思危驱动华为由小到大,不断成长。华为至今还在研究如何活下去,并寻找活下去的理由和活下去的价值。增长不等于发展,更不等于可持续发展。慎终如始,内无妄思,外无妄动,可免败事。